CHRISTOF LENZEN
ENERGIE GELADEN

CHRISTOF LENZEN

ENERGIE GELADEN

365 befreiende Impulse aus dem Herzen Gottes

neukirchener aussaat

MIX
Papier aus verantwortungsvollen Quellen
FSC® C014138
FSC
www.fsc.org

Dieses Buch wurde auf FSC®-zertifiziertem Papier gedruckt.
FSC (Forest Stewardship Council®) ist eine nicht staatliche, gemeinnützige Organisation, die sich für eine ökologische und sozialverantwortliche Nutzung der Wälder unserer Erde einsetzt.

Bibliografische Information der Deutschen Nationalbibliothek
Die Deutsche Nationalbibliothek verzeichnet diese Publikation in der Deutschen Nationalbibliografie; detaillierte bibliografische Daten sind im Internet über http://dnb.d-nb.de abrufbar.

Umschlaggestaltung: Designbüro Sonnhüter, www.sonnhueter.com, unter Verwendung eines Bildes von igor.stevanovic © shutterstock.com
Lektorat: Ingrid Boller, Langgöns
DTP: Breklumer Print-Service, www.breklumer-print-service.com
Verwendete Schriften: Scala, ScalaSans, Frankie
Gesamtherstellung: Finidr s.r.o.
Printed in Czech Republic
ISBN 978-3-7615-6337-3 Print
ISBN 978-3-7615-6338-0 E-Book

www.neukirchener-verlage.de

If you hit a wrong note, it's the next note that you play
that determines if its's good or bad.
MILES DAVIS

Auch wenn du den falschen Ton getroffen hast – erst
die nächste Note, die du spielst, entscheidet darüber,
ob das gut oder schlecht war!

Für
Meine beiden wunderbaren und geliebten Kinder Ole und Merle
Meine Wegbegleiter in steinigen Zeiten
Meinen Herrn

VORWORT

Ich wage ein Bekenntnis am Anfang: Ich mag eigentlich keine Andachtsbücher. Ich habe manchmal welche gekauft, doch war ich letztlich immer irgendwie enttäuscht. Ich spürte in ihnen zu wenig roten Faden, zu wenig vom Autor, zu wenig Tiefe – wie soll das auch gehen in ein paar Zeilen pro Tag? Da bleiben meist eine nette Beispielgeschichte oder ein kluger Gedanke hängen. Nun sollte ich also ein Andachtsbuch schreiben – nach drei „normalen" Büchern. Mich hat diese Aufgabe von Anfang an gereizt, zumal ich durch einige Jahre Radioandachten beim WDR geschult war. Dachte ich. Also: 365 mal 1800 Zeichen. Ich schrieb die ersten Andachten und war alles andere als zufrieden damit. Ich schrieb Andachten, wie ich sie eben nicht gelesen hätte. Gut, korrekt, aber ohne „Seelentiefe".

Dann kam die Krise. Ich stürzte in einen Zerbruch hinein, in dessen Endphase ich mich jetzt beim Schreiben des Vorworts im April 2016 noch befinde. Diese Krise zerriss mein Leben und mein Herz mit mir bisher unbekanntem Schmerz. Ich beginne mich langsam davon zu erholen. Wie sollte ich nun die Andachten schaffen? Ich schrieb. Nicht vom „grünen Tisch", sondern nun ganz existenziell, aus eigenen Fragen, Schmerzen und manchmal auch Zweifeln heraus. Mein Schreiben wurde fast zu einer kleinen Therapie an Gottes Hand. Die äußere Krise verstärkte sich im Jahr 2015, sodass es mir die Luft zum Schreiben nahm. Zwei Monate Atemlosigkeit. Schließlich meine Bitte an den Verlag, doch das Erscheinungsdatum zu verlegen – doch dieses wurde liebevoll, aber klar abgelehnt. Zu Recht. Denn so zwang mich das „Schreibenmüssen" in die Gottesbegegnung, vor der ich sonst manchmal geflüchtet wäre.

So sind sie nun fertig. 365 Andachten. Voller Gnade und Liebe, Kraft und Vollmacht – aus dem Vaterherzen Gottes. Aus einem Leben am (fast) Nullpunkt heraus entstanden. Ich habe im Nachhinein kaum das Gefühl, viel selbst geschrieben zu haben. Immer wieder flogen mir die Impulse, was ich schreiben sollte, zu – hinein in meine Wüstenzeit. Meine inneren Quellen waren versiegt, doch ich merkte – ich wurde versorgt. Ich möchte nicht bemitleidet werden – ich will stattdessen Gott die Ehre geben. Und dir als Leser Mut machen, wenn du dunkle Phasen kennst oder gerade erlebst, dich mit mir auf die Reise zu machen. Durch das Abenteuerland der Liebe des Vaters hin zu seinem Herzen. Starten wir?

Dein

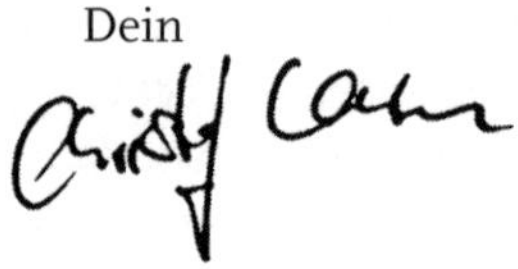

Das Volk, das im Dunkeln lebt, sieht ein großes Licht; für alle, die im Land der Finsternis wohnen, leuchtet ein Licht auf. JESAJA 9,1

Dunkelheit lässt sich nur indirekt definieren: als Abwesenheit von Licht. Dunkelheit trägt einen tieferen Sinn in sich: Sie weist auf das Licht hin und kann es nicht besiegen. Ich erinnere mich an meine Bundeswehrzeit, in der man uns bei einer Nachtwanderung demonstrierte, wie eine einzige entzündete Zigarette in der finsteren Nacht alles verrät. Sie ist einfach nicht zu übersehen. Es braucht keinen Suchscheinwerfer, keine Explosion an gleißender Helligkeit. Ein kleines Kind mit Angst vor dem Dunkel der Nacht benötigt nur eine kleine Funzel, dann geht der Puls herunter und Schlaf wird möglich. Trost durch ein kleines Licht in großer Dunkelheit. So weckt die Dunkelheit – richtig verstanden – eins: die Sehnsucht nach dem Licht.

Am Anfang eines Jahres, einer neuen Lebensphase, nach einer schweren Zeit kann es dunkel sein. Mag sein, dass da gute Vorsätze sind, mit denen wir dann versuchen, Licht „in die Sache" unseres Lebens zu bringen. Aber Vorsätze sind wankelmütige, flackernde Irrlichter. Ihre Energie hängt einzig an unserer Disziplin, unserem guten Willen. Was ist, wenn die Energie nicht reicht? Wenn die Dunkelheit mit kalten Fingern nach uns greift – und gewinnt? Dann sind die Gute-Vorsatz-Lichter erloschen und es wird klamm. Die Prophetie aus dem Propheten Jesaja weist auf ein anderes Licht hin. Jesus Christus wird sie erfüllen – aber er wird nicht als großes Licht kommen, sondern als kleines, behutsames Licht. Aber: ein ewiges Licht, unauslöschbar. Vielleicht wäre es an dieser Stelle der beste Vorsatz, sich ganz an dieses Licht zu halten. Diesen Vorsatz brauchen wir nicht zu erfüllen – Jesus hält uns!

JANUAR **2**

Den Menschen früherer Generationen hatte Gott keinen Einblick in dieses Geheimnis gegeben, doch jetzt hat er es den von ihm erwählten Aposteln und Propheten durch seinen Geist offenbart. EPHESER 3,5

Ich genieße einen Moment bei meinen Kindern besonders: Wenn sie etwas zum ersten Mal sehen! Da bleibt der Mund offen stehen und die Augen werden aufgerissen! Boah! Ist das toll! Zum ersten Mal auf einem Hochhaus. Zum ersten Mal fliegen. Wahnsinn! Kindliches Staunen ist etwas Herrliches! Ich befürchte, wir haben es verlernt. Und ich befürchte auch, dass das Neulernen des Staunens eine wichtige Zutat für einen lebendigen, fröhlichen Glauben ist, ja, mehr noch: für ein Leben mit Perspektive Ewigkeit – und nicht Dunkelheit. Der Apostel Paulus spricht vom Evangelium als Geheimnis! Dem wohl größten Geheimnis der Welt. Wir dürfen es in Besitz nehmen und werden doch die gesamte Lebenszeit und bestimmt auch die Ewigkeit damit zu tun haben, Gott immer weiter zu entdecken. Jesus spricht ja selbst davon, dass sein Geist uns weiter und weiter in die Wahrheiten des Lebens mit ihm hineinführt! Ist das spannend? Absolut!

Dabei sind in Christus alle Geheimnisse verborgen und wer mit ihm lebt, der darf sie enthüllen – Stück für Stück. Was wäre das für eine Perspektive auf ein neues Jahr, ein neues Lebensjahr, einen Lebensabschnitt, der vor einem liegt oder einfach nur: auf einen neuen Tag? Da wartet ein Geheimnis, ein Abenteuer! Kein gefährliches Niemandsland – sondern „nur" das Universum, aber eben mit dem wilden, aber sicheren Gott im Zentrum. Dieses Geheimnis ist so umfassend, so tief, so weit, dass es ein Leben lang spannend bleibt! Es ist Zeit, neu Staunen zu lernen. Es verändert die Perspektive. Boah! So will ich durchs Leben gehen. Mit offenem Mund.

Ihr aber seid das erwählte Volk, das Haus des Königs, die Priesterschaft, das heilige Volk, das Gott selbst gehört. Er hat euch aus der Dunkelheit in sein wunderbares Licht gerufen, damit ihr seine machtvollen Taten verkündet. 1. PETRUS 2,9

Ich öffne mein E-Mail-Postfach, es ist vor acht Uhr und mir flattert eine E-Mail entgegen, die mich in die Dunkelheit schubst. Ich lese ungerechte Vorwürfe, die mich treffen. Ich kann mich kaum wehren – wenn jemand anders dich so wahrnimmt, was willst du dagegen sagen? Aber dann spüre ich etwas anderes. Ich werde ja nicht nur passiv geschubst – ich lasse mich auch schubsen. Natürlich verletzen ungerechte harte Worte und das muss man auch nicht kleinreden. Aber kann ich gesunde Grenzen setzen? Mich abgrenzen, ohne mich zu verleugnen mit meinen berechtigten Empfindungen?

Entscheidend erscheint mir in dieser Frage der ORT, an dem ich bin. Es wird dann für mein Herz gefährlich, wenn ich mir dieses Ortes nicht mehr bewusst bin, sondern selbst anfange zu strampeln und zu kämpfen. Aber es geht immer um den Ort – nicht um uns. Wo sind Christen? IN seinem wunderbaren Licht. Dorthin sind sie berufen. Dieser Ort öffnet uns den Mund zum freien Reden und dazu, machtvolle Taten zu erleben und zu verkünden. An diesem Ort empfangen wir aus Gnade die Identität des Königskindes. Priester! Erwählt! Heilig! Unabhängig von Gefühlen, Fehlern, Fehltritten. Wenn der Teufel angreift – dann greift er mein Bewusstsein des Ortes an, an dem ich bin. Zu oft lebe ich, als wenn mein Verhalten, meine Umstände diesen Ort verändern könnten. Stattdessen darf ich im Bewusstsein des Ortes IM Licht leben – damit meine Umstände und mein Verhalten verändert werden. Das ist Gnade. Für den heutigen Tag. Auch wenn es innen drin wehtut.

JANUAR **4**

Der Herr, dein Gott, ist in deiner Mitte, ein Held, der rettet; er wird sich über dich freuen mit Wonne, er wird ruhen (d.h. still sein) in seiner Liebe, er wird über dich jubelnd frohlocken. ZEFANJA 3,17

Es gibt sie – diese Momente. Da schaue ich mir meine beiden Kinder, Ole und Merle, an und mein Herz (zer-)springt vor Freude. Da werde ich ganz still. Ich könnte platzen vor Staunen und tiefer Bewunderung über dieses Geschenk der Kinder. Sie sind ja nicht mein Werk – sie sind ein Geschenk der Gnade Gottes, Meisterwerke seiner Hand.

Es gibt sie aber auch – diese anderen Momente. Da möchte ich die beiden an die Wand klatschen (Eltern werden mich verstehen)! Sie nerven, stören, sind laut, machen alles – nur nicht mit! Und außerdem – Frechheit! – spiegeln sie mich auch noch in ihrem Verhalten und ich ärgere mich gleich doppelt: über sie und über mich, dass ich ihnen so etwas vorgelebt habe.

Der letzte Aspekt lässt sich in unserem Text aus dem kleinen Buch Zefanja sicher nicht finden. Gott projiziert nicht, und unsere Schieflagen sind nicht von ihm abgeschaut. Aber der Rest gilt! Wo unendliche Liebe ist, da sind eben auch Zorn und Schmerz, wenn die geliebten Kinder schiefe Wege gehen, die in die schmerzhafte Irre führen. Aber die Liebe ist eben auch da! Sie ist und bleibt die Grundschwingung Gottes von Anfang an! Lassen wir uns das doch mal gefallen: Gott freut sich über dich in Fröhlichkeit, in Wonne. Er wird ganz still, so sehr liebt er dich. Dann wieder springt er vor Freude jubelnd durch die Gegend, dass es dich gibt! Ja, dich!

Es ist keine Liebe, die sich an deiner Leistung entzündet. Es ist eine Liebe, die ist. Einfach so. Und deswegen auch nicht verloren gehen kann. Wenn das kein Grund für jubelndes Hüpfen ist!

Ich sage euch: Wenn das Weizenkorn nicht in die Erde fällt und stirbt, bleibt es ein einzelnes Korn. Wenn es aber stirbt, bringt es viel Frucht. JOHANNES 12,24

Es gibt Tage, da fühle ich mich einfach unterirdisch! Gerade in dieser Jahreszeit, wo morgens noch alles dunkel ist und zäher Nebel die Straßen mit einer zähen grauen Soße übergießt. Da schlurfe ich an den Schreibtisch oder fahre zum ersten Termin – und es tut weh. Tief drinnen. So fühlt sich Dunkelheit an, die nach dem Herzen greift. Ich fühle mich unterirdisch und frage: Warum!? Warum Gott, vergräbst du mich jetzt in diesem Loch?

Die Warumfrage ist erlaubt. Nicht als Anklage, die ins Leere geht und den Schmerz verstärkt. Aber als ehrliche Frage mit offenem Horchen auf das, was Gott zu sagen hat. Denn wenn Gott antwortet, wird aus dem Warum schnell das Wozu. Heute morgen zum Beispiel: „Wenn du dich unterirdisch – wie eingegraben – fühlst, dann nicht, weil ich dich begraben habe, damit du vergehst. Sondern weil ich einen Teil von dir begraben habe, damit er wächst und neue Frucht bringt. Aber mein Kind: Dieses Vergraben ist auch ein Stück Loslassen und Sterben. Schau auf das Wozu. Nicht um im Grab zu bleiben. Sondern um neue Frucht zu bringen. Mehr Freude, mehr Freiheit!“

Ja, wir sind eine neue Schöpfung in Christus. Aber Gott wird in seiner Liebe nicht aufhören, die Narben, Wunden, Verkrümmungen, Haltungen unserer Seele zu verwandeln. Damit diese neue Schöpfung mehr Raum gewinnen kann. Dieser Verwandlungsprozess ist alles andere als leicht. Etwas muss sterben – damit etwas anderes wachsen kann. Jesus ist diesen Weg im Großen gegangen, damit wir ihn im Kleinen nachbuchstabieren können. Weil aber der große Weg gegangen und gültig ist, gilt: Alles wird gut!

JANUAR **6**

Denn Christus ist gestorben und wieder lebendig geworden, um Herr zu sein über alle, Tote wie Lebende. Warum verurteilst du dann deinen Bruder oder deine Schwester? Und du, warum verachtest du sie? Wir werden alle einmal vor Gott stehen und von ihm gerichtet werden. RÖMER 14,9+10

Man erzählt folgende Geschichte: Der Amerikaner Dwight L. Moody und Charles Spurgeon, ein Engländer, zwei der großen Prediger des 19. Jahrhunderts, trafen sich einmal in London. Moody bewunderte Spurgeon und hatte sich enthusiastisch auf das Treffen gefreut. Als Spurgeon zur Tür seines Hauses kam, hatte er eine Zigarre in seinem Mund. Moody war entsetzt! Er stammelte: „Wie kannst du, ein Mann Gottes, Zigarre rauchen?“ Spurgeon nahm die Zigarre aus seinem Munde, schmunzelte und legte seinen Finger auf Moodys üppigen Bauch und sagte: „Auf die gleiche Weise wie du, ein Mann Gottes, so fett sein kannst.“

Die Geschichte soll nun nicht dazu dienen, Süchte zu rechtfertigen. Jesus Christus bringt eine Freiheit, die auch in ganz konkreten Lebensbereichen erfahrbar werden soll! Aber es gibt eine höhere Wichtigkeit beim Thema: Nicht richten, nicht urteilen! Denn das Beurteilen von anderen Menschen schafft eine ganz neue Unfreiheit. Es macht uns bitter und hochmütig. Wir führen unter der Hand neben der Gnade wieder einen Lasterkatalog ein, der definiert, was einem Christ erlaubt ist und was nicht. Alles, was aber die Gnade klein macht, ist abzulehnen. Im Gegenteil: Je größer die Gnade in einem Leben wird, desto eher werden Abhängigkeiten und Süchte gebrochen und Freiheit erlebt. Süchte sind Sünde. Aber für diese Sünde ist Christus gestorben. Die Sünde des Richtgeistes gegen eine andere Sünde zu setzen, um einem Menschen zu helfen – keine gute Idee!

Habe ich dir nicht geboten: Sei stark und mutig? Erschrick nicht und fürchte dich nicht! Denn mit dir ist der HERR, dein Gott, wo immer du gehst. JOSUA 1,9

Gott ist mir manchmal geradezu unheimlich! Das ist auch ganz gut so – denn sonst wäre er nicht größer als die Rundungen meines Schädels. Damit wäre er aber nicht mehr Gott. Also: Gut, dass er meinen Kontrollzwang sprengt. Aber fragen muss ich doch: Was bitte macht er hier?

Kann man Mut und Stärke befehlen? Ist das jetzt irgendeine Form jüdisch-christlichen positiven Denkens? Kann es so einfach sein? Das scheint Josua Gott auch gefragt zu haben. Denn dieses Gebot, stark und mutig zu sein, kommt so schon einmal in Vers 7 und zwischen diesen beiden Versen scheint es Widerspruch gegeben zu haben, denn Gott wiederholt sein Gebot. Ich hätte für meinen Widerspruch auch mehr als den einen Vers zwischen 7 und 9 gebraucht! Denn was verlangt Gott hier von Josua? In Moses Fußstapfen zu treten! Das ist der Wahnsinn! Mose ist die „Kultfigur“ des Volkes Israel nach Abraham!

Ich denke an die Herausforderungen, die vor mir liegen, und die sind weit kleiner. Aber auf meine Lebenswelt, meine Kraft bezogen, trotzdem ziemlich groß! Wenn Gott das nun Josua befehlen kann, sollte es dann nicht auch locker für mich reichen? Woran knüpft Gott sein Gebot? An seine Gegenwart und ans tägliche Nachsinnen über Gottes Wort. Dann denke ich mir: Okay, wir leben im Neuen Bund. Ich trage Gottes Gegenwart in mir durch den Geist und habe nicht nur sein Wort, sondern sogar das lebendige Wort, Jesus Christus, permanent bei mir. Ich will mutig sein und schwach werden und eigene Kraftquellen verweigern. Stattdessen seine Gegenwart suchen und das Bewusstsein dieser Gegenwart einüben – und so stark werden. Ich bin gespannt!

JANUAR

8

Denn wann immer unser Gewissen uns anklagt, dürfen wir wissen: Gott in seiner Größe ist barmherziger als unser eigenes Herz, und ihm ist nichts verborgen. 1. JOHANNES 3,20

Angenommen, dein Sohn oder deine Tochter ist in der Ausbildung. Du weißt schon von klein auf: Da ist eine echte Hochbegabung! Die muss sich entfalten, die muss geschult werden – aber es ist einfach großartig, was in deinem Kind angelegt ist! Doch Hochbegabte haben es oft schwer. Können es kaum ertragen, an Grenzen zu kommen und zu versagen. Nun also die Ausbildung. Du spürst, wie dein Kind „geschliffen" wird und seine Gaben schärfen muss. Ausprobieren, hinfallen, aufstehen, weitergehen. Wie schwer!

Wie handelst du? Dein Kind kommt nach Hause, gebeutelt, vielleicht auch gerade am Rande der Kraft, kommt sich selbst klein und unfähig vor. Du wirst rot anlaufen, den Mund aufreißen und eine Welle der Wut und der Beschimpfungen über dein Kind herabprasseln lassen. Nicht? Es richtig fertigmachen. Es ist doch so klug und begabt! Was macht es für einen Mist! Soll sich doch anstrengen! Und nach der Gardinenpredigt gehst du auf Distanz. Bestrafst mit Desinteresse. Soll es doch sehen, wo es bleibt! So weit unter den Erwartungen zu bleiben. Unglaublich!

Nein – so würden wir hoffentlich nicht handeln. Es tut schon weh, allein diese Beschreibung zu lesen! Doch ... erstens gehen wir mit uns selbst und unserem Herzen so um. Und wir glauben zweitens, dass Gott so denkt, fühlt, handelt. In einem solchen Strom von Selbst- und Gottverdammnis kann man sich nur wegducken und verkriechen. Warum sollte man sich selbst da noch mögen – und Gott dazu?!

Wie gut, dass Gott ganz anders ist. Immer barmherziger. Gnädiger. Größer. Liebevoller. Immer.

Nun muss ich es noch lernen. Dann darf mein Herz zur Ruhe kommen.

Den Schuldschein, der uns wegen der nicht befolgten Gesetzesvorschriften belastete, hat er für ungültig erklärt. Er hat ihn ans Kreuz genagelt und damit für immer beseitigt. KOLOSSER 2,14

Schulden belasten, machen schlaflos. Abgesehen von Wohneigentum, das sich wohl kaum ein Mensch aus der Portokasse leisten kann, sind Schulden etwas Luftabschneidendes und immens Belastendes! Was geschieht bei einem Schuldschein?

Da steht zuerst, was ich getan habe. Ich habe Geld aufgenommen, z.B. 10.000 Euro. Davor steht exakt, wann ich es aufgenommen habe. Ein Schuldschein vergisst nie! Dazu kommt die Form der Wiedergutmachung. Ich muss das Geld zurückzahlen. Zum Beispiel innerhalb von 36 Monaten. Aber nicht genug! Es reicht nicht, wenn ich meine Schulden tilge – ich muss „Strafe" zahlen: Zinsen. Zum Beispiel 6,99 %. Bei Konsumentenkrediten. Ich komme nicht ungeschoren davon! Dadurch erhöht sich natürlich der Druck und das Schuld(schein)gefühl. Damit dann Entlastung spürbar wird, werden nicht selten neue Schulden aufgenommen …

Nun der Schuldschein bei Gott: Wir versagen und unterlassen Gutes! Wir wollen diese Schulden wiedergutmachen, aber es kommt ja täglich neues Versagen dazu! Und wenn einer nicht vergisst – dann Gott! Wäre ein seltsamer Gott, so ein vergesslicher Tattergreis. Was für eine Qual.

Jesus hat diesen Schuldschein ans Kreuz mitgenommen. Er hat die Beziehung zwischen uns und seinem Vater wiederhergestellt. Er hat unsere vergangenen, gegenwärtigen und zukünftigen Sünden vergessen und ins tiefste Meer versenkt. Du versagst? Gott wird dich anschauen und fragen: Welches Versagen? Weil du dich an Jesus hältst. Am Kreuz hängt er: der Schuldschein. Ein für alle Mal. Es gibt keine neuen. Das ist die Freiheit der Kinder Gottes.

JANUAR

10

Freude wird bei all denen herrschen, die bei dir Hilfe suchen. Ihr Jubel wird ohne Ende sein, denn du stellst sie unter deinen Schutz. So werden alle jubeln über dich, die deinen Namen lieben. PSALM 5,12

Ich fühle mich unwohl in großen neuen Menschengruppen. Einzelpersonen und kleine Gruppen – kein Problem. Komme ich zum Beispiel als Referent auf eine Freizeit, ist mir erst einmal ganz anders! Das legt sich schnell, aber zuerst fühle ich mich schutzlos. Darf ich hier sein? Werde ich hier angenommen? Genieße ich Schutzraum? Mag mich jemand nicht? Kenne ich dann ein oder zwei Menschen – kein Problem!

Das sind natürlich innere Stimmen, die aus einem verwundeten Herzen kommen. Ich weiß, wo diese Stimmen herkommen, und kann damit umgehen. Eine Zusage hat mir dabei besonders geholfen: Dass ich, egal, wo ich hinkomme, wissen kann, dass Gott bereits da ist und alles vorbereitet hat. Hängt das an meiner Leistung und meinem „linientreuen" christlichen Verhalten? Nein, auch schon im Alten Testament geht es um die Beziehung. Wenn ich meine Hilfe von Gott erwarte und nicht von anderen Menschen, Sicherheiten oder mir selbst – wenn ich Gottes Namen (also seine Autorität, seinen Charakter, sein Wesen) liebe – dann bin ich sicher. Dann stehe ich unter dem Schutz des Schöpfers des Universums.

Stell dir vor, du betrittst einen Moment oder einen Raum der Schutzlosigkeit, wo dich die Furcht packt, nicht alleine, sondern mit einem mächtigen Bodyguard neben dir. Ein Schrank von Typ! Mal eben so groß wie das Universum. Das ist: Gott. Wenn ich um diesen unendlichen Schutz weiß, kann ich anders leben. Wer sich klein in Gottes Arme wirft, wird aufgerichtet und groß aus ihnen hervorgehen. Immer wieder neu.

Denn derselbe Gott, der gesagt hat: „Aus der Finsternis soll Licht hervorstrahlen!", der hat es auch in unseren Herzen hell werden lassen, sodass wir in der Person von Jesus Christus den vollen Glanz von Gottes Herrlichkeit erkennen. 2. KORINTHER 4,6

Wanderung in der Eifel. Es geht durch Wälder, in denen noch der Frühnebel hängt, doch die Luft ist weich und voller Erwartung eines sonnigen Tages. Plötzlich brechen Lichtstrahlen durch die Baumwipfel und Sonnenstrahlen wie ein „Finger Gottes" erreichen den Boden vor mir. Staubteilchen und Insekten leuchten auf und schweben durch den erleuchteten Dunst. Staunen, Schweigen, Freude.

Solche Lichtstrahlen, die urplötzlich durch eine düstere Wolkendecke stoßen, den Dunst vertreiben, lieben wir Menschen. Vielleicht, weil solche Erfahrung eine tiefe Sehnsucht in uns widerspiegelt: Dass auch in düsteren Lebensphasen, in denen der Nebel der Traurigkeit, des Zweifels, der Sorge festzuhängen scheint, ein Lichtstrahl erscheint und Hoffnung bringt. Der Apostel Paulus beschreibt ab 2. Korinther 4,8 genau solche Zeiten: Bedrängnis, Not, Verfolgung, drohender Tod! Keine Kleinigkeiten also. Und er betont in Vers 7 sogar, dass wir zerbrechliche Gefäße sind, die das aushalten müssen.

ABER: Wenn wir als Kinder Gottes unterwegs sind, können wir in solchen Phasen Licht erleben! Urplötzlich, nicht verfügbar, aber da! Unser Herz wird erhellt, sodass wir „den vollen Glanz von Gottes Herrlichkeit" erkennen können. Wahnsinn!! Mehr geht kaum! Genau dieses Bewusstsein und Erleben von Gottes Macht, Liebe, Glanz ist es, was wir in solchen Dunkelheiten brauchen! Und vielleicht bietet die Dunkelheit eine besondere Chance, das wahrzunehmen, was längst da ist? Das helle Licht im Herzen, das Gott ja bereits ausgegossen HAT ...

JANUAR

12

Du wirst mit uns Erbarmen haben und alle unsere Schuld wegschaffen; du wirst sie in das Meer werfen, dort, wo es am tiefsten ist. MICHA 7,19

Komm du mir nach Hause!" Das sind so Sätze, wie Kinder sie wohl fürchten und hassen zugleich. Da droht Strafe! Oder andersherum: „Warte, bis Papa nach Hause kommt, dann wirst du schon sehen ..." Unheilvoll verklingen diese Drohworte im Raum. Die Stunden, bis Papa dann kommt und sein Urteil beschließt und vollstreckt, ziehen sich wie Kaugummi und sind eine einzige Quälerei.

Ich kenne solche Sätze durchaus und mache sie meinen Eltern nicht mehr zum Vorwurf. Sie wussten es nicht besser und ich weiß selbst aus eigener Elternschaft, wie diese manchmal an die Grenzen führt. Aber solche Sätze können tief gehend verunsichern und ein gesundes Bild von den Eltern und vom „Zuhause" beschädigen. Denn was geschieht, wenn wir das auf Gott übertragen? Gut – du bist gerettet durch Jesus Christus. Na, gerade so! Aber warte mal, wenn Papa wiederkommt, dann kommt das Endgericht und dann wirst du schon sehen!

Nun, ich denke, wir werden sehen. Wir werden sicherlich auch sehen, wo wir weit unter unseren Möglichkeiten geblieben sind und darüber trauern. Aber noch viel mehr werden wir sehen und erleben, was jetzt schon gilt: Wir sind mit Christus gestorben, auferstanden, erhöht worden, haben eine neue Würde, einen neuen Stand in Christus. Unsere Sünde ist ins tiefste Meer versenkt und von dort wird Gott sie nicht mehr mit einem U-Boot hervorholen. Nein – Gott wird keine alte Sünde mehr ausbuddeln. Stattdessen werden wir eine Dankbarkeit, Freude, Liebe, ein Jubeln erleben, das die ganze Welt noch nie erlebt hat. So schlägt Gottes Herz für dich!

Jeder sei schnell bereit zu hören, aber jeder lasse sich Zeit, ehe er redet, und erst recht, ehe er zornig wird. JAKOBUS 1,19

Dienstaufsichtsbeschwerden erst am nächsten Tag!" So blaffte es der Unteroffizier in den Raum. Bundeswehr. Noch zu einer Zeit, als alle hin mussten und man versuchte, mit allen möglichen Tricks durch die Musterung zu fallen. „Dienstaufsichtsbeschwerden erst am nächsten Tag!", – eine gute Regel. Einmal drüber schlafen. Nicht im ersten Zorn etwas anzetteln, das am nächsten Morgen übel aufstößt und unnötig Porzellan zerschlägt.

Heute sind wir das Gegenteil gewohnt. Eine SMS oder E-Mail ist rasend schnell beantwortet. Smartphone raus und eine wütende SMS abgesendet! Oder E-Mail. Rumms – ist das Kind in den Brunnen gefallen. Dabei fehlen unendlich viele Informationen. Vor allem das „Hören". Geschriebene Sätze sind vieldeutig. Allein durch die Betonung kann man einen Satz wie: „Das Essen wird kalt!" mehrfach verschieden verstehen – Vorwurf, Klatsche, liebevolle Erinnerung. Also: Hinhören. Nachfragen. Gar nicht einfach. Ganz schnell habe auch ich das Gelesene und Gehörte nicht wirklich neu gehört und stattdessen sofort in meine von Kindheit an geprägten Schubladen gesteckt. Ich habe statt wirklich zu hören nur akustische Trigger aufgenommen. Schnell geredet und leider manchmal auch zornig reagiert.

Nun ist Zorn auch ein wertvolles Gefühl. Es zeigt: Da ist etwas empfindlich getroffen worden. Oft habe ich dabei eigentlich nicht den anderen gehört, sondern meine eigenen inneren Stimmen. Also: Auch hinhören auf das, was in einem selbst passiert! Und einfach mal den Mund und die Finger still halten. Dann werden das Gehörte und die innere Reaktion zum Lehrmeister des Wachstums.

JANUAR

14

Wer nach dem wahren Leben verlangt und glückliche Tage sehen will, der nehme seine Zunge gut in Acht, dass er nichts Schlechtes und Hinterhältiges sagt. 1. PETRUS 3,10

Eine ganz alltägliche (etwas übertriebene) Situation: Was für ein mieser Tag! Draußen regnet es, ich komme mit meinem Zeitplan überhaupt nicht hin und der Hund hat eine Pfütze ins Wohnzimmer gemacht. Ich bin schlecht gelaunt, meine Kids werden dadurch schlechter gelaunt und es entsteht eine Spirale nach unten. Ausstrahlung ist das Stichwort. Meine ist gerade negativ, hier und da sogar toxisch! Bäh!

Gott verspricht wahres Leben und glückliche Tage! Das klingt gut. Es ist aber verknüpft daran, dass ich anderen das Leben nicht zur Hölle mache, denn dann werde ich Hölle ernten! Aber der Vers geht noch weiter und eigentlich beginnt er dort. Es beginnt damit, wie ich über meinen Tag denke und rede. Wie ich über mein Handeln und mein Denken rede. Worte werden ja ganz schnell zu Festlegungen und selbst erfüllenden Prophezeiungen. Wenn ich dauernd vor mich hin murmele: „Was für eine scheiß Firma, in der ich arbeite ...!“, – was ändert das? Nun – eine Menge: nach unten! Ich werde immer negativer gegenüber meiner Firma und werde genau das ernten: Unglück.

Wenn ich dann noch über mich selbst negativ rede und denke („Was bin ich für ein Versager! Ich schon wieder! Ich pack das nicht!“), dann läuft es nicht anders! Ich werde kleiner, dunkler, schwächer ... Was ist das Gegenmittel? Vers 9: Segnet eure Beleidiger! Die Umstände segnen, die Firma, den Nächsten. Und ja: Auch mich selbst, die Stimmen in mir, die mich anklagen, klein machen. Grenzen setzen – ja. Aber auch segnen. Damit eine Spirale nach oben entstehen kann. Glückliche Tage werden kommen!

Achtet darauf, dass niemand sich selbst von Gottes Gnade ausschließt! Lasst nicht zu, dass aus einer bitteren Wurzel eine Giftpflanze hervorwächst, die Unheil anrichtet; sonst wird am Ende noch die ganze Gemeinde in Mitleidenschaft gezogen. HEBRÄER 12,15

Spargel (bis vor 20 Jahren), Chicorée, Endivien. Was haben diese drei Salate bzw. Gemüse gemeinsam? Sie beinhalten Bitterstoffe. Ursprünglich reichlich, doch man hat sie in den letzten Jahrzehnten stark weggezüchtet. Heute stellt man fest: Diese Bitterstoffe sind äußerst gesund für den Körper!

Mit den Bitterstoffen der Seele verhält es sich genau anders herum. Sie sind hoch schädlich für die Seele, aber sie werden in unserer Zeit nicht weniger, sondern mehr. Zynismus als Grundhaltung – eine Pflanze, die prächtig gedeiht. Ich stelle manchmal auch an mir Triebe dieser Pflanze fest. Das Problem am Zynismus: Er fühlt sich gut an, abgeklärt, realistisch. Die Welt ist halt mies! Zynismus ist die Mauer, die uns davor bewahrt, uns allzu emotional mit dem Schmerz der Welt auseinanderzusetzen. Zynismus ist eine Schutzfunktion.

Das Problem: Zynismus ist gottlos. Im wahrsten Sinne des Wortes – denn er rechnet nicht mit Gottes Handeln. Bitterkeit rechnet nicht mit dem aufblühenden Reich Gottes in mir und anderen, nicht mit Hoffnung, Versöhnung, Wachstum, Heilung. Deswegen warnt der Autor davor, dass Bitterkeit von der Gnade ausschließen kann. Nicht weil Gott sauer und bitter ist – sondern weil die Bitterkeit des Menschen eine Mauer gegenüber der Gnade aufrichtet. Bitterkeit ist gnaden-los. Aber es bleibt nicht dabei: Zynismus mag Applaus finden und beifällig zustimmendes Gelächter – aber es vergiftet Gemeinschaft. Lassen wir das in unserer Seele nicht zu.

JANUAR

16

Hingezogene Hoffnung macht das Herz krank, aber ein eingetroffener Wunsch ist ein Baum des Lebens. SPRÜCHE 13,12

Es gab eine Zeit in meinem Leben, da ist mein Herz langsam bitter geworden. Eine Zeit, in der ich mit Gott gerungen habe, aber er einfach nicht das tat, was ich erbat und erwünschte: sich mir zu zeigen (und so zu beweisen) und mein Herz so endlich zur Ruhe zu bringen. Jahre hat das gedauert und ich habe in dieser Zeit mehr und mehr gelernt und bin noch mitten drin, wie ICH mein Herz zur Ruhe bringen kann und darf – und sich Gott dann zeigt, weil er längst da ist. Ich habe Methoden und Patentrezepte abgestreift, die Gott bewegen sollten, und habe wieder auf den geschaut, um den es geht.

Gott hat in dieser Zeit meine Grenzen und inneren Mauern respektiert – obwohl mein Gebet darum gerungen hat, dass er sie sprengt und übergeht. Aber Gott ist niemals Grenzverletzer. Ebenso gilt: Er spielt nicht mit uns aus Gehässigkeit oder um uns für irgendetwas zu strafen. Dieses kaputte Gottesbild bewirkt auch, dass Hoffnungen sich hinziehen. Alle Schuld, alle Sünde hat am Kreuz ihr Ende gefunden, also wird nichts, in Worten: NICHTS, mehr gegen uns verwendet von Gottes Seite.

Trotzdem braucht man mit Gott einen langen Atem – denn er hat Zeit, behutsam zu warten. Er kennt den optimalen Weg für mein und dein Herz. Aber – und hier müssen wir nun den Sprung vom AT zum NT vollziehen – ein Gedanke hilft aus hingezogenen Hoffnungen, und ich denke manchmal, dass genau dieser Gedanke bzw. das Bewusstsein dafür, der Baum des Lebens ist: Gott ist da. In dir, um dich herum. Das sagt Jesus selbst am Ende seines irdischen Lebens zu. Das wahrzunehmen, das Herz beruhigen und von sich weg auf diese Gegenwart Jesus zu schauen – das kann das Herz heilen.

Richtet eure Gedanken ganz auf die Dinge, die wahr und achtenswert, gerecht, rein und unanstößig sind und allgemeine Zustimmung verdienen; beschäftigt euch mit dem, was vorbildlich ist und zu Recht gelobt wird. PHILIPPER 4,8

Denk nicht an den rosa Elefanten! Na super – und prompt bildet sich vor meinem inneren Auge das Bild eines grinsenden molligen rosa Elefanten mit Glubschaugen à la Mordillo. Mann! Ich kriege meine Gedanken einfach nicht kontrolliert! Und das ist auch kein Wunder: Wir können nicht etwas nicht denken. Unser Gehirn kann diese Aufforderung nicht umsetzen! Genau das ist aber die Vorgehensweise, die wir am häufigsten erleben und uns auch selbst zumuten, wenn es darum geht, etwas bleiben zu lassen. Mach dir nicht so viele Sorgen! Denk nicht an Morgen! Hör auf, immer nur an das eine zu denken! Was auch immer „das eine" ist ...

Prompt denkt man an das eine und schämt sich, dass man so schwach ist und so wenig diszipliniert. Dabei ist das alles keine Frage der Disziplin, sondern schlicht biologische Realität, der wir uns stellen müssen. Vielleicht aber auch eine Frage des Mutes! Nämlich die alte Prägung loszulassen, dass wir nur etwas erkannt und verstanden haben müssen – dann setzen wir es auch um. Nein – tun wir nicht. Wir Menschen sind mehr als disziplinierte Willensmonster. Aber was hilft?

Paulus sagt: Denk an das „Stattdessen": Was möchte dir Gott schenken? Was tut gut?

Nicht: Hör auf, sorgenvolle Gedanken zu pflegen. Stattdessen: Fülle dich mit den Zusagen Gottes, dass du versorgt wirst und du ihm vertrauen kannst.

Nicht: Kämpfe gegen den „falschen" Gedanken, sondern: Denke stattdessen den besseren Gedanken.

Da gehört unser Wille hin. Damit neue Wege entstehen können, wo bisher ausgetretene Pfade verliefen.

JANUAR

18

Ich sprach: Ich will dem HERRN meine Übertretungen bekennen. Da vergabst du mir die Schuld meiner Sünde. PSALM 32,5

Selbstanzeigen sind gerade sehr beliebt. Da hat einer Steuern hinterzogen, droht aufzufliegen, kann sich aber selbst beim Finanzamt anzeigen und entgeht nach der fälligen Nachzahlung der sonst drohenden gerechten Strafe. Praktisch! Ganz ähnlich betrachten viele Menschen auch das Thema Sündenvergebung bei Gott. Hast du was Falsches gemacht, bete: „Herr vergib mit xyz!", – und in diesem Moment ist dir vergeben. Moment! Mal ganz langsam an dieser Stelle ...

Sünde ist nicht zuerst moralisches Versagen, sondern Beziehungsstörung. Zwischen Gott und Mensch. Was ist also mit den Sünden, die ich gar nicht wahrnehme? Was ist mit den guten Taten, die ich unterlasse? Dann wird ja täglich neu die Beziehung zu Gott gestört?! Und ich merke es nicht einmal! Im Judentum gab es dafür die Opfertiere, die die Schuld des Volkes auf sich luden und dann beseitigten. Aber ab diesem Zeitpunkt wurde neue Sünde angehäuft. Eine belastende Situation. Kann es sein, dass selbst mancher Christ noch in diesem Modus lebt, den auch der Psalmvers ausdrückt?

„Ja, durch ihn, unseren Herrn, wurden wir freigekauft, und durch ihn sind uns die Sünden vergeben" (Kolosser 1,18). Das ist der Kontrapunkt. Jesus hat Fakten geschaffen und alle Sünde beseitigt. Egal, ob wir neue aufhäufen, es ändert nichts an unserem Stand, unserer Identität, unserer Würde vor Gott als Königskinder. Wir bekommen also Sünde gar nicht neu und Tag für Tag vergeben – wir stellen uns nur neu unter bereits vorhandene Vergebung. Braucht Gott diese Bitte um Vergebung? Nein – aber WIR können sie nötig haben. Um neu zu begreifen: So umfassend hat Jesus Christus mich am Kreuz erlöst. Ich bin und bleibe frei.

Ich sage euch: Wenn das Weizenkorn nicht in die Erde fällt und stirbt, bleibt es ein einzelnes Korn. Wenn es aber stirbt, bringt es viel Frucht. JOHANNES 12,24

Aaahh, da liege ich so richtig gemütlich auf der Couch! Die Fernbedienung neben mir, eine Tüte Chips, ein Bier. Klasse! Das muss auch mal sein, oder? Einen klasse Film gucken. Abschalten.

Zwei Stunden später. Der Film ist zu Ende und ich will mich aufrichten und merke, wie steif ich geworden bin. Puh, na ja, ich bin auch nicht mehr 25 Jahre alt. Es war ja auch so bequem. Die Chips füllen meinen Magen, Antipasti haben sich dazugesellt. Kann ich nicht einfach liegen bleiben? Nein, so weit geht es dann doch nicht. Das Bett ruft ...

Es ist trotzdem erstaunlich, wie schnell sich Komfortzonen bilden. Zwei Stunden gerade einmal. Wie ist das bei Komfortzonen, die ich schon Jahrzehnte pflege? Die haben sich auch ganz tief als neuronale Muster ins Gehirn eingefräst. Das Gehirn sagt: Mach mal so weiter wie immer – das spart Energie und du weißt, wo du dran bist! Leider ist diese Autobahn, die ich da fast automatisch entlangfahre, nicht immer der beste Weg, sondern entstanden aus Prägungen, Wunden, Reaktionen.

Jesus Christus verspricht neue Wege in seiner Nachfolge. Heilung der Verletzungen. Er verändert uns sogar durch seinen guten Geist. Aber – wir müssen bereit sein, etwas sterben zu lassen. Es ihm zu geben. Jesus, nimm meine Wut, die da immer automatisch hochkommt, und verwandle sie! Jesus, nimm mein selbstzerstörerisches Verhalten. Führ es in den Tod und lasse Neues auferstehen. Das ist immer der Weg – etwas loslassen in den Tod, damit es neu werden kann. Nicht verdrängen – loslassen und dahingeben. Das ist: Verlassen der Komfortzone. Den Rest macht er.

JANUAR

20

Wohin könnte ich schon gehen, um deinem Geist zu entkommen, wohin fliehen, um deinem Blick zu entgehen? PSALM 139,7

Kinder haben so eine (für uns Erwachsene) lustige Phase, in der sie sich die Augen zuhalten und dann glauben, so werden sie nicht gesehen! Bis sie Subjekt und Objekt klar unterscheiden können und wissen: Meine Augen sind nicht deine Augen. Man stelle sich das einmal in einer Polizeikontrolle bei einem Erwachsenen vor – urkomisch! Augen zuhalten und rufen: Hier ist niemand!

So unwirklich dieses Beispiel anmutet: Bei Gott machen wir Menschen das oft genug. Sich verstecken und glauben: Hier findet mich Gott nicht. Oder in einer milden Variante: Das persönliche Gebet so gestalten, dass die wirklich wichtigen Themen nicht vorkommen, stattdessen fromme Floskeln und Wahrheiten ohne Ende. Glauben wir, Gott kennt unsere wirklichen Themen nicht? Oder: Gott findet uns nicht?

Der Psalmist geht sogar bis ins Totenreich und bis an den Horizont hinter dem Meer – dabei ist das Meer ein für Juden unheimlicher Ort, in dem sich das Böse aufhält. Beides also nicht gerade heimelige Orte. Und trotzdem: Gott ist da und hält bei der rechten Tat-Hand. So besingt es der Psalmist. Selbst da, wo Gott nicht vermutet wird.

Zu oft gilt auch bei uns: Na, mit diesem Thema wird sich Gott nicht abgeben. An diesem Ort bin ich nun endgültig allein. Da macht sich Gott nicht die Finger schmutzig. Doch – macht er. Wenn du ein krummes Gottesbild hast, wird diese Tatsache für dich eher bedrohlich sein. Wenn Gott aber der liebende Vater für dich ist, ist das eine befreiende Tatsache. Kein Ort, kein Gedanke, keine Schuld, kein Schmutz, keine kaputte Lebensgeschichte kann Gott davon abhalten, seinen Menschen an die Hand zu nehmen.

Sättige uns am Morgen mit deiner Gnade, so werden wir jubeln und uns freuen in allen unseren Tagen. PSALM 90,14

Boah, ich bin es dermaßen satt alles!"

„Ah, wie gut!"

„Ähem, hallo! Das ist nicht angenehm! Ich bin es total satt! Ich kann nicht mehr und will nicht mehr!"

„Hm, wenn du satt bist, ist das doch eigentlich angenehm! Wenn es nicht angenehm ist, hast du dir vielleicht mit dem Falschen den Magen verdorben? Hast dich am Falschen satt gemacht?"

„Na, das kann man wohl sagen! Der Beruf hängt mir total zum Hals heraus!!"

„Oh, so satt bist du also! Du hast das Falsche gegessen und davon so viel, dass es schon aus dem Hals hängt? Unangenehm! Sieht auch seltsam aus!"

Spätestens zu diesem Zeitpunkt wird der Klagende seinem philosophierenden Freund entweder eine reinhauen oder ihn stehen lassen und gehen. Dabei hat er recht! Denn was ist an satt schlimm? Schlimm ist nur dieses „unangenehm satt", wenn man vom Falschen zu viel gegessen hat. In unserem Beispiel: vom Beruf. Der macht nicht satt, egal, wie viel man davon frisst. Beruf ist gut und wichtig. Aber er dient nicht dazu, unsere Seele zu sättigen oder zufrieden zu machen. Wenn er das ab und an macht – prima! Wenn nicht, ist das auch so und normal. Ein Teil des Gehalts in einer gefallenen Welt ist wohl immer Schmerzensgeld.

Unsere Seele hat Hunger. Sie verlangt nach echter Seelennahrung: nach Gott selbst. Nicht unbedingt nach einer ausgedehnten Stillen Zeit, also neuer Leistung – sondern nach Gottes Gnade. Wie ich mich dieser aussetze und diese genieße, das ist meine sehr persönliche Sache. Gnade macht satt. Sättige ich mich nicht an Gott, sättige ich mich an falschen Dingen. Und das hängt einem leicht zum Hals raus!

JANUAR

22

Der Vater wird euch in meinem Namen den Helfer senden, der an meine Stelle tritt, den Heiligen Geist. Der wird euch alles Weitere lehren und euch an alles erinnern, was ich selbst schon gesagt habe. JOHANNES 14,26

Deutsche Sprache! Da wird der Heilige Geist zum Helfer degradiert. Andere Übersetzungen lauten: Anwalt, Beistand. Alles sehr nüchtern und eben auch nie ganz dem Griechischen entsprechend! Und solche Übersetzungen prägen ja unser Bild von etwas – und leider manchmal schief. Entdecken und staunen wir doch einmal neu über den Schatz des Heiligen Geistes!

Der Heilige Geist ist das Geheimnis der Gegenwart Christi in jedem Glaubenden. Pure Dynamik! Dynamis steht im Griechischen an anderer Stelle – unser Dynamit kommt daher. Er ist aber auch Tröster. Das hat bereits etwas sehr Liebevolles. Und wie sollte es auch anders sein? Jesus Christus begegnet den Seinen doch genau so. Nicht den Perfekten, Makellosen – sondern denen, die zerbrochen und bedürftig sind und sich vertrauensvoll an ihn hängen. Ich neige dazu, in meinem Denken ein altes englisches Wort zu übernehmen, das an dieser Stelle in vielen Bibeln steht: comforter. Einer der tröstet, Wärme gibt, auf Jesus hinweist, heilt, hält. Klingt das zu weich? Ganz im Gegenteil ...

Denn wenn wir einen „comforter“ brauchen, dann doch deshalb, weil es vorher nicht nur komfortabel war! Weil Gott möchte, dass wir die Komfortzone verlassen und uns den Wachstumsimpulsen Gottes im Leben aussetzen. Ohne den „comforter“ würden wir daran manchmal bitter werden. Mit dem „comforter“ werden diese zu Wachstumsbeschleunigern. Und andersherum: Kann es sein, dass wir so wenig „comforter“ erleben, weil wir so gerne in der Komfortzone bleiben?

23 JANUAR

Genauso sind wir alle – wie viele und wie unterschiedlich wir auch sein mögen – durch unsere Verbindung mit Christus ein Leib, und wie die Glieder unseres Körpers sind wir einer auf den anderen angewiesen. RÖMER 12,5

Ich kenne diesen Satz aus den Krisen meines Lebens nur allzu gut. Enttäuscht von einem Menschen, enttäuscht von mir selbst, traf ich auf wohlmeinende Geschwister und dann kam und kommt er: „Es geht darum, dass du immer weniger von Menschen, aber alles von Gott erwartest! Gott reicht!"

Wie habe ich auf diesen Satz lange Zeit reagiert? Mit Verständnis. Denn er klingt fromm und richtig. Gott ist die Fülle, er ist das Leben, er ist die Freude. Wenn ich also alle meine Karten auf ihn setze – dann geht es mir besser als zuvor. Gott enttäuscht mich nicht – Menschen enttäuschen. Also doch eigentlich ein guter Tausch! Doch ich spürte auch immer einen zweiten Impuls: eine tiefe Traurigkeit. Kann das sein, dass Gott mich von Menschen wegziehen will? In die traute Zweisamkeit?

Mittlerweile weiß ich: Dieser Satz ist eine fromme Lüge. Gott reicht nicht. Sagt Gott. Christen sind keine Inseln, eines der häufigsten Worte des Neuen Testaments ist „einander". Wir sind als Leib existenziell verbunden mit Christus. Schon auf den ersten Seiten der Bibel wird deutlich: Nein, die Beziehung Gott-Adam – obwohl ungetrübt(!) – ist eben nicht genug. Selbst im heilen Urzustand nicht. Gott gab ihr das Etikett: nicht gut und allein. Deswegen: Eva. Gegenüber. Wir brauchen einander. Wir brauchen Schutzraum und Gemeinschaft. Reibung und Heilung. Wir brauchen radikale Abhängigkeit von Gott allein und gleichzeitig Mut zur Verletzlichkeit und das Wagnis, sich immer wieder neu auf Menschen einzulassen und Beziehung zu leben.

JANUAR

24

Ich bin der wahre Weinstock, und mein Vater ist der Weinbauer. (...) eine Rebe aber, die Frucht trägt, schneidet er zurück; so reinigt er sie, damit sie noch mehr Frucht hervorbringt. JOHANNES 15,1+2

Ich liebe Fernsehserien. Nicht viele, aber einige wenige begleiten mich seit vielen Jahren. CSI Vegas. Big Bang Theory. Die muss man nicht kennen, aber eins kennt jeder Serienzuschauer, egal, ob Bergdoktor oder „24". Es ist ein schmerzhaftes Gefühl, wenn eine lieb gewonnene Figur geht. Weil der Schauspieler aussteigt oder stirbt. Es fühlt sich traurig an – Fernsehserien sind ein Stück Wegbegleiter, die zum geborgenen Grundrauschen des Lebens gehören.

Nicht anders ist es in der christlichen Gemeinde bzw. Kirche. Ja – sie muss sich reformieren! Immer wieder neu. Der Auftrag zur Verkündigung in aller Welt hat als logische Folge, dass sich die Kernbotschaft nicht, aber die Form kulturrelevant ändern muss. Aber auch: Änderungen sind behutsam von Gottes Herzen her zu gestalten. Denn Gottesdienst und geistliches Leben sind auch wie ein Kissen der Geborgenheit, das keine Hektik verlangt, sondern Gelassenheit – Perspektive Ewigkeit eben.

Und dann das eigene geistliche Leben. Ja, der Vater ist der Gärtner und verändert uns. Schneidet, reinigt, heilt. Wenn sich geistliches Leben nie groß ändert und stehen bleibt, ist das ein äußerstes Warnzeichen. Auf der anderen Seite: Es ist eben der Vater, der das tut. Nicht wir. Er macht eine Sache nach der nächsten und reißt nicht hundert Baustellen gleichzeitig auf, dass es auf der Lebensstraße nur so rumpelt! Er findet die heilsame Balance aus Veränderung und Stetigkeit in Gelassenheit. Unsere Aufgabe dabei: Sich ihm hinhalten. Mehr nicht. Aber an diesem vermeintlich harmlosen Punkt beginnt das Abenteuer.

Gepriesen sei der Gott und Vater unseres Herrn Jesus Christus, der uns gesegnet hat mit jedem geistlichen Segen in den himmlischen Regionen in Christus. EPHESER 1,3

Vor etwa 15 Jahren tauchten sie zuerst auf – und es gibt sie bis heute: WWJD-Armbänder. „What would Jesus do?" – eine einflussreiche Aktion war das. „Was würde Jesus tun" – das sollte man sich fragen in allen möglichen und unmöglichen Situationen des Lebens! Stress mit einem Kollegen – was würde Jesus tun? Depression – was würde Jesus tun? Keine schlechte Frage, aber ... sie hat es in sich. Zuerst: Kann man das so genau herausfinden, was Jesus tun würde? Die Bibel bietet auf viele Fragen unserer Zeit eben keine direkte Antwort, ist kein Rezeptbuch. Deswegen betont ja bereits Jesus, dass der Heilige Geist uns (mithilfe der Bibel) in die Wahrheit hineinführt.

Abgesehen davon: Was geschieht, wenn ich die Frage falsch beantworte und dann das Falsche tue? Schlimm? Egal? Da schleicht sich schnell Leistungsdenken durch die Hintertür hinein. Und dann glaube ich: Die Frage WWJD wird erst dann gelassen stellbar, wenn man sich vorher WHJD beantwortet hat. „What has Jesus done?" „Was hat Jesus getan?" Nämlich eine ganze Menge! Wir leben aus dem Vollen, aus Verheißungen, Zusagen. Zum Beispiel, dass wir bereits allen geistlichen Segen empfangen haben. Das öffnet ganz neue Horizonte! Nicht mehr: Was muss ich machen, sondern: Was muss ich lassen, damit Blockaden für diese Zusage ihre Macht verlieren?

Ich glaube: Wer im Glauben ergriffen hat, was Jesus in Kreuz und Auferstehung bereits für uns geschaffen hat – wer im Bewusstsein des Heiligen Geistes lebt – der wird immer mehr und fast wie selbstverständlich in die richtige Tat hineingeführt werden. Ohne jeden Krampf.

JANUAR

26

Glückselig die Armen im Geist,
denn ihrer ist das Reich der Himmel.

MATTHÄUS 5,3

Ich saß bei meinem Seelsorger und jammerte herum: „Ach, wenn mir diese Einsicht doch ins Herz rutschen würde! Sie ist eine reine Kopfsache!" Darauf meinte er: „Ja, wenn es denn ins Herz rutschen könnte – aber das ist voll!"

Ertappt. Es gibt den Segen der geistlichen Armut, der paradoxerweise zum Erleben der geistlichen Fülle führt. Aber sowie man diese Fülle wieder selbst für sich in Anspruch nimmt, daraus ein Programm macht, eine eigene Leistung, verschwindet dieses ungewöhnliche Prinzip. Wenn ich geistlich arm bin, öffne ich aber meine Hände, bin zutiefst bedürftig. Erwarte nichts von mir, sondern alles von Jesus. Diese innere Haltung ändert nichts an meiner wunderbaren neuen Identität als Königskind und Erbe. Es geht bei Matthäus 5,3 nicht um das Heil und ums Sein – sondern um das Leben und Mitherrschen im Königreich Gottes! Zu viele Christen beginnen in der Gnade – und laufen dann aus eigener Kraft weiter.

Aber auch der Weg in den Fußstapfen Jesus ist reine Gnade. Woher kommt die Kraft? Von Gott. Wie entsteht mein Gehorsam? Nur wenn ich aus dem Gehorsam Christi heraus lebe, der alles vollbracht hat. Wo kommt echte, tiefe Freude im Leid her? Aus Christus, der durch den Heiligen Geist in meinem Geist wohnt. Es bleibt: Gnade. Meine Aufgabe ist: Loslassen und mich immer neu in diese Ruhe bei Gott (Hebräer 4,1-11) hineinbegeben und Kraft, Gnade, Freude und vieles mehr empfangen. Meine Aufgabe ist: Die eigene Bedürftigkeit anerkennen, alles von Jesus erwarten und dann aus dieser empfangenen Vollmacht kraftvoll leben. Paradox? Gewiss. Aber wo kämen wir denn hin, wenn Gottes Weg in unser Hirn passte? Nirgendwo. Auf diesem neuen Weg aber wartet Glückseligkeit.

Ich bin gekommen, damit sie Leben haben und es in Überfluss haben. JOHANNES 10,10B

Was für eine Nacht! Immer wieder bin ich aufgewacht und habe herumgeröchelt – die Nase verstopft, keine Luft. Das hat etwas total Bedrängendes für mich, wenn ich nicht wie gewohnt durch die Nase atmen kann! Als Folge beginne ich mich oft auch im Kopf irgendwie „matschig" zu fühlen. Kleine Ursache – große Wirkung. Endgültig durchgedreht wäre ich aber wohl – nur mal so angenommen –, wenn ich als Folge des Nicht-mehr-richtig-atmen-Könnens behaupten würde, dass da draußen keine Luft mehr sei! Oder zumindest ein eklatanter Mangel an Luft. Ein ungewöhnlicher Gedanke, aber spielen wir ihn einmal durch! Wie geht das weiter?

Da ist also ein weltweiter Mangel an Luft! Das hat Konsequenzen. Weil das so ist, ist es wichtig, die Menschen zu warnen: Luft wird überschätzt! Sich wirklich lebendig fühlen, klar, frisch und frei – das ist nicht der Normalzustand in dieser Welt. Stufenweise wird also die Realität an die subjektive Wahrnehmung angepasst. Klingt das total versponnen? Genau das geschieht im Glauben allzu leicht.

Ich spüre Gott nicht? Der Heilige Geist ist für mich keine erfahrbare Realität? Also passe ich die Theologie an. Schraube die Verheißungen Jesus herunter. Damit wird meine subjektive Erfahrung des Glaubens zur Normalität und ist somit leichter auszuhalten. Die Spannung zwischen Soll und Haben wird aufgelöst. Dabei hat sich am Heiligen Geist, an den Zusagen nichts verändert – aber meine geistliche Nase ist verstopft und genau darauf weist Gott mich hin!

Wenn Gott distanziert scheint, vielleicht seit Jahren, wenn du nicht weiter hineinwächst in die Zusagen Gottes – dann schraube nicht an der Theologie. Frage Gott nach den Blockaden!

JANUAR

28

Denn Gott hat zu ihm gesagt: „Ich habe dich zum Vater vieler Völker gemacht." Abraham hatte Gott vor Augen und glaubte ihm, der die Toten lebendig macht und das Nichtseiende ins Dasein ruft. RÖMER 4,17

Ich stehe auf und beginne zu arbeiten, um etwas zu erreichen. Ein Ziel, das Ende eines Projektes, die nächste Lohnzahlung oder schlicht, dass die Kinder aus dem Haus sind und ich überlebt habe. Kurz: Wir investieren A wie Arbeit, um E wie Ertrag zu erreichen. Das bedeutet oft genug K wie Kampf. Denn nicht immer ist die Arbeit zielführend, manchmal frustrierend und andere äußere Faktoren stehen mir im Wege herum und ich erreiche das Ziel nicht oder verspätet. Ganz normal – so ist das Leben.

So ist auch der Glaube? Ich investiere A und K, um E zu erreichen? Kämpfe ich um den Ertrag meines Glaubens – oder kämpfe ich vom Ertrag her? Das ist ein entscheidender Unterschied, der mit den Zusagen Gottes zusammenhängt. ER liebt es, Fakten zu schaffen in seiner Gnade und uns hineinleben zu lassen. Ob wir das tun, bleibt weiterhin unser freier Wille. So sagt Gott zum lebenden Abraham: Ich HABE dich zum Vater vieler Völker gemacht. Da war dieser göttliche Fakt alles andere als sichtbar für Abraham! Gott liebt es, aus NICHTS alles zu machen und zu vollenden. Wie Eltern die Geschenke im ganzen Haus verstecken und die Kinder müssen sie lange und hochgespannt suchen – aber sie sind da und sie werden sie finden, wenn sie dranbleiben! So handelt Gott.

Der Sieg ist in Christus da. Er legt vor! Er hat bereits alles Wichtige vollbracht. Wir kämpfen nicht um den Ertrag – wir kämpfen vom Ertrag her, den Christus für uns erkämpft hat! Und keine Situation ist zu ausweglos und verfahren – denn genau da liebt Gott es, uns zu überraschen!

So schaue ich im Heiligtum nach dir, um deine Macht und deine Herrlichkeit zu sehen. PSALM 63,3

Pilgerorte. Als ich junger Erwachsener war, war Taizé der Ort der geistlichen Sehnsucht und für viele ist diese überkonfessionelle Kommunität heute noch ein Sehnsuchtsort. Dort ist Gott für sie spürbar. Andere wiederum „pilgern" zu bestimmten Konferenzen, auf denen eine bestimmte Atmosphäre herrscht, bekannte Redner ihr Bestes geben – Gott spürbar und erlebbar ist. Dieses Phänomen ist überhaupt nicht nur Ergebnis einer „Event-Kultur" und einer angeblich unbiblischen Erfahrungstheologie – die Sehnsucht nach und das Pilgern zu einem heiligen Ort ist so alt wie die Geschichte Gottes mit den Menschen.

Und so falsch ist das ja nicht! Es gibt heilige Orte, die da entstehen, wo ein Raum, eine Kirche mit Gebet und Gottesbegegnung gefüllt wird. Das spürt man. Hier herrscht ein anderer Frieden. Ich erinnere mich an unseren ersten Gebetsraum, den wir im Rahmen von 24/7-Gebet, einer weltweiten Gebetsbewegung, in unserer Gemeinde gestaltet hatten. Da betraten Männer nachts diesen Raum und konnten nicht anders, als die Tränen fließen zu lassen – so spürbar war die Gegenwart Gottes! Ja – Orte verändern sich, wenn sie mit geistlicher Praxis und Erfahrung gefüllt werden.

Aber das alles verliert seinen Sinn, wenn DER Pilgerort vergessen wird: das Heiligtum. Im Alten Testament konnte man sich dem Heiligtum nähern (es aber als Normalo nicht betreten). Seit dem Neuen Testament ist dieses Heiligtum: DU! Wahre Anbeter beten im Geist an – diesem inneren Raum, den wir von Gott geschenkt bekommen. So betont es Jesus (Johannes 4,23). Wir finden IHN in uns. Wir sind der neue Tempel. Es ist alles vorbereitet!

JANUAR

30

„Denn ich weiß genau, welche Pläne ich für euch gefasst habe", spricht der Herr. „Mein Plan ist, euch Heil zu geben und kein Leid. Ich gebe euch Zukunft und Hoffnung." JEREMIA 29,11

Gefangen. Ein Mann sagt zu mir diese Woche in der Seelsorge: „Alles lastet zentnerschwer auf mir, schnürt mich ab, nimmt mir Luft zu atmen!" Eingeengt. Gitterstäbe des Lebens. Das können innere Sätze sein, die uns seit der Kindheit einengen und die nicht Gottes Wahrheit für ein aufblühendes Leben entsprechen. Das können Abhängigkeiten sein, die uns immer wieder in alte, tief eingegrabene Verhaltensmuster rutschen lassen, in denen wir dann wieder ein paar Meter wie ein alter Trecker herumrumpeln, anstatt voranzukommen. Nicht umsonst ist Freiheit ein großes Ideal in unserer Gesellschaft, eine tiefe Sehnsucht. Aber wie finden wir sie? Wir finden sie zutiefst in der Abhängigkeit von Gott. Doch was, wenn ...

... wenn wir den Glauben daran verloren haben, dass dieser Gott uns befreien möchte und uns zutiefst Gutes tun will? Wie schnell häuft sich dann in mir Bitterkeit an gegenüber Gott. Den Israeliten in der babylonischen Gefangenschaft ging das sicher nicht anders! Ihnen sendet Gott dieses Wort. Wenn das nun für das Volk des ersten Bundes galt, wie viel mehr für uns, die wir Jesus Christus sogar in uns tragen durch den Heiligen Geist? Wie fatal, wenn wir gegen etwas, das unser Zentrum bildet, bitter werden und „zumachen"!

Bitterkeit gegenüber Gott darf geäußert werden. Raus damit im Gebet! Und dann wieder die laute Aussprache der ewigen Wahrheit, wenn es sein muss täglich, stündlich: „Gott ist gut! Er will mir kein Leid geben, sondern Fülle! Er gibt mir Zukunft! Er gibt mir Hoffnung!" Ich muss mir das immer wieder sagen.

Wer mich sieht,
sieht den,
der mich gesandt hat. JOHANNES 12,45

Finja, hier! Finja, kommst du?! Finja, mitkommen! Finja, wirst du wohl bei Fuß kommen!? Kommst du wohl her? Mistvieh!"

Hunde können im optimalen Fall Hunderte Wörter unterscheiden und sogar wissen, wie dann zu reagieren ist. Eins geht jedoch gar nicht: Wenn Herrchen oder Frauchen ein und dieselbe Handlung mit verschiedenen Worten verknüpfen! Erwünschte Tat: Hund soll herkommen! Die Aufforderung dagegen schwankt: HIER! Kommst du! Mitkommen! Wirst du wohl! Die Ansprache wandelt sich währenddessen von Finja zu Mistvieh! Sehr verwirrend für einen Vierbeiner. Aber auch für Menschen – die tief verletzt reagieren, wenn Menschen nicht zu ihrem Wort stehen oder unzuverlässig handeln ...

Jesus hat das am eigenen Leibe erlebt. „Ich stehe immer zu dir, da kann kommen, was mag!", – so sagt es Petrus. Nur kurze Zeit später: „Den kenne ich nicht." Jesus schaut Petrus wortlos voller Schmerz an. Und dieser Jesus selbst schreibt uns ja ins Stammbuch, dass wir Ja und Nein reden und klar und eindeutig sein sollen. Kein Rumgeeiere. Das verlangt allerdings auch Mut und gesunde Grenzen. Die Unklarheit, das Schwanken hat ja meist seinen Grund, entspringt in seiner verletzenden Wucht oft einer selbst erlebten Unsicherheit, einer erlittenen Verletzung ...

Hier kommt Gott heilsam ins Spiel. Er steht zu seinem Wort. Sein ultimatives Wort an die Menschheit ist eine Person: Jesus Christus. Von dem heißt es: Wer ihn sieht, sieht den Vater. Wenn dir also jemand etwas von Gott oder in Gottes Namen verkaufen will, das Jesus Wesen und Leben widerspricht, so ist es nicht Gott. Kurz gesagt: Gott ist wie Jesus. Wie wohltuend. Ein für alle Mal. Gott ist verlässlich.

Ihr werdet mich suchen und werdet mich finden. Denn wenn ihr mich von ganzem Herzen sucht, werde ich mich von euch finden lassen. Das sage ich, der Herr. JEREMIA 29,13+14A

„Nichts kann jemanden stoppen, der auf dem Weg zu sich selbst ist." Ich sitze keuchend und schwitzend auf der Rudermaschine in meinem Fitnesscenter, und dabei springt mich der motivierende Werbeslogan der Fitnesskette, unterlegt mit freshen, hämmernden Beats, aus dem vor mir hängenden LCD-Display an. Ich halte inne und er folgt mir in die nächsten Ruderschläge …

Ist das so? Steht niemand zwischen mir und mir? Oh, doch! Ich! Ich stehe mir selbst im Wege. Paulus drückt das im Römerbrief ein Kapitel lang aus (Römer 7). Dass man eben nicht einfach so Erkanntes umsetzen kann. Dass wir Menschen bockig sind und kompliziert. Verloren eben.

Und dann: Was erhoffe ich denn zu finden auf dem Weg zu mir – außer: mich selbst? Wenn überhaupt. Denn was finde ich da? Welcher Teil von mir findet und welcher wird gefunden? Kann ich mich überhaupt selbst finden? Oder nur Fragmente meiner Persönlichkeit? Das sind weit mehr als philosophische Fragen – solche Fragen machen die Absurdität so manches Lebensmodells deutlich.

Klar ist: Gott ist zu finden. Schon im Alten Testament wird das angedeutet – auch wenn das Volk Israel immer wieder an der eigenen Bockigkeit und Egozentrik scheitert. Erst recht gilt im Neuen Testament: Zwischen dir und Gott steht nichts mehr, seit Jesus Christus die Sünde, den Graben (altdeutsch: Sund) beseitigt hat. Du kannst durchrennen zum Thron der Gnade. Egal, ob du gerade bockig bist oder nicht. Also los. Kein Rudern mehr auf der Stelle – volle Kraft voraus in Gottes Arme!

Denn wir sollen keine unmündigen Kinder mehr sein; wir dürfen uns nicht mehr durch jede beliebige Lehre vom Kurs abbringen lassen wie ein Schiff, das von Wind und Wellen hin und her geworfen wird. EPHESER 4,14A

Ein seltsamer Wintermorgen. 15 Grad zeigt das Thermometer an. Und ich leide mit ihm. Denn für morgen um diese Zeit wird bereits wieder nur ein Grad angezeigt. Das nenne ich mal einen Temperatursturz innerhalb von 24 Stunden!

Ich schaue auf meine Stimmung. Vorgestern, gestern, heute. Etwas bedrückt stelle ich fest: Meine Stimmungen sind nicht weniger schwankend als die Außentemperaturen. Ich bin wie ein durchgeschütteltes Thermometer. Nicht selten stelle ich dabei fest, dass auch mein Glaube darunter leidet. Nun gibt es dafür eine Lösungsmöglichkeit: Das Thermometer dick einpacken in Styropor. Dann reagiert es nicht mehr so sensibel auf äußere Einflüsse. Aber es verpasst auch seinen eigentlichen Lebenssinn. Auf uns Menschen bezogen: Wir können uns eine dickere Haut und innere Mauern anschaffen, die uns schützen. Aber dann verlieren wir auch die Sensibilität für das, was außen passiert, wir bleiben unter unseren Gaben und wir können auch nicht mehr so empathisch mit unserer Umwelt umgehen. Mauern schützen nicht nur – sie halten auch zurück.

Die Bibel spricht von einer Alternative. Sei nicht Thermometer – werde Thermostat. Der muss genauso sensibel reagieren können auf die Außentemperatur, aber er regelt auch. Er ist nicht passiv und Opfer. Er hat ein anderes Zentrum, eine andere Aufgabe: Stabilität. Und bei uns? Jesus Christus und eine gesunde Lehre vom Evangelium in allen Lebenslagen sind das perfekte Zentrum. Schwankt es bei dir? Schau auf ihn. So einfach? Ja, letztlich schon. Anstrengend, eine Lebensaufgabe – aber: einfach.

FEBRUAR

3

Ich bin der Weinstock, und ihr seid die Reben. Wenn jemand in mir bleibt und ich in ihm bleibe, trägt er reiche Frucht; ohne mich könnt ihr nichts tun. JOHANNES 15,5

Winter. Ich streiche über die Felder und zwischen den Wolken bricht ein Sonnenstrahl hindurch, der erstaunliche Kraft für Februar mit sich bringt. Ein kleiner unscheinbarer Vogel auf einem Zaunpfahl schüttelt sich und blinzelt in die Sonne, plustert sich wohlig auf und lässt sich wärmen. Nicht lange und die ersten Blüten werden sich drehen und der Sonne hinhalten. Wachstum beginnt. Einfach so. Es ist vorgesehen im Bauplan von Gottes Natur. Die Schöpfung MACHT Wachstum NICHT, sie LÄSST es einfach geschehen ...

Wir versuchen es oft zu beschleunigen. Das ist so, als wenn wir auf den Knien über den Rasen rutschten und an den Grashalmen zögen und brüllten: Wachs'! Wachs'! Nein, wir düngen, züchten, beleuchten. Mithilfe von viel Know-how kriegen wir beschleunigtes Wachstum hin. Aber nicht ohne Nebenwirkungen. Das Problem: Wir erwarten diese Form von machbarem Wachstum auch von uns als Menschen. Auch im Glauben. Immer noch kämpfe ich mit der Stillen Zeit. Immer noch hänge ich in dieser Abhängigkeit fest. Immer noch ist dieser Charakterzug nicht verändert ...

Kann es sein, dass wir uns weniger um Wachstum als vielmehr um den Wachstumsspender drehen sollten? Die Blume denkt nicht über Wachstum nach – sie dreht sich zur Sonne und es geschieht. Wir sollten nicht über Wachstum nachdenken, sondern wie Reben an und in Christus bleiben – und es geschieht. So ist es vorgesehen. Aber wir zupfen. Und züchten. Und optimieren. Und sind frustriert. Und glauben irgendwann: Ich kann nicht wachsen. Da komme ich nie hin. Der Glaube wird müde. Dabei hätte eins geholfen: Sich der Sonne hinhalten.

**Freut euch im Herrn allezeit!
Wiederum will ich sagen:
Freut euch!** PHILIPPER 4,4

Es gibt so Tage, da bekomme ich genug Schlaf und wache erholt auf und bin trotzdem nicht fröhlich. Dunkle Träume haben meine Seele in eine zähe Nebelschicht gehüllt. Erst im Laufe des Vormittags komme ich an solchen Tage auf Normalnull. Dann gibt es andere Tage, an denen ich mich aus unerfindlichen Gründen trotz allem freue. Seltsam ...

Es gibt zwei Sichten auf die Freude. Die einen sagen: „Freude kannst du nicht machen! Sie kommt von innen nach außen. Du fühlst, was du fühlst. Bleib authentisch!" Hier bleibt Freude eine unverfügbare Größe, losgelöst von mir. Ich finde: Hier bekommen Gefühle zu viel Macht! Als wenn sie über allem stünden und wir losgelöst seien von aller Verantwortung.

Dann gibt es die anderen, die sagen: „Du musst nur glauben und beschließen, dass du jetzt fröhlich bist! Es ist ein Befehl Gottes. Mach es!" Das Problem dabei: Hier werden die dunklen Seiten des Lebens nicht mehr ernst genommen und der Wille den Gefühlen absolut übergeordnet. Du musst nur wollen und in Anspruch nehmen – dann freust du dich. Ich fürchte bei einer solchen Haltung um eine seelische Vergiftung durch Ausblendung von Realität ...

Letztlich sind Gefühle und Wille dem Bereich der Seele zugeordnet. Die Freude im (!) Herrn dagegen entsteht wie von selbst im Geist. Sie ist Nebenprodukt. Wenn wir uns der Sonne hinhalten, wärmt sie. So einfach. Das ist nicht machbar – aber das Hinhalten ist machbar. Die kleine Bewegung raus aus dem seelischen Bereich – hinein in die bereits vorhandene Gegenwart Gottes (wir sind ja IM Herrn), der alles Wollen, Fühlen und Denken übersteigt. Ich wette: Eine solche Freude wird auch die Seele erfassen ...

FEBRUAR 5

Dadurch, dass ihr reiche Frucht tragt und euch als meine Jünger erweist, wird die Herrlichkeit meines Vaters offenbart. JOHANNES 15,8

Man stelle sich vor: Ein Apfelbaum, an dem Apfelkerne am Ast hängen. Einfach so. Kein Vogel wird das reizvoll finden, kein Mensch anhalten, einen Apfel essen und den abgenagten Rest wegwerfen. Die Kerne hängen da. Langweilig. Reizlos. Uneffektiv. Deswegen sind sie verpackt. In herrliche rotbackige Früchte. Ein voll behangener Baum – da bleiben Menschen und Tiere stehen und mampfen, was das Zeug hält. Und verteilen so – ganz nebenher – die Kerne, also: potenzielle neue Bäume.

Dieses Prinzip nenne ich einfach mal: Kern-braucht-Frucht-Prinzip. Dieses Prinzip ist nicht nur in der Natur anzutreffen, sondern ist wichtige Grundlage unserer Spiritualität. Wir wünschen uns – wenn wir lebendig im Glauben unterwegs sind –, dass wir mit unserem Glauben reichlich aussäen können. Dass Menschen zum Glauben kommen, frei werden von Abhängigkeiten, an Freude gewinnen – was auch immer! Das Problem scheint mir oft zu sein: Wir schmeißen anderen Menschen Kerne hin, wo es Äpfel sein sollten! Die Frucht dafür tragen wir. Wenn Menschen an uns reife Frucht sehen – dann wollen sie zubeißen (Autsch!) und den Kern der Frucht in sich tragen, um auch solche Frucht zu tragen. Oder nicht.

Nun kann das ganz schnell Stress machen. Als wenn Frucht „gemacht" werden kann. Sie entsteht aber da, wo wir Jesus Christus lieben und dann unseren Nächsten wie uns selbst. Jesus im Mittelpunkt – das ist der Mutterboden, auf dem reife Frucht gerne wächst. Sobald gute Werke, Psychologie oder irgendetwas anderes – durchaus Wertvolles (!) – diesen ersten und zentralen Platz einnimmt, wird der Mutterboden ausgelaugt und die Frucht verkümmert. Deshalb: Jesus zuerst. Der Rest wird folgen.

Und nun geht und sagt seinen Jüngern, vor allem Petrus: „Er geht euch nach Galiläa voraus. Dort werdet ihr ihn sehen, genau wie er es euch gesagt hat.“ MARKUS 16,7

Ich bin wie ein Kind, das laufen lernt. Immer wieder falle ich hin und stehe wieder auf. Nicht in allen Bereichen meines Glaubens ist das so. In einigen bin ich auch begabt, stark, geheilt. Aber da sind noch genug, in denen ich die ersten Schritte erst begonnen habe. Doch immer noch tappe ich in eine Falle: Wenn ich hinfalle und es nicht so recht vorangeht, verurteile ich mich selbst. Ich scheine Gott, den guten Vater, durch eine seltsame Brille zu sehen: dass er neben mir, seinem Kind steht, und mich anschnauzt: „Nun lern' endlich laufen, stell' dich nicht so an! Längst solltest du es können!“

Das Erstaunliche an diesem Vater ist: Er ist nicht nur NICHT so, wie ich ihn durch meine Brille sehe – er weiß sogar, wie schnell ich zu dieser Selbstverurteilung neige, und geht in seiner Liebe selbst gegen diese noch vor. Bestimmt auch bei dir. Bei Petrus jedenfalls war das so. Petrus fällt nicht nur hin – er produziert einen GAU – den größten anzunehmenden Unfall. Er verleugnet seinen Herrn vor der Kreuzigung. Der schaut ihn nur traurig und verletzt an. Tiefer kann es nicht gehen, oder? Dann folgt die Auferstehung, Petrus flüchtet und zieht sich mit den anderen Jüngern zurück. Die Frauen dagegen gehen zum Grab – und dort lässt Gott den Engel sagen, dass sie – die Frauen – zu den Jüngern gehen sollen und vor allem zu Petrus! Denn der hat es besonders nötig. Und der wird noch gebraucht! Sein Auftrag ist durch sein Versagen nicht verschwunden. Faszinierend, unser Gott. So behutsam und sanft geht er mit einem GAU um. Also auch mit dir und mir, egal, wie oft wir fallen.

FEBRUAR **7**

Lass dich nicht vom Bösen überwinden, sondern überwinde das Böse mit Gutem. RÖMER 12,21

Mist, schon wieder in die alte Sündenfalle getappt! Dabei hatte ich mir doch vorgenommen ... wieder nicht ... ich unfähiger, schwacher (hier Begriffe der Selbstverurteilung einsetzen).

Hier läuft etwas gründlich schief. Wenn der ehrenwerte Wunsch nach Wachstum im Glauben (und dem Schrumpfen des Dunklen) in Verdammnis endet – dann steckt der Teufel im System.

Psychologen raten zu etwas sehr Klugem: Ersatzhandlungen. Sprich: Willst du eine falsche oder negative Handlung loswerden, dann schreibe dir auf, was daran alles negativ ist, und finde eine Handlung, die eindeutig positiver ist, und übe sie stattdessen ein. Habe ich zum Beispiel den Tick, in der Öffentlichkeit in der Nase zu bohren, lenke ich auf dem Weg zur Nase die Hand um und streiche über die Wange. Merkt keiner – aber eine schlechte Gewohnheit wird damit durch eine nicht anstößige ersetzt.

Gott kennt diesen psychologischen Rat schon lange. Nicht gegen das Böse kämpfen – das Gute dagegensetzen! Warum? Weil Kampf gegen das Böse, gegen negative Verhaltensweisen, gegen störende Charakterzüge oder Eigenarten immer Rebellion erzeugt und somit den Kreislauf aus Versagen, Scham und Verdammnis antreibt. So sind wir gestrickt. Wir begehren auf gegen das Gesetz. In Christus kann das anders laufen. Er ermöglicht es uns, auf eine sanfte und gute Weise zu wachsen: indem wir darum bitten, dass Gottes Geist in uns mehr Raum erhält und wir dann das Bessere tun. Arbeiten wir mit dem Gesetz, ernten wir Rebellion – bei anderen wie bei uns selbst. Wir können uns nicht selbst verändern. Aber wir können uns verändern lassen, indem wir uns entscheiden, etwas Besseres zu tun, und so indirekt und sanft dem Dunklen, Schwierigen, Bösen immer weniger Raum geben.

Ja, weil Christus in uns lebt, sind wir zur Ehre Gottes ein Wohlgeruch, der sowohl zu denen dringt, die gerettet werden, als auch zu denen, die verloren gehen. 2. KORINTHER 2,15

Boah, ich kann diesen Typen nicht riechen!“ Unsere Sprache verrät sehr fein: Ob wir einen Menschen mögen oder nicht – das verrät uns auf einer ganz tiefen Ebene auch der Geruch. Das läuft vollautomatisch ab. Wenn ... uns nicht falsche Tatsachen vorgespielt werden. Der natürliche Geruch wird durch Aluminiumsalze im Körper verschlossen, und wir legen Düfte auf, die „zu uns passen“ statt unserer zu sein. Schweiß ist bäh! Und in der Tat – Leute, die sich einmal die Woche im Hochsommer duschen, sind keine wahre Freude. Frischer Schweiß dagegen riecht neutral und wir und andere können uns riechen. Deswegen bin ich – aus dem Nähkästchen geplaudert – auf Deos ohne Aluminiumsalze umgestiegen.

Geistlich läuft das nicht weniger spannend ab! Kinder Gottes, die Liebe zu Christus in sich tragen, wollen diesen Glauben auch hinaustragen in Wort und Tat! Doch was ist, wenn ich gerade so gar nicht „fromm“ bin, sondern tief unten? Zweifelnd? Kämpfend? Blitzschnell übernimmt da ein künstlicher Duft das Regiment. Die duftige Fassade, wie wir denken, dass ein Christ sich verhalten sollte, „rüberkommen“ soll. Dabei steckt ein Missverständnis dahinter: Wir sind IN Christus und er IN uns. DESWEGEN haben wir ganz von selbst einen Wohlgeruch – egal, wie wir uns fühlen. Dieser Geruch tut sein Werk. Wird wahrgenommen. Am besten dann, wenn wir ihn nicht verstopfen, keinen künstlichen Fassadenduft auflegen, sondern im Bewusstsein rausgehen: ER ist es, ER in mir. Das reicht. Das Bewusstsein seiner Gegenwart verändert alles. Auch uns.

FEBRUAR

9

„Was ich dir rate, ist wichtiger als alles andere: Achte auf deine Gedanken und Gefühle (wörtlich: dein Herz), denn sie beeinflussen dein ganzes Leben.“
SPRÜCHE 4,23

Ja kann ich das denn? Auf Gedanken und Gefühle achten? Die kommen doch so blitzschnell! Ist das denn schlimm? Nein, überhaupt nicht. Wir sollen jetzt auch nicht mit einem inneren Zensor durch die Gegend laufen, der uns jeglicher Spontaneität beraubt. Die Entwicklung Richtung Authentizität – die absolut richtig war und ist – hat aber auch etwas anderes produziert: Ich darf alles denken, fühlen und auch äußern, was in mir ist. Egal, ob es andere verletzt. Wo auf der einen Seite Kontrolle und Selbstkastrierung die Lebendigkeit verkümmern lassen, da ist andererseits ein Leben ohne Torwächter des Herzens genauso wenig erstrebenswert. Weder für mich noch für andere.

Was macht dieser Torwächter? Er macht deutlich: Ich muss nicht alles äußern. Aber das ist nur eine untergeordnete Funktion. Die viel Wichtigere: Der Torwächter betrachtet die Gedanken und Gefühle und reflektiert so die inneren Haltungen. Wenn ich dauernd selbstzerstörerische Gedanken pflege, negative Haltungen zum Leben zum Beispiel, dann merkt er das und meldet es. Dann wird es Zeit, sich damit zu beschäftigen! In Seelsorge, mindestens aber im bewussten Gegensteuern. Denn so wie es negative „Einreden“ gibt, die uns beschädigen, so können wir wahrhaftige Einreden dagegensetzen, die in Gottes Wahrheit verwurzelt sind. Eine uralte geistliche Disziplin, die schon die ersten Mönche, die Wüstenväter, praktiziert haben. Dieser Weg ist ein beharrlicher und stiller, aber lohnender Weg, das Schlagen des Herzens langsam und immer mehr in Übereinstimmung mit dem Vaterherzen Gottes zu bekommen.

10 FEBRUAR

Gott redet doch! Er tut es immer wieder, mal sanft, mal hart – man achtet nur nicht drauf! Zur Nachtzeit, wenn die Menschen ruhig schlafen, in tiefem Schlummer auf den Betten liegen, dann redet Gott durch Träume und Visionen. Er öffnet ihre Ohren, dass sie hören. (...)

HIOB 33, 14-16A

Gott redet durch sein geschriebenes Wort. Das ist christliche Überzeugung und eine staunenswerte und herrliche Tatsache! Was für ein Schatz der Offenbarung Gottes, auf dem ja nicht umsonst auch diese Andachten aufbauen! Aber es gab auch lange Zeiten in der Geschichte ohne geschriebenes Wort oder Zeiten, in denen viele Menschen nicht lesen konnten. Trotzdem hat Gott seinen Weg gefunden zu den Herzen der Menschen – und findet ihn heute. Er ist nicht beschränkt auf sein geschriebenes Wort. Er spricht leise im Herzen, durch andere Menschen, durch Umstände – und durch Träume! Immer wieder.

Träume sind faszinierend und beängstigend zugleich. Träume sind wie ein Filmnegativ (was es heute ja kaum noch gibt im Zeitalter der digitalen Fotografie). Vordergründig Dominantes tritt in den Hintergrund, Helles wird Dunkel ... aber eigentlich Wichtiges, aber Unscheinbares, Leises, Dunkles wird hell und sichtbar. Die Welten vertauschen sich. Träume bedeuten auch: Kontrollverlust. Gebete kann man „machen", fromm kann man tun, Träume ereignen sich. Gerade bei starken inneren Verwundungen und Schutzmauern sind Träume nicht selten ein wichtiger Kanal der Botschaften Gottes. In der Bibel und heute. Doch egal welchen „Kanal" Gott benutzt – alles weist auf das lebendige Wort hin: Jesus Christus. Legen wir jeden Abend unsere Nacht und unsere Träume in seine Hände und beten darum, dass uns die Wichtigen auch am Tag noch erhalten bleiben ...

FEBRUAR

11

Wenn ihr versucht, mit Hilfe des Gesetzes vor Gott gerecht dazustehen, habt ihr euch aus der Verbindung mit Christus gelöst und habt den Weg der Gnade verlassen. GALATER 5,4

Gestern begann meine Amalgam-Sanierung. Das bedeutet: Haufenweise alte Zahnfüllungen aus dem umstrittenen Amalgam werden entfernt und endlich durch verträgliche Füllungen aus Keramik ersetzt. Dabei schluckte die Zahnärztin bei einem Zahn besonders – das Amalgam sei quasi schon an der Wurzel, das sei gar nicht gut! Denn durch die Wurzel besteht eine direkte Verbindung zum Körper. Gut, dem Problem an die Wurzel zu gehen!

Was geschieht, wenn unser Glaube Karies hat? Wenn sich Charakterzüge nicht ändern, immer wieder dieselbe Sünde auftaucht? Zweifel hochkommen und alles eintrüben? Es ist die uralte Versuchung des Menschen, solche Löcher mit dem Amalgam des Gesetzes zu behandeln. Das Gesetz wirkt robust und bewährt. Stabil, klar und eindeutig. Zumal es dem eigenen Ego durchaus guttut, wenn man es selbst wieder mehr im Griff haben kann, voranzukommen im Glauben und Leben. Tu das und es geht dir besser. Lass jenes und du gefällst Gott und wirst gesegnet. Das streichelt dem Ego. Es wird wieder deutlich kontrollierbarer, ob man Gott gefällt oder nicht.

Dabei sind positive Verhaltensweisen ja nicht schlecht – im Gegenteil. Genauso wenig ist es erstrebenswert, destruktive Verhaltensweisen, die gegen Gottes Willen sind, einfach zu dulden. Doch sowie diese Pläne dazu dienen, etwas bei Gott und sich selbst zu erreichen, manipulieren wir Gott und fallen aus der Gnade. Wir benutzen das Amalgam des Gesetzes. Dabei will Gott die Füllung der Gnade schenken. Immer mehr. Die Entscheidung Gesetz oder Gnade fällen wir – jeden Tag neu.

12 FEBRUAR

Macht euch keine Sorgen um den nächsten Tag! Der nächste Tag wird für sich selbst sorgen. Es genügt, dass jeder Tag seine eigene Last mit sich bringt. MATTHÄUS 6,34

Sensible Menschen sind nicht selten auch Lastenesel. Vielleicht gehörst du ja dazu? Ich schon. Ein paar Merkmale:

- Sie spüren recht schnell, ob es einem Menschen nicht gut geht.
- Sie bemerken, dass Konflikte und Probleme anderer sie so schnell nicht loslassen.
- Sie denken Gespräche und Situationen mehrfach und in alle Richtungen durch, um ja sicher zu sein.

Sie spüren körperlich Lasten auf Schultern und/oder Rücken.

Erkannt? Es scheint so, als wenn nicht nur die eigene Lebenslast auf den Schultern ruht, sondern noch die schweren Erfahrungen und Emotionen anderer gleich mit aufgenommen werden. Das Problem: Wenn ich selbst ein gutes Lasten-Management habe und dann freiwillig(!) entscheide, dass ich temporär die Last eines anderen tragen möchte – wunderbar! Doch oft ist bei sensiblen Lasttieren genau das nicht der Fall. Das eigene Leben schwer genug – die Übernahme fremder Lasten fast reflexartig. Dazu noch die Ansprüche anderer an mein Leben und Handeln. Noch mehr Last!

Hier läuft etwas schief. Denn das Übernehmen von Lasten ist neben der natürlichen Sensibilität auch ein gutes Stück schiefe Prägung. Wo Mama und Papa schwer zu tragen hatten und damit nicht fertig wurden, hat nicht selten auch das Kind Last übernommen anstatt unbeschwert zu leben. Jesus will direkt und durch seelsorgerliche Begleitung diese Prägung heilen. ER ist der Lastenträger, seine Last ist leicht. Wo wir selbst weitertragen wollen, verweigern wir – aus falscher Stärke, Stolz oder Opfermentalität – zugesagte Entlastung. Jesus trägt die Last. Du bist nicht Jesus. Lass Last los!

FEBRUAR

13

Seid stille und erkennet, dass ich Gott bin!

PSALM 46,11A

Lasst ab und erkennt, dass ich Gott bin. (Psalm 46,11a)

Gott erkennen – das ist ein hochsinnlicher, nicht nur intellektueller Akt, im Hebräischen. Das ist wahrnehmen, „be-greifen" mit allen Sinnen, Gefühlen, Verstand – einfach existenziell. Was für eine Sehnsucht habe ich danach! Dieser kleine Teilvers ist ein klassischer Vers für das Gebet der Stille. Zu Recht! Aber gleichzeitig ganz anders als gedacht.

Denn der Psalm spricht von Bedrohung, von Kriegswirren, von Ängsten des Volkes! Aber – so sagt es Jahwe – ich habe das alles im Griff. Ich vernichte die Streitwagen, ich kümmere mich um euch! Am Ende dann die Aufforderung: Seid still und erkennet! Wörtlich aber eigentlich: Lasst ab und erkennt. Beides stimmt und so wird dieser Vers zu einer faszinierenden Anleitung zur Gotteserkenntnis mit ungeheurer Tiefendimension.

Denn „Gott erkennen" wird ermöglicht durch „Ablassen" von Ängsten, Sorgen, Bedrückung durch die Not und Gewalt in der Welt. Es wird keine Stille und somit kein Erkennen möglich, wenn man diese Dinge umklammert. Sie binden einen, fokussieren einen auf sich selbst – und verunmöglichen es, in den Raum der Stille einzutreten, in dem Gott längst wartet. Wie gelingt „Ablassen"? Der Psalm macht es vor: Indem man sich die biblischen Wahrheiten über Gott selbst vor Augen führt. Indem man dem aufgewühlten Herzen liebevoll Gottes Souveränität zeigt, der erlebten Wahrheit die größere Wahrheit erzählt. Das Herz kann still werden. Ruhig. Immer ruhiger. In dieser entstehenden Stille, wo mein ICH nicht mehr im Zentrum steht, wo ich ablasse und nur noch bin – da beginne ich, Gottes Gegenwart plötzlich zu spüren. Er war immer schon da.

(...) indem wir hinschauen auf Jesus, den Anfänger und Vollender des Glaubens. HEBRÄER 12,2A

In der Nacht ist Schnee gefallen. Die Landschaft ist überzogen mit einem stillen, weißen Schleier. Ich spaziere mit Hund Finja über die Felder auf den Schwarzen Berg zu. Da die Bäume kahl sind und auf den steilen Hängen des Hügels kein Schnee liegen geblieben ist – auf den Wegen aber sehr wohl –, erkenne ich deutlich, wie sich der Weg aus dem Wald erhebt, um den Hügel windet bis oben zum Gipfelkreuz. Ein seltener Anblick. Im Frühjahr, Sommer und Herbst ist dieser Weg unsichtbar und selbst im Winter wird er nur durch den gefallenen Schnee wie mit einem natürlichen Textmarker hervorgehoben. Würde ich nun einen Gast über die Felder führen, könnte ich ihm zeigen: DA verläuft der Weg, und er würde beifällig nicken. Den Rest des Jahres wäre die zu erwartende Antwort wohl: „Ja, wenn du das sagst!"

Im Glauben ist der Weg im Normalfall verdeckt. Gott verspricht uns, mit den Augen zu leiten – aber wir haben kein Anrecht auf den großen Flutlicht-Scheinwerfer, der uns den Lebensweg ausleuchtet. Werde ich weiter glauben können? Wachse ich? Erlebe ich Niederlagen? Erreiche ich das Ziel? Darauf können wir meist nur vertrauen. Doch ab und an strahlt Gottes Scheinwerfer auf – wie nebenbei – und wie in einem kurzen gleißenden Licht sehen wir den Weg in Gänze vor uns. Gott ist der Anfänger und der Vollender deines Glaubens – sprich: Er macht das mit dir. Es wird alles gut. Keine Ungewissheit. Schau nur auf Christus.

Dann wächst der Weg wieder zu, der Scheinwerfer erlischt und glimmt noch ein wenig nach. Unsere Augen blinzeln durch die ungewohnten Dunkelheit. Doch dann geht es weiter. Schritt für Schritt. Und alles wird gut.

FEBRUAR

15

Da bildete Gott, der HERR, den Menschen aus Staub vom Erdboden und hauchte in seine Nase Atem des Lebens; so wurde der Mensch eine lebende Seele. 1. MOSE 2,7

Es raubt mir den Atem. Diese Andacht entsteht in einer solchen Atemraubsituation. Wenn es mir den Atem raubt, wird es eng im Brustkorb, der Atem wird flacher, Druck ist da. Irgendetwas „triggert" mich, d.h., stößt mich an. Jeder Mensch kennt das. Eine dumme Bemerkung eines Kollegen in einem bestimmten Tonfall – und plötzlich geht innerlich die Post ab! Übertrieben und dem Anlass nicht angemessen, sicherlich, aber es passiert. Dass es so stark ist, spricht für einen Trigger und das Treffen einer alten seelischen Verwundung des Lebens. Herzenserinnerungen werden hochgespült und überlagern die aktuelle Situation und – zack! – wird es eng! Meistens verurteilt man sich für solche Momente: „Ach was bin ich doch schwach, was stelle ich mich hier an!" Solche Selbstverurteilungen machen nur eins: Die getroffene Wunde vertiefen ...

Wenn mir etwas den Atem raubt, ist dieser Teil meiner Persönlichkeit nicht mit dem Atem Gottes „gefüllt". Dann ist mir vor langer Zeit dort der Atem genommen worden – und dort herrscht Panik, Angst – da ist keine Luft zum Leben! Ich sitze jetzt hier am Schreibtisch und bin mitten drin. Was mache ich? Zuerst erzähle ich Gott von der Situation. Ohne Wertung. Dann bitte ich den Heiligen Geist, den Atem Gottes, genau diesen Teil mit seiner Gegenwart zu füllen. Ich umgebe mich bewusst mit der friedlichen, aber machtvollen Waffenrüstung Gottes (Epheser 6). Zuletzt segne ich und vergebe ich (wo ich das schon kann) dem Menschen, der mich oft ohne es zu wollen und zu wissen getriggert hat. Während ich das mache, merke ich, wie es langsam und sanft leichter wird.

Nur empört euch nicht gegen den HERRN! Und fürchtet doch nicht das Volk des Landes, denn unser Brot werden sie sein! Ihr Schutz ist von ihnen gewichen, und der HERR ist mit uns. Fürchtet sie nicht! 4. MOSE 14,9

Siehst du die unüberwindbare Hürde da vor dir? Die Prüfung? Der Konflikt, in dem du lebst? Vielleicht auch nur das nächste Neuland, das dich ängstigt, in Partnerschaft, Job, Umzug, was auch immer? Schnell werden dann die nächsten Tage, Wochen, Jahre wie Riesen, zu denen wir hinaufschauen und ängstlich verzagt zusammensacken. Übermächtig sind sie, die Herausforderungen.

Wenn du zu den Menschen gehörst, die dauernd „Tschakka" sagen und: „Kein Problem, wo ist die Welt, ich erobere sie!" – dann ist diese Andacht nichts für dich. Für den Rest gilt: Wenn Gott versprochen hat, etwas zu segnen und gut zu machen, dann gibt er dir diese „Riesen" wie Brot zu essen. Sie sind nur groß und übermächtig in deinem Kopf und deinem Herzen – weil du es so gelernt hast. Deine Prägungen spielen dir einen Streich, dass du „so was ja eh nicht schaffst" und „sowieso kein Risiko eingehen solltest!". Dazu kommt manchmal noch eine verkürzte Realitätssicht. Ja, wenn ich nur auf das schaue, was vor Augen ist – dann wird mir Angst! Aber Gott sagt den Israeliten: Ihr seht Feinde! Ihr seht riesige Menschen! Ich sehe nur: Brot. Haut es weg! Denn diese Israeliten standen vor dem verheißenen Land, Milch und Honig, Wahnsinn! Endlich Freiheit, eigenes Land! Und kurz vor dem Ziel kamen die Ängste. Lassen wir das nicht zu! Wir haben noch viel mehr Unterstützung durch den Heiligen Geist in uns und zugesagte, versprochene, garantierte Verheißungen auf und für uns! Alles, was sich dem in den Weg stellt, hat ganz viel mit uns zu tun, ist aber letztlich: Brot. Haps!

FEBRUAR

17

Denn er (der Herr) möchte nicht, dass irgendjemand verloren geht; er möchte vielmehr, dass alle zu ihm umkehren.
2. PETRUS 3,9

Darf ich dich auf eine gedankliche Reise mitnehmen? Ist Gott allmächtig? Natürlich ist er das! Er könnte aus Steinen gehorsame Nachfolger formen – das steht in seiner Macht. Wenn Gott also allmächtig ist – und sonst wäre er nicht Gott –, warum geschieht dann so viel Dunkles und Böses? Hier wird es nun spannend. Denn obwohl Gott allmächtig ist, ist er es nicht! Denn Gott ist auch absolut gerecht – das heißt, er verstößt niemals gegen seine Prinzipien. Zu diesen Prinzipien gehört auch der freie Wille des Menschen. Niemals wird Gott einen Menschen zum Gehorsam vergewaltigen. Das verböte auch das Prinzip der Liebe. Liebe ist immer freiwillig, sonst wäre es keine Liebe. Wer möchte einen Partner haben, der einen nur deswegen liebt, weil er einen Liebeschip ins Gehirn gepflanzt bekommen hat? Ich nicht!

Was sagt der Vers? Gottes Wunsch ist es, dass alle Menschen gerettet werden und ihn als Herrn erkennen. Wird das so kommen? Offensichtlich nicht. Jeder kennt genug Menschen, die als Atheisten durch die Welt gehen und auch sterben. Gott hat also Geduld – und weiß genau: Er wird nicht alle überzeugen können. Er beschränkt also seine Allmacht freiwillig.

Ich finde diese Erkenntnis erstaunlich und befreiend. Denn nun sind wir davon befreit, Gott so weit zu verbiegen, dass er auch noch irgendwie hinter den übelsten Taten steht! Denn nichts geschieht ja gegen seinen Willen ... So sagen viele! Ich glaube: Es geschieht jede Menge gegen seinen Willen, weil er den Menschen ihren Willen lässt. Wie gut, dass Gott seine Allmacht beschränkt – und uns unsere Freiheit lässt. Auch wenn es sein Herz zerreißt.

Preise den Herrn, meine Seele, und vergiss nicht, was er dir Gutes getan hat! PSALM 103,2

Warum fotografieren wir eigentlich? Und was fotografieren wir? Die Frage nach dem Warum ist schnell beantwortet. Ich fotografiere etwas, damit ich mich erinnern kann, damit ich einen möglichst naturgetreuen Eindruck von etwas bewahre und so meiner Erinnerung etwas helfen kann. Unwichtige Dinge fotografiere ich nicht – ja, ich würde Fotos sogar zerreißen, Entschuldigung: löschen, wenn meine Erinnerung plötzlich im Nachhinein negativ würde. Zu intensiv würden die Fotos an das unangenehme Ereignis oder die unangenehme Person erinnern.

Was ich nun fotografiere – nun, das ist absolut persönlich und individuell verschieden! Wir machen uns ja gerade lustig über Klischeetouristen, die am Urlaubsort die immer gleichen Sehenswürdigkeiten auf immer die gleiche Weise ablichten! Wobei auch das etwas sehr Persönliches über diese Menschen aussagt! Jedenfalls sind meine Bilder „maßgeschneidert“ für mich. Sie berühren mich, wenn ich sie mir anschaue.

Fotografieren könnte so – ein vielleicht ungewohnter Gedanke – zu einer geistlichen Übung werden, die mich froh macht! Indem ich „Bilder“ im Herzen, im Tagebuch oder wie auch immer mache von dem, wofür ich Gott dankbar bin! Der Psalmist fordert sogar seine eigene Seele auf, sich daran zu erinnern, die Bilder rauszuholen – vielleicht sogar mit jemandem zu teilen! Großartig! Eine Übung in eigener Dankbarkeit (DAS hat Gott alles getan ...) und Demut (... und nicht ich – welche Gnade!), die so sogar anderen wohltun kann. Und wer regelmäßig Vergissnicht-Fotos rausholt und neue knipst – der geht mehr und mehr mit anderen Augen durch den Alltag. Ein großartiger Tipp Gottes!

FEBRUAR

19

Du sollst dir kein Gottesbild anfertigen. Mach dir kein Abbild von irgendetwas im Himmel, auf der Erde oder im Meer. 5. MOSE 5,8

Hör auf zu fotografieren!" Hallo? Ist das nicht ein Widerspruch zur Andacht gestern? Nein – eher der dringend notwendige Gegenpol! Ich werde das erklären. Ich bin auf Einkehr und auf meinen Wanderungen ist das Smartphone immer griffbereit – nicht für die sozialen Medien, sondern um zu fotografieren: herrliche Momente und Stimmungen festzuhalten und darin zu schwelgen. Doch irgendwann kippt das Ganze! Aus dem spielerischen nebenher Fotografieren wird fast eine Notwendigkeit. Ich spüre, wie ich meine Umgebung nur noch indirekt, durch den Blick des Objektivs, also quasi versachlicht und funktionalisiert wahrnehme. Ich bin „gar nicht mehr richtig da"!

Im Glauben gibt es das Bilderverbot. Nicht, weil Gott nicht dargestellt werden möchte, sondern weil er nicht festgelegt werden möchte. Ähnlich ist es bei Menschen. Habe ich mir ein bestimmtes Bild von einem Menschen gemacht, dann distanziere ich ihn gleichzeitig durch diese Schublade von mir. Ich erwarte schon bestimmte Antworten, rechne mit bestimmten Reaktionen. „Ach ja, typisch!" Solche Bilder zerstören Beziehungen, ziehen uns aus der unmittelbaren Gegenwart und verunmöglichen so echte Begegnung. Wie fatal, wenn das mit Gott passiert! Ein Bild hat Gott dennoch zugelassen. Seinen Sohn Jesus Christus. Er ist das perfekte Bild des Vaters. Wer ihn sieht, sieht den Vater.

So gilt für das eigene Leben, Mitmenschen und auch Gott: Wie nebenher und ganz spielerisch dankbar Fotos machen – kein Problem! Wenn dieses Bildermachen und die Bilder selbst sich in den Mittelpunkt rücken, dann: Warnung! Weg mit den Bildern und zurück in die Unmittelbarkeit! Hier spielt das Leben!

Sie gehören nicht zu dieser Welt, so wie ich nicht zu ihr gehöre. (...) Ich sende sie in die Welt, wie du mich in die Welt gesandt hast. JOHANNES 17,16+18

Ich streife durch die wuseligen Gassen Palmas. Eine herrliche Altstadt voller Vielfalt, kleiner Geschäfte, neuer Gerüche und überbordender Farbenpracht und Kreativität. Ich biege um eine Ecke und stehe plötzlich auf einem Hof, an dessen einer Seite eine eher unscheinbare Kirche liegt. Die anderen Seiten sind von Häusern umgeben – nur einen Zugang hat dieses Quadrat der Ruhe. Ruhe – weil mich urplötzlich, mitten in der Stadt, eine kühle Stille umgibt, die ihrerseits ganz still macht! Ich bleibe stehen, sauge auf. Herrlich! Nach einer viertel Stunde verlasse ich dieses Idyll und biege um die nächste Ecke zurück ins pralle Leben.

Manchmal überkommt mich der Gedanke, dass solche Ruheoasen das Paradies sein müssen. So ein wenig zumindest. Und nicht wenige Christen haben je genau diesen Schritt im Laufe der Kirchengeschichte gewählt und sind in die absolute Stille gegangen. Ins Kloster, in die Einöde. Ich glaube, dass das – zumindest für mich persönlich – ein Irrweg ist. Ich halte mehr von ruhigen Innenhöfen, die ich gerade deswegen genießen darf, weil daneben auch das aufregende und wuselige Leben stattfindet, in dem ich nach dem Willen Gottes Salz und Licht sein soll. Beides erlebe ich gerade in dieser Spannung fruchtbarer und intensiver. Es ist eben „in der Welt" und gleichzeitig wie „nicht von dieser Welt". Das eine korrigiert das andere. Die Welt erdet mich in meinen geistlichen Höhenflügen – die Stille und Abgeschiedenheit füllt mich neu mit dem, was ich wirklich brauche. Die Balance, dieser Tanz aus Spannung und Entspannung, das ist die Kunst!

21

Sie sind wie Bäume, die am Wasser stehen und ihre Wurzeln zum Bach hin ausstrecken. Sie fürchten nicht die glühende Hitze; ihr Laub bleibt grün und frisch. Selbst wenn der Regen ausbleibt, leiden sie keine Not. Nie hören sie auf, Frucht zu tragen. JEREMIA 17,8

Ich streife weiter durch die Gassen von Palma und biege um eine Ecke und stehe – vor einem riesigen Ficus. Fici – das kennen Studenten vielleicht noch aus ihrer Studentenbude – sind die vielleicht einen Meter hohen Bäumchen, die es auch mal aushalten, wenn sie eine Woche kein Wasser bekommen. Was häufig passiert. Die kleinen Blätter verstauben langsam, und seien wir ehrlich: Irgendwann wandert er als verzweifeltes Gestrüpp in den Kompost. Nicht ohne schlechtes Gewissen, wieder einen Ficus auf dem Gewissen zu haben.

Da stehe ich also vor einem Ficus. Stammumfang: getrost 10 Meter. Über 100 Jahre alt. Er wird in Palma Ficus de La Misericordia genannt, Ficus der Barmherzigkeit. Eine beeindruckende, riesige Krone spendet über mehr als 20 Meter Schatten. Ich stutze. Sehe im Geiste meine Studentenbude als Grabkammer des Ficus benjamini und dann diesen Ficus. Was für ein Unterschied! Aber warum? Eine andere Art dieser Gattung – sicherlich. Aber vor allem: andere Wachstumsbedingungen. Mehr Licht, Wärme, Luft. Wie so oft im Süden – was hier bei uns vor sich hinkümmert, erreicht dort geradezu gigantische Ausmaße.

Übertragen auf mich: Nun – mein Glaube hat denselben Grund wie bei jedem anderen Christen: Jesus Christus. Unsere Aufgabe, und das macht den Unterschied, ist es, für gute Wachstumsbedingungen des Glaubens zu sorgen, damit er gedeihen kann! Gemeinschaft, Mut zum Denken und Fragen, Gebet, Stille, Glauben unter Alltagsbedingungen – all das und viel mehr lässt wachsen und nicht kümmern.

Ihr werdet die Wahrheit erkennen, und die Wahrheit wird euch frei machen. JOHANNES 8,32

Ich bin ein Tatsachen-Freak. Was ich sehe, spüre, fühle, höre, sehe – das ist wichtig für mich. Und da ich ein sensibler Mensch bin, ist das nicht wenig! Tausende Gedanken, Gefühle, Eindrücke. Manches rauscht einfach so durch – manches landet aber auch in Hirn und Herz und beißt sich schmerzhaft fest. Das tut dann weh, wenn ein Mensch etwas Herabwürdigendes über mich sagt. Oder ich bekomme plötzlich Versorgungsängste, wenn ich daran denke, dass ich arbeitslos werden könnte. Ich spüre, dass mein ältester Sohn langsam eigene Wege geht und dass ich ihn nicht mehr „kontrollieren" kann, ihm vertrauen muss – und das löst Panik aus. Jeder hat da so seine wunden Punkte. Ich glaube, wenn man nicht ganz hart geworden ist, spürt man bei sich diese Schwankungen.

Und das ist auch gut so! Wir dürfen uns wahrnehmen, Fakten sehen. Aber wenn es dabei bleibt – auweia! Denn Glaube – und wir sind ja als Christen Kinder eines anderen Reiches – ist nicht in den „sichtbaren" Fakten und Tatsachen verankert, sondern im Bereich der Wahrheit. Dieser geht weit über den Bereich der Tatsachen hinaus. Tatsache kann sein: Ich bin arbeitslos. Das zieht mich runter. Wahrheit dahinter ist aber: Gott meint es gut und ist mein Versorger! Wir spüren vielleicht: Wahrheit geht tiefer und schaut in eine andere Dimension. Wenn ich bei den Tatsachen, also den Fakten und Gefühlen und Eindrücken bleibe, dann lebe ich nicht anders als ein reflektierter Atheist. Meine Verantwortung ist es aber, die Wahrheit in den Blick zu nehmen. Sie meiner Seele zuzusprechen. Und zu erfahren: Das holt mich raus aus der Gebundenheit an die Dinge dieser Welt und macht mich frei, ruhig und geborgen in Christus. Wer das erlebt – für den beginnt eine andere Dimension, ein Abenteuerland!

FEBRUAR **23**

Wandelt würdig der Berufung, mit der ihr berufen worden seid, mit aller Demut und Sanftmut, mit Langmut, einander in Liebe ertragend! EPHESER 4,1B+2

An Reibungen entsteht Wachstum – wenn man es zulässt! Denn es gibt auch Alternativen. Rückzug zum Beispiel. Das Ideal eines stressfreien und harmonischen Lebens pflegen. Kritik, Konflikt? Dann gehe ich lieber. Natürlich gibt es Grenzen – wenn Menschen permanent Grenzen überschreiten, dann kann es auch dran sein, sich klar abzugrenzen. Mein Eindruck ist aber: Der Rückzug geschieht heute sehr schnell. Da ist wenig Kraft und Wille, Dinge zu klären. Ich beobachte gerade in kraftlosen Phasen diese Fluchttendenz auch bei mir.

Sich in Demut und Langmut, in Liebe ertragen, das klingt nicht gerade nach einem Selbstverwirklichungsmodell. Und deswegen ist es wohl auch nicht gerade „in", was Paulus hier schreibt. Gerade deswegen aber umso wichtiger – weil sich ja dieser Unwille zum Annehmen und Ertragen in Langmut und Liebe IN uns selbst wiederfindet! Ich behaupte: Hier beginnt er bei den meisten! Meine dunklen Seiten, die trotz meines christlichen Weges, der Gnade Gottes immer noch in mir schlummern: die nicht abzuspalten (das bin ich nicht, darüber denke ich nicht nach), sondern in Demut anzunehmen und zu tragen – in Liebe. Weil Christus mich trotzdem berufen hat und mich mit Gnade überhäuft – das ist ein wichtiger Reifeschritt des Glaubens. Wenn ich mich dem verweigere, dann werde ich unweigerlich meine dunklen Seiten, die mich nerven, auf andere projizieren und da die anderen ja so schrecklich sind, mich irgendwann zurückziehen oder bitter werden.

Ertrage deinen Ist-Zustand. In Liebe und Demut und halte dich der Gnade Gottes hin. Das hilft auch beim zweiten: Den Nächsten zu ertragen und dran zu bleiben an den Reibungen von Gemeinschaft.

Belehrt mich doch, dann will ich gerne schweigen. Wo hab ich mich vergangen? Sagt es mir! Durch Wahrheit bin ich leicht zu überzeugen, doch euer Redeschwall beweist mir nichts! Wollt ihr mich wegen meiner Worte tadeln und merkt nicht, dass Verzweiflung aus mir spricht? HIOB 6,24-26

Hiobs Freunde haben es wirklich gut gemeint. Haben das Elend dieses redlichen Mannes Gottes aus dem wohl ältesten Buch der Bibel gehört und nach ihrem Erklärungsmodell versucht, zu „lösen". Du musst gesündigt haben – ansonsten würdest du nicht so gestraft! Aus „a" folgt eben „b". Und so hat einer der beiden Freunde, Elifas, den armen Hiob mit einem Redeschwall überhäuft, was alles mit denen passiert, die nicht gehorchen, die Unrecht tun und vieles mehr. Denen geht's übel. Hiob hört's und denkt sich: „Na ja, der wird wohl mich damit meinen!" Genau. Das tut er.

Nun könnte man glauben, dass hier nur der genervte Hiob spricht, der nur die Wahrheit nicht hören will. Doch weit später nach vielen weiteren Redeschwallen der Freunde kommt ein dritter Freund und letztlich Gott dazu – und auch diese kommen zu demselben Urteil. Tolle Freunde seid ihr! Doch was machen sie eigentlich falsch? Was lernen wir daraus im Umgang mit Menschen, die leiden? An sich selbst, an Depression, an Liebeskummer, an was auch immer ...

Sie spüren Hiobs Verzweiflung nicht. Sie suchen direkt nach der Lösung! Da ist die Ursache – löse sie – Problem weg. Aber so einfach ist die Welt nicht. Auch nicht im Glauben! Hüten wir uns vor billigen Antworten auf komplexe Fragen! Versuchen wir lieber, den Menschen zu sehen und zu verstehen: Im Zuhören, Spüren der Verzweiflung, Ernst nehmen. Erst wenn das geschehen ist – einfach um des Menschen willen –, darf auch echte Wahrheit und Weisheit genannt werden. Dann dient sie und verletzt nicht.

FEBRUAR **25**

Alles, was ihr tut, soll von der Liebe bestimmt sein. Denn auch Christus hat uns seine Liebe erwiesen und hat sein Leben für uns hingegeben wie eine Opfergabe, deren Duft vom Altar zu Gott aufsteigt und an der er Freude hat. EPHESER 5,2

Ey, du Opfer!" Ich zucke zusammen, als ich diesen halblauten Ruf von einem Jungen höre, der ihn einem anderen Jungen hinterherruft. Der duckt sich und schlurft zügig mit roten Ohren davon. „Opfer!" Das hört man nicht gern. Ein furchtbares und recht bedacht menschenverachtendes Schimpfwort. Weil wir eine Gesellschaft sind, die Opfer kennt und sich manchmal viel zu wenig um sie kümmert. Mit solchen Sprüchen werden Opfer zusätzlich gedemütigt und stigmatisiert. Opfer wird zur Kategorie „minderwertig".

Es gibt aber auch das Gegenteil: Immer mehr Menschen findet sich in einer Opferrolle zurecht. Auch ich kann mich zeitweise davon nicht freisprechen. Getrieben von Umständen, Prägungen, Zwängen, Terminplänen empfinden wir uns als Spielball, der hin und her gekickt wird. Allein die Vorstellung bereitet mir Kopfschmerzen. So verständlich dieses Empfinden auch ist – es wird allzu leicht zur Identität, in der man sich zwar zurechtfindet, die aber festlegt und lähmt: getrieben, passiv, schwach aus Prinzip, bedürftig.

In Christus finden Schwache und echte Opfer Würde und Schutz. Die aber, die sich ins Opfersein hineinbegeben, dürfen sich gefallen lassen, dass es bereits ein Opfer gegeben hat, das genügt hat: Jesus Christus. Seitdem sind wir herausgerufen, mit ihm zusammen lebendig zu sein (Römer 12,1), Leben zu gestalten und vom Spielball zum Spieler zu werden. Das ist die Berufung und Würde eines Königskindes in Jesus Christus. Nicht weniger.

Denn was wir sind, ist Gottes Werk; er hat uns durch Jesus Christus dazu geschaffen, das zu tun, was gut und richtig ist. Gott hat alles, was wir tun sollen, vorbereitet; an uns ist es nun, das Vorbereitete auszuführen. EPHESER 2,10

Ich stehe auf und plumpse an den Schreibtisch. Auf ans Tageswerk! Frisch in die Hände gespuckt. Aber ach – so frisch bin ich gerade überhaupt nicht! Viele Gedanken spuken noch durch meinen Kopf, dazu zu wenig Schlaf. Während ich mir meinen ersten Kaffee hole, wandern meine Gedanken zum Tageswerk und zu mir und zurück zu den Aufgaben, die jetzt erledigt werden wollen. Groß ist der Berg, der heute ansteht. Doch plötzlich scheint es mir, als wenn mich der Herr sanft auf etwas hinweist, während ich den Knopf meiner Senseo-Maschine drücke …

„Mein Kind. Kannst du dir bitte zuerst einmal sagen lassen, dass du mein Werk bist? Du! Du bist mir ungeheuer wichtig und wertvoll. Ich freue mich über dich. Weißt du, ich weiß doch, dass ihr Menschen es immer wieder versucht, durch Leistung hinzubekommen. Du auch. Du möchtest so gerne ein kleiner Held sein im Alltag und Beruf, nicht wahr? Wie wäre es, wenn du mich in dir Held sein lässt? Denn ich habe eine großartige Aufgabe für dich! Du bist mein Bote genau da, wo du hingestellt bist! Du darfst Himmel und Erde verbinden – wie alle meine Kinder – genau da, wo du gerade unterwegs bist! Eine aufregende Vision! Und damit du nicht denkst, dass du das selbst machst, bereite ich dir sogar noch vor, was du tun kannst. Hör nur genau hin. Lausche auf die Stimme meines Geistes und er führt dich hinein. Ich versorge dich mit allem, was du brauchst. Du bist mein Werk – deswegen kannst du dein Werk tun und du tust es am besten, wenn es mein Werk ist. Viel Spaß heute damit!“

Lächelnd schlurfe ich zurück an den Schreibtisch. Dann mal los!

FEBRUAR

27

Vertraut auf ihn zu jeder Zeit, ihr alle aus meinem Volk! Schüttet ihm euer Herz aus! Gott ist unsere Zuflucht. PSALM 62,9

Vertrauen und Liebe gehören zusammen. Dabei ist die Sache mit der Liebe alles andere als einfach! Schon zwischen Menschen ist das so. Mann und Frau treffen aufeinander mit ihren jeweiligen Ecken und Kanten und Prägungen und dann geht es los! Liebe ist großartig – aber auch kompliziert. Wenn das erste große Gefühl gewichen ist, geht es an die Arbeit. Sich entdecken, kennenlernen, aneinanderreiben und verändern, Kompromisse schließen und hoffentlich immer wieder zwischendurch: tiefe Liebe in all dem entdecken.

Bei Gott scheint es mir oft genau andersherum. Wir bekommen gesagt, dass er uns liebt, entdecken vielleicht auch seine große Gnade und sind von dieser Liebe überwältigt. Wir nehmen dieses Geschenk, die Liebe, an und auf in unser Herz (oder Denken?). Wenn wir es angenommen haben, lesen wir viel über Gott, machen erste Erfahrungen und hoffen, dass immer mehr auch eine große Innerlichkeit entsteht und – ja – auch das Gefühl nachkommt.

Das Problem ist: Gott ist nicht sichtbar. Wir kommen mit unseren klassischen „Liebessensoren“ nicht zurecht. Dennoch macht der Psalm klar: Es gibt diese innerliche Beziehung! Geben und nehmen. Sich verschenken und beschenkt werden. Daran will ich festhalten. Die geistlichen Sensoren für Liebe finden sich aber weder in klugen Gedanken noch in großen Gefühlen – auch wenn beides „dabei“ sein kann! Liebe zwischen Gott und Mensch ereignet sich, ist nicht „machbar“. Genauso wenig wie wir das Aufblühen einer Blüte machen können! Aber wir können es fördern – oder verhindern. Die Kunst der Liebe zwischen Gott und Mensch ist also weniger ein Machen – als ein Zulassen und sich Öffnen. Das will ich lernen!

Wir verkünden nicht länger die Herrschaft des geschriebenen Gesetzes, sondern das neue Leben durch Gottes Geist. Denn der Buchstabe tötet, Gottes Geist aber schenkt Leben. 2. KORINTHER 3,6B

Ich liebe die Bibel! Ein herrliches Buch. Aber ich glaube an Gott, Vater, Sohn und Heiliger Geist. Mit ihnen stehe ich in Beziehung. Die Bibel ist das Zündholz – mein Leben die Reibfläche – der dreieinige Gott ist das Feuer. Nun wird dieser Vers des Öfteren benutzt, um die Bibel zu relativieren. Darum geht es mir aber im Kontext der Frage, wie ich von der Liebe Gottes berührt werden kann, gar nicht! Ich glaube im Gegenteil, dass diese Aussage einen wichtigen Schlüssel darstellt zu unserer Frage: Wie erfahren wir die Liebe Gottes – und warum erfahren wir sie nicht?

Wenn das so ist, wird damit die Bedeutung der Bibel erst zur Geltung gebracht. Denn diese ist ja nicht Selbstzweck, nicht Ziel des Glaubens, sondern Wegweiser auf Jesus Christus hin. Ich glaube nicht an die Bibel, ich glaube an Jesus Christus und ich vertraue der Bibel, dass sie mir alles schenkt, was ich begreifen muss, um mich diesem Jesus anzuvertrauen. Vertausche ich aber diese beiden Ebenen Ziel und Wegweiser, bleibt die Aussage, dass mich Gott liebt, im Buchstaben hängen. Ich lese das Wort, mein Herz macht eventuell einen kleinen Sprung, aber dabei bleibt es. Eine wahrhaftige Beziehung aber nährt sich nicht vom Studieren von Liebesbriefen, sondern vom gelebten Leben! Dieses gelebte Leben beschreibt der Vers mit: Gottes Geist schenkt Leben. Als Begriff steht hier nicht bios (biologisches Leben) – sondern zoä: erfülltes, pralles Leben. Das ist also eine Voraussetzung für echte Gottesbegegnung: Dass ich mich auf den Geist einlasse, der in mir das Feuer der Beziehung entfacht und am Brennen hält, und nicht beim Wort, bei der Information stehen bleibe.

Dies ist das Gesetz vom Friedensopfer, das man dem Herrn darbringen soll: Wenn er es zum Dank opfern will, so bringe er zu seinem Dankopfer hinzu ungesäuerte Kuchen dar, mit Öl angerührt, und ungesäuerte Fladen, mit Öl gesalbt, und eingerührtes Feinmehl [für] mit Öl angerührte Kuchen. 3. MOSE 7,11+12

Huaaah, laaaangweilig! Opfervorschriften. Zugegeben, spannend ist erst einmal anders. Ich frage mich bis heute, warum es Gott so eminent wichtig ist, wie exakt die Dinge zubereitet werden! Das ist schon fast kleinlich. Ich kann es mir nur so erklären, dass Gott Symbolik liebt und vor allem seine Menschen im Alten Bund anleiten will, sorgfältig zu sein. Tempo rauszunehmen, achtsam und sorgfältig zu sein. Aber keine Sorge, ich lasse mich nicht über Olivenöl und seine symbolische Bedeutung aus (obwohl die sehr interessant ist – gerade in Bezug auf den Heiligen Geist).

Etwas anderes ist hier ganz erstaunlich: Diese Bibelstelle ist die erste, die von Danksagung berichtet. Dank als Opfer bedeutet: Gott ist Dank wichtig! Weil es uns guttut! Aber – und nun wird es spannend – es ist auch kein Zufall, dass die Danksagung innerhalb eines Friedensopfers gebracht wird. Wir sehnen uns nach Frieden in der Unruhe? Schalom im aufgewühlten Meer der Seele? Dann ist Danksagung ein guter Weg, um in diesen Frieden hineinzukommen! Denn Danksagung richtet den Blick weg von mir auf Gott, und im Angesicht des gnädigen und liebevollen Gottes darf ich Geschöpf zur Ruhe kommen und Frieden finden. Das Ganze noch durchmengt mit einer guten Portion Heiligem Geist (also Olivenöl) und ich merke, wie der Frieden mich beginnt, weich einzuhüllen und auszufüllen.

Wenn wir als „lebendige Opfer" (Römer 12,1) dem wahren und einmaligen Opfer Dank opfern, werden wir von Opfern aufgerichtet zu Würdenträgern.

Ich bin die Tür. Wenn jemand durch mich eintritt, wird er gerettet werden. Er wird ein- und ausgehen und gute Weide finden. JOHANNES 10,9

Es passiert immer wieder. Da kommt eine WhatsApp von einem Gemeindemitglied herein und fragt nach dem Sinn eines Verses. Ich lese den Vers und denke: „Öhm. Ja. Keine Ahnung." Und genau das gefällt mir! Denn dann gehe ich wieder frisch an Gottes Wort wie ein Goldgräber an ein unbekanntes, aber verheißungsvolles Gebiet. Diesmal also Johannes 10,9 und die Frage: „Warum um alles in der Welt gehen wir rein und wieder raus? Wenn Jesus doch die Tür zum Heil ist in diesem Textabschnitt?" Ja, warum ...

Nach ein wenig Forschung und Lauschen auf den Heiligen Geist entdecke ich strahlendes Evangelium in dieser vermeintlichen Kleinigkeit. Jesus spricht im Kontext von „Du bist drin = Jude – Du bist draußen = Heide". Dazwischen gibt es nichts. Feste Mauern. Klärend, aber eben auch ausgrenzend. Die Tür zum Heil ist nach diesem Jesuswort ebenso klar und deutlich: Er selbst, Jesus Christus. Wer durch ihn eintritt, den erwartet die Freiheit! Denn hinter der Tür wartet saftiges Weideland! Es wartet eine Freiheit in der Abhängigkeit von Jesus selbst, der ja nicht nur Tür ist, sondern auch Hirte. Warum? Weil er es kann. Die Sicherheit im Leben als Christ findet sich nicht mehr in dicken Mauern, die abgrenzen, sondern in der Nähe des guten Hirten Jesus Christus. Diese Perspektive weitet den Horizont und gleichzeitig korrigiert sie mich, wo ich eng werde und Mauern aufbauen will. Die Tür ist klar! Ohne Wenn und Aber! Weitere Mauern um meinen Glauben und um Gemeinde werden nicht benötigt. Hauptsache der Hirte ist nah und mittendrin. Willkommen im neuen Denken und Leben des Evangeliums.

MÄRZ **3**

Freut euch, was auch immer geschieht; freut euch darüber, dass ihr mit dem Herrn verbunden seid! Und noch einmal sage ich: Freut euch! PHILIPPER 4,4

Ach, Paulus. Ich lese das und denke mir: Willst du uns zu Dauergrinsern erziehen, die die Realitäten dieser Welt ausblenden und ein fromm angepinseltes positives Denken praktizieren? Das kann es doch wohl nicht sein, oder? Aus meiner Geschichte heraus ist es mir ein großes Anliegen im Glauben – und ich bin mir sicher, es ist auch ein Anliegen Gottes –, dass wir echt sind und ehrlich im Glauben. Uns nicht verstellen. Was gibt es Schlimmeres als Christen, die „vornerum" so sind und „hintenrum" dann anders! Nach außen lustig und fröhlich – in Wirklichkeit traurig und zweifelnd. Tragisch! Und nicht weit entfernt von den „übertünchten Gräbern" der Pharisäer. Was meinst du also, Paulus?

Paulus sitzt im Gefängnis, als er den Brief verfasst. Keine freudige Situation. Übertüncht er Wahrheit? Nein! Und ich begreife heute beim Schreiben dieser Andacht, dass es mehrere Schichten von Echtheit gibt und die kritische Frage an mich und vielleicht auch an dich lautet: Ist es denn echt und authentisch, immer nur die eine Echtheit in den Blick zu nehmen und dann halt schlecht drauf zu sein, wenn man schlecht drauf ist und fröhlich, wenn man fröhlich ist? Ist es nicht genauso echt, den Blick auf die Beziehung zu Gott zu wenden und diese zu meditieren, zu bestaunen und anzubeten, um so der Freude, die von innen kommt, wieder einen Weg zu bahnen? Paulus sagt einige Verse später, dass wir den Mist genauso beim Namen nennen und Gott vor die Füße werfen sollen, und dass er sich darum kümmert. Aber in all dem dürfen wir den Blick auch auf die tiefste Echtheit – nämlich, dass wir mit Jesus Christus verbunden sind – wenden und der Freude Raum geben. Vielleicht auch der Freude inmitten von Tränen.

Macht euch um nichts Sorgen! Wendet euch vielmehr in jeder Lage mit Bitten und Flehen und voll Dankbarkeit an Gott und bringt eure Anliegen vor ihn. PHILIPPER 4,6

Ich hatte, als ich etwa zehn Jahre alt war, ein Lieblingsspielzeug: eine Nachbildung einer historischen Steinschleuder, wie sie bei dem Sturm auf Festungen benutzt wurde. Irgendwann lag diese aus Plastik bei der Zeitschrift YPS dabei (die Älteren werden sich sicher daran erinnern, oder?). Unendlich viele Kiesel habe ich damit gegen ebenso unendlich viele Hindernisse geschleudert und mir dabei vorgestellt, wie Festungen weichen mussten, wenn dicke Felsbrocken gegen die Palisaden knallten! Kawumm! Herrlich.

Gott fordert uns auf, zur Sorgenschleuder zu werden. An anderer Stelle schreibt er sogar wörtlich, wir sollen alle Sorgen auf ihn werfen – hier ist es eine kraftvolle Aufforderung, ja ein Gebot! Sorgt euch um nichts! Legt eure Sorgen als Gebet zusammen mit Dankbarkeit auf die Sorgenschleuder und ab damit! Warum sind Gott ausgerechnet unsere Sorgen so wichtig? Weil sie Ausdruck einer ungesunden Ichbezogenheit sind. Sich in Sorgen um etwas drehen, bedeutet: Ich bin ja verantwortlich. Ich muss es machen, planen, hinkriegen! Hier geht es nicht um Zukunftsplanungen – da sollen wir verantwortlich handeln – sondern um die Frage: Drehst du dich um deine Sorgen? So wie du das tust, kannst du dich nicht um Gott drehen und wirst unfrei! Deswegen ist Gott dieses Thema so wichtig: weil nur im Drehen um IHN Freiheit und Weite wartet.

Die Sorgenschleuder reißt also eine ganz andere Wand ein, auch wenn die Sorgenbrocken Richtung Gott fliegen: Zerstört wird die Gefängnismauer unserer Ichbezogenheit. Alles Wesentliche macht er. Er sorgt sich an meiner Stelle. Du – lebe! Unbeschwert!

MÄRZ 5

Macht euch um nichts Sorgen! Wendet euch vielmehr in jeder Lage mit Bitten und Flehen und voll Dankbarkeit an Gott und bringt eure Anliegen vor ihn. PHILIPPER 4,6

Sorgenschleuder die zweite! Wie funktioniert eine Schleuder? Wenn ich an meine kleine YPS-Steinschleuder denke, dann hatte diese zwei kräftige Gummiringe, die beidseitig an der Wurfarmachse und über eine Umlenkachse auf der anderen Seite am Bodengestell befestigt waren. Dann wurde gespannt und – paff! Ab ging der Felsbrocken – na ja, Papierkugel, Erbse ... Wäre einer der beiden Gummiringe gerissen, dann wäre der Wurf danebengegangen! Kraft und Präzision hätten gefehlt. Ähnlich ist es bei der Sorgenschleuder!

Bittgebet, Dankbarkeit, Flehen! Dankbarkeit ist die Grundhaltung, um Sorgen wegzuschleudern. Dankbarkeit ist das ziemlich genaue Gegenteil von dem, was man natürlicherweise in Sorgenphasen produziert! Zugespitzt: Dankbarkeit ist diametral der Sorge entgegengesetzt. Sie sagt nämlich: „Du hast es im Griff, Gott, es passiert so viel Gutes in meinem Leben. Danke! Danke, dass du mich mit diesem Leben beschenkst!" Der natürliche Mensch würde gegen eine solche Aussage in Sorgenphasen aufbegehren! Gerade deswegen ist das Einüben dieser Haltung so wichtig. Sie entspricht ja der Wahrheit hinter den Tatsachen. Sorgen gaukeln uns ja nur vor, dass es nichts anderes mehr im Leben gibt außer ihnen. Dankbarkeit lebt die Wahrheit hinter den Sorgen.

Aber auch das Flehen muss dazukommen. Flehen heißt: Wir bringen unsere Sorge nicht abgeklärt vor Gott – sondern bekommen Kontakt mit unseren Ängsten, spüren unsere Verzweiflung, nehmen dieses Chaos wahr (das verlangt Mut!) und werfen es geballt und radikal ehrlich vor Gott. Wenn das alles zusammenkommt, hat die Sorgenschleuder Kraft, unser Leben zu verändern.

6 | MÄRZ

… und der Friede Gottes, der allen Verstand übersteigt, wird eure Herzen und eure Gedanken bewahren in Christus Jesus. PHILIPPER 4,7

Wozu hat Gott unseren Kopf rund gemacht? Damit wir um die Ecke denken können! Ein herrlicher und tiefsinniger Witz. Manchmal gebe ich mir aber eine andere Antwort bzw. zweifle die gegebene Antwort an. Denn: Es gibt Zeiten, in denen all unser Denken an seine Grenzen stößt. Es wird am Lebensgebäude gerüttelt und geschüttelt, dass es nur so knirscht und kracht! Dann scheint mir mein Denken nicht „um die Ecke“, also vielseitig und kreativ zu sein, sondern sehr, sehr beschränkt. Es BLEIBT eben auch in diesem runden Kopf – und meiner IST rund. Egal, wie klug ich kalkuliere und plane: Ich bekomme keinen Frieden in mein Leben hinein. Manches ist eben auch nicht in den Griff zu bekommen! Da muss ich lernen, Kontrolle abzugeben! Gar nicht leicht …

Solche Zeiten sind kein Zufall. Sie lehren uns, unseren Kopf zu verlassen: nicht nur auf der materiellen Ebene dieser Welt zu bleiben, sondern uns nach Gott auszustrecken. Denn wenn wir an unsere Grenzen kommen, dann können wir uns daran schmerzhaft die Nase blutig stoßen. Oder wir können die Grenzen sprengen: Indem wir auf Gott schauen und den Himmel als ebenso reale Dimension in den Blick nehmen. Von dort kommt ein Frieden, der höher ist als alles Denken! Das verspricht Paulus hier. Aber damit endet die Zusage nicht. Unsere Herzen, also unser ganzes Wesen und unser frustriertes und an die Grenzen gestoßenes Denken findet diesen Frieden IN Christus. Das ist das große Geheimnis des Glaubens: Dass Christus in uns ist, wenn wir ihm vertrauen – und dass wir in ihm sind. Dieses „in ihm sein“ – dieses geborgen sein in einem Größeren, das verändert alles. Und meine Gedanken? Finden Frieden.

MÄRZ **7**

Wir allerdings sind für diesen kostbaren Schatz, der uns anvertraut ist, nur wie zerbrechliche Gefäße, denn es soll deutlich werden, dass die alles überragende Kraft, die in unserem Leben wirksam ist, Gottes Kraft ist und nicht aus uns selbst kommt. 2. KORINTHER 4,7

Kintsugi. Muss man nicht kennen. Hilft aber. Fasziniert. Kintsugi ist eine japanische Reparaturtechnik für Keramik. Eine Teeschale zerbricht. Was macht man damit? Schließlich hängt vielleicht eine persönliche Geschichte daran? Ein Künstler, der sich viel Mühe gegeben hat? Eine solche Schale hat nach langem Gebrauch „Seele" bekommen. Kintsugi repariert das Keramikobjekt, indem es die Scherben zusammenklebt mit Urushi-Lack bzw. Knetmasse für fehlende Teile. In diesen Lack bzw. in die Knetmasse wird Goldpulver gemischt – sodass die Risse in der Schale nachher nicht mehr stören, sondern Teil vom Ganzen werden, sogar betont und „wichtig" werden.

Ich finde, dass das ein sehr achtsamer und geradezu rebellischer Umgang mit Konsumgütern ist: Nicht wegwerfen, neu kaufen, sondern gerade den Zerbruch nutzen und zum Thema machen. Hinterher sieht eine solche Schale schöner aus als vorher, hat an Charakter gewonnen.

Ich stoße an meine Risse. Und an das Bild vom starken, makellosen, leistungsfähigen Menschen in unserer Leistungsgesellschaft. Ich spüre meine Risse jeden Tag. Wenn ich vor einem Konfliktgespräch Magenschmerzen bekomme – anstatt cool und überlegen zu sein. Ich verurteile mich für die Magenschmerzen. Gott sagt: „Nein! Hör auf damit. Sie haben ihre Gründe und du heilst nicht, indem du deine Risse ablehnst, sondern indem ich diese Risse adele und nutze für meine Stärke, für göttliches Gold!" Steh zu dir. Lass IHN stark sein in dir. Es ist in Ordnung. Und du wirst wie nebenbei erleben, dass du dich veränderst und schöner wirst.

Denn die Gnade Gottes ist jetzt sichtbar geworden, um allen Menschen die Rettung zu bringen. Sie erzieht uns dazu, die Gottlosigkeit und die weltlichen Begierden zu verleugnen und besonnen, gerecht und mit Ehrfurcht vor Gott in der heutigen Welt zu leben. TITUS 2,11+12

Willkommen Lieblingssünde! Mal wieder. Gefallen. Plumps. Scham macht sich breit. Traurigkeit. Kraft wird abgezogen und Lebensfreude weicht mit einem tiefen Seufzer. Warum bin ich nicht weiter? Warum so ein Versager? Sollte ich als Christ nicht ... siegreicher ... weiter sein? Also aufstehen und mehr anstrengen! Ausgeklügelte Pläne entwerfen, wie ich diese Sünde doch loswerden kann. Diese dumme Gewohnheit, die so viel Freude raubt und dennoch so gewohnt und vertraut ist.

Kennst du dieses Szenario? Eine erschöpfende Sinuskurve zwischen Freude, vorsichtiger Zuversicht und tiefer Niedergeschlagenheit und Kapitulation. Keine wirkliche, dauerhafte Freude, sondern nach jedem Aufatmen der tiefe Fall. Jedes Mal scheint es tiefer zu gehen. Oder aber man gewöhnt sich an die Sünde und redet sie sich schön, integriert sie ins Leben. Das aber ist wie ein Ignorieren von wucherndem Krebs. Er belastet vielleicht erst einmal nicht mehr in dem Maße wie vorher – aber er ist immer noch da und wütet weiter. Durchwuchert alles und frisst Leben!

Der Anfang jeder Freiheit von Sünde ist aber nicht meine Anstrengung. Es ist Gnade. Immer wieder Gnade. Sie erzieht uns, die falschen Begierden zu verleugnen. Nicht unsere Leistung. Nicht unseren guten Willen! Noch einmal: NICHT unseren guten Willen! Nichts Menschliches hilft. Punkt. So ist das. Das einzusehen, geht an den Stolz. Der Ausgangspunkt ist und bleibt ein Leben lang: Gnade. Keine Patentrezepte. Fang an bei der Gnade und bleibe bei ihr.

MÄRZ **9**

Lasst nicht die Geldgier euer Leben bestimmen. Gebt euch zufrieden mit dem, was ihr habt. Denn Gott selbst hat versprochen: „Ich werde dich nie vergessen und dich niemals im Stich lassen." HEBRÄER 13,5

Geldgier? Ich? Niemals! Und doch. Ich spüre einen Stich in mir, wenn sich andere etwas mit Leichtigkeit leisten können, das vermutlich in meinem Leben nach menschlichem Ermessen nie eine Rolle spielen wird. Eine Reise in die Karibik. Ein Oldtimer. Die Objekte der Begierde sind austauschbar nach persönlichem Interesse. Ich spüre diesen Stich. Es berührt mein Gerechtigkeitsempfinden. Ich arbeite doch auch viel. Und die da? Womit haben die mehr verdient? Ja – die Gier nach dem „Mehr" spielt auch in meinem Leben eine Rolle. Gier ist kein Privileg der Reichen, sondern genauso der enttäuschten „Nicht-ganz-so"-Reichen.

Sie vernebelt gleichzeitig die Zufriedenheit. Wenn ich diesen Nebel hinter mir lasse, spüre ich, was ich in unseren Urlauben schon alles entdeckt und genossen habe! Wie herrlich war das denn?! Schiele ich dagegen auf die Karibik des Nächsten, wird diese Erinnerung mit einem grauen Mehltau überdeckt. Wenn ich das Ersehnen des „Mehr" hinter mir lasse, dann freue ich mich über meine Vespa – ein Jugendtraum. Es wird vermutlich nie ein Oldtimer sein, aber eben diese Vespa!

Und dann spüre ich mit einem Male die revolutionäre Kraft dieses Verses. Wie frei wäre ich, wenn ich „zu-Frieden" sein könnte? Wenn alle Menschen zufrieden wären, wirklich durch und durch zufrieden, dann bräche unsere Marktwirtschaft zusammen! Aber vielleicht will Gott diese Zufriedenheit zumindest von seinen Kindern? Dass sie alles auf IHN setzen und nicht auf irgendetwas anderes? Das würde uns verändern. Frei machen. Und unser Umfeld letztlich faszinieren ...

Jesus spricht: „Ich versichere euch: Wenn ihr nicht umkehrt und wie die Kinder werdet, könnt ihr nicht ins Himmelreich kommen.“ MATTHÄUS 18,3

Ich gestehe: Dieser Vers hat mich einerseits immer fasziniert und andererseits auch traumatisiert! Traumatisiert hat mich aber nicht Jesus, sondern die schiefe Auslegung dieses Verses. Eine Auslegung, die Kinder schon fast in den Status von unschuldigen Heiligen katapultiert, die uns allen zeigen sollen, wie es richtig geht. Als Mann stößt mich diese Auslegung oft auch deswegen ab, weil damit Eigenschaften verbunden zu sein scheinen wie: weich, sanft, nett, lieb, verspielt, spontan, unüberlegt. Sicher wertvolle Bestandteile eines reifen Lebens – aber doch wohl nicht alles, Jesus? Und: Da ich selbst zwei Kinder habe, weiß ich: So sind die einfach nicht!!

Sollte Jesus, dieser im besten Sinne wilde Mann (und den brauchen auch wilde Frauen als Vorbild!), diesen Vers wirklich (nur) so gemeint haben? Ich denke, nein. Es geht ihm eben nicht um ein kindisches Verhalten, das keine Verantwortung übernimmt. Es geht ihm aber sehr wohl um kindliches Vertrauen und um einen kindlich frischen Blick auf diese Welt. Um einen kindlichen Geist in der Perspektive auf das Leben.

Ich glaube, wir können von Kindern etwas sehr Mutiges lernen, etwas, das sie selbst irgendwann mehr und mehr zu verlieren scheinen: Jeden Tag neu anzugehen. Einen frischen Blick auf die Dinge zu bekommen. Neu einzusteigen. Ein Freund geht auf Distanz? Traurig – aber vielleicht auch sinnvoll und befreiend. Nicht befördert worden? Schade – aber auch eine Chance, einen anderen Weg zu gehen, den ich noch nicht kenne. Treffen mit einem schwierigen Menschen? Gott hilf mir, ihn einmal ganz neu zu sehen. Mit kindlichem „Spirit“! Für diese Perspektive: Danke Jesus!

MÄRZ **11**

Trotzdem sind wir voller Zuversicht. Am liebsten würden wir aus unserem Körper ausziehen und beim Herrn leben.
2. KORINTHER 5,8

Kaum stirbt ein Prominenter, geistert inflationär ein Kürzel durch die Zeitungen und vor allem durch die sozialen Medien: RIP. Ruhe in Frieden. Rest in peace. Requiescat in pace – so heißt es auf Lateinisch in der katholischen Bestattungsliturgie.

Als Wunsch für einen Verstorbenen finde ich das auch vollkommen in Ordnung – aber daraus scheint hier und da ein „Alle, alle kommen in den Himmel und erleben endlich übernatürlichen Frieden!" zu werden. Doch worauf gründet sich eine berechtigte Hoffnung und Gewissheit? Ich habe nun nicht über einen Menschen zu richten – wie gut! Aber wenn alles neblig und schwammig bei diesem wichtigen Thema wird, dann hat die konkrete Hoffnung auch eben keine konkrete Auswirkung mehr in unserem Leben! Dann weicht das konkret von Gott zugesagte dem watteweichen, aber diffusen Gefühl, dass ja „dann alles irgendwie besser ist". Das ist mir zu wenig! Für ein nebulöses Bauchgefühl ist Jesus auch nicht hingerichtet und auferweckt worden.

C. S. Lewis hat das jüdische Denken aufgegriffen und betont, dass der Tod keine qualitative Grenze sei: Wer vorher mit Gott zusammengelebt hätte, der würde es auch hinterher, weil Gott treu sei. Wer nicht mit Gott zusammengelebt hätte – der eben nicht. Himmel und Hölle sind also bereits diesseitige Realitäten. Paulus hat diese gelassene und konkrete Hoffnung, die ihn fröhlich, fast sehnsuchtsvoll in die Zeit nach dem Tod schauen lässt. Aber was ist mit Menschen ohne Jesus, die ihn gar verleugnen, Gott ablehnen? Ich lasse diese Frage offen – aber ich weiß eins: RIP wünsche ich jedem Menschen – zusagen kann ich es aber nach der Bibel nur dem, der in Christus lebt und stirbt.

Aber nun bleibe ich für immer bei dir, und du hast mich bei meiner rechten Hand gefasst. Du leitest mich nach deinem weisen Plan und nimmst mich am Ende in Ehren auf. PSALM 73,23+24

Stell dir vor, du sitzt in einem Zug und der beginnt plötzlich rückwärts zu rollen. Immer schneller. Am Anfang wunderst du dich vielleicht, warum er wieder zurückfährt – aber vielleicht wollen sie ja rangieren. Aber der Zug wird schneller, Weichen werden unsanft durchfahren, es rumpelt und quietscht an allen Ecken. Draußen springen Leute aufgeregt umher, Autos machen Vollbremsungen an offenen Schranken. Da läuft doch irgendetwas schief! Du gehst nach vorne, um nach dem Rechten zu schauen, und stellst fest: Der Führerstand ist leer! Kein Lokführer! Kalte Panik in den Augen. Schreien ...

Passiert ist das vor einiger Zeit in Bangladesch. 27 Kilometer und eine halbe Stunde dauerte die Irrfahrt. „Mach doch schon mal den Motor an“, meinte der Lokführer zu seinem Gehilfen – und dann stiegen sie noch mal aus auf den Bahnsteig. Beide sind entlassen worden, zu Recht! Eine Horrorgeschichte.

Gleichzeitig eine Symbolgeschichte für ein führungsloses Leben. Da ist erst einmal alles richtig: Das Leben fährt – es steht nicht still! Gut. Es ist Bewegung drin! Aber es geht ganz eilig ins Nirgendwo! Würde man von diesem Leben eine Momentaufnahme machen: Alles sähe vollkommen richtig aus! Doch wie brutal ist die Täuschung! Weil der Lokführer fehlt. Ich kann das nicht. Ich bin zwar Fachmann für mein Leben – aber nicht für mein Leben in 20 Jahren. Und nicht für mein Leben über die sichtbare Welt hinaus. Dafür brauche ich die Vaterhand an meiner Hand und den Heiligen Geist, der genau in diese Dimensionen führt. Für eine wirklich gute Fahrt!

MÄRZ **13**

Was kam dabei heraus? Ihr schämt euch jetzt, wenn ihr daran denkt; denn was ihr damals getan habt, führt am Ende zum Tod. RÖMER 6,21

Feuerwerk! Peng! Zisch! Bumm! Farbenpracht, Glitzereffekte, Schönheit! Böller und Krach mag ich nicht gerne, das mögen meine empfindlichen Ohren nicht! Aber wie schön sind die Raketen! Herrlich! Doch dann der nächste Tag. Man geht über Straßen, der Duft des Schwarzpulvers noch in der Luft und überall liegen die Reste der Böller und Raketen, zerfleddertes Papier, Holzstäbe, Plastikhülsen. Durcheinander, an den unmöglichsten Orten, eingeweicht vom Morgennebel und der Kälte der Nacht. Ein trauriges, melancholisches Bild im Kontrast zu der Herrlichkeit des Vorabends.

Mit Sünde verhält es sich genauso. Sie verspricht farbenreiche, glitzernde Erfüllung einer tiefen Sehnsucht auf die falsche Weise. Nicht die Sehnsucht ist das Problem, sondern die Form der Erfüllung. Diese Form ist intensiv, lässt die Gehirnströme, Endorphine und Dopamine Purzelbäume schlagen. Aber am nächsten Tag liegt der Dreck herum. Das Aufräumen dauert oft länger. Manchmal werden Dinge irreparabel zerstört. Das ist das Wesen von Sünde. Von Gier, Stolz, Geiz, Lüge, ... was auch immer. Ein buntes Feuerwerk – ein trister Ausgang.

Jeder, der sündigt, weiß das. Jeder sieht die traurigen Überreste, die er oder sie produziert. Es lohnt kaum darauf hinzuweisen. Wer sündigt und nicht komplett verdrängt, weiß darum. Gesetz führt nicht in die Freiheit – aber Gnade. Denn die Sünde ist für Gott kein Problem mehr. Er hat sich darum am Kreuz gekümmert. Deswegen frag nach der Sehnsucht dahinter. Und dann geh zum Vater und bitte ihn, dass er genau diese Sehnsucht füllt. Durch eigenes Eingreifen, durch Menschen, durch Heilung. ER ist unser Sehnsuchtsfüller.

Wir wollen den Blick auf Jesus richten, der uns auf dem Weg vertrauenden Glaubens vorangegangen ist und uns auch ans Ziel bringt. HEBRÄER 12,2A

„Der Weg ist das Ziel“ – „Carpe diem, pflücke den Tag!“ – „Lebe gegenwärtig“. Diese vermeintlichen Weisheiten sind längst im Bodensatz unseres gesellschaftlichen Denkens angekommen. Kein Wunder, sind diese Weisheiten doch bestens vereinbar mit einem hedonistischen Lebensstil: Nur nicht verantwortlich denken, immer schön den Moment maximal auskosten. So mutieren diese recht banalen Sätze zur Entschuldigungsformel der Entscheidungsunfreudigen. Ich lebe so vor mich hin und verweigere einen konsequenten Weg – nun kann ich es noch „philosophisch“ untermauern. Sehr praktisch! Dabei ist diese Weisheit ja gar nicht so falsch, nur ...

Ohne Ziel kann der Weg nicht zum Ziel werden. Was hilft es mir, wenn ich achtsam eine Leiter hinaufkrabbele und oben angekommen feststelle, dass es die falsche Mauer war? Wie fatal wäre das am Ende eines langen Lebens? Kurz: Wenn ich ein klares Ziel vor Augen habe – dann kann ich gelassen den Weg annehmen und genießen, achtsam leben. Der Bibelvers aus dem Hebräerbrief schafft ein Kunststück: Er verbindet Ziel und Weg miteinander. Jesus Christus ist das Ziel – streng genommen das einzige Ziel, das Christen haben können. Wenn wir auf ihn blicken, packen wir das. Denn er ist uns ja im Glauben vorausgegangen. Wenn wir in seine Fußstapfen treten, gehen wir denselben Weg wie er und erleben damit ewiges Leben – schon jetzt! Aber: Er bringt uns auch noch ans Ziel. Er lässt uns nicht selbst strampeln, sondern begleitet uns durch seine Gegenwart im Heiligen Geist. Was für eine großartige und beruhigende Perspektive! In diesem Sinne: Genieße den Weg mit Christus zum Ziel Christus.

MÄRZ **15**

Und sauft euch nicht voll Wein, woraus ein unordentliches Wesen folgt, sondern lasst euch vom Geist erfüllen. EPHESER 5,18

Life sucks!! Das Leben kotzt mich an! Ist so richtig scheiße." Entschuldigung – aber so ist die Übersetzung. Wörtlich aber heißt es: Das Leben saugt! Saugt mich aus, leer, überlässt mich wie eine leere Hülle. Abgesehen von einigen wenigen Superoptimisten ist das eine normale menschliche Erfahrung, so etwas zu erleben. Es gibt nun zwei Strategien, mit dem „Life sucks" umzugehen ...

Zuerst die Frage: Wer oder was saugt denn da und darf der das? Diffus Opfer sein ist nie hilfreich. Dann bin ich hilflos und ausgeliefert und das ist per definitionem eine traumatische Situation. Ich muss handlungsfähig bleiben, sonst erlebe ich wirklich: Life sucks! Wer saugt denn da an mir? Das muss ich ja auch zulassen. Vielleicht die Erwartungen meiner Kollegen und Vorgesetzten? Will ich das? Ist das angemessen? Wenn nein – dann gilt: Blutegel abdocken und weg damit! Sind es meine Idealbilder von Freundschaft oder Ehe, die an mir saugen, weil ich sie nie erfülle und erfüllen kann? Weg damit. Das Prinzip ist verstanden – identifiziere die Sauger!

Aber noch ein zweites ist wichtig: Da kann jemand mit einem Strohhalm hingehen und versuchen, die Niagarafälle leer zu saugen. Das kratzt die absolut nicht. Wo an mir gesaugt wird, ist die zweite Frage: Was füllt mich? Alkohol ist ein beliebter (Ab-)Füller in solchen Phasen. Und vieles andere mag uns vermeintlich füllen, saugt aber dann doch eher an uns. Paulus sagt: Du brauchst mehr Heiligen Geist. Bitte um die Fülle. Um mehr. Mit ihm darfst du dich berauschen. Je mehr er dich bestimmt – desto mehr verkommen die Sauger deines Lebens zu kleinen Jungs mit Strohhalmen an den Niagarafällen. Lass dich füllen!

Viel werde ich nicht mehr mit euch reden können, denn der Herrscher dieser Welt hat sich bereits gegen mich aufgemacht. Er findet zwar nichts an mir, was ihm Macht über mich geben könnte, aber die Welt soll erkennen, dass ich den Vater liebe und so handle, wie der Vater es mir aufgetragen hat. JOHANNES 14,30+31

Eine Randbemerkung Jesus mit tiefer Bedeutung. Die Bibel ist sehr vorsichtig mit Aussagen über den Teufel, generell über die dunkle Gegenwelt. Nichts Spekulatives, keine Dämonenhierarchien, detaillierte Einblicke in die Gegenwelt – umso wichtiger werden die wenigen markanten Aussagen. Hier in Johannes 14 entdecken wir eine unglaubliche Aussage: Der Teufel ist ein Aasfresser. Er ernährt sich vom Dunkel der Menschen. Er ist nicht aus sich heraus kreativ und schöpferisch – das ist Gott vorbehalten. Stattdessen schleicht er hungrig umher, um bei Menschen und Systemen Dunkelheit, Sünde und andere böse Spezialitäten zu entdecken und sich davon zu nähren.

Kurz und provokativ: Der Teufel lebt von dem, was wir ihm bieten. Jesus gibt ihm nichts – also hat der Böse keine Macht. Das bedeutet nicht, dass Angriffe ausbleiben, im Gegenteil: Da, wo er wenig findet, wird er angreifen, um Böses hervorzubringen, um zu verlocken zur dunklen Seite der Macht. Da, wo sich genug Aas findet, wird er sich genüsslich daran laben und das Böse in sich und beim „Wirt" vermehren. Das ist unsere Beobachtung: Wo Böses gedeiht, gesellt sich mehr Böses hinzu. Unterbricht man das Böse radikal, tritt manchmal genauso schnell eine Aufhellung ein. Man kann also dem Teufel durchaus zu viel Macht geben! Und dabei vergessen, dass das beste Rezept gegen das Dunkle darin liegt, sich um das Aas zu kümmern. Beseitige mit Jesus Hilfe das Aas und der Teufel weicht.

MÄRZ **17**

Wer unter dem Schirm des Höchsten sitzt und unter dem Schatten des Allmächtigen bleibt, der spricht zu dem HERRN: Meine Zuversicht und meine Burg, mein Gott, auf den ich hoffe. PSALM 91,1+2

Ich sitze an einem trüben, regnerischen Morgen in meinem Büro und weiß: Schirmwetter! Ich mag Schirme nicht! Aber als Brillenträger mag ich auch Nasswerden nicht. So kaufe ich mir bei einem Drogeriemarkt kleine Billigschirme, die sich regelmäßig zerlegen, aber zumindest bis dahin ihr Werk verrichten.

Der Schirm des Höchsten hat eine ganz ähnliche Funktion: Schutz. Aber auch etwas ganz Erstaunliches: Der Schirm Gottes ermöglicht mir erst, dass ich Fülle Gottes empfangen kann! Damit war nicht zu rechnen! Wie das? Ich bleibe beim Regenwetter. Ich fahre heute Nachmittag nach Aachen und angenommen, die Touristeninformation von Aachen könnte sich dazu bewegen lassen, über ganz Aachen einen Riesenschirm zu spannen. Hey – dann könnte ich meinen Billig-Drogeriemarkt-Schirm schließen und den Tag genießen. Ich würde wieder die schönen Fassaden der Häuser sehen können, anstatt nur geduckt unter dem Schirm durch die Stadt zu huschen. Ich könnte die Bäume sehen, den Himmel, die Gesichter der Menschen. Wenn es einen Aachener Riesenschirm gäbe ...

Gott hat ihn. Und dessen Absicht ist nicht nur, uns zu schützen, sondern dafür zu sorgen, dass wir unsere Schirme sinken lassen, die wir im Laufe des Lebens aufgespannt haben. Denn diese verhindern weiten Horizont, Freiheit, Offenheit – und verhindern Beschenktwerden von oben. Gott kippt über dir bunte Luftballons aus und du merkst es nicht einmal! Weil du dich unter deinem grauen Schirm zusammenkauerst, den du schon zu lange offen hältst. Wir dürfen lernen, unsere Schirme sinken zu lassen – weil es den einen großen gibt.

Denn in ihm leben wir und bewegen uns und sind wir … APOSTELGESCHICHTE 17,28A

„Alles ist nur in Gott, was es ist“ – so hat es ein unbekannter christlicher Lehrer unter dem Pseudonym Dionysius vermutlich im 6. Jahrhundert formuliert. Ein faszinierender Satz. Martin Buber, der jüdische Religionsphilosoph, hat später deutlich gemacht, dass das Ich am Du, am Gegenüber, zum Ich wird. Wenn schon Menschen uns reiben, formen, prägen – wie viel mehr Gott? Kann es sein, dass wir nur in IHM das werden, was wir ursprünglich als genialer Gedanke Gottes sein sollten? Was in uns angelegt war, bevor es verkrümmt, verwundet, durch eigene und fremde Sünde beschädigt wurde?

Paulus bestätigt diese Sichtweise gegenüber den Athenern, denen er ganz nachdenklich und philosophisch kommt. Aus gutem Grund, der auch mir heute guttut! Die Athener wussten nichts von Jahwe, geschweige denn von Jesus. Also beginnt Paulus bei einer Lebenserfahrung, die allen gemeinsam ist, die „irgendwie“ glauben, auch wenn es tote Götter sind. Aber wer glaubt, der weiß zumindest, dass dieser „Gott“, dieses universale Prinzip, alles zusammenhält, dass er macht, dass wir atmen, schlafen, aufwachen, leben. Ohne IHN ist nichts.

Was soll ich als Christ damit anfangen? Nun – ich neige dazu, Gott zu distanzieren. Das heißt, ich betrachte ihn als von mir getrennt und außerhalb von mir. Wenn ich ihn wenig erlebe, wird die Distanz größer. Aber das ist so, als wenn ein Fisch sich vom Wasser entfremdet und sagt: „Ich spür so wenig vom Wasser!“ Kein Wunder, ist es doch immer da und es gibt keine Kontrasterfahrung. Ich brauche den Hinweis: Du lebst in ihm, du bewegst dich in ihm, du bist in ihm. Und er in dir. Näher geht's nicht. Egal, wie du dich fühlst. Staunenswert!

MÄRZ **19**

Ich sah an alles Tun, das unter der Sonne geschieht, und siehe, es war alles eitel und Haschen nach Wind. PREDIGER 1,14

Ich hatte einen Burn-out. Echt? Erzähl – wie hast du das erlebt, wie bist du rausgekommen? Erschöpfungsdepression. Einfach zu viel gearbeitet. Und du? Oh, Mann, ich bin auch von 7 bis 20 Uhr oft am Projekt. Heute hier, morgen in China, übermorgen USA. Wahnsinn! Wie lange machst du das noch? So lange ich durchhalte ...

Szenenwechsel.

Wie geht es dir? Du, echt entspannt. Ich komme gut hin mit der Arbeit, fühl mich gut dabei und arbeite nicht mehr als 40 Stunden. Mal 45 Stunden, aber dann die Woche danach halt weniger. Ich bin gut ausbalanciert. Ist alles nicht so wichtig, was ich mache. Beziehungen sind wichtiger.

Ehrlich: Welches Gespräch verlockt mehr zum Zuhören, wie es weitergeht? Die meisten Menschen würden nun antworten: Das erste Gespräch. Erschöpfung, etwas leisten, an die Limits gehen – Geschäftigkeit ist zu einem Götzen geworden. Die eigene zeitliche Enge, das Vielbeschäftigtsein wird heutzutage wie eine Hostie in der Monstranz durch die Landschaft getragen und angebetet. Ein Fernsehkoch erlebt eine Erschöpfungsdepression? Das ist eine Fernsehsendung und ein Buch wert. Das macht ihn interessant! Geschäftigkeit zeigt Bedeutung und Wichtigkeit und damit auch: Wert. Geschäftigkeit zeigt auch: Das Leben ist endlich – ich will etwas bewirken. Schlafen kann ich im Grab.

Der Prediger nennt das lapidar: Haschen nach Wind. Leer. Hohl. Dumm. Vielleicht wären diejenigen Christen besonders an-stößig und revolutionär in unserer ersten Welt, die entspannt, ausbalanciert, zufrieden – im besten Sinn selbstvergessen – sind. Da, wo Gott regiert, wo die entscheidende Perspektive die Ewigkeit ist, kann das geschehen ...

So gibt es nun keine Verdammnis für die, die in Christus Jesus sind. RÖMER 8,1

Beschämt zu werden, ist eine der furchtbarsten Erfahrungen jedes Menschen. Bloßgestellt, schutzlos, vor versammelter Mannschaft (Schulklasse, Freundeskreis, Kollegen). Da wird eine Schutzschicht gewaltsam weggerissen und der darunterliegende empfindliche Bereich der ganzen Welt gezeigt. Oder: Ein Mensch wird mit bewertenden und verurteilenden Aussagen überhäuft und kleingemacht, begraben. Das „Begraben" ist hier nicht zu krass gewählt. Wenn wir uns in solchen Momenten nicht mehr wehren können und aus verschiedenen Gründen auch nicht flüchten können, ist eine solche Erfahrung traumatisch. Ein Teil unseres Herzens wird begraben vor Schmerz. Das ist Beschämung. Sie ist ein Werk des Teufels.

Des Teufels? Ja – ausschließlich! Und doch ... scheinen manche Menschen ein Gottesbild mit sich herumzutragen, das nicht selten genau diese Eigenschaften beinhaltet: Ein verurteilender Gott, der das Herz gewaltsam aufreißt, um auf die Sünde zu zeigen. Und Christen aller Zeiten haben es genauso gemacht. Dabei heißt es an anderer Stelle, dass die Liebe die Sünde zudeckt ... (1. Petrus 4,8). In den Augen mancher Menschen ist der jüdisch-christliche Gott der größte Beschämer, denn er sieht ja ins Herz und beleuchtet jeden dunklen Fleck mit einem großen Suchscheinwerfer, dem niemand entkommt!

Ja, Gott sieht die Sünde. Aber benutzt er sie gegen den Menschen? Nein – es schmerzt ihn, zerreißt sein Herz vor Liebe. Deswegen wirft er alle Verdammnis, alles Zerstörerische und Dunkle der Trennung von Gott und Mensch auf sich selbst, auf den Sohn am Kreuz. Dort findet alle Verdammnis, alles Dunkle aller Zeiten sein Ende. Es gibt KEINE Verdammnis mehr. KEINE Beschämung. Egal, was passiert. Nie mehr!

MÄRZ **21**

Er bringt mich auf Weideplätze mit saftigem Gras und führt mich zu Wasserstellen, an denen ich ausruhen kann. PSALM 23,2

Psalm 23. Ich stolpere heute über genau diesen Vers. Denn erstens will ich oft genug kein Schaf sein und bocke herum. Und zweitens stelle ich fest, dass ich mich an einer bestimmten Stelle gar nicht gemäß Psalm23 verhalte ... was geschieht denn da?

Es gibt einen Zusammenhang in Psalm 23, der unauflösbar miteinander verknüpft zu sein scheint. Das dunkle Tal, durch das mich der Hirte führt, und die saftige Wiese als Verheißungs-Ort nach dem dunklen Tal. Was mache ich Schaf? Ich habe keinen Nerv auf das dunkle Tal. Nun gut – wer hat das schon? Wer liebt schon Krisen, in denen das Leben an einem reibt und rüttelt. Da mag der Hirte sein, der einem zuflüstert: „Alles wird gut, vertraue mir!" – das ist ermutigend, aber macht das Tal nicht heller. Der Hirte macht eher den Unterschied zwischen Panik-Zone und Mut-Zone. Ohne Hirte würde ich wohl in Panik versinken – so kann ich meinen Weg aber mutig in seiner Nähe gehen ...

Aber dann: Grüne Wiesen! Yeah! Großartig! Yippie! Und plötzlich ... ertappe ich mich dabei, dass ich unruhig über die Wiese tigere. Sie kaum wahrnehme. Gras jenseits des Zaunes knabbere. Mich frage, wann es endlich weitergeht. Kann es sein, dass dadurch das nächste dunkle Tal schneller und schwerer kommt als nötig? Gott schenkt mir Wasserstelle, Gras und Ausruhen. Ich will weiter, ruhe mich nicht aus und nehme das kaum wahr. Wie dumm!

Es verlangt in unserer Kultur Mut, die Gegenwart wahrzunehmen, wertzuschätzen und wirklich (!) bei Gott zu ruhen. Sich dem „schneller, höher, weiter" zu verweigern. Innehalten. Wertschätzen. Ausruhen. Das ist dran. Damit das nächste dunkle Tal leichter wird.

Selbst wenn ich durch ein finsteres Tal gehen muss, wo Todesschatten mich umgeben, fürchte ich mich vor keinem Unglück, denn du, Herr, bist bei mir! Dein Stock und dein Hirtenstab geben mir Trost. PSALM 23,4

Gott ist heute morgen und den ganzen Tag nicht an deiner Veränderung interessiert. Er ist an DIR interessiert. Bleibe bei ihm und du veränderst dich wie von nebenher. Glaubst du nicht? Das ist Evangelium – auch schon in den Gottesworten des Alten Bundes. Dein Stecken und Stab – das sind meine Tröster. Steht da. Hallo? Stecken und Stab? Das soll eine Gnadenbotschaft sein? Evangelium?

Da werden eher üble Erinnerungen wach an Züchtigungen mit Gegenständen. Ich habe das zum Beispiel als kleiner Junge mit einem Holzkochlöffel erlebt. Den gibt es noch. Ich hatte eine Lederhose an (so was trugen damals kleine Jungs) und habe nicht viel gemerkt. Trotzdem: Nicht lustig. Hier aber sind Stock und Stab wirklich frohe Botschaft. Der Hirtenstab hat einen spazierstockartigen Haken an einem Ende. Damit kann ein Schäfer ein Schaf am Hinterbein erwischen und aus der Herde oder einer brenzligen Situation befreien. Er holt es so in seine Nähe – zu gutem Zweck! Klar ist: Das Zupfen ist für ein autonomes Schaf sicherlich ein Eingriff in seine Persönlichkeitsrechte – aber es rettet und hilft! Wenn mein Gottesbild also in Ordnung ist – super! Dann meint es der Hirte mit dieser Maßnahme gut und rettet mich aus dämlichen Situationen, die ich selbst verbockt habe.

Der zweite Gegenstand, der Stock, ist eher eine Lanze, angespitzt, mächtig. Und wird von Hirten eingesetzt zur Abwehr von angreifenden Raubtieren. Das Ding soll also bedrohlich sein und auch bedrohlich wirken – nur nicht gegen die Schafe, sondern zu ihrem Schutz. Gott bringt uns an sein Ziel, rettet uns dabei aus unguten Situationen und verteidigt uns gegen Angreifer. Das ist frohe Botschaft. Unsere Aufgabe? Am Hirten bleiben. Das reicht.

„Nie und nimmer wäschst du mir die Füße!", erklärte Petrus. Jesus entgegnete: „Wenn ich sie dir nicht wasche, hast du keine Gemeinschaft mit mir." JOHANNES 13,8

Es war im biblischen Unterricht (ähnlich Konfirmandenunterricht) vor zwei Jahren – da saßen wir Mitarbeiter, wie so oft an einem Samstag, lang mit einem Haufen Teens zusammen und redeten diesmal über das Dienen. Schnell waren wir bei der Fußwaschung, und wir holten plötzlich Schüsseln und Handtücher hervor und baten die Teens, die Schuhe und Socken auszuziehen. Da war der Widerstand groß! Wie schwer war es für die Jugendlichen, sich von uns die Füße waschen zu lassen, obwohl diese längst nicht so dreckig vom Straßenstaub waren wie die Füße zu Zeiten Jesu! Dienen ist eine Sache – sich dienen lassen eine ganz andere und nicht immer einfacher!

Doch was steckt dahinter? Der Gedanke: Wer dient, ist weniger wichtig, weniger würdig, weniger wert vielleicht sogar! Jesus allerdings zeigt eine ganz andere Art des Dienens und sprengt diesen Zusammenhang. Er dient nicht, um Würde zu erlangen – sondern weil er sicher in seiner Würde ist, dient er! Er kann sich selbst loslassen und selbst-vergessen sein, weil er sich seiner göttlichen Würde bewusst und sicher ist und nicht darum kämpfen muss. Was ich besitze, kann ich loslassen und wenn es wirklich zu mir gehört, werde ich es trotzdem nicht verlieren. So ist das mit der Würde! Wie oft läuft es jedoch anders herum: Dass Dienen so selbstlos wirkt – aber eigentlich hochegoistisch ist: Ich diene, also bin ich, werde gebraucht. Mein Selbstwertgefühl soll aber nicht aus meinem Dienen kommen, sondern aus dem Bewusstsein, dass Gott mich liebt. Wahres Dienen nährt den anderen und läuft dabei nicht leer, weil es aus der Verbindung mit Jesus, aus seiner Kraft heraus geschieht. Jetzt gilt „nur" noch: Die eigene Würde entdecken und mehr und mehr anziehen und dabei aus der Kraft Gottes heraus fröhlich dienen.

Dann stieg er zu ihnen ins Boot und der Wind legte sich. Da gerieten sie vor Entsetzen ganz außer sich. Denn sie waren durch das Wunder mit den Broten nicht zur Einsicht gekommen; sie waren im Innersten verstockt. MARKUS 6,51+52

Diese Bibelstelle bewegt mich zu Tränen und hält mir den Spiegel vor. Was war vorher geschehen? Die Speisung der 5.000 – eigentlich eine Speisung von 15.000, da Frauen und Kinder nicht mitgezählt wurden. Ein riesiges Wunder. Unglaublich! Jesus zieht sich zurück in die Stille – der beste Ort, an dem ein geistlich erschöpfter und ausgepumpter Mensch zu neuer Kraft gelangen kann. Die Jünger fahren schon einmal vor auf ihrem Boot ... und plötzlich, mitten in der Nacht, kommt Jesus über das Wasser zu ihnen.

Ich stelle mir vor, wie ich reagiert hätte, wenn alles „glatt“ gelaufen wäre. Ich hätte ein echtes Wunder live miterlebt, ja daran mitgewirkt. Und dann geschieht ein weiteres! Ich gerate in anstrengende See, ich komme kaum noch voran in meinem Leben. Alles verschwört sich gegen mich – so mein Empfinden. Das „Rudern“ wird anstrengend. Dann kommt durch ein Wunder Jesus auf mich zu! Ich wäre beglückt! Endlich! Halleluja! Wie toll ist das denn!! Ich würde schier ausrasten – nun wird alles gut!

Nicht so die Jünger: Sie erschrecken zu Tode. Und selbst als Jesus zu ihnen steigt und den Sturm stillt, sind sie voll „Entsetzen“. Das schockiert mich. Wie kann das sein? Und: Kann das auch bei mir sein? Dass ich Wunder nicht sehe, nicht erlebe, IHN nicht erkenne, mich entsetze, anstatt ihn zu feiern? Woran liegt das? Der Text sagt schlicht: Die Jünger waren im Innersten verstockt, sie hatten ein hartes Herz. Jünger Jesu, keine Atheisten! Mutig gefragt: Vielleicht bin ich auch verstockt in Teilbereichen meines Lebens?

MÄRZ **25**

Er (Jesus) wandte sich an Philippus: „Wo können wir Brot kaufen, damit alle diese Leute zu essen bekommen?" Das sagte er, um Philippus auf die Probe zu stellen; er selbst wusste schon, was er tun würde. Philippus antwortete: „Zweihundert Silberstücke wären nicht genug, um so viel zu kaufen, dass jeder auch nur einen Brocken abbekommt." JOHANNES 6,5-7

Sag mal Jesus – was sollte diese Frage? Dir war doch wohl klar, dass euer Häufchen von Männern und Frauen es nicht packen würde, mal eben 15.000 Menschen zu versorgen ...?!

Nun – natürlich weiß ich das! Es ging mir um etwas ganz anderes. Meine Nachfolger sollten lernen, eine ganz andere Realität in den Blick zu nehmen, an meiner Hand zu gehen. Menschen kommen ja dauernd an die Grenzen ihrer Möglichkeiten, auch wenn sie das nicht wahrhaben wollen. Ich sprenge diese Grenzen. Nicht, damit ihr Menschen grenzenlos werdet, sondern damit das geschieht, was WIRKLICH wichtig ist.

Okay – das verstehe ich. Sprich: Du wolltest Philippus ganz bewusst an die Grenzen des Machbaren führen und seinen Horizont weiten?

(Mit leisem Kichern) Horizont ist gut! Wenn ihr wüsstet! Es geht ja um eine ganz andere Dimension. Nicht eure begrenzte 3-D-Welt – die geistliche Welt ist frei von solchen Beschränkungen. 15.000 Menschen versorgen, ohne etwas zu haben, das ist nur in der geistlichen Welt drin! Und meine Männer und Frauen sollten und sollen lernen, dass sie an der Schnittstelle stehen zwischen den Welten und handeln dürfen!

Klappt aber nicht so, hm?

Nein – sie haben es nicht verstanden. Und kurze Zeit später bei der zweiten Speisung schon wieder nicht. Sie haben ein hartes Herz. Das ist die Ursache. Ein hartes Herz rechnet nicht mit der geistlichen Welt, sondern bleibt im Machbaren. Und so ist es auch heute viel zu oft mit meinen Männern und Frauen ...

HERR, wer darf in deinem Zelt weilen? Wer darf wohnen auf deinem heiligen Berg? Der rechtschaffen wandelt und Gerechtigkeit übt und Wahrheit redet in seinem Herzen. PSALM 15,1+2

Tausend Stimmen sind in uns. Permanent. Die uns anklagen, bewerten, bremsen – aber meistens nicht unbedingt ermutigen. Testfrage: Wie oft am Tag sagst du dir: „Hey, das hast du klasse gemacht, da hast du echt eine tolle Gabe!“ Oder: „Ich bin echt charakterlich gewachsen in den letzten Jahren an der Stelle, wow!“ Eher weniger, nicht wahr? Es erscheint auch erst einmal seltsam, so positiv zu sich zu reden. Doch das Gegenteil geschieht dauernd: „Was habe ich da jetzt wieder verbockt? Ich wieder! Na super! Ich bin echt doof!“ Und wenn nicht mit diesen Worten, dann mit anderen ...

Was wir verpassen, ist die Wahrheit in unserem Herzen zu sprechen! Diese anklagenden Lügen stimmen ja – wenn überhaupt – nur zum Teil! Mag sein, dass ich gerade etwas nicht geschafft habe. Das ist der Fakt. Aber die Wertung, die daraus folgt, ist nicht die befreiende Wahrheit Gottes über mich! Es ist die verdrehte Wahrheit eines verletzten Menschen, der sich selbst negativ wertet, obwohl er unendlich wertvoll in den Augen Gottes ist. Hier sanft, aber klar Einhalt zu gebieten und diese Stimme in ihre Schranken zu verweisen – das ist die Wahrheit sprechen im Herzen. Aber auch: Das Positive endlich aussprechen, wahrnehmen, würdigen!

Das ist letztlich der ruhige, aber stetige Weg der Heilung und Verwandlung: Über sich und andere auszusprechen, was von Gott her wahr ist – nicht was andere sagen oder angelernt ist. Das setzt voraus, dass dieser Gott, der liebende Vater seines Sohnes Jesus Christus, das Denk- und Lebenszentrum ist. Ansonsten werden andere Stimmen immer wieder das Ruder übernehmen ...

MÄRZ

27

Du bist es ja auch, der meinen Körper und meine Seele erschaffen hat, kunstvoll hast du mich gebildet im Leib meiner Mutter. Ich danke dir dafür, dass ich so wunderbar erschaffen bin, es erfüllt mich mit Ehrfurcht. Ja, das habe ich erkannt: Deine Werke sind wunderbar! PSALM 139,13+14

Mist! Schon wieder fünf Kilo mehr! Nun beginnt der Kampf gegen die Kilos. Ab heute muss alles anders werden!" Alltag bei all denen, die nicht mit einem Turbo-Stoffwechsel gesegnet sind und damit alles in sich hineinstopfen können, ohne ein Gramm zuzulegen.

Ich gehöre nicht dazu. Also beginnt er wieder. Der Kampf gegen den Körper. Stopp! an dieser Stelle! Nichts gegen mehr Sport und durchdachte, hochwertige Ernährung – aber da stimmt doch was nicht ... ah ja: Wo bleibt da die Gnade? Was wir hier bekämpfen, machen wir stärker. Kämpfen wir gegen unseren Körper, werden wir es nicht schaffen, sondern das Körperfett wird beharrlich auf den Rippen verweilen. Gnade verändert unser Herz – Gnade verändert unseren Körper. Haben übrigens auch schon Ernährungswissenschaftler rausgefunden. Mit dem Körper kooperieren und liebevoll umgehen: Wichtig. Aber nicht einfach.

Wir haben sie immer noch in uns – die unselige Trennung von Körper und Seele. Die edle Seele, die lästige und formbare Hülle des Körpers. Griechische Philosophie, die sich auch in der Theologie festgesetzt hat, aber nicht biblisch ist. Natürlich vergeht unser Körper – aber er ist genauso wertvoll wie die Seele. Deswegen bekommen wir einen neuen und schweben nicht körperlos durchs All, wenn wir gestorben sind. Deswegen bezeichnet Paulus den Körper als Tempel. Ich will lernen, für ihn zu danken. Trotz Waage. Ihn wertzuschätzen und zu pflegen. Mit ihm. Nicht gegen ihn. Denn Gnade und Barmherzigkeit verändern und heilen.

Er gebe euren Herzen erleuchtete Augen, damit ihr seht, zu welch großartiger Hoffnung er euch berufen hat und damit ihr wisst, wie reich das herrliche Erbe ist, das auf euch, die Heiligen, wartet. EPHESER 1,18

Rapunzel – frisch verföhnt. Was für ein lustiger und anrührender Zeichentrickfilm von Walt Disney! Rapunzel sitzt in ihrem Turm, versteckt von ihrer dunklen „Mutter", die sie als Baby aus ihrer richtigen Familie entführt hat. Sie wird 18 – und hat diesen Turm noch nie verlassen. Doch dann kommt ein (natürlich hübscher und charmanter) Räuber und mit diesem flüchtet sie zum ersten Mal aus diesem Turm, lässt sich langsam an ihrem langen blonden Haar herab und stockt kurz vor dem Erdboden. Gras! Blumen! Noch nie so nah gesehen, noch nie berührt, noch nie gerochen! Vorsichtig ein Zeh, dann der Fuß und dann: Jubel!! Tanzen! Ist das schön! Die Magie dieses ersten Moments. Der erste Schnee, der erste Kuss, das erste Mal das Meer sehen, diese geheimnisvollen ersten Male. Eine Explosion der Sinne, Wahrnehmungen, Gerüche und Gedanken! Grandios!

Wie wäre es, wenn wir genau darum bäten in Bezug auf die geistliche Welt, die ja nicht weniger real ist als die sichtbare, materielle Welt?! Dass nur das wahr ist, was ich sehe – das ist nur eine Annahme wie jede andere und eigentlich längst überholt. Da ist viel mehr! Die erste Gotteserfahrung, das erste wunderbar erhörte Gebet, der erste Einblick in die himmlische Welt, das erste Empfinden, dass da „mehr" ist, die erste zarte Berührung Gottes. All das und noch viel mehr will uns Gott zeigen, und es reicht für ein Leben voller Überraschungen. Wenn wir mit erleuchteten, frischen Sinnen wahrnehmen können. Genau darum bittet Paulus – und wir sollten es auch tun. Täglich.

MÄRZ **29**

Von Gottes Güte kommt es, dass wir noch leben. Sein Erbarmen ist noch nicht zu Ende, seine Liebe ist jeden Morgen neu und seine Treue unfassbar groß. Ich sage: Der Herr ist mein Ein und Alles; darum setze ich meine Hoffnung auf ihn. KLAGELIEDER 3,22-24

Man sieht sich immer zweimal im Leben ...“ Unheilschwanger bleibt dieser Satz im hell erleuchteten Verhörzimmer der Polizeidienststelle Süd hängen. Dann reißen zwei bullige Polizisten den Überführten von seinem kargen Stuhl hoch und legen ihm Handschellen an. Als er schnaubend und sich windend den Raum verlässt, lehnt sich die Kommissarin zurück und atmet tief durch. Geschafft! Aber sie weiß auch: Sie ist nicht mehr sicher. Der Mistkerl hat Freunde, die nicht im Gefängnis sitzen. Mächtige Freunde. Sie wird nicht mehr ruhig schlafen können, denn „man sieht sich immer zweimal im Leben“ ...

So oder ähnlich laufen wohl viele Krimis, und immer bleibt am Schluss dieses unangenehme Gefühl der Beklemmung: nicht mehr sicher zu sein. Manchen Menschen kommt dieser Gedanke auch bei Gott. Der sieht mich überall, der schaut in mein Herz, der kennt meine Gedanken, und wenn ich auch keinen umgebracht habe – in Gedanken habe ich manchen Kollegen und Familienangehörigen gemeuchelt. Also lieber vor Gott verstecken. Der schleicht ja überall herum. Kennt einen auswendig. Unangenehm.

Traurig, ein solches Gottesbild. Ein Gottesbild, auf dem die Religionen der Welt letztlich aufgebaut sind: ein besserer Mensch zu werden. Die Bibel zeigt einen anderen Weg, und Jesus ist dieser Weg in Perfektion: Es geht nicht mehr darum, ein besserer Mensch zu werden, sondern ein Liebhaber Gottes: zu lieben und sich lieben zu lassen. Dass das geht – dafür sorgt Gnade, die immer neu ist, egal, wie oft wir fallen. Und wie nebenher werden wir verwandelt.

Jetzt aber sagt der Herr, der dich ins Leben gerufen hat, Volk Israel, du Nachkommenschaft Jakobs: „Fürchte dich nicht, ich habe dich befreit! Ich habe dich bei deinem Namen gerufen, du gehörst mir!“ JESAJA 43,1

Ein Vers mit Stolperstein – doch vor allem: ein Lieblingsvers so vieler Menschen! Zuerst einmal: zu Recht. Was für eine herrliche Zusage Gottes, die er hier dem Volk Israel gibt, aber durch Jesus Christus allen Menschen. Gott ist unser Befreier! Damals aus der Sklaverei Ägyptens – bis heute durch Kreuz und Auferstehung von der Sklaverei der Sünde. Israel war vierzig Jahre in der Wüste – Jesus vierzig Tage. Die Parallelen sind nicht zufällig und deswegen dürfen wir uns diesen Vers „anziehen“: Gott ruft beim Namen! Dich! Ja, du, du bist gemeint! Der Name war damals mehr als ein Modeobjekt und musste mehr als „nett klingen“. Er hatte Bedeutung. Er spiegelte Charakter und Wesen wider und war nicht selten Verheißung! Gott kennt und ruft dich beim Namen. Großartig! Kennst du deinen Namen? Frag ihn mal …

All diese Zusagen sind fantastisch und bewegend. Aber sie überstrahlen das Intro des Verses: Fürchte dich nicht! Das heißt aber: Da gibt es etwas zu fürchten. Vorher hatte Gott seinem Volk – wie so oft bei Jesaja – schwere Vorwürfe gemacht, weil sie ihrem Gott untreu waren und ungerecht sowieso. Das hat Konsequenzen! So Gott. Aber nun: Fürchte dich nicht! Der Glaube an diesen Gott bewahrt uns nicht VOR Furchtsituationen – er trägt aber IN Furchtsituationen. Das schmeckt uns vielleicht nicht, erdet uns aber – denn wir leben immer noch in einer gefallenen und seufzenden Welt. Genau dieser Realismus macht Gottes Wort an uns so herrlich praktisch und lebendig. Warum brauchen wir uns nicht zu fürchten? Weil wir IHM gehören. IN allem. Komm zur Ruhe …

MÄRZ

31

Aber ich will mich freuen des HERRN und fröhlich sein in Gott, meinem Heil. Denn der HERR ist meine Kraft, er wird meine Füße machen wie Hirschfüße und wird mich über die Höhen führen. HABAKUK 3,18+19

Wenn dein Leben ein großer Seufzer ist – dann braucht es Gottes noch größeres Aber! Was ist dein Seufzer heute? Welcher Bereich deines Lebens scheint zu scheitern, zu entgleiten, ist umkämpft? Habakuk sieht auf die leeren Felder, die ausbleibende Ernte und könnte verzweifeln. Und wir? Das Problem an den Seufzern des Lebens ist, dass wir schnell um sie kreisen. Aus dem Seufzer wird so ein Stöhnen, Schreien, Verzweifeln. Seufzer sind additiv – mit jedem Seufzer mehr wird die Last größer, wenn nicht – ja wenn nicht ein großer Unterbrecher daherkommt.

Ich habe ganz bewusst von einem Unterbrecher geschrieben, nicht von einer Unterbrechung. Etwas hilft nicht – Einer hilft. Ich kann mich bewusst in meinen berechtigten Seufzern unterbrechen. Durch nette Aktionen, sich „was gönnen“, mal Urlaub ... Doch Seufzer überwintern solche Zeiten zäh und warten darauf, wieder genährt zu werden. Ich kann mich in positivem Denken üben – Seufzer sind diesbezüglich aus Goretex®. Alle menschlichen Versuche, sie loszuwerden, perlen an ihnen ab. Nein – Seufzer brauchen ein größeres Gegenüber, dem sie sich beruhigt unterordnen können. Seufzer wollen nicht beseitigt werden – sie drücken ja eine berechtigte Not aus! Seufzer wollen verstanden und unter einem Größeren beruhigt werden.

Wie das geht? Sich an Gott erinnern und klammern: dass Er Heil bringt. Seine Verheißungen ernst nehmen und laut aussprechen. Die Seufzer beruhigen wie ein kleines Kind, dem man ins Ohr flüstert: Mama kommt gleich. Mögen unsere Seufzer daraufhin zur Ruhe kommen und am Daumen nuckelnd einschlafen ...

Wir wissen allerdings, dass die gesamte Schöpfung jetzt noch unter ihrem Zustand seufzt, als würde sie in Geburtswehen liegen. RÖMER 8,22

Das Frühstücksbrot bleibt mir im Halse stecken. Ein vermutlich rassistisch motiviertes Massaker in einer amerikanischen Methodistengemeinde in Charleston. Ein Weißer hat dort neun Besucher eines Bibelkreises wahllos erschossen. Das, was ich dort lese, geht so nah, weil es sogenannte „zivilisierte" Welt ist – so wie unsere in Deutschland. Nicht irgendein entfernter islamistischer Staat, in dem solche Übergriffe auf Christen leider Alltag sind. Wo ist Gott in all dem?

Paulus macht deutlich, dass diese Welt eine seufzende und leidende ist. Sie sehnt sich nach der Erlösung, der Herrlichkeit und fiebert der Freiheit entgegen, die mit Jesus Christus in diese Welt gekommen ist. Sie wird aber erst in einer neuen, verwandelten Welt zu hundert Prozent zur Erfüllung kommen. Vorher erleben wir Geburtswehen. Immer wieder schmerzhafte, sich steigernde Schmerzen, dann wieder ruhigere Phasen. Aber die Abstände werden kürzer – müssen es werden. So sind Wehen und so habe ich es miterlebt bei der Geburt unserer beiden Kinder. Aber das Neue ist bereits da, nur noch nicht in Gänze sichtbar. Kirche, Gemeinde, Christen, überall wo Gott am Werk ist – das sind die Ultraschallbilder des Neuen, das Gestalt gewinnt. Diese Bilder machen fröhlich, lassen jubeln – aber das Heil für die Schöpfung steht eben noch aus: Zeit der Geburtswehen.

Gott kennt den Zeitplan der Geburt. Er befiehlt weiter Gnadenzeit, in der die Ultraschallbilder herumgezeigt werden sollen. Damit noch mehr Menschen froh werden und Hoffnung gewinnen. Parallel kommt die nächste Wehe. Schmerzhaft, quälend. Die Geburt rückt näher. Herr, du bist mitten drin. Erbarme dich!

APRIL **2**

Der erste Adam war aus dem Staub der Erde gemacht; der zweite Adam hat seinen Ursprung im Himmel. 1. KORINTHER 15,47

Adam heißt schlicht Mensch. Aber es heißt noch mehr. Das hebräische adamah bedeutet: Erde, Staub. Das heißt, der Mensch ist ein „Erdling", ein „Staubling". Erst durch den Lebensatem Gottes bekommt er Lebenskraft, und so steht über ihm am Abschluss seines Schöpfungstages das „Sehr gut!". Wir sind unendlich geliebter Staub. Darüber nachzudenken ist alles andere als Selbstzerfleischung – es ist Realismus und Befreiung! Als Eva schwanger wird und einen Sohn gebiert, ruft sie aus: Ich habe einen Mann geboren mit der Hilfe des Herrn. Da ist die tiefe Abhängigkeit von Gott noch deutlich zu spüren. Wer darum weiß, dass er oder sie unendlich geliebter Staub ist – der bleibt in einer tiefen und existenziellen Abhängigkeit von Gott. Für Staub ist Gebet nicht geistliche – seien wir ehrlich: manchmal langweilige – Übung, sondern tagtäglicher und ständiger Ausdruck der Bedürftigkeit.

Dabei geht es beim bewussten „Staubling-Sein" nicht darum, sich selbst klein und demütig zu machen und in den Staub zu drücken. Da sind wir längst – das müssen wir nicht tun! Es geht vielmehr darum, zu begreifen und es zu bestaunen, dass wir trotz „Staubling-Seins" eine solch große Würde bekommen haben. Dass wir so wertvoll in Gottes Augen sind! Wer das sacken lässt, der WILL einfach beten. Aus existenzieller Bedürftigkeit und staunender Anbetung. Mit Jesus Christus steigt diese Wertschätzung ins Unermessliche. ER selbst gibt sich, damit wir ewig leben dürfen. Zum Lebensatem kommt der Geist selbst. Wir werden zu Tempeln. Staubigen Tempeln. Es lohnt sich, den Staub zu bedenken. Still zu werden und zu staunen. Das macht frei, loszulassen und sich ganz hinzugeben.

Doch für die Seinen ist der HERR voll Güte, eine sichere Zuflucht in Zeiten der Not. Er kennt alle, die bei ihm Schutz suchen. NAHUM 1,7

Wohin flüchtet sich ein Kind, wenn es sich wehgetan hat? Hoffentlich vertrauensvoll zu Mama oder Papa; und liebe Eltern – auch wenn die Schramme noch so klein ist – die wird bitte ernst genommen, nicht relativiert, und dann gebührend bepustet! Aber wo geht ein Erwachsener in seiner Not hin?

Viele Erwachsenen haben gelernt, in der Not allein zu sein. Viele Frauen und Männer haben gelernt: Ich muss stark sein und mein Leben im Griff haben. Not löst das Einsamer-Wolf-Syndrom aus und man kämpft still – anstatt Bindung zu suchen an ein tröstendes Gegenüber. Was mich nicht umbringt, macht mich härter – und: Interessiert doch keinen. Andere haben sowieso viel größere Probleme!

Not ist aber immer subjektiv massiv belastend und nicht zum Vergleich geeignet. Wann ist denn Not Not genug, um Trost empfangen zu dürfen? Aber unsere Erfahrung kann in der Tat sein: Not macht einsam. Und nicht wenige fühlen sich in der Not auch von Gott verlassen. Dahinter steht unterschwellig ein magisches Denken: Wenn ich doch fast alles richtig mache, dann muss ich doch gesegnet werden! Andersherum: Wenn ich Not erfahre, was habe ich falsch gemacht? Gefühle der Schuld und der Scham entstehen – und damit geht man nicht zu einem heiligen Gott ... Eine tragische Verkettung kaputter Gottesbilder entsteht, die mit dem Gottesbild der Bibel nichts zu tun haben.

Unser Vers sagt das Gegenteil: Renn mit deiner Not reflexartig zu Gott! Er kennt jeden persönlich, der da kommt. Er sagt nicht: „Bleib mir bloß vom Leibe, so wie du drauf bist!“ Gott spürt und liebt das kindliche Anvertrauen in Notzeiten und ermutigt: „Komm! Einfach so. So schnell wie es geht. Ich werde deine Schrammen bepusten ...!“

APRIL **4**

Und was ihm (Jesus Christus) den Weg ins Heiligtum öffnete, war nicht das Blut von Böcken und Kälbern, sondern sein eigenes Blut. Ein einziges Mal ist er hineingegangen, und die Erlösung, die er bewirkt hat, gilt für immer und ewig. HEBRÄER 11,12

Aus sich heraus ist kein Mensch würdig, Gott zu dienen. In Christus ist jeder Mensch würdig, Gott zu dienen – unabhängig von Zerbruch, Versagen, Zweifel und Kampf. Ganz neu bewusst wird mir der Skandal der Gnade an diesem Morgen. Jesus Christus hat eine Gerechtigkeit, eine Erlösung geschaffen, die für „immer und ewig" gilt.

An dieser Stelle könnte man nun ein bekanntes Bild dafür verwenden: Die Eltern, die ja auch ihr Kind niemals verstoßen, auch wenn es krumme Wege geht und rebelliert. Leider hinkt dieses Bild. Ich kenne aus meiner seelsorgerischen Praxis Eltern, die es eben nicht ertragen, wenn das Kind eigene Wege geht. Stattdessen den Kontakt abbrechen, verurteilen, manipulieren.

Dagegen möchte ich in dieser Andacht das „wie viel mehr wird Gott" ausrufen! Wenn du zu den Kindern gehörst, die das erleben mussten, halte deine Wunden dem Vatergott hin, den uns Jesus Christus zeigt. Wenn Eltern im Normalfall immer Eltern bleiben, auch wenn ihre Kinder seltsame und schmerzhafte Wege gehen – wie viel mehr handelt Gott so, der sich selbst nie von seinen Zusagen dir gegenüber lösen wird! Die Zusage steht: Du bist rein, gerecht, erlöst, Kind. Du kannst Jesus nicht mehr vom Kreuz holen! Wenn du dir unwürdig vorkommst – geh zum Kreuz und zur leeren Grabhöhle Jesu. Es gilt. Für immer. Du bist und bleibst würdig, mit Gott in intimer Gemeinschaft zu leben und ihm zu dienen. Und wenn du fällst – es trennt dich nicht mehr vom Vater. Nutze dein Versagen als Treibstoff, um nur noch schneller auf seinen Schoß zu krabbeln.

Der Herr ist mein Hirte, darum leide ich keinen Mangel. PSALM 23,1

Manchmal führen mich Schreibfehler auf die richtige Spur. Gott hat Humor und ich sehe ihn in solchen Momenten vor mir, wie er mich genau einmal falsch tippen lässt oder die Rechtschreibprüfung meines iPads seltsame Dinge tun lässt. Dann sitze ich da und fasse es nicht. Und Er lächelt liebevoll amüsiert vor sich hin. So auch diesmal.

Ich sitze hier ziemlich erschöpft in schwerer Zeit – und schreibe die Worte: Ich schaffe das irgendwie. Doch etwas läuft schief – denn da steht plötzlich: Ich SCHAFE das irgendwie. Ich habe in diesem Moment gerade vermutlich genauso auf mein iPad geschaut: wie ein Schaf. Doch dann stimmte ich in das Lächeln Gottes ein. Ich darf Schaf sein – dann schaffe ich es. Will ich Hirte meines Lebens sein, verleugne ich meine Geschöpflichkeit, meine Abhängigkeit vom Vater. Wie paradox ist das: Wenn uns das Leben entgleitet, versuchen wir krampfhaft, Kontrolle zu erlangen. Und gleiten damit noch ein Stück weg vom Geschöpf hin zum Schöpfer-sein-Wollen und vom Schaf zum Hirten. Wir greifen zur Selbsthilfe und landen in der Autonomie, die uns überfordert, anstatt zu Gottes Hilfe zu greifen und sich in die heilsame Abhängigkeit von ihm fallen zu lassen. So betrachtet werden schwere Zeiten zu Lehrzeiten, wo wir uns immer noch als Macher unseres Lebens empfinden – anstatt das zu sein, was wir existenziell sind: unendlich geliebter Staub.

Dem Sog zur Kontrolle, zum Funktionieren, zur Selbsthilfe widerstehen – sich stattdessen als Schaf in die Obhut des Hirten begeben und wieder erleben: In der tiefsten Abhängigkeit von Gott findet sich die größte Freiheit, Kreativität, Freude und Kraft. Wenn du nur auf diese Gaben schaust – verlierst du sie. Schau auf den Hirten – und du empfängst sie.

APRIL **6**

Und Jesus sprach: So verdamme ich dich auch nicht; geh hin und sündige hinfort nicht mehr. JOHANNES 8,11

Jeder Christ kennt Verhaltensweisen, die zerstörerisch sind und nicht nach Gottes Willen. Sei es eine mehr oder weniger geheime Sucht (nach Erfolg, Anerkennung, Kaufen, Essen, Pornografie ...) oder Gewohnheiten, die nicht guttun, wie Klatsch und Tratsch, Stolz, Neid, ... Doch wie kommt man von ihnen los? Wie geschieht Veränderung?

Die erste Antwort wäre vermutlich: anstrengen. Dass das zu nichts führt, sagt die Bibel eindeutig. Ist aber in einer Leistungsgesellschaft immer die erste Alternative. Die zweite Antwort könnte sein: mehr glauben. Du bekommst eine lästige oder sündige Eigenschaft oder Verhaltensweise nicht los? Dann musst du mehr beten, mehr glauben, Loblieder singen. Das klingt dann besonders fromm – ist aber doch wieder ein „mehr" – und damit: Leistung. Jesus nennt eine ganz eigene Voraussetzung für das nicht mehr Sündigen: Freiheit von Verdammnis – man könnte auch sagen: Freiheit von Beschämung.

Die Frau rechnet nach dem Ehebruch mit den Schmähungen der Menschen und der Steinigung. Doch die Ankläger schweigen nach Jesus Eingreifen: keine Verdammnis. Dann rechnet sie mit der Verurteilung des Rabbis Jesus. Doch auch der verdammt und beschämt nicht. Und zeigt damit einen Gott, der dieses auch nicht mehr macht. Kannst du dir das vorstellen? Wir lesen hier ganz schnell die Aufforderung von Jesus, nicht mehr zu sündigen (Leistung!), aber übersehen die Freiheit von Verdammnis. Wenn du hundertmal in Sünde fällst – Gott runzelt nicht die Stirn, verdammt dich nicht, beschämt dich nicht. Sondern schaut dich weiter liebevoll an. Das zu verinnerlichen – und es den eigenen anklagenden Stimmen zu sagen, das führt in die Freiheit.

Jesus hörte das und gab ihnen zur Antwort: „Nicht die Gesunden brauchen einen Arzt, sondern die Kranken. Ich bin nicht gekommen, um die Gerechten zur Umkehr zu rufen, sondern die Menschen, die voller Schuld sind.“ MARKUS 2,17

„Jesus, zu dir kann ich so kommen, wie ich bin ...“ – dieser auch nicht mehr ganz taufrische Songtext steht für eine Entwicklung weg von frommen Fassaden, religiöser Scheinwelt hin zu einem Echt-Sein, mit seinen Wunden kommen dürfen – auch mit Schuld. Doch seien wir ehrlich: Die christliche Gemeinde ist ein ganz schönes Biotop von Chaoten, Verwundeten, manchmal Lernunfähigen und Stolpernden. Das kann ganz schön müde machen. Da wünsche ich mir doch eine Gemeinde der Starken, die das Leben im Griff haben, die vorankommen. Wäre nicht alles viel einfacher? Und es gibt ja auch die Gemeinden, die das propagieren: Power, Stärke, Sieg, Vorankommen.

Und dann schaue ich heute Morgen in den Spiegel ... Und Gott spricht zu mir: „Lieber Christof, dann verlass du zuerst diese Gemeinde. Denn du bist ja zuerst verwundet, bedürftig, stolpernd. Manchmal mehr als andere. Geh! Und weißt du was? Ich geh mit. Denn ich bin gerne bei denen, die es nicht drauf haben.“ Nachdenklich lasse ich den Rasierer sinken und spüle ihn aus. Gott spricht weiter zu meinem Herzen: „Weißt du, ich möchte gerne Menschen heilen – aber wenn das zu einer Stärke führt, die glaubt, unabhängig von mir sein zu können, und einem fehlenden Bewusstsein, ein Leben lang verwundet und bedürftig zu sein – das ist gar nicht gut! Denn dann zählt letztlich doch wieder Leistung, nicht Gnade. Und wenn ihr zu Lebzeiten mit der Heilung fertig würdet – wozu dann der Himmel? Nein – du wirst stolpern und fallen und heilen und siegen. Und deine Schwestern und Brüder auch. Ich bin dabei.

APRIL **8**

Meine Seele dürstet nach Gott, ja, nach dem lebendigen Gott. Wann endlich werde ich wieder zum Heiligtum kommen und dort vor Gottes Angesicht stehen? PSALM 42,3

In dunklen Zeiten beginnt die Seele zu wimmern. Zu lechzen. Zu dürsten nach Gott. Wenn ich schaue, wie ich in solchen Zeiten reagiere, dann kenne ich zwei fatale Reaktionen, die diesen Durst nicht stillen. Vielleicht findest du dich da wieder? Die erste Reaktion ist, diesen Durst nicht wahrzunehmen – oder anders zu deuten. Man kann sich auch an Durst, an das „Zuwenig" gewöhnen. Oder man bekommt von der Seele Signale wie Erschöpfung, Sucht, Leere, Traurigkeit und deutet sie falsch. Doch genauso wie man von Hunger weiß, dass er gar nicht so selten eigentlich durch Durst ausgelöst wird, so ist es auch bei unserer Seele: Vernachlässigen wir nicht den Durst nach Gott! Allzu schnell bin ich bei anderen Erklärungen, justiere mein Leben, wie ich es mir denke – anstatt erst einmal zu Gott zu rennen ...

Doch hier wartet die zweite Fehlreaktion. Wo suche ich nach Gott? Ich lese Bibel, bete, lese Bücher, besuche Konferenzen, tausche mich mit Menschen aus. Aber werde nicht satt. Ich suche da draußen nach dem „Heiligtum". So wie der Psalmist von der Pilgerfahrt nach Jerusalem Erfrischung erwartet. Doch laut Jesus ist dieses Heiligtum nicht mehr da draußen. Es ist in seinem Geist. In uns. So kann man sehr eifrig und auch mit Sehnsucht nach Gott an den falschen Orten suchen und nicht fündig werden! Wie dramatisch! Dabei muss man „nur" bei sich selbst anfangen: Still werden. Einen kleinen Schritt nach innen gehen bzw. loslassen und sich ziehen lassen in diese Gegenwart des Herrn. Es geht nicht darum, mehr zu machen – sondern weniger. Gott liebt es, uns in diese Gegenwart zu ziehen. Willkommen im Heiligtum!

Im Anfang war das Wort, und das Wort war bei Gott, und Gott war das Wort. JOHANNES 1,1

Ein Gott, der klein genug ist, um ihn zu begreifen, ist nicht groß genug, um ihn anzubeten – so sagt ein Spruch. Ich würde ergänzen: ... der ist nicht groß genug, um mich ihm anzuvertrauen! Wenn ein Gott in meinen Kopf und mein Herz passt, dann kann es nicht Gott sein, und dann habe ich auch nicht den Mut, mich bei einem solchen Gott fallen zu lassen. Der ist ja letztlich nicht größer als ich!

Johannes 1,1: ein legendärer Start in das größte Geheimnis des Glaubens. Gott ist Dreieinigkeit – drei in eins. Jesus hat zwei Naturen – zwei in eins. Bevor du nun wieder anfängst mit „Ja, aber" – stopp! Lass es stehen! Du kannst es abtasten, bestaunen – aber nicht begreifen. Könntest du es, wäre es nicht Gott. Sollst du also beim Glauben den Verstand an der Garderobe abgeben? Nein – aber ihn nicht als absolutes Maß setzen. Denn dann machst du dich zum Gott. Lass dich mal meine Gedanken entlanggleiten und spüre den Konsequenzen nach – jenseits des „Ja, aber" ...

Das Wort ist Jesus. Und ein winziger Vers spricht drei riesige Wahrheiten aus. Jesus ist präexistent: vor allem da. Vor dieser Welt. Ganz am Anfang. Jesus ist koexistent: Er ist mit seinem Vater und bei seinem Vater. Jesus ist göttlich existent. Er ist unterschieden von seinem Vater und doch eins mit ihm. Dieser Jesus umfasst alles – und gerade deswegen komme ich mit meiner Verzagtheit am Leben heute Morgen zu ihm. Und staune. Bete an. Schaue auf IHN mit großen glänzenden Augen wie ein Kind vor einem Feuerwerk. Wenn Kinder so schauen – dann verstummen auch die Erwachsenen mit ihrem „Ja, aber" ... und werden still.

APRIL **10**

Sollen wir weiterhin sündigen, damit sich die Gnade in vollem Maß auswirkt? Niemals! Wir sind doch, was die Sünde betrifft, gestorben. Wie können wir da noch länger mit der Sünde leben? RÖMER 6,1B+2

Kann man Gefühlen trauen? Ich meine nicht. Ich bin manchmal ein ziemlicher Angsthase. Habe ich auf einem dieser extremen Fahrgeschäfte auf der Kirmes oder in einem Freizeitpark Platz genommen, ziehe ich die Halterung zu mir herunter, und wenn es dann losgeht, kommen die bangen Gefühle und danach diese Gedanken: „Ich Blödmann! Das überlebe ich doch nie! Oder nur knapp! Ich werde mir wehtun!" Angst schwappt hoch und rät mir, der gefährlichen Situation auszuweichen. Wohlgemerkt: einer Situation, die zu 99,99 % sicher ist und von zig Ingenieuren durchdacht wurde. Kann ich meinen Gefühlen trauen, dass sie mir die Wahrheit sagen? Ja – sie sagen mir die Wahrheit über einen bestimmten Teil von mir und vor allem über meine Selbsteinschätzung („Ich liebe Fahrgeschäfte dieser Art nicht. Ich bin ein vorsichtiger Mensch. Ich bin zu alt für diesen Nervenkitzel"). Aber sie sagen nicht die objektive Wahrheit: nicht über mich als ganze Person und erst recht nicht über meine Identität. Ich bin kein Angsthase – denn ich habe schon viele Situationen im Leben mutig gemeistert, nur eben diese nicht ...

Ähnlich ist es mit der Sünde. Jeden Tag falle ich. Manchmal, in Lieblingssünden, zum hundertsten Mal. Da kommen das Gefühl und die innere Stimme hoch: „Du bist und bleibst ein Sünder. Du bist nicht frei. Es hat sich nichts geändert. Versager!" Gefühle, Gedanken, Gewissen – diese drei „Gs" sagen aber nicht die Wahrheit über mich und dich. Die Wahrheit sagt Gott: „Du bist mein über alles geliebtes Kind. Die Sünde hat keinen Anspruch mehr auf dich. Sie ist entmachtet." Daran festzuhalten – gegen die drei „Gs" – und auf Jesus zu blicken – das ist der Weg in die Freiheit.

Denn ihr alle, die ihr auf Christus getauft worden seid, ihr habt Christus angezogen. GALATER 3,27

Wenn der Schleier der Tränen alles in und an dir verhüllt.
Wenn dich die zähe Soße aus Schmerz und Erschöpfung verklebt.
Wenn deine Augen durch Müdigkeitssand unscharf geworden sind.
Wenn dein Nacken die Last nicht mehr tragen kann und
wenn dein Kopf gesenkt durch die Landschaft geht.
Wenn deine Hände schwach geworden sind, dann ...

... öffne sie, lass los und taste nach dem, der dich eigentlich einhüllt:
Christus – dein Gewand.
Er ist da, auch wenn dein graues Untergewand dir näher scheint.
Er bleibt da, weil er sich vor deinen Dunkelheiten nicht fürchtet.
Taste nach ihm, streck' dich aus, schrei' nach ihm mit letzter Kraft.

Und es beginnt. Er ist längst da.
Sein Gewand trocknet die Tränen in und an dir.
Sein Gewand sprengt die zähe Soße und lässt dich atmen.
Sein Gewand wischt dir liebevoll den Sand aus den Augenecken.
Sein Gewand massiert deinen Nacken und entlastet ihn.
Sein Gewand hebt deinen Kopf und lässt dich Seine Augen sehen.
So nimmt er dich an die Hand ...

APRIL **12**

Da antwortete ihm Simon Petrus: Herr, wohin sollen wir gehen? Du hast Worte des ewigen Lebens; und wir haben geglaubt und erkannt: Du bist der Heilige Gottes. JOHANNES 6,68+69

Leben mit Gott und alles „paletti"? Von wegen! Das Leben und manchmal auch Gott sprechen undeutlich. Es ist nicht „einfach" – nicht immer. Ich lebe in einer Lebensphase, wo ich mir eine deutlichere und einfachere Sprache wünschen würde. Aber das Leben und auch Gott scheinen zu nuscheln. Ich will fragen: WAS hast du gesagt? Deutlicher bitte! Aber es wird nicht so schnell deutlicher ... Aber mit dieser Erfahrung bin ich nicht der Einzige ...

Jesus hat gesprochen. Keine leichte Rede, sondern von sich selbst geredet als dem lebendigen Brot, das verspeist werden muss. Die Jünger murren, gehen weg. Bah, eklig! Was redet der? Wollen wir das hören? Bringt das schnelle Befriedigung? Nein. Also weg. Am Ende stehen nur noch wenige da. Jesus schaut sich um und spricht Petrus an – der dann diesen leicht resignativen Satz sagt: Wohin sollen wir sonst gehen? Na super, wird sich Jesus gedacht haben. Mangels Alternativen bleiben sie? Na immerhin haben sie erkannt, dass ich von Gott berufen und ausgesondert bin. Der Heilige Gottes. Aber meine Worte vorher haben sie nicht verstanden. Denn dann hätte Petrus anders gesprochen.

Jesus HAT nicht Worte des ewigen Lebens – er IST das Wort des ewigen Lebens! Das verwechseln wir leicht und sind dann enttäuscht, wenn solche Worte, die wir für „Worte des ewigen Lebens" gehalten haben, nicht belastbar sind. Vielleicht nimmt Jesus sie manchmal weg, damit sie uns nicht den Weg zu ihm versperren. Wir warten auf Worte – er sehnt sich danach, dass wir DEM Wort begegnen wollen: IHM. Er ist da. Einfach so. Und wenn das Leben nuschelt und Gott vermeintlich auch, dann ruft er: Komm zu mir! Nimm mich auf! Wieder neu. Und dann reden wir. Aber vertausche nicht Worte mit dem Wort.

Meine Kinder, es ist, als müsste ich euch ein zweites Mal zur Welt bringen. Ich erleide noch einmal Geburtswehen, bis Christus in eurem Leben Gestalt annimmt. GALATER 4,19

Ich wollte, ich wäre eine Autobahn. Dreispurig, mit Flüsterasphalt. Alles läuft glatt und leise, und weil es so schön ist, baut niemand einen Unfall. Keiner muss eine Vollbremsung hinlegen, weil ich schlecht einsehbare Kurven habe oder Bodenwellen. Ich bin einfach – eine Autobahn: neu, frisch, ruhig, schön. Und am Straßenrand blühen Kornblumen.

Aber ich bin eine Baustelle. Genauer gesagt: eine Dauerbaustelle. Ich habe Risse im Asphalt und es geht längst nicht immer ruhig zu. Manchmal biegen Menschen um meine Kurven und erschrecken, was sie da sehen und vorher nicht erwartet haben. Frisch fühle ich mich nicht und es wird von selbst auch nicht besser. Dafür sorgen all die Vollbremsungen, Unfälle und auch meine Schäden. Deswegen wird gearbeitet. Damit weniger passiert. Und ich zwischendurch aufatmen darf.

Das Faszinierende ist: Die schnellen, reichen Limousinen, die durch meinen Zustand in die Langsamkeit getrieben werden, die um ihre Reifen oder Makellosigkeit fürchten müssen, wenn sie auf mir unterwegs sind – die sind hochgradig genervt. Der kleine verschrammte Fiat Panda letztens oder der alte Corsa, dessen Stoßstange auf halb acht hing, die bleiben geduldig auf mir unterwegs. Fühlen sich wohl bei mir.

Mein Baustellenteam ist nicht groß, gerade einmal drei Personen. Aber sie wissen, was sie tun. Und sie haben mir versprochen, das zu Ende zu bringen. Täglich streicheln sie mir den Asphalt und sagen mir: Es ist okay. Du darfst Baustelle sein. Wir kriegen das hin. Und am Rande blüht der Klatschmohn.

APRIL **14**

Du aber, HERR, bist ein Schild um mich her, meine Ehre, und der mein Haupt emporhebt. PSALM 3,4

Im Fernsehen und den sozialen Medien sehe ich in diesen Tagen so viele Bilder von Flüchtlingen, die sich aus den Krisengebieten den Weg in die Sicherheit Europas bahnen. Mit gesenktem, erschöpftem Haupt, ihrer Würde und ihres Hab und Guts beraubt, hilflos und schutzlos auf ihrem Weg. Ich kenne einen syrischen Flüchtling, der noch in Istanbul entführt wurde und drei Tage lang verschleppt wurde. Was für eine grauenhafte Situation, so unterwegs zu sein!

Doch nicht nur Flüchtlingen geht es so. Das Leben kann ein Kriegsgebiet sein. Wenn der Job verloren oder eine Beziehung in die Brüche geht, wenn Mobbing am Arbeitsplatz herrscht und jede spitze Bemerkung wie ein Dorn in die Seele dringt, ist es an der Zeit, diesen Psalmvers in Anspruch zu nehmen. Dieser Vers ist mehr als eine vage Hoffnung. Der HERR ist ein Ganzkörperschild vom Feinsten, er hebt den gesenkten Kopf empor und er IST unsere Ehre! Er gibt nicht nur Ehre, er IST auch Ehre, weil er selbst durch Jesus Christus zusagt, selbst in jedem noch so zerbrochenen und gebeugten Menschen durch seinen Geist zu wohnen, wenn nur dieser sich an ihn hält und auf ihn wirft.

Es tut gut, in stürmischen und kämpferischen Zeiten, in denen die Seelenhaut beginnt, in Fetzen zu hängen, genau diesen Vers mehrmals täglich vor sich hinzusagen, am besten halblaut, damit alle Sinne beteiligt sind. Die gegenteiligen Sätze reden andauernd in uns und ziehen uns herunter – aber sie lügen. Die göttliche Wahrheit laut auszusprechen und ihn sich dabei bildlich vorzustellen, ist eine der ältesten geistlichen Übungen der Christenheit. Dieser Vers schützt und richtet auf. Tag für Tag mehr.

15 APRIL

... und habt das neue Gewand angezogen – den neuen, von Gott erschaffenen Menschen, der fortwährend erneuert wird, damit ihr Gott immer besser kennenlernt und seinem Bild ähnlich werdet. KOLOSSER 3,10

In einem bekannten Lied heißt es „Jesus, zu dir kann ich so kommen, wie ich bin“. Eine tröstende Zusage. Egal, wie verletzt, gebeugt, verkrümmt du bist komm! Es ist okay. ER nimmt dich an, wie du bist. Dieses bedingungslose Krabbeln auf den Vaterschoss rührt mich immer wieder neu zu Tränen – weil ich es so nötig habe. Ich falle, stehe auf, kapituliere – und renne zum Vater, weil nur er diesen Schutzraum bietet.

Manche Christen singen dieses Lied aber mit einem seltsamen Zungenschlag. Da kommt als letzte Strophe dann: „Jesus, bei dir darf ich nicht so bleiben, wie ich bin!“ Sprich: Wir fangen mit der Gnade an, machen aber dann mit dem Gesetz weiter. Du bist herzlich angenommen, aber wehe, wenn du so bleibst, dann wird’s ernst! Um es deutlich zu sagen: Dieser Weg zur Veränderung wird zur Sackgasse, in der man sich die Nase blutig schlägt. Aber es gibt auch die andere Seite ...

... Es gibt Christen, die ihre Biografie, ihre Prägungen und Verletzungen nicht reflektieren, sondern aus ihnen heraus agieren und deuten, was sie erleben. Ich erlebe mich immer wieder so. Da handle ich instinktiv – und falsch. Ich bin nicht im Geist verwurzelt, sondern reagiere wie ein in die Enge getriebenes Tier. Gefährlich wird es, wenn aus dieser Art des Lebens ein Anspruch wird, eine Deutungsbrille, durch die ich mein Leben und andere lese. Hier dürfen wir die letzte Strophe des Liedes nachlesen: Jesus, bei dir muss ich nicht so bleiben, wie ich bin. Ich soll, darf, will verändert werden, meine Geschichte haben, aber nicht von ihr dominiert werden – sondern von Christus allein.

APRIL

16

Wenn ich rufe, antworte mir, Gott meiner Gerechtigkeit! In Bedrängnis hast du mir Raum gemacht; sei mir gnädig und höre mein Gebet! PSALM 4,2

Ich bin in einem alten, muffigen winzigen Aufzug aus den 50er-Jahren. Er rumpelt die Etagen nach oben in dem Ärztehaus. Hektisch schaue ich nach dem TÜV-Siegel. Ist diese Kiste in den letzten Jahren mal gecheckt worden? Puh ... alles okay. Plötzlich stoppt er. Zwei sehr beleibte Menschen steigen ein, und ich – auch kein Hänfling – drücke mich in die hintere linke Ecke. Enge schnürt mich ein – nicht nur räumlich. Eine äußerst unangenehme Situation der Bedrängnis, verbunden mit Muff und Körpergeruch. Puh!

Unser Seelenraum ist nicht anders geschaffen. Wenn Dinge in ihm immer größeren Raum einnehmen, dann müssen andere schrumpfen und kleiner werden. Der Raum ist begrenzt. Gestatte ich es meinen Sorgen, dem Beruf, einem grenzverletzenden Menschen oder negativen Gedanken mehr und mehr Raum einzunehmen, dann wird der restliche Anteil in meiner Seele schrumpfen. Die Summe aller Raumnehmer ist konstant. Und so erlebe ich das auch. Wenn mich die Zukunft unklar lässt, dann bläht sie sich auf zu einem grünen schleimigen Drohmonster, das Freude, Hoffnung, Perspektive und Vision erstickt. Seelische Atemnot. Was kann man machen? Sich mühsam neu aufs Positive konzentrieren? Den Blick bewusst abwenden vom Bedrängenden – hin zum Positiven? Nicht schlecht. Das Problem: Was ich verdränge, mache ich stärker. Deswegen ist es sinnvoller, etwas dagegenzusetzen, das die größte Macht hat, positiven Raum einzunehmen: Gott.

Gott hört die Schreie der Seinen. Stoppt den Aufzug, holt die beiden beleibten Menschen heraus – und weitet die Wände. ER kann es. Ich weiß nicht, wie – aber ich habe es so erlebt. Unsere Begrenzungen und Einschränkungen sind nicht Seine. Ruf ihn!

„Was aus dem Menschen herauskommt, das macht ihn unrein“, fuhr er fort. „Denn von innen, aus dem Herzen des Menschen, kommen Gedanken, die böse sind (…) MARKUS 7,21+22A

Ich werde mich hüten, das meiner Schwiegermutter zu sagen!“ – so platzte es einer jungen Frau in der Seelsorge letztens heraus. Es folgt KEINE Auslegung des obigen Verses unter dem Aspekt Schwiegermutter, sondern es geht mir um etwas viel Faszinierenderes: die kleine, großartige Redewendung: „Ich werde mich hüten …“

Jesus betont in seiner Zeit – gegen den damaligen Strich gebürstet: Euer Problem sind nicht die Taten – es ist euer Herz, die Gedanken und Regungen. Die Wurzel übler Handlungen ist immer IM Herzen – die Frucht wird nach außen sichtbar, und sie ist faul, auch wenn ich sie rot anmale. Lässt uns Jesus mit diesem Gedanken – der sich auch schon im AT so findet – allein? Ganz im Gegenteil! Weil er unser Hüter, unser Hirte ist, dürfen und können wir erst Hüter unserer Herzensregungen werden. Nicht, um es Gott zu beweisen, sondern weil es guttut! Weil wir es können. Weil ER es ermöglicht.

Was bedeutet das? Nun: Ich werde mich hüten. Ich werde auf mich aufpassen. Ich bin nicht identisch mit meinem Herzen und seinen Äußerungen ausgeliefert – ich kann diese anschauen und behüten. Und wie ein guter Hüter werde ich diese Gedanken nicht wegsperren, bekämpfen oder mir einfach die Augen zuhalten – ich werde sie wahrnehmen und angemessen behandeln: in ihre Grenzen verweisen. Sie Gott übergeben. Das Ganze aber klar, ruhig, gelassen und voller Barmherzigkeit mit dem eigenen Herzen. So handelt ein Hüter – der keinen Knüppel nötig hat, sondern seine Kraft aus der Gnade zieht. Unser müdes Herz wird erleichtert aufatmen: Endlich übernimmt er, übernimmt sie Verantwortung.

APRIL **18**

Doch der Herr sagte zu ihm: „Lass dich von seinem Aussehen und von seiner Größe nicht beeindrucken. Er ist es nicht. Denn ich urteile nach anderen Maßstäben als die Menschen. Für die Menschen ist wichtig, was sie mit den Augen wahrnehmen können; ich dagegen schaue jedem Menschen ins Herz.“ 1. SAMUEL 16,7

Gäbe es ein elftes Gebot für persönliche Zufriedenheit, dann wäre dies: „Du sollst dich nicht vergleichen!“ Es ist wohl eine Folge des Sündenfalls und somit der Speise vom Baum der Erkenntnis von Gut und Böse, dass wir dauernd Dinge bewerten, und mit dem Bewerten tritt sofort der große, dunkle Bruder des Bewertens auf den Plan: das Vergleichen. Wir unterteilen die Welt in wünschenswert und weniger wünschenswert, in ideal und suboptimal und so weiter. Während Gott für seine Geschöpfe ein Leben ohne Vergleich, Bewertung und somit in heiliger Gegenwärtigkeit und Zufriedenheit vorgesehen hatte, produzieren wir das Gegenteil. Und vergleichen. Tag für Tag. Und jedes Mal, wenn ein Vergleich zu unseren Ungunsten ausfällt, sackt man ein wenig mehr in sich zusammen. Mir hilft dabei ein Augenöffner ...

Vergleiche machen zu 100 % unglücklich, wenn wir unser Herz mit jemandes anderem Äußeren vergleichen. Und das ist der Normalfall. Wir ersehnen uns ein Lebensgefühl („Ich wäre zufrieden, wenn ich so viel Erfolg im Beruf hätte wie XY“), einen seelischen Zustand (also ein Herz) und sehen aber das Leben, den Erfolg, die Ausstrahlung eines anderen. Genau diese beiden Dinge sind aber nicht vergleichbar! Wir schauen nicht in das Herz eines anderen! Würden wir dann wirklich tauschen wollen? Unsere Aufgabe ist: Das Vergleichen Tag für Tag loslassen und unser Herz stattdessen auf den ausrichten, der es perfekt kennt und liebt: Gott selbst. So sehr, dass er mitsamt seinem Sohn durch den Heiligen Geist in dieses Herz eingezogen ist.

HERR, leite mich in deiner Gerechtigkeit wegen meiner Feinde; ebne vor mir deinen Weg. PSALM 5,9

Wie reagiere ich, wenn es eng wird im Leben? Wenn das Boot schwankt und Wellen ins Innere platschen? Wenn mich die Feinde eines erfüllten und glücklichen Lebens bedrängen? Ich versuche um jeden Preis, wieder festes Land unter die Füße zu bekommen! Das ist eine ganz natürliche Reaktion eines jeden Menschen. Wer will schon Gefahr und Bedrohung? Also: Wenn eine Krise droht – kämpfen! Dinge verändern, anpacken. Dass es dabei zu Schnellschüssen kommen kann – wer wollte das leugnen? IN der Krise ist der Verstand nicht immer klar ... Aber es gibt in massiven Krisen noch eine zweite Reaktion: die hilflose Lähmung. Es wird alles zu viel. Von allen Seiten kommen Angriffe. Und mittendrin: man selbst. Erstarrt. Keine Bewegung möglich. Wie das Kaninchen vor der Schlange. Egal, welche Reaktion du kennst und wählst – David reagiert erstaunlich und enorm hilfreich.

Zuerst macht er seinem Ärger über seine Feinde Luft, ohne ein Blatt vor den Mund zu nehmen. In den Versen 1 bis 8 stehen so manche Aussagen, bei denen man staunt, dass sie in der Bibel stehen. Da hasst Gott Menschen. Lässt Sünder verloren gehen. Geht ihnen nicht nach. Gut, dass Gott solche Verse in der Bibel gelassen hat. Denn David ruft sie in seiner Verzweiflung ehrlich und ungeschminkt heraus. – Trotzdem sind sie in den Psalmen keine Ich-Aussagen Gottes. Aber dann Vers 9: Anstatt selbst den Weg aus der Krise zu suchen – ein eindrückliches Gebet: Leite mich in DEINER Gerechtigkeit. Ebne mir DEINEN Weg. Nicht meinen. David unterwirft sich Gottes Willen, vertraut sich ihm an, anstatt selbst den Weg aus der Krise zu suchen und auf eigene Faust zu kämpfen. David lässt los. Das will ich lernen – mehr und mehr.

APRIL **20**

Als aber die Pharisäer das sahen, sprachen sie zu ihm: Siehe, deine Jünger tun, was am Sabbat zu tun nicht erlaubt ist! Er aber sagte zu ihnen: Habt ihr nicht gelesen, was David tat, als er und seine Gefährten hungrig waren? MATTHÄUS 12,2+3

Meine Oma hat gerne gesagt: Auf einen Finger, mit dem man auf andere zeigt, kommen gleich mehrere, die gleichzeitig auf einen zurückweisen. Das ist dann wohl – ganz volksnah ausgedrückt – die Lehre von der Projektion. Sie gehört zu den wichtigsten Aha-Effekten auf dem geistlichen Weg. Dass wir so „funktionieren", dass wir gerne andere in dem verurteilen, was uns eigentlich selbst zu eigen ist, das ist äußerst praktisch eingerichtet! Denn so haben wir jedes Mal, wenn wir uns über jemanden ärgern, gleichzeitig einen Hinweis: Schau doch mal bei dir nach! Prüf mal bitte, ob das WIRKLICH nur der andere ist?! Und Bingo! – meistens ist es auch ein verwundeter, schmerzender oder auch schlicht schiefer Anteil in mir.

Aber wie gehe ich mit diesem Anteil um? Wenn ich entdecke, dass nicht nur da draußen Pharisäer herumlaufen – sondern ich so einen auch in mir trage? Jesus macht es uns auf typisch pharisäische Weise vor, denn er ist zwar „offiziell" kein Schriftgelehrter – aber er beherrscht den Dialog mit ihnen perfekt! Und gibt uns damit eine Blaupause für unseren Dialog mit realen, aber auch inneren Pharisäern. Auf die kritische Anfrage hin antwortet er nicht mit Verteidigung – er läuft auch nicht weg – er versinkt nicht in Ängsten – sondern er stellt eine Gegenfrage! Wenn Stimmen in dir dich anklagen, höre ihnen zu und stelle die richtigen Fragen. Mach mit ihnen von Gott her den Realitätscheck: Was würde er/Jesus dazu sagen? Dann werden sie ihre Macht verlieren.

„Martha, Martha", erwiderte der Herr, „du bist wegen so vielem in Sorge und Unruhe, aber notwendig ist nur eines. Maria hat das Bessere gewählt, und das soll ihr nicht genommen werden." LUKAS 10,41+42

Ich bin viel in Sorge und Unruhe. Ich ruhe nicht permanent in mir – sondern lasse mich von allem Möglichen beunruhigen. Du vielleicht auch? Ich bin nicht der stoische, von Natur aus gelassene Typus: keine deutsche Eiche – eher ein manchmal zitternder Bonsai. Das Gute ist: Ich muss weder eine Eiche werden, noch ein Bonsai bleiben. Aber was hilft mir dabei? Jesus spricht mich hier direkt an ...

Ich bin oft Martha: Rödle herum, bin perfektionistisch. Diese Grundhaltung zeigt sich noch häufiger, wenn es eng wird im Leben. Denn dann gilt es umso mehr: Kontrolle behalten, Sicherheit aufbauen, die Dinge in den Griff bekommen. Es entsprich eben nicht dem normalen Empfinden, im Notfall eher gelassener zu werden. Ich hätte auf dem Boot in Seenot auch Jesus angeschrien: Warum hilfst du nicht – hier geht's gerade den Bach runter bzw. den See. Jesus lädt hier also zu einer Unmöglichkeit ein ...

Jesus sagt nicht, dass Arbeit schlecht ist. Aber er sagt ein schönes und entscheidendes Wort: Not-wendig ist nur EINES. Wenn dich die Hyperaktivität packt – oder nach der Hyperaktivität die Lähmung – dann setz dich Jesus zu Füßen und begegne ihm. Nicht um zu lernen oder besser zu werden. Nicht, DAMIT du geheilt wirst. Sondern: Einfach so! Lass dir seine Worte gefallen. Ohne Anspruch! Sitz zu seinen Füßen und genieße seine Zusagen wie eine wohltuende warme Dusche von oben. Verweigere jede Funktionalisierung dieser Begegnung. Verlier dich zu seinen Füßen – und dann steh auf und geh weiter. Und im Gehen wirst du spüren: Du bist vom Bonsai etwas mehr zur Birke geworden.

APRIL **22**

Was euch betrifft, hätte ich noch viel zu sagen, und es gäbe noch vieles, worin ich über euch zu urteilen hätte. Aber ich sage der Welt nur das, was ich von dem gehört habe, der mich gesandt hat; und was er sagt, ist wahr. JOHANNES 8,26

In dem herrlichen Animationsfilm „Wolkig mit Aussicht auf Fleischbällchen“ wird die Geschichte von Flint Lockwood erzählt, einem Jungen, der vor Erfindungsgeist nur so strotzt. Doch es fehlt ihm etwas. Seine Mama ist gestorben, und sein Vater, ein einfacher Fischer, findet keine Worte, die ihm Heimat geben. Immer wenn Flint vor einer Niederlage steht oder einfach Wärme bräuchte, verheddert sich Flints Vater in Fischer-Metaphern. Flint schaut ihn an – aber die Bilder erreichen nie sein Herz. Kurz vor Ende des Films treffen die beiden aufeinander und Flint schaut seinen Vater erwartungsvoll an. Dieser setzt wieder an, von Fischen zu erzählen. Da heftet jemand seinem Vater einen „Übersetzer“ ans Herz. Und aus dessen Lautsprecher tönen dann die Worte, wie sie im Herzen des Vaters gemeint sind, aber Flint nie erreicht haben. „Ich bin so stolz auf dich, ich habe dich unendlich lieb ... mein Sohn!“

Jesus Christus zeigt uns den Vater. Doch noch viel mehr übersetzt er uns das Vaterherz in unsere Sprache. Jesus ist der Retter – aber auch die Tür zur Rettung. Er ist der kleine Übersetzer, der sich dem Vater ans Herz heftet und direkt zu uns spricht: Euch ist vergeben, ihr seid unendlich geliebt, ich bin verrückt vor Liebe nach euch. Nun können wir verstehen und es annehmen – oder ablehnen. Wer Jesus kennt, hört den Vater vom Herzen reden. Und das brauchen wir täglich.

Der Heilige Geist, mit dem Christus euch gesalbt hat, ist in euch und bleibt in euch. Deshalb seid ihr nicht darauf angewiesen, dass euch jemand belehrt. Nein, der Geist Gottes, mit dem ihr ausgerüstet seid, gibt euch über alles Aufschluss, und was er euch lehrt, ist wahr und keine Lüge. 1. JOHANNES 2,27

YPS – die Zeitschrift für Kinder! Damit bin ich aufgewachsen. Vor vierzig Jahren ist dieses großartige Heft mit dem karierten Känguru gestartet. Doch heiß ersehnt war das Gimmick – die Heftbeigabe: die Steinschleuder, das Periskop, der Zauberbeutel, die Urzeitkrebse – die ich nie besessen habe, wie ich gestehen muss, obwohl ich darauf dermaßen heiß war! Ein Heft ohne Gimmicktüte? Undenkbar! Das wäre im Ladenregal vergammelt. 2000 Jahre vorher …

Bibel? Nicht so vorhanden, wie wir sie kennen, nur einzelne Fragmente, Schriften. Falsche Lehrer: haufenweise. Alle behaupten etwas anderes über Gott und Jesus. Das ist die Situation zu der Zeit, in der Johannes schreibt. Was sagt er ihnen? Lest mehr Schriften? Nein, sondern: Vertraut auf den Heiligen Geist! Er lehrt Wahrheit! Und wenn ihr in den Schriften lest, könnte Johannes ergänzen, dann wird der Geist sie euch genau so auslegen. Was für ein Vertrauen in den Heiligen Geist!

Deswegen ist der Geist auch notwendige Heftbeigabe zur Bibel! Ohne ihn ist die Bibel maximal akademisch lesbar – aber sie erschließt sich nicht dem Herzen, dem Inneren des Menschen. Worte für sich? Tot. Richtet der Heilige Geist in uns den Scheinwerfer auf einen Vers, ein Wort und öffnet unser Herz, dann beginnt etwas zu leuchten! Wir sind auf das lebendige Wort in uns (Heiliger Geist) angewiesen (!), um das geschriebene Wort (Bibel) richtig zu verstehen. Damit aus der Druckerschwärze und den Pixeln Leben wird. Fehlt dir diese Heftbeigabe? Dann bitte den Herausgeber darum – er schenkt sie gerne.

APRIL **24**

Arbeitet mit Freude als Christen, die nicht den Menschen dienen, sondern dem Herrn. EPHESER 6,7

Arbeite nicht FÜR Gott, sondern lebe MIT Gott und AUS seiner Kraft und beobachte, was dabei an Frucht dieses Lebens entsteht. Ich habe diesen Satz ganz an den Anfang gestellt, damit er nicht vergessen wird. Er ist eine Art Gegengift für ein Paradigma unserer Gesellschaft: Du kämpfst gegen andere Menschen, um möglichst weit zu kommen, um möglichst viel Ergebnis, Einfluss und Erfolg in möglichst kurzer Zeit zu erzielen. Ich kenne das auch. Wächst die Gemeinde? Kommen Menschen zum Glauben? Heilen Menschen seelisch?

Das alles sind nun per se keine falschen Fragen – auch wenn man sie sich selbst stellt – aber die Frage ist: Was passiert, wenn die Antworten darauf eher kritisch ausfallen? Wo wird investiert? Und: Sind diese Fragen die ERSTEN, die gestellt werden sollten?

Machen wir uns nichts vor: Wenn ein Ergebnis nicht stimmt, muss der Aufwand erhöht werden, dann machen wir irgendetwas falsch, dann muss mehr Leistung, ein anderes Programm, andere Leiter an den Start gebracht werden. Das ist das typische Denken unserer leistungszentrierten Gesellschaft. Aber dieses Denken widerspricht in vielen Fällen dem Evangelium. Wir arbeiten nicht, um menschlichen Normen und Werten zu entsprechen, sondern um unserem Herrn Freude zu machen. Und dem geht es nicht primär um persönlichen oder gemeindlichen „Erfolg“. Da sagt Gott zu mir: „Mag sein, dass du da an Einfluss zugenommen hast – aber bist du in der Liebe zu den Fallenden gewachsen? Und zu mir?“ Ich werde still. Denn das ist die ERSTE Frage: Bist du in der Liebe gewachsen? Und es ist die LETZTE Antwort auf die anderen Fragen: Streife alle anderen Maßstäbe ab. Wachse stattdessen in der Liebe und Gnade.

Denn der Geist, den ihr empfangen habt, macht euch nicht zu Sklaven, sodass ihr von Neuem in Angst und Furcht leben müsstet; er hat euch zu Söhnen und Töchtern gemacht, und durch ihn rufen wir, wenn wir beten: „Abba, Vater!“ RÖMER 8,15

Mein Großvater war Stellmachermeister. Er hat sich mit der Herstellung und Reparatur von Kutschen beschäftigt. Natürlich nicht mehr zu meiner Zeit – da hat er in seiner Werkstatt ganz andere herrliche Dinge aus Holz produziert. Und doch standen in dieser Werkstatt – durch deren Holzspäne ich als Kind tobte – noch diverse Wagenräder herum: Eine mächtige Holznabe und davon sternförmig ausgehend, ebenfalls aus hartem Holz, die Speichen bis hin zur Lauffläche, die mit einem Stahlband umgeben war zum Schutz vor der holprigen Straße. Solche Holzräder sieht man noch heute auf manchen Bauernhöfen und Almen an alten Wagen in Betrieb.

Das Entscheidende an einem solchen Rad ist die Nabe. Sie ist das Zentrum. Von ihr aus überträgt sich die Kraft über die Speichen auf die Lauffläche. Bricht eine Speiche – kein großes Problem – die kann man schnell austauschen. Selbst mit einer Speiche weniger lässt sich noch eine kurze Zeit fahren. Die Nabe aber ist der neuralgische Punkt. Die muss zentriert sein, fest und ohne Neigung mit den Achsen verbunden.

Gebet ist DIE grundlegende Lebensäußerung eines Gotteskindes. Gebet bedeutet: Gespräch mit dem König, dem Papa, dem Freund, dem Herrn. Reden und Hören. Aus diesem Austausch erwächst alles andere: Weisung, Leitung, Liebe, Kraft, Vergebung, Intimität. Mach das Gebet zur Nabe deines Lebens – lass es nicht nur Speiche sein! Dann erhält dein Lebenswagen die zu dir passende Kraftübertragung. Ist Gebet nur eine Speiche – bricht es leicht weg. Gibst du ihm die Würde der Nabe, bleibt es und bewegt dich.

APRIL **26**

Denn der Geist, den ihr empfangen habt, macht euch nicht zu Sklaven, sodass ihr von Neuem in Angst und Furcht leben müsstet; er hat euch zu Söhnen und Töchtern gemacht, und durch ihn rufen wir, wenn wir beten: „Abba, Vater!" RÖMER 8,15

Wie? Noch mal derselbe Vers? Aber gerne und sicher doch, denn der hat es in sich. Kauen wir also noch ein wenig auf den Worten Gottes herum, sie erweisen sich heute als sehr nahrhaft! Wenn man Menschen in der Seelsorge begleitet, ist es immer wieder erschütternd mitzuerleben, wie Erwachsene ihre Eltern erlebt haben: als distanziert oder emotionslos, da ging es um funktionieren und nicht weiter stören und jedes Fehlverhalten wurde bestraft. Glauben wir nicht, dass das Phänomene vergangener Zeiten sind. Kinder werden heute mehr denn je „geparkt", müssen funktionieren und werden in ihrer Individualität nicht ausreichend wahrgenommen. Wie gut, wenn das bei Gott anders sein darf. Anders sein darf? Ist es das?

Paulus würde diese Zeilen nicht an die Christen in Rom schreiben, wenn es nicht Bedarf gäbe, sie zu schreiben! Lesen wir doch einmal zwischen den Zeilen: „Ihr seid nicht mehr Sklaven! Ihr seid Söhne und Töchter. Punkt. Das steht. Das müsst ihr euch auch nicht einreden – das macht der Geist! Schaut auf euch und eure Religiosität – und ihr fallt, und mit jedem Fallen stürzt ihr tiefer ins Sklavendenken. Schaut auf Jesus – und der Geist hebt euch empor. Ihr habt die Würde der Kinder. Und damit ihr das mehr und mehr leben könnt, braucht ihr Gebet, Austausch mit dem Papa. Deswegen betet nicht zuerst UM etwas. Betet nicht zuerst FÜR etwas. Betet aus eurer Identität: Papa, Abba, Vater! Das wird euch guttun. Denn dort beginnt alles. In eurer neuen Identität. Lebt auf!"

Ein anderes Mal, als Jesus zu den Leuten sprach, sagte er: „Ich bin das Licht der Welt. Wer mir nachfolgt, wird nicht mehr in der Finsternis umherirren, sondern wird das Licht des Lebens haben.“ JOHANNES 8,12

Du Dunkelheit, aus der ich stamme,
mein Sein, mein Grund,
meine Lebensflamme.
Du Dunkelheit – wie fürcht' ich dich,
flüchte kopflos, renn ins Licht.
Doch in all dem Rennen, Flüchten, Weichen
bleib ich stehen, spür' mein Erbleichen.
Die Dunkelheit, die ich verloren wähnte,
ist Teil von mir, seit ich mich ihrer schämte.

Im Halten, Harren, Stehen, Spüren
beginnt das Dunkel sich still zu rühren.
Spricht ganz leise erst, dann klar:
Nimm mich an, so wie ich immer war.
Dein Leben ist nicht nur der Wiesengrund,
ist auch davor des dunklen Tales Schlund,
und im dunklen Taumeln, Brechen, Tasten, Hasten
triffst du IHN, den das Dunkel konnte nicht fassen.

Ich halte aus, zittre, unterdrücke meine Flucht.
Und als das Dunkel den Blick in meine Augen sucht,
schau ich zurück, trau dem Blick – geschwind.
Was bedrohlich dunkel schien, war nur: ich als Kind.
Als ich mich umarmte – umarmten Seine Arme mit.
Und es wurde hell – für den nächsten Schritt.

APRIL **28**

Ja, ich bin überzeugt, dass weder Tod noch Leben, weder Engel noch unsichtbare Mächte, weder Gegenwärtiges noch Zukünftiges, noch gottfeindliche Kräfte, weder Hohes noch Tiefes, noch sonst irgendetwas in der ganzen Schöpfung uns je von der Liebe Gottes trennen kann, die uns geschenkt ist in Jesus Christus, unserem Herrn. RÖMER 8,38+39

Betrunken vor Glück lese ich als tendenziell eher kämpfender und stolpernder Mensch diese Worte und atme durch: PUUUH! Nicht ich halte Gott – Er hält mich. Selbst die krassesten Angriffe auf meinen Glauben, überstehe ich, weil ER es will. Nicht mal Dämonen können mich von ihm wegbringen. Geschweige denn weltliche Erfahrungen und Angreifer. Doch wie das so ist, wenn man verliebt ist – man übersieht so gerne das Kritische ...

Denn in diesem Vers fehlt etwas. Mit Bedacht. Weil es eigentlich in den Augen des Paulus keine Rolle mehr spielt. Aber genau dieses Etwas kann uns trennen von der Liebe Gottes. Genauer gesagt: Davon, dass wir diese überhaupt erfahren und erleben dürfen. Denn weder Gegenwärtiges noch Zukünftiges kann uns trennen. Aber etwas, das hier fehlt: Vergangenes.

Nun ist das Vergangene vorbei. Abgehakt. Das Kreuz Christi ist umfassend und hat alle Schuld beseitigt. Vergangene, Gegenwärtige und Zukünftige. Das Kreuz ist Maximum an Liebe, Vergebung, Gnade, Kraft, Nähe – es ist vollbracht! Leider glauben wir das meist nicht umfassend. Und so hängen Fehlschläge des Lebens nach, obwohl sie am Kreuz beendet wurden. Manch einer stellt sich infrage: Sollte mein Herz nun gut sein? Nein, das kann nicht sein! Ich falle so oft! Wo das Kreuz abgeschwächt wird, beginnen die Vergangenheit und meine Selbstzweifel, mich wieder von Gottes Liebe zu trennen. ER ist da – aber mein Herz vernebelt sich. Glauben und denken wir ihn umfassend, dann lichtet sich der Nebel und das Herz blüht auf.

Ja, er (Gott) rettet dich wie einen Vogel aus dem Netz des Vogelfängers, er bewahrt dich vor der tödlichen Pest. Er deckt dich schützend mit seinen Schwingen, unter seinen Flügeln findest du Geborgenheit. Seine Treue gibt dir Deckung, sie ist dein Schild, der dich schützt. PSALM 91,3+4

Vorhin ist eine Spinne aus dem Staubsauger gekrabbelt und jedenfalls wohne ich jetzt im Hotel. In einer anderen Stadt. Mit falschem Namen." Dieser Satz geisterte eine Zeit lang durch soziale Medien. Ich muss unweigerlich schmunzeln, denn er beschreibt ziemlich präzise die irrationale Angst vor Spinnen. Seien wir ehrlich: Das sind ganz harmlose Viecher. In unseren Breiten nicht einmal giftig, aber eben behaart und schnell und ... eklig. Auch ich als Mann gestehe: Ich zucke zusammen und suche schnell nach einem Behälter, wenn ich eine große Spinne in meiner Nähe krabbeln sehe. Doch sie lehrt mich auch einiges ...

Ängste sind oft irrational und bewahrheiten sich zu 90 % – mindestens! – nicht. Man verliert also reichlich Energie und Freude, wenn man sich Ängsten hingibt und in ihnen schwelgt. Doch nicht wenige Menschen haben lernen müssen: Diese Welt ist kein sicherer Ort – sie ist zu fürchten. Nicht nur Spinnen. Nein, auch Menschen, Verlust, Krisen, Schmerzen, Anstrengung, Risiko. Ein Leben mit angezogener Handbremse – aus Angst. Nun ist das Phänomen Angst nicht in einer Andacht abzuhaken, aber angenommen, jemand wäre bei dir und ihr würdet zusammen zur Spinne gehen? Diese Person hätte es auch noch „drauf" und könnte Spinnen richtig behandeln? Was wäre dann mit deiner Angst? Nichts mehr. Angst verschwindet unter der Obhut eines Mächtigeren. Flüchte dich in Gottes Arme – dann kann deine Angst schrumpfen.

APRIL **30**

Denn es ist kein Unterschied, denn alle haben gesündigt und erlangen nicht die Herrlichkeit Gottes und werden umsonst gerechtfertigt durch seine Gnade, durch die Erlösung, die in Christus Jesus ist. RÖMER 3,23+24

Vor einigen Tagen habe ich einen herrlichen, wenn auch noch recht frostigen Ausflug mit meinen beiden Kids gemacht – in den Landschaftspark in Duisburg. Ein großartiges Gelände, auf dem man neben Natur eben auch in stillgelegten Öfen und Stahlschmelzen herumklettern kann. Natürlich ganz offiziell und abgesichert. Ein echtes Abenteuer für Groß und Klein. Mich faszinieren alte Industriekomplexe, die langsam zerfallen. Viele Fotos habe ich gemacht – bis mir irgendwann die Finger zu kalt wurden. Beim Nachbearbeiten der Fotos auf meinem Rechner verwende ich eine faszinierende Software: Mit ihr kann ich Gegenstände auf Fotos einfach verschwinden lassen. Zum Beispiel hässliche Baustellenschilder, die eine schöne Fassade verunstalten. Einfach markieren, starten – und schwupps! – ist das Schild ersetzt durch den richtigen Hintergrund.

Nicht wenige Menschen stellen sich genau so Kreuz und Vergebung vor: Wir sind ganz vernünftige Menschen mit ein paar Macken – die beseitigt das Kreuz und die Vergebung. Pustekuchen! Ich glaube, dass diese Sichtweise nicht nur falsch ist, sondern auch Freiheit und Wachstum verhindert. Sünde ist nicht zuerst moralisches Vergehen – sondern eine ernsthafte Beziehungsstörung zwischen mir und Gott. Begehe ich eine Sünde, ist die Beziehung irreparabel beschädigt und ich bin durch und durch Sünder. Nicht nur fleckig. Weil das so ist, brauche ich das Kreuz. Weil das so ist, ist der Weg des Wachstums nie darin zu suchen, weniger zu sündigen, sondern Jesus und die Gnade größer werden zu lassen. Auf diesem Weg findet sich wahre Freiheit.

Die Prüfungen, denen ihr bisher ausgesetzt wart, sind nicht über ein für uns Menschen erträgliches Maß hinausgegangen. Und Gott ist treu; er wird euch auch in Zukunft in keine Prüfung geraten lassen, die eure Kraft übersteigt. Wenn er euren Glauben auf die Probe stellt, wird er euch auch einen Weg zeigen, auf dem ihr die Probe bestehen könnt. 1. KORINTHER 10,13

Eine gute Bekannte erzählt mir von ihrer Arbeit mit behinderten Kindern: Wie alle Kräfte fein darauf abgestimmt werden, dass ein Junge nach vielen Jahren des Lernens und Trainierens es schaffen könnte, selbstständiger zu essen, ohne es wieder auszuspucken oder zu erbrechen. Einige Jahre kleinteilige Arbeit für einen kleinen Entwicklungsschritt – aber ein riesiger Schritt für dieses spezielle Kind. Und dessen Eltern. Mich berühren die Sorgfalt und die Planung, die man diesem schwer behinderten Kind zukommen lässt – wie sehr diesem Jungen damit die Würde geschenkt wird, die ihm gebührt. Eben weil er ein vollwertiges Geschöpf Gottes ist. Würde bedeutet hier: Herausfordern, aber nie überfordern. Und voller Freude darüber sein, was dieses Kind im Rahmen seiner Grenzen schafft ...

Können wir Gott auch so sehen? Den Vater, der uns liebt? Paulus betont das in unserem Bibelvers in starken, eindringlichen Worten. Er kennt unsere Gaben und Grenzen. Er will uns nicht brechen, sondern weiten. Befreien. Entwickeln. Dabei wird er unsere Grenzen liebevoll respektieren, selbst wenn wir uns mit ihnen eventuell sogar schaden. Denn manche Grenzen setzen wir uns ja freiwillig. Der Vater wird uns nicht überfordern, aber fordern. Er kennt den Plan – und auch den Ausweg, wenn wir ihn nicht sehen. Fragen wir ihn! Werden still, harren, lauschen, was uns sein Geist flüstert.

Und ich sage dir auch: Du bist Petrus, und auf diesen Felsen will ich meine Gemeinde bauen, und die Pforten des Totenreiches sollen sie nicht überwältigen. MATTHÄUS 16,18

Auf manchen Bibelstellen sind im Laufe der Kirchengeschichte unendlich viele Sedimente abgelagert worden – sodass wir den eigentlichen und persönlich relevanten Sinn kaum noch erkennen. Besonders sichtbar wird es bei diesem Vers. Er begründet für viele katholische Geschwister das Papsttum: Petrus als erster Papst und seitdem auf ihm aufbauend als Fels seine Kirche. Aber ist das eine sinnvolle Deutung dieses Verses? Klar ist: Jesus spielt hier mit der Sprache. Petrus heißt übersetzt Fels – und dann erwähnt Jesus noch einen zweiten Fels. Aber ist mit diesem Fels als Grundlage der Gemeinde Petrus als Mensch gemeint?

Wo spricht Jesus diese Worte? Ich schildere Fakten, die zur Zeit Jesus und danach geläufig waren. Caesarea Philippi war für fromme Juden wie ein geistlicher Rotlichtbezirk. Hier existieren große Höhlen, die tief in den Berg Hermon hineinragen. Vor diesen Höhlen waren schon vor der Zeit Jesus heidnische Tempel gebaut worden. Im nicht jüdischen Kontext wurden der Berg Hermon als Pforte des Hades, des Totenreichs, bezeichnet. Und ausgerechnet auf diesem unheiligen Boden geschieht das Messiasbekenntnis des Petrus! Ebenfalls ausgerechnet – und ganz bewusst – auf diesem Boden spricht Jesus: Auf diesen (und dabei wird er nach unten auf den darunterliegenden Felsen des Berges Hermon gezeigt haben) Felsen will ich meine Gemeinde bauen. Sprich: Die Gemeinde ist auf bedrohlichem Boden gebaut, im ständigen Kampf mit der Gegenseite – aber sie ist stärker als diese! Was für eine ganz neue und spannende Auslegung dieses Verses!

Denn das Reich Gottes gründet sich nicht auf Worte, sondern auf Gottes Kraft. 1. KORINTHER 4,20

Ich schätze den Theologen Karl Barth. Dabei habe ich seine „Kirchliche Dogmatik" nicht komplett gelesen, aber einzelne Teile daraus. Jedes Mal musste ich mir die Texte laut vorlesen, damit ich sie verstehen konnte. Worte – kompliziert und komplex! Grandiose Gedanken sicherlich, aber ich spürte nach vielen Jahren Studium und einem ehrlichen Blick auf mein Leben als Christ, dass da etwas nicht stimmte ...

Wir brauchen Worte, wir benötigen gute Theologie und ich liebe Bücher! Ich bin als kleines Kind sicher nicht in einen Zaubertrank gefallen wie Obelix – dafür aber wohl in einem Buchladen ausgesetzt worden. So viele Bücher lese und genieße ich regelmäßig. Und doch: So wertvoll diese Gedanken auch sind und so sehr sie mir geholfen haben – sie sind nicht entscheidend. Sie bleiben Druckerschwärze, wenn sie nicht auf die Kraft Gottes treffen, die sich im Leben des Einzelnen entfalten will. Worte allein sind tot. Egal, ob sie aus der Bibel oder aus einem normalen Buch oder aus dem Munde eines Predigers stammen. Alle Worte müssen auf die Kraft des Heiligen Geistes treffen, damit sie vom nüchternen Wort (logos) zum kraftvollen, gelebten und sich ereignenden Wort (rhema) werden. Selbst die Bibel trifft diese Unterscheidung und es ist spannend, mithilfe einer Konkordanz nachzuschauen, wo was steht.

Doch ob nun mit Worten oder ohne: Kraft zu erleben, Kraft zu entfalten und sogar weiterzugeben – darauf sind wir angewiesen! Aber wie? Gottes Geist ist pure Kraft, er ist der Geist der Auferstehung, der in jedem wohnt, der glaubt. Wir brauchen also nicht mehr Geist, sondern mehr Durchlässigkeit und weniger Blockaden für ihn. Darum sollten wir mutig beten.

MAI **4**

(...) die feste Speise aber ist für Erwachsene, die infolge der Gewöhnung geübte Sinne haben zur Unterscheidung des Guten wie auch des Bösen. HEBRÄER 5,14

Bevor ich Pastor wurde, habe ich drei Jahre als Informatiker im Flugsimulatorenbau gearbeitet. Da geht es um riesige Geräte, in denen Piloten auf dem Boden erleben können, wie sich Fliegen anfühlt. Beim Flugsimulatorenbau geht es deswegen darum, das echte Fluggefühl möglichst exakt nachzuahmen. So werden beispielsweise in die Rückenlehnen des Pilotensitzes Luftkissen eingebaut, die sich bei (vermeintlicher) Beschleunigung des Flugzeugs aufpumpen und so den Anpressdruck nachahmen. Faszinierend ist, dass mancher Pilot schon nach einigen Minuten komplett vergessen hat, dass er nur in einem Simulator sitzt. Nicht wenige übergeben sich dabei die ersten Male – so echt fühlt es sich an!

Wie fühlt sich Gottes Gegenwart an? Oder die Gegenwart des Bösen? Wir sind als Europäer gewohnt, diese Frage mit unserem Verstand anzugehen. Wir grübeln, ob dieses oder jenes nun in Gottes Sinne ist. Und natürlich sind unsere grauen Zellen eine wichtige Erkenntnisquelle. Der Hebräerbrief spricht aber erstaunlicherweise wörtlich von den „Sinnen“. Auch unser Hören, Schmecken, Riechen, Fühlen hat also etwas mit Gotteserkenntnis zu tun. Natürlich sind die Sinne nicht fehlerfrei und das ultimative Erkenntnisorgan, aber immerhin wird die Schulung der Sinne als Zeichen eines reifen Christen angesehen! Es ist also anzustreben, auch die verschiedenen Sinne zu trainieren, wenn wir uns in die Gegenwart Gottes begeben. Wie reagieren wir, wenn wir Gott begegnen, was spüren wir mit allen Sinnen? So öffnet sich hier ein spannendes sinnliches Abenteuerland, um dessen Erkundung wir den Vater bitten können.

Verurteilt niemand, damit auch ihr nicht verurteilt werdet. Denn so, wie ihr über andere urteilt, werdet ihr selbst beurteilt werden, und mit dem Maß, das ihr bei anderen anlegt, werdet ihr selbst gemessen werden. Wie kommt es, dass du den Splitter im Auge deines Bruders siehst, aber den Balken in deinem eigenen Auge nicht bemerkst? MATTHÄUS 7,1-3

Ich beobachte Christen, die Schilder hochhalten, auf denen verurteilende Dinge stehen. Keine Annahme, Liebe, Gnade, sondern Gericht. Ich werde wütend. Groll steigt in mir hoch. Wut gar. Verurteilende Gedanken schleichen sich ein – schneller als ich denken kann. Ups!

Ich bekomme mit, wie zwei Rentner sich über die „Flüchtlingsschwemme“ unterhalten und dabei immer wieder knapp an sehr rechten Parolen entlangschrammen. In meinen Kopf tagt der Gerichtshof: Wie können die nur? Waren selbst Flüchtlinge! Scheiß Nazis. Denen sollte man ... Ups!

Ich erlebe, wie ich versage. Strauchle. Falle. Etwas sage und tue, was ich zwar nicht will, aber dennoch mache. Ich bin auf Paulus Spuren in Römer 7. Der innere Richter steht auf und spricht sein Urteil: Heuchler! Versager! – Da spricht Gott leise: Lüge! Alles. Die Gnade gilt! Für andere, für dich.

Andere zu verurteilen dafür, dass sie andere verurteilen: funktioniert nicht. Groll über den Groll anderer entwickeln: Sackgasse. Wir selbst halten die Spirale aus Verachtung, Bewertung, Verurteilung in Gang. Und sind dabei noch stolz. Denn wir sind ja im Recht. Gerechter Zorn. Natürlich gibt es heiligen Zorn auf Ungerechtigkeit – wie gut. Aber es ist ein Zorn, der gleichzeitig weint. Trauert. Nicht hart und abweisend ist. Ich gehe auf die Knie und bringe meine inneren Richter ans Kreuz. Immer wieder. Und empfange Frieden und Liebe.

MAI **6**

Schmiedet eure Pflugscharen zu Schwertern um und eure Rebmesser zu Spießen! Der Schwache spreche: Ich bin stark (d. h. ein Starker)! JOEL 4,10

Was für ein erstaunlicher Vers, der einen Schlüssel darstellt auf dem persönlichen Weg des Glaubens – doch der Reihe nach! Es gibt ihn noch einmal genau anders herum (bei Jesaja und Micha): Und die „Schwerter zu Pflugscharen“ drücken dort Gottes Wunsch nach Frieden aus. Hier aber: Kampf! Heiliger Krieg! Wir können solch einen Vers (nur) durch Jesu Augen lesen und verstehen und davon dann jede Menge lernen. Jesus ist für Christen der Schlüssel zur Tür der Auslegung des Alten Testaments. Das ist bereits innerbiblisch so, denn die Offenbarung Gottes ist innerhalb der Bibel fortgeschritten, hat sich geweitet und entwickelt und hat in Jesus Christus ihren Höhepunkt gefunden. So können wir diesen Vers verstehen als Aufruf zum geistlichen Kampf, der nicht mehr gegen Menschen geführt wird, auch nicht mehr gegen uns selbst, sondern gegen die Mächte der unsichtbaren Welt: gegen gottfeindliche Strukturen dieser Welt und auch manchmal gegen Stimmen in uns selbst, die uns von der frohen Botschaft wegbringen und wieder klein machen wollen.

Dabei ist der zweite Teil, den man gerne überliest, besonders wichtig. Der Schwache spreche: Ich bin stark! Der Schwache könnte auch seinen Gefühlen nachgeben und jammern: Mir geht's so schlecht, ich bin ein Opfer, ich bin schwach. Das zu beklagen ist auch vollkommen in Ordnung – dabei stehen zu bleiben nicht! Denn in der Schwäche wird Gott mächtig! Und wir dürfen von IHM her sagen: Meine neue Identität ist die eines Starken. In aller Schwäche. Das große ICH BIN, Gott selbst, ändert unsere Identität, sodass wir entgegen allem Anschein sagen dürfen: Ich bin ein Starker in Jesus Christus.

„Mein Herz ist jetzt voll Angst und Unruhe. (...)“
JOHANNES 12,27A

Wie beten wir, wenn wir am Boden liegen und nicht mehr können? Ich beobachte bei mir diverse Tendenzen: Einmal kann es sein, dass ich beim Beten im Klagen versinke. Und nicht mehr herausfinde. Dann ändert sich nichts – aber zumindest haben meine Sorgen, Klagen und Tränen einen Ansprechpartner gehabt, wenn auch einen im Normalfall keinen, den ich mit meinen physischen Augen sehen kann, sondern einen (physisch) unsichtbaren. Es kann auch sein, dass ich erst gar nicht ins Gebet hineinkomme, weil ich glaube, ich dürfte nicht schon wieder so zu Gott kommen. Manchmal beschleicht mich auch das Gefühl, ich sei nun nicht gerade ein „erfolgreicher“ Christ, wenn ich so drauf bin. Die daraus folgende Scham ist der effektivste Gebetsverhinderer.

Jesus fasziniert mich an dieser Stelle. Er hat definitiv einen Grund zu weinen, zu klagen und Angst zu haben. Er steht vor Folter und Tod für diese Welt. Er betet, er spricht mit seinem Vater – aber gleichzeitig nimmt er uns mit hinein in sein Nachdenken über sein Gebet. Sein Gebet hat zwei Ebenen: das direkte Gebet und das Beten über das Gebet. Er beginnt mit einer Wahrnehmung seines Herzens. Angst und Unruhe füllen ihn. Jesus praktiziert keine fromme Variante des positiven Denkens und sagt sich und seinem Vater: Alles ist gut, ich bin stark im Herrn, alles wird gesegnet sein. Letztlich kommt er genau da hin – aber er beginnt bei einem sehr ehrlichen Blick auf sein Herz: Mir geht's schlecht. Ich habe Angst! Gebet fängt immer bei uns an. Bei unserer Realität. Beim echten, realen, schonungslosen, barmherzigen Blick auf den eigenen Zustand. Den soll und darf Gott hören. Werde real! Schau hin, was läuft. Nenn die Dinge beim Namen, die schiefgehen. Dort beginnt die Reise. Alles andere wäre eine geistliche Abkürzung.

(...) Soll ich sagen: Vater, rette mich vor dem, was auf mich zukommt? (...) JOHANNES 12,27A

Gebet ist etwas absolut Spontanes und Kindliches: Reden mit Gott. Das Herz ausschütten und schweigen, zuhören. Vertraut, geschützt, einfach so, überall. Doch damit ist Gebet gleichzeitig – eben weil es keinen „Lehrplan" für Gebet gibt, sondern dieses ein Ausdruck der eigenen Persönlichkeit ist – ein Spiegel. Gebet zeigt recht schnell unsere Schieflagen, Prioritäten, Themen. Das ist gut so – und kann, wenn wir es reflektieren und wiederum vor Gott bedenken und wahrnehmen, zu einer Quelle des Wachstums werden. Das ist auch der zweite Wert der Psalmen: Sie spiegeln uns, wo wir Themen nie im Gebet vor Gott bringen, wo wir Dinge vielleicht sogar umschiffen, um sie nicht beten zu müssen! Die Psalmen sind Gebet und Spiegel des Gebets gleichzeitig. Faszinierend, nicht wahr?

Jesus jedenfalls zeigt uns etwas ganz Großartiges: Wie er IN der tiefsten Krise seines Lebens betet und gleichzeitig sein Gebet IM Gebet bedenkt! In Krisen ist das vielleicht auch am Notwendigsten, denn unter Druck rutschen wir am ehesten zurück in alte Verhaltensmuster und verlassen uns nicht mehr auf die Zusagen Gottes. Unter Druck greife ich gerne auf seit der Kindheit gewohnte Muster zurück, die mir helfen, den erlebten Schmerz zu übertünchen und mich abzulenken. Und mein Gebet wandelt sich allzu leicht zu einem ebenso allzu verständlichen: Gott, mach das mal weg!! Ich will den Schmerz, den Druck nicht! Jesus gestattet sich das nicht. Nachdem er sich wahrgenommen hat, spürt er in sich den Impuls, genau das zu beten: Vater, hol mich hier raus. Er wird es später noch beten – und auch das ist in Ordnung! Aber hier wie da bedenkt er barmherzig und ohne Selbstverurteilung sein Gebet. Und korrigiert es sanft. Damit er MIT dem Vaterherzen beten kann.

(...) Nein, denn jetzt ist die Zeit da; jetzt geschieht das, wofür ich gekommen bin.
JOHANNES 12,27B

Schön, dass du mich nicht verlässt! Bitte sei weiterhin in meinem Leben!" Wie würde man ein solches Kompliment als Ehepartner hören und annehmen? Ich denke: mit Befremden. Vielleicht beim ersten Mal noch nicht, aber dann zunehmend. Ja, aber dazu habe ich doch „Ja" zu dir gesagt? Dass ich bei dir bin. Warum sollte ich dich verlassen? Im Gebet ist es oft nicht anders – nur ausgeprägter: Wir beten um viele Dinge, die bereits erledigt sind! Herr, sei in meinem Leben – ist er längst! Herr, sei mir heute besonders nah – ja, wie viel näher kann man denn sein als Heiliger Geist? Herr, segne mich heute – ähm, sonst nicht? Und: Du bist längst gesegnet mit allem himmlischen Segen!

Natürlich sind solche Gebete nicht „schlimm" und Gott wird damit umgehen können. Aber es verändert uns, wenn wir unter unseren Möglichkeiten bleiben und um Dinge bitten, die bereits erfüllt sind. Da das Leben, Handeln, Reden aus unserer Identität strömt, ist es entscheidend, zu wissen, wer man in Christus ist. Was zugesagt ist und bleibt. Denn daran dürfen auch die Wunden unseres Herzens heilen und es wird echte Veränderung stattfinden. Bete ich mein Leben lang: Herr, vergib mir elendem Sünder – ist das nicht nur theologisch fragwürdig (denn es ist bereits vergeben), sondern auch für das von Gott geschenkte Selbstbild, das wir haben dürfen, fatal. In seinen Augen bin ich rein, heilig, makellos. Jesus jedenfalls macht genau das: Er korrigiert sich sanft zurück. Er möchte menschlich und verständlich den leichten Weg gehen, aber er bindet sich neu an die Zusagen Gottes über seinem Leben. Das will ich lernen. Tag für Tag.

MAI **10**

Denn so spricht Gott, der Herr, der Heilige Israels: Durch Umkehr und Ruhe könntet ihr gerettet werden, im Stillesein und im Vertrauen läge eure Stärke. (...) JESAJA 30,15

Ich trotte am Samstagmorgen in die Salzgrotte, um eine Stunde gute Luft in meine Lungen zu ziehen und die Stille zu genießen. Hinlegen, atmen, dösen, Energie tanken, aaaahhhh. Ich bin vorschriftsmäßig 10 Minuten vorher da und bereite mich vor, lege mich ruhig hin. Ha! Allein! Absolute Ruhe! Um Punkt 11 Uhr kommt eine junge Frau hereingehetzt und hechtet auf einen Liegestuhl mir gegenüber. Dunkle Wolken ziehen durch die Salzgrotte. Nicht wirklich – aber in meinem Kopf und Herzen. Kurz liegt die junge Dame ruhig, dann beginnt das Wälzen, Bewegen, Knarzen, Seufzen. Irgendwann wird das Smartphone rausgeholt, um die Zeit totzuschlagen. Mit dem Abschlusszeichen springt sie auf und verlässt den stillen Raum ...

In der Ruhe liegt die Kraft – welch altmodischer Satz. Viel, schnell, fragmentiert, informiert, überreizt – so sieht unser normaler Alltag aus! Unsere Psyche läuft unter diesen Umständen Amok und wir merken es nicht, weil die Psyche keine Schmerzsensoren hat wie andere Körperteile, die „Aua" sagen können. Unsere Psyche leidet, aber denkt, es müsse so sein. Aber sie ist dafür nicht geschaffen, und wird sie mit der Ruhe und Stille konfrontiert, wird sie sie zuerst ablehnen. Welch fataler Kreislauf entsteht da. Es ist unsere erwachsene Entscheidung, dafür Verantwortung zu übernehmen und Ruhe und Stille und reizarme Zonen einzuplanen. Damit wir wieder empfindungs- und wahrnehmungsfähig werden. Stärke? Kommt aus der Ruhe und Stille. Sagt Gott. Von selbst kommen diese nicht. Wir müssen das Falsche bewusst meiden und somit unsere Psyche entgiften. Plötzlich werden wir wieder mehr spüren – auf allen Ebenen. Gerade wenn wir in der Stille dem Vater neu begegnen.

Aber ihr habt nicht gewollt, sondern ihr sagt: „Nein, wir wollen auf Rossen dahinfliegen!" – darum werdet ihr auch dahinfliehen; „Wir wollen schnell davonreiten!" – darum werden eure Verfolger noch schneller sein! JESAJA 30,16

Blaise Pascal hat sinngemäß gesagt, dass das Elend der Welt (damals schon!) darin begründet sei, dass ein Mensch nicht mehr mit sich allein in einem Raum aushalte. Das „Schnellschnell", das Tempo, die Intensität, das Dahinfliegen ist zum Götzen geworden, zum Adrenalin- und Dopamin-Kick unserer Psyche. Intensität erzeugt kurzfristig Glücksgefühle und extreme Präsenz. Dafür sorgen diese beiden Substanzen. Das Problem: Unser Gehirn gewöhnt sich daran, die Rezeptoren werden abgestumpfter und die Dosis muss erhöht werden. Wir rutschen in einen klassischen Suchtkreislauf. Nur dass diese Sucht durch einen gesellschaftlich erwünschten Götzen erzeugt wird: mehr schaffen, weiter kommen, schneller werden, intensiver erleben. Und selbst im Urlaub muss jede Sekunde voll ausgekostet werden. Deswegen: Keinen Freiraum aufkommen lassen!

Ich plädiere für geplanten Müßiggang und den Wert der Langeweile. Denn Gott sagt damals schon: Aus dem Fliegen wird schnell ein Fliehen. Ihr seid nicht mehr Herren und Herrinnen eures Lebens – ihr glaubt es zu gestalten, aber seid wahrhaftig Getriebene! Wie tragisch ist das! Wenn wir dann das Tempo erhöhen – noch mehr schaffen und erledigen, mehr Tempo, mehr Intensität im Leben, dann werden die Verfolger noch schneller werden. Egal, wie schnell du rennst: Die kriegen dich! Gott sagt: Es ist schwachsinnig, diesen Wettlauf mitzumachen! Steig aus! Du verlierst dabei nur und gewinnst dagegen alles, wenn du einen anderen, alternativen Weg gehst. Werde still. Zentriere dich auf mich. Und alles wird sich ordnen.

MAI **12**

Tausend von euch werden fliehen, wenn sie einen einzigen Feind sehen; und wenn fünf euch bedrohen, werdet ihr alle davonlaufen. Von eurem stolzen Heer wird nichts übrig bleiben als eine leere Fahnenstange auf einem kahlen Hügel. JESAJA 30,17

Ich kenne Erschöpfung von innen. Leer. Hohl. Wund von innen. Alles, was das Herz noch hergeben kann, schrappt schmerzhaft am Grund des Herzens entlang und verletzt wieder selbst. Das Gefühl, ich kann mich kaum noch erheben, wozu das alles? Egal, was ich anpacke: Es reicht nie. Das eindrucksvollste Bild für Erschöpfung neben Elia, der lebens-müde unter dem Busch sitzt und von Gott wieder aufgebaut wird, ist genau dieses hier im Propheten Jesaja. Du bist schneller und schneller gerannt. Du hast dich bemüht. Du hast nach den Regeln dieser Gesellschaft dein Tempo, deine Kraft, deine Intensität höher gedreht und alles versucht, aber deine Verfolger waren schneller.

Und nun: Bist du überreizt. Unfähig, dein Leben noch sachlich einzuschätzen. Psychologisch enorm weise und präzise wie der Schnitt eines Skalpells bringt es die Bibel hier auf den Punkt: Du wirst von fünf lächerlichen Leutchen bedroht und flüchtest. Ihr seid tausend – euer Gegner nur einer. Ihr flüchtet. In Erschöpfung und Überreizung wird ein kleiner Auslöser zum Berg der ultimativen Bedrohung. Wie ist dann das Lebensgefühl? Eine leere Fahnenstange auf einem kahlen Hügel – was für ein kraftvoll kraftloses Bild! Die Fahnenstange kann nicht mehr tun, wofür sie geschaffen ist: eine Fahne wehen lassen. Der Hügel ist einsam und kahl. Das Bild schmerzt in der Seele. Aber es beschreibt nüchtern: Das geschieht, wenn du vernachlässigst, was ich dir aus Liebe ans Herz lege: Werde still. Um jeden Preis. Komm zu mir. Ruh dich aus. Es ist gut.

13 MAI

Der Geist des Herrn hatte Saul verlassen. Stattdessen schickte Gott einen bösen Geist, der den König immer wieder überfiel und ihm Furcht und Schrecken einjagte. Eines Tages kamen einige Diener Sauls mit einem Vorschlag zu ihm: „Du weißt selbst, dass ein böser Geist, den Gott geschickt hat, dich quält", sagten sie. 1. SAMUEL 16,14+15

Ihr Menschen aus der ersten Welt! Wenn ihr wüsstet!" Ich war im Gespräch mit einem jungen afrikanischen Theologie-Studenten, der damals bei uns an der theologischen Hochschule zu Gast war und in einige Vorträge hineinschnupperte. Ich belauschte sein Gespräch mit anderen Studenten und schaltete mich ein. Weniger aktiv als genau hinhörend. „Wisst ihr, was ich, was wir von euch Menschen auf der Nordhalbkugel lernen können? Gute Theologie. Sauber arbeiten. Den Text ernst nehmen und sich Gedanken machen um seine Prinzipien der Schriftauslegung. Aber wisst ihr, was ihr lernen könnt?" Gespannt beugte ich mich vor. „Was?", fragte ich. „Dass die dunkle Seite eine Realität ist. Dämonen. Fluch. Kampf. Bei uns Alltag!"

Bis heute verfolgt mich dieses Gespräch, und ich habe es in der Praxis vielfach bestätigt bekommen. Und das umso mehr, als auch in unseren Breiten Aberglaube und Magie wieder mehr Raum gewinnen und der Gegner Gottes wieder „klassischer" sichtbar wird. Es gibt nicht nur den Geist Gottes – es gibt auch feindlich gesinnte Geister. Wir müssen nicht spekulieren, wie diese heißen können. Der Gegner benutzt unsere verwundeten Seelen und koppelt sich an. Missbraucht uns. Dagegen hilft zuerst: Der Geist Gottes. Wo Gottes Geist Raum gewinnt – flüchten die Geister. Doch sie versuchen, zurückzukommen. Das soll uns jedoch nicht in Angst versetzen, sondern ermutigen, Gottes Geist in uns immer mehr Raum zu geben und damit die Geister, die uns schaden wollen, abzuwehren.

MAI **14**

„Lass uns einen guten Harfenspieler suchen! Jedes Mal wenn dieser böse Geist dich überfällt, wird der Mann seine Harfe zur Hand nehmen und darauf spielen. Das wird dich beruhigen und aufmuntern." (...) Immer, wenn der böse Geist über Saul herfiel, griff David zur Harfe und begann zu spielen. Und immer wieder brachte die Musik Saul Erleichterung. Er fühlte sich besser, und der böse Geist ließ ihn in Ruhe. 1. SAMUEL 16,16+23

Saul hat Gott losgelassen und in das dadurch entstandene Vakuum strömen nun die Geister der Furcht und Bedrängnis. Gott lässt das zu! Um Saul zu strafen? Ich denke: Um ihn zur Umkehr zu bewegen. Denn er zeigt gleichzeitig Saul einen Ausweg durch seinen Boten David. Dieser spielt Musik für und von seinem Gott. Und genau diese vertreibt die bösen Geister zumindest temporär. Mich fasziniert dieses temporär! Wir sehnen uns nach der Pille, die wir einwerfen und alles ist gut. Geheilt, geklärt, wiederhergestellt. Gott dagegen lehrt Saul: Du brauchst MICH. Tag für Tag. So wie das Manna in der Wüste nicht gehortet werden kann, um sich dann auszuruhen, so braucht Saul Tag für Tag die Musik über und von Gott. Funktionierende Beziehungen brauchen den täglichen/engen Kontakt. Das „Ich liebe dich" vorm Traualtar reicht auch nicht ein ganzes Leben! Es will durchbuchstabiert werden Tag für Tag.

Aber warum bitte Musik? Warum nicht Gebet? Schriftlesung? Weil gute Musik alles beinhaltet: Gebet und auch Wahrheit über Gott! Aber noch weit mehr. Musik spricht alle Sinne an: Verstand, Gefühl, Ästhetik, Kreativität, Schönheit. Musik berührt Tiefenschichten der Seele. Darum: Nähre deine Seele mit Musik und Liedern, die Gott groß machen. Musik ist mehr als nur nett – sie ist eine Waffe im geistlichen Kampf.

Ich will euch ein anderes Herz und einen neuen Geist geben. Ich nehme das versteinerte Herz aus eurer Brust und gebe euch ein lebendiges Herz. HESEKIEL 36,26

An vielen Autospiegeln baumeln Wunderbäume. Duftbäumchen, die für einen begrenzten Zeitraum einen mehr oder minder schönen Duft verströmen. Faszinierend: Ein Verkaufsschlager ist der Geruch „Neues Auto" – also diese Mischung aus Plastikausdünstungen und schlecht ausgelüftetem Stoff von den Sitzen. Das, wovon man gerne Kopfschmerzen bekommt, hängen sich die Leute gerne ins Auto. Damit die Mühle zumindest neu riecht.

Im Glauben kann so eine Haltung genauso entstehen: Da wird Jesus zum Wunderbäumchen „Neues Leben". Das alte Leben bleibt mehr oder weniger, wie es ist, wird nur leicht in Richtung „spirituell" bewegt. Aber Jesus soll nun dafür sorgen, dass es sich richtig anfühlt, dass die religiöse Ader des Menschen befriedigt wird und das Leben im besten Fall auch noch ewig dauert. Prima! Das Problem ist: Dafür ist Jesus nicht gekommen, und wer ihn so „benutzt", der wird sich eines Tages vielleicht wundern, dass dieser ihn nicht kennt. Denn zur Lebensoptimierung ohne Wurzelbehandlung ist Jesus nicht zu haben. Um im Bild zu bleiben: Er verschrottet dein Auto und stellt dir ein neues vor die Tür. Aber nicht unbedingt nach deinen Vorstellungen. Sondern nach seinen. Er nimmt dein Herz, das hart und steinern ist (bei jedem Menschen!) und schenkt dir in seiner Gnade ein neues. Das tut weh, macht demütig, bricht Stolz und macht über alles deutlich: Hier geht es nicht darum, Gutes besser zu machen – hier geht es um alles. Aus Liebe. Weil es nur so „funktionieren" wird mit dem neuen lebendigen Leben. Wenn du so gestartet bist und nun trotzdem beim Wunderbaum angekommen bist – rupf ihn runter! Komm zurück zum neuen Herzen. Es ist da.

MAI **16**

Mit meinem Geist erfülle ich euch, damit ihr nach meinen Weisungen lebt, meine Gebote achtet und sie befolgt. HESEKIEL 36,27

Was habe ich nur getan, dass Gott mir das zumutet im Leben?" Nicht selten höre ich diesen Seufzer und manchmal schwappt er in schweren Lebensphasen auch in mir hoch. Aber ich würge ihn ganz schnell biblisch ab. Denn dahinter steht ein gefährliches Denken: „Mache alles richtig nach Gottes Maßstäben und du wirst gesegnet, mach es falsch und du kriegst Ärger. Es hängt an dir und deiner Leistung!" Dieses Denken ist das Wesen jeder Religion, aber NICHT das Wesen des Evangeliums! Der Vers für heute gibt uns – wie so oft im AT – einen herrlichen prophetischen Vorgeschmack auf das Evangelium!

Um nicht falsch verstanden zu werden: Handlungen haben Konsequenzen. Nehme ich Drogen, kann ich sterben. Belüge ich Menschen, zerstöre ich Vertrauen. Esse ich jeden Tag Hamburger ... – aber lassen wir das. Das ist das Prinzip von Saat und Ernte und das gilt weiterhin. Aber am Kreuz endet dieses Prinzip für die unsichtbare Welt. Gott lässt sich von uns nicht mehr abbringen durch Versagen. Er bringt uns an sein gutes Ende. Und er sorgt sogar dafür, dass wir überhaupt Gebote halten können (und nicht mehr müssen). Er schenkt uns seinen guten Geist, die Kraft der Auferstehung. Mehr geht nicht! Ein göttliches Gebot aus eigener Kraft gehalten? Bedeutet Gott nichts. Aber wo der Geist Raum gewinnt, wächst der Gehorsam als Frucht des Geistes. Wo ich dem Impuls des Geistes zum Gehorsam folge, gebe ich dem Geist mehr Raum. Ein positiver Kreislauf entsteht, denn so verstanden ist Gehorsam nicht mehr schwer – er wächst, wo wir ihm Raum geben. Wo wir fallen und sündigen, deckt die Gnade dieses Versagen zu. Zu einfach? Nein: Evangelium! Deswegen: Wachse im Geist, gib dem Gehorsam Raum.

Und passt euch nicht diesem Weltlauf an, sondern lasst euch [in eurem Wesen] verwandeln durch die Erneuerung eures Sinnes, damit ihr prüfen könnt, was der gute und wohlgefällige und vollkommene Wille Gottes ist. RÖMER 12,2

Kilometerlang dauert diese nervige Baustelle, und ich zockele mit Tempo 60 vor mich hin. Na ja gut, ich gestehe. Ich fahre 80. Es ist einfach zu langweilig. Dann am Ende dieses Schild, was mir immer wieder einen Schreianfall entlockt: „Wir danken Ihnen für Ihre Geduld!“ – „ICH HATTE KEINE GEDULD!“ Manchmal beiße ich dann ins Lenkrad. Na ja, nicht wirklich.

Ich finde es dagegen sehr mutig und humorvoll, was Ruth Graham, die 2007 verstorbene Ehefrau des bekannten Evangelisten Billy Graham, auf ihren Grabstein schreiben ließ: „Ende der Baustelle – vielen Dank für Ihre Geduld.“ Das kann ich unterschreiben. Wie oft gehe ich Menschen auf die Nerven oder verletze sie gar, weil gerade in Stresszeiten alte Charakterschwächen sichtbar und spürbar werden. Doch wie gehe ich mit solchen Momenten um? Mir hilft Ruth Graham dabei, mit Humor und Barmherzigkeit mich anzuschauen. Wir bekehren uns zu Jesus Christus und – kawumm – ist alles geregelt. Auf gewisse Weise ist es das sogar! Aber dass diese gewisse Weise uns verändert, das verlangt viele kleine Bekehrungen. Da dürfen sich Lebensräume öffnen, die angstvoll verschlossen waren, und Jesus kennenlernen. Insofern: Wir sind Baustelle – aber mit der Gewissheit einer perfekten Fertigstellung. Und andere Menschen sind auch Baustelle! Sie dürfen Fehler machen und wir dürfen sie geduldig behandeln. Also bitte am Ende der Baustelle bei besagtem Schild kurz beten: Ich bin Baustelle – alle sind Baustelle – Herr hilf mir, das barmherzig und humorvoll zu erkennen.

MAI **18**

Ihr seid begehrlich und habt es nicht, ihr mordet und neidet und könnt es doch nicht erlangen; ihr streitet und kämpft, doch ihr habt es nicht, weil ihr nicht bittet. JAKOBUS 4,2

Schaahatz? – Ja, was denn? – Nächste Woche ist im Theater ein Gastspiel des russischen Staatsballetts! – Mmh ja, habe ich gehört. – Schatz vertieft sich weiter in seine Zeitung und seine Frau zieht betrübt und etwas wütend ins Nachbarzimmer. Sie wäre so gerne ins Ballett gegangen, aber ihr Schatz nimmt sie so gar nicht wahr ... Was ist da schiefgelaufen? Eigentlich ganz einfach. Hätte die Ehefrau von Schatz gesagt: Du, da will ich reingehen. Kommst du mit? – wäre es anders gelaufen. So aber haben wir ein Paradebeispiel von indirekter Kommunikation mit dem Ergebnis: Starke negative Gefühle, für die Schatz nichts kann und die die Ehefrau von Schatz hätte vermeiden können mit dem schlichten Satz: Gehst du da mit mir hin? Eine konkrete Bitte, ohne indirekte Botschaft und ohne die Hoffnung, dass Schatz auf geheimnisvolle Weise erahnt, was seine werte Gattin möchte. Und bei Gott? Wie ist es da?

„Ihr habt es nicht, weil ihr nicht bittet!“ Nicht beten und es selbst mit allen möglichen Tricks versuchen, etwas zu bekommen, hilft genau: nichts! Aber auch unklar beten rechne ich unter nicht bitten. Wir können nicht mit Gottes Eingreifen im Streit mit einem Freund rechnen, wenn wir ihn entweder gar nicht bitten oder aber allgemein um den Weltfrieden beten! Also: Konkret darum bitten, was ich brauche, was sich verändern soll in der Beziehung zu meinem cholerischen Chef oder für den Umgang mit dem Pubertier, dem 14-jährigen Aufmüpfling zu Hause. Konkret, direkt, authentisch Gott anvertrauen, was im Alltag anliegt. Das verändert nicht nur menschliche Beziehungen, sondern auch den Dialog mit Gott.

„Erhebt euch nicht über andere, sondern seid immer freundlich; habt Geduld miteinander und sucht in Liebe miteinander auszukommen.“ EPHESER 4,2

Herr, schenk mir bitte Geduld – aber dalli!!“ – WENN dieses Gebet oben im Himmel ankommt, dann als Comedy – aber irgendwie ist es doch prototypisch für unsere Zeit. Eine Zeit, in der eine perfekte Blondine mit „Atemlos durch die Nacht“ nicht nur den Schlager des Jahrzehnts singt, sondern auch selbst lebt: atemlos. Die Zeit des eingeschalteten Turbos. Fernsehen? Sofort auf dem iPad – vorbei die Zeiten, in denen noch eine Röhre vorglühte. Telefon? Das zückte man nicht aus der Hosentasche – da ging man hin. Heute ist Turbozeit: schneller, ungeduldiger, hektischer.

Aber: Wozu überhaupt Geduld? Seltsame Tugend! Was soll ich damit, wenn ich es auch schnell haben kann? Unser Vers sagt: Habt Geduld miteinander. Geduld ist neben Liebe eine wichtige Säule einer gelingenden Beziehung. Aber wie lernen? Mit dem Gebet oben wird's wohl nicht klappen. Wenn ich aber daran denke, wie geduldig Gott mit mir ist, dann werde ich ruhiger und gelassener. Er fängt immer wieder neu mit mir an – in jedem Moment. Voller Liebe schaut er mich an. So angenommen, kann ich auch andere leichter annehmen, was automatisch zu mehr Geduld führt. Und noch was kann ich tun: Ich kann einfach mal um die Aktivitäten des Alltags Geduldsinseln einplanen. Nicht aus dem Auto springen und arbeiten – sondern noch 30 Sekunden sitzen bleiben und still werden. Durchatmen. Und dann los. Morgens nicht mal schnell unter die Dusche – sondern sehr bewusst 30 Sekunden länger duschen und still sein und innehalten. So kannst du jede Aktivität ohne großen Aufwand entschleunigen und Geduld in deinen Alltag holen.

MAI **20**

Jetzt gleichen wir alle dem ersten Menschen, der aus Erde gemacht wurde. Aber einmal werden wir Christus gleichen, der vom Himmel gekommen ist. 1. KORINTHER 15,49

Menschen, die eng zusammenleben, ähneln sich im Laufe des Lebens immer mehr. Das haben diverse Untersuchungen gezeigt. Es gilt also nicht nur, dass Hund und Herrchen bzw. Frauchen sich ähneln (nun gut, wohl eher die Frisuren), sondern auch Ehepaare, die zusammen alt werden. Spannend: Die Ähnlichkeit ist größer, je zufriedener die Paare in ihrer Ehe sind. Das heißt: Verbringe mit jemandem Tag für Tag lebendig den Alltag, ringe, rede, lache, weine mit deinem Gegenüber, und eure „Schwingungen" werden sich mehr und mehr ähneln.

So simpel dieses Rezept erscheint, so sehr ist es ebenso wahr für eine lebendige Spiritualität. Willst du mehr und mehr wie Jesus sein, handeln und denken – dann verbringe Zeit mit ihm. Wer mit ihm Zeit verbringt, auf den färbt er unweigerlich ab. Dazu ist kein krampfiges Wollen notwendig, auch kein permanentes Sich-den-geistlichen-Puls-Fühlen („Habe ich mich verändert? Werde ich besser?"), sondern das schlichte Zusammen-Zeit-Verbringen. Reden, schweigen, hören. Den anderen um Rat fragen. Intimität pflegen. Zusammen lachen können und auch weinen. Herz an Herz.

Genauso wenig wie man das „machen" und planen kann in einer Partnerschaft, funktioniert das in der Beziehung zum Vater. Lebe einfach! Der Rest wird daraus folgen. Da, wo sich Beziehungsstörungen einschleichen, wird der Vater dich darauf hinweisen. Er liebt es, Steine aus dem Bachbett zu räumen, die den Fluss des Heiligen Geistes stören. Vieles vermeintlich Lästige, das im Alltag geschieht, hat nur dieses Ziel: Uns noch mehr zu befreien für die verändernde Gegenwart Gottes, in der wir Veränderung wie von selbst erfahren.

Und all das sind einige von euch gewesen. Aber jetzt sind eure Sünden abgewaschen. Ihr gehört nun ganz zu Gott; durch Jesus Christus und durch den Geist unseres Gottes seid ihr freigesprochen. 1. KORINTHER 6,11

Ich muss schlucken. Vor diesem Vers zählt Paulus Sünden auf. Unweigerlich beginne ich abzuhaken: Hab ich nicht gemacht, das auch nicht, das vielleicht doch?, das nicht ... und das Bauchgefühl wird dabei immer schlimmer. Scham kommt hoch. Und diese Liste von Sünden, von „Unrecht" ist ja gar nicht nur auf die Vergangenheit bezogen. Noch weiter vorher (V. 8) spürt man: Paulus haut sie den Korinthern aus aktuellem Anlass um die Ohren. Die sind noch mitten drin im Unrecht. Eine ganz normale christliche Gemeinde halt, vielleicht noch eine Stufe „härter drauf", denn sie hatten die Meinung: Alles ist erlaubt – und gingen z. B. offen zu Prostituierten. Für Paulus sind sie aber Menschen, die fallen und versagen. Ich gehöre dazu. Mich treffen diese Verse.

Was sagt Paulus? Hört mit dem Unrecht auf, seid heiliger?! Fast scheint es so. Er macht ordentlich Druck: Wer so etwas tut, für den wird in Gottes neuer Welt kein Platz sein. Puh! Das wird ein leerer Himmel. Dann bin ich nicht mit dabei ... Ganz schnell bin ich im Leistungsdenken. Gottes Messlatte nicht genügt – vorbei! Aber Paulus macht so nicht weiter, sondern schenkt uns einen unglaublichen Vers. Obwohl die Korinther (und wir) mitten in so manchem Versagen sind, schreibt er: All das (!) SIND einige von euch GEWESEN. Vergangenheit! Obwohl sie es noch machen? Paulus, willst du es nicht sehen? Doch – aber er weigert sich, es zu sehen, weil Gott es auch nicht mehr sieht. Denn wer in Christus ist, für den gilt: frei! Paulus weiß: Dieser Weg der Gnade ist der einzige Weg aus der gelebten Sünde heraus. Ich atme auf.

MAI **22**

Und legt alle eure Sorgen bei ihm ab, denn er sorgt für euch.

1. PETRUS 5,7

Hörst du das? Das Anfahren eines Lastwagens, das Krachen von Gegenständen auf dem Asphalt, Männer, die sich etwas zurufen: die Leute von den Entsorgungsunternehmen, landläufig „Müllmänner" genannt. Mich haben sie als Kind immer fasziniert. Wenn ich bei meinen Großeltern in Hildesheim war und nicht schlafen konnte, setzte ich mich auf die Lehne von Opas Sessel und schaute hinunter auf den Marktplatz. Plötzlich tauchte das orange Auto auf. Ich habe beobachtet, wie die Männer die Tonnen aus den Einfahrten und von den Straßenrändern herbeirollten und -zogen und sie in die Klammergriffe am Lastwagen einhakten. Dann wurde mit zischender Hydraulik ein Hebel gezogen und die Tonne angehoben und in den riesigen Bauch des orangenen Ungeheuers entleert. Großartig!

Mich fasziniert noch ein ganz anderes Entsorgungsunternehmen: Gott. Er ist DER Ent-sorger. Sorgen und Grübelei sind Friedensräuber. Sie verhindern zuverlässig, dass wir in den Frieden und die Geborgenheit hineinkommen, die Gott uns als Gefühlsbasis für unser Leben zugedacht hat. Wir produzieren Sorgen und Grübelei ohne Unterlass – das ist nicht zu vermeiden. Wir leben nicht im Paradies, wo Sorgen überflüssig wären. Aber Jesus fordert uns auf, uns nicht zu sorgen. Und weil das nicht so einfach ist, gibt er auch Tipps, wie das geht, und die haben es in sich: Lebe heute, lebe gegenwärtig. Ein Tag nach dem anderen, denk nicht immer schon an die Probleme von übermorgen. Schau auf mich, deinen Herrn, der dich hält und versorgt. Und: Ich sorge nicht nur *für* dich, sondern auch *an deiner Stelle*, wie unser Vers gemeint ist. Ich spüre deine Sorgen und nehme sie an mein Herz. Ich kann helfen und verwandeln. Wirf deine Sorgen auf mich.

23 MAI

Und wenn bei Nacht der Tau auf das Lager fiel, so fiel das Manna zugleich darauf herab. 4. MOSE 11,9

Ich erinnere mich noch gut an eine Szene in meiner Studentenzeit. Nach drei Jahren war eine Beziehung zu Ende gegangen. Schmerz überwältigte mich, aber irgendwann, nach einiger Zeit des Ringens und Trauerns, war ich so weit, loslassen zu können. Auch den Wunsch nach einer neuen Partnerschaft. Ich legte alles Gott hin und sagte ihm: Nimm es. Ich lasse alles los. Du und ich. Alles andere machst du. Auch eine nächste Beziehung. Frieden überschwemmte mich. Endlich! Kurze Zeit später verliebte ich mich wieder. Paradox? Nein, überhaupt nicht. Dahinter steht ein geistliches Grundprinzip. Öffnen wir die Hände, werden wir beschenkt. Umklammern wir uns selbst, sind wir nicht bereit zu empfangen. Wer loslässt, wird gehalten. Wer festhält, muss selbst halten. Und wird einsam.

Das Volk Israel ist in der Wüste unterwegs. Und die Steigerung von Wüste ist Nacht in der Wüste. Sozusagen zappenduster. Jahrelang. Nacht in der Wüste ist der Ort der Einsamkeit, der Kälte, der Aussichtslosigkeit. Ich habe keine Kontrolle mehr. Sehe nicht, was vielleicht schon hundert Meter weiter mich bedroht. Irgendwann schlafe ich ein. Zu schlafen in der Wüste des Nachts – mehr Kontrollverlust geht kaum. Ich denke, solche Lebenssituationen kennt jeder: Wüstenzeiten, Dunkelheit, alles entgleitet. Und ausgerechnet in dieser Zeit schenkt Gott das lebensnotwendige Manna. Zufall? Warum bietet er das Manna nicht schön praktisch morgens um 8 Uhr an, wenn alle aufgewacht sind? Direkt einsammeln. Zum Frühstück. Warum kann Manna nicht bevorratet werden, sondern muss voller Vertrauen jeden Morgen neu gefunden werden? Weil Gott uns lehren will, loszulassen in der Dunkelheit. In der Wüste. Er versorgt. Auch heute.

MAI **24**

Aber Gott sagte zu ihm (Abraham): „Sträube dich nicht dagegen, den Jungen und die Sklavin wegzuschicken! Tu alles, was Sara von dir fordert, denn nur die Nachkommen deines Sohnes Isaak werden das auserwählte Volk sein!" 1. MOSE 21,12

Muss ich dich gerade verstehen, Gott? Hagar hat auf den Wunsch von Sara hin dem Abraham als Leihmutter ein Kind geschenkt. Denn Sara hat dir nicht vertraut, dass du deine Zusage einhältst. Die Sklavin Hagar hat das geschehen lassen, und nun ist Saras eigenes Kind da und die Gute muss gehen? Wie bist du denn drauf? Du unterstützt die Bosheit von Sara?

In mir regt sich mein Gerechtigkeitsempfinden, wenn ich so manche Reaktionen Gottes lese – gerade im Alten Testament. Also genau hingeschaut: Eine Altertums-Patchwork-Familie – aber mit allen Partnern unter einem Dach. Sara und Hagar, beide Söhne. Mittendrin Abraham. Man will nicht tauschen mit dieser Situation. Und immer gemeinsam unterwegs. Zelte. Wüste. Wüste auch in dieser Familie. Spannung, Zwietracht, Eifersucht, Hass. Und Gott? Hasst Unfrieden. Wünscht sich Schalom. Zwischen Mensch und Mensch und Mensch und Gott. Also unterbricht er diese Wüstenzeit der Familie Abraham und schickt die Beteiligten in eine neue Wüste. Aber mit einem Unterschied: Die erste Wüste war durch die Eigenmächtigkeit der Sara (und dem einwilligenden Abraham) erzeugt. Die Wüste, die jetzt folgt, erzeugt Gott. Die erste Wüste würde niemals im Schalom, im Frieden enden können – die neue Wüste kann (!) in den Frieden führen, wenn alle Beteiligten ihre Lektionen lernen. Die Wüste ist nämlich ein Wachstumsbeschleuniger ... wenn wir in ihr nach dem „Wozu" fragen – und zwar Gott. Dann wird er uns herausführen in den Frieden. Wenn nicht, bleiben wir in der Wüste. Das Ziel aber bleibt das gelobte Land.

(…) Wem viel gegeben wurde, von dem wird viel gefordert, und wem viel anvertraut wurde, von dem wird umso mehr verlangt. LUKAS 12,48B

Wenn du mehr hast, als du brauchst, dann bau einen längeren Tisch, keinen höheren Zaun." Diesen Satz habe ich letztens vor einer Gemeinde als Spruch gelesen. Und bin still geworden. Wie sehr hat sich auch mein Denken schleichend abgewendet von dem, was Gott über Geld und Eigentum sagt. Ich glaube: „Ich arbeite, also verdiene (!) ich Geld. Ich habe es verdient, also darf ich darüber bestimmen. Ich muss außerdem mehr verdienen, als ich benötige, weil ich für meine Sicherheit sorgen muss. Also: Sparen, zurücklegen, ausgeben in festen Werten, die keine Inflation fressen kann. Schauen, wo ich es geschickt anlegen kann."

Was sagt Gott? Gott sagt: „Geld und Eigentum gehören mir. Denn ohne mich hättest du weder Gaben noch Kraft, um zu arbeiten. Du verdienst dich nicht deiner selbst, sondern mir, denn ich habe dich geschaffen. Ich versorge dich. Nicht du sorgst für deine Zukunft und Sicherheit, das mache ich. Du kannst nicht mal machen, dass deine Haare wachsen – ich kenne die Zahl deiner Haare. Wenn du dich ums Geld drehst, kannst du dich nicht mehr um mich drehen. Deswegen genieße, was du hast – aber wenn du mehr hast, als du brauchst, frage, wo ICH, dein Herr, es anlegen möchte."

Ich höre die Stimme in mir und ich kenne sie aus Gesprächen: Aber sollen wir nicht auch weise sein und vorsorgen? Nach der Methode könnten wir ja die Hände in den Schoß legen – Gott versorgt uns schon. Es spricht für sich, dass wir das andere Extrem bemühen müssen, um uns diesem unangenehmen Thema nicht stellen zu müssen. Fakt ist: Wir sollen arbeiten. Abgehakt. Fakt ist aber auch: Geld, Eigentum und Gaben gehören Gott und sind uns anvertraut. Und somit ist es Gottes „Job", damit etwas anzufangen.

MAI **26**

Nicht mehr ich bin es, der lebt, nein, Christus lebt in mir. Und solange ich noch dieses irdische Leben habe, lebe ich im Glauben an den Sohn Gottes, der mir seine Liebe erwiesen und sich selbst für mich hingegeben hat. GALATER 2,20

Ici, je ne suis plus la reine, je suis moi." – „Hier bin ich nicht die Königin, ich bin ich." Dieser Satz stammt von einer französischen Königin, Marie Antoinette. Sie wirbelte das aristokratische Frankreich durcheinander und war vielleicht revolutionärer als die Revolutionäre, die sie später zum Schafott führten. Ich höre ihr Lebensbild auf einer Autofahrt im Radio, und bewundere unweigerlich diese Frau! Dann werde ich nachdenklich. Wie oft lasse ich mich festlegen und lege mich selbst fest auf alles Mögliche, aber nicht auf meine wahre Identität?!

War der Gottesdienst gut, wächst die Gemeinde, heilen Menschen – nicht pastorale Menschen können dort entsprechende Fragen einsetzen: Bin ich gut in meinem Beruf? Oder als Hausmann oder -frau: Habe ich alles im Griff? Entwickeln sich die Kinder gut? Wenn ja – bestens. Wenn nein ... was bewirkt das? Wankt das Wohlbefinden? Bei mir schon.

Oder: Wie komme ich rüber, wie ist mein Gewicht, Spannkraft, Ausstrahlung und Energie? Heute vielleicht: SCHLECHT! Was verändert das in meiner Selbstwahrnehmung? Sie geht deutlich nach unten – in den Bereich der Selbstzweifel und Selbstverurteilung. Ich mag mich dann nicht.

Wenn aber Christus in mir lebt und nicht mehr ich das Zentrum bin, dann ist dieser Christus und mit ihm ich selbst unberührbar von solchen Äußerlichkeiten! Bin ich weiterhin schwankend sensibel und reagiere auf Erfolg und Misserfolg, dann gilt eins: Christus mehr im Mittelpunkt sein lassen. Da ist er längst – aber ich darf sehen, dass es so ist. Damit ich ich bin. Und nichts anderes.

Wo aber das Maß der Sünde voll geworden ist, da ist die Gnade überströmend geworden, damit, wie die Sünde geherrscht hat im Tod, so auch die Gnade herrsche durch Gerechtigkeit zu ewigem Leben durch Jesus Christus, unseren Herrn. RÖMER 5,20B+21

Da kommen mir Christen entgegen, die richten. Hart richten. Homosexuelle, Alleinerziehende, Geschiedene – sie würden Gottes gerechtes Urteil empfangen und die Hölle sehen. Ich atme tief durch. Denn ich will nicht genauso hart urteilen über diese brutale Sicht meiner Geschwister. Doch wo der Finger auf andere zeigt, bleibt man schnell bei sich hängen. Wie leicht habe ich keine Hoffnung mehr für Menschen, die Schlimmes getan haben? Bete nicht für sie! „So schlimm wie DIE sind, werden die nie zum Glauben kommen …" Biblisch ist jedoch: Das Gegenteil ist der Fall: Gerade weil sie so schlimm sind, haben sie eine Chance, weil Jesus die sucht, die verloren sind, die krank sind, die im Dreck sitzen.

Aber meine Nachdenklichkeit geht noch weiter. Auch meine eigene Sünde, mein eigenes alltägliches Versagen lösen in mir Scham aus und trennen mich dadurch – gefühlt – von Gott. Allen drei Fragestellungen (Geschiedene kommen in die Hölle, schlimme Leute kommen nicht zum Glauben, ich selbst schäme mich meines Versagens) liegt ein gemeinsames Missverständnis zugrunde: Dass das Kreuz Jesu nicht stark genug ist. Denn ist irgendeine Sünde, ein Versagen, eine Schuld groß genug, um wirklich Glaube zu verhindern und die Hölle zu garantieren – dann hat Jesus Christus umsonst gelebt und gelitten. Dann ist das Kreuz schwach und überflüssig. Da widerspricht die Bibel deutlich: Die Gnade ist IMMER größer als das Versagen. Glaube – und du empfängst Gnade. Also hören wir auf, Menschen in die Hölle zu stoßen – andere nicht, und uns selbst auch nicht!

MAI **28**

Denn Gott hat gesagt: „Ich will dein Gebet erhören. Es wird eine Zeit der Gnade für dich geben, einen Tag, an dem du meine Hilfe erfährst!" Genau diese Zeit ist jetzt da, der Tag der Rettung ist nun gekommen. 2. KORINTHER 6,2

Mich fasziniert die „Broken-windows-Theorie" (Theorie der zerbrochenen Fenster). 1982 wurde sie in den Vereinigten Staaten entwickelt und beschreibt ein Phänomen, dass, wenn an einem Haus ein Fenster dauerhaft zerbrochen bleibt, bald andere Fenster folgen werden. Dazu kommen Verwahrlosung und Schmierereien. Ähnlich beobachten wir es in Deutschland in zahlreichen Kleinstädten. Da, wo Läden schließen, folgen bald die Nachbarläden. Negatives zieht Negatives an. Da, wo Kriminalität herrscht, wird sich noch mehr Kriminalität wohlfühlen. Doch warum führe ich das hier aus? Was bedeutet das für unser Leben mit Gott?

Aus der „Broken-windows-Theorie" hat man Folgendes abgeleitet: Damit die Ordnung aufrechterhalten werden kann, muss ein gewisser Standard bewahrt werden. Zerbrochenes wird schnell ausgewechselt. Leere Läden werden mit Bildern versehen und nett dekoriert. Nichts anderes gilt auch für unsere Seele. Ein Beispiel: Ich bin in meine Lieblingssünde getappt. Habe versagt. Bin gefallen. Ich ziehe mich also in Scham zurück und murmele betreten vor mich hin: Na ja, so schlimm ist es ja nicht. Aber: Der Stachel sitzt. Dulde ich ihn und gehe mit meiner Scham und meinem Versagen nicht direkt zu Gott (der ja längst am Kreuz vergeben hat!), dann kommt schnell das nächste Versagen dazu. Das Gewissen wird immer beschwerter, die Freude an Gott schwindet, der Glaube schmeckt schal. Deswegen gilt im eigenen geistlichen Leben: Keine Beschämung! Nicht vor Gott verstecken! Sofort hin zum Vater. Damit zu einem zerbrochenen Fenster nicht schnell andere dazukommen.

Geht barmherzig miteinander um, und seid nicht überheblich. Vergeltet nicht Böses mit Bösem, bleibt freundlich, auch wenn man euch beleidigt, und bittet Gott um seinen Segen für den anderen. Denn ihr wisst ja, dass Gott auch euch dazu berufen hat, seinen Segen zu empfangen. 1. PETRUS 3,8B+9

Die „Broken-windows-Theorie" (siehe gestern) kann uns auch über unsere persönlichen Grenzen hinaus lehren. Das Reich Gottes als parallele Realität zu unserer sichtbaren Welt funktioniert nach dem Prinzip von Saat und Ernte. Wir ernten, was wir säen. Das einzige höhere Prinzip, das das Prinzip von Saat und Ernte durchbricht, ist das Kreuz. Am Kreuz wird Fluch in Segen verwandelt, Schuld ausradiert.

Was bedeutet das für unser ganz praktisches Leben? Dass wir als Kinder Gottes aufgefordert sind, positiv in die Welt hineinzuwirken. Denn mit jedem guten, aufbauenden Wort wird eine positive Saat im Leben des Gegenübers und damit seines Umfelds ausgesät. Wir haben eine – positiv verstanden – unglaubliche göttliche Vollmacht, im Leben des Nächsten etwas positiv zu verändern! Indem wir segnen, ermutigen, zuhören, aufbauen; nicht nur sehen, was vor Augen ist im Blick auf unser Gegenüber. Eben so, wie Gott es auch tut! Wir haben die Zusage, dass wir mit einem solchen Verhalten Frucht erzeugen im Leben des Nächsten – und in unserem Leben. Denn Petrus spitzt das Ganze hier extrem zu: Segnet – weil Gott euch ja auch berufen hat, Segen zu empfangen. Wenn wir segnen, empfangen wir göttlichen Segen. Fluchen wir – sprechen also Negatives über dem Leben eines anderen aus, so werden wir das möglicherweise erzeugen, aber auch ernten, was wir aussprechen. Beginne deshalb heute: Rede positiv gegenüber Menschen. Verweigere das Lästern. Verteidige Schwache. Und du empfängst Segen.

MAI **30**

Ihnen allen stellte Gott aufgrund ihres Glaubens ein gutes Zeugnis aus, und doch haben sie die endgültige Erfüllung dessen, was er ihnen zugesagt hatte, nicht erlebt. Gott hat für unsere Zeit etwas vorgesehen, was besser ist als alles Frühere, und deshalb können sie erst zusammen mit uns die Vollkommenheit erreichen. HEBRÄER 11,39+40

Warten. Waaarten. Und noch länger. Lääääänger ... das zieht sich vielleicht! An der Kasse die längste Schlange. An der Bushaltestelle der verspätete Bus oder der Klassiker: die Bahn. Wie gehen wir damit um, wenn Versprochenes ausbleibt? Manchmal bin ich immer noch das Kind, das mit den Füßen scharrt, bis endlich das Glöckchen zur Bescherung läutet.

Nun erschweren wir das Szenario noch. Angenommen, man wartet auf einen verspäteten Bus. Und während des Wartens macht eine Horde Betrunkener einem das Leben zur Hölle. Peinlich sind die. Und stinken. Pöbeln. Werden sie schlagen? Die Zeit zieht sich noch länger ... wie Kaugummi. Und der Busfahrer, der dann doch noch kommt, wird zum Erlöser.

Den Christen der Anfangszeit ging es nicht anders. Sie wurden recht bald verfolgt. Gequält. Getötet. Sie litten. Von diesen Christen ist hier die Rede, und die Lebenden fragen sich: Ist Gott nicht treu? Erfüllt er seine Versprechen nicht? Der Schreiber des Hebräerbriefs bietet uns eine andere Perspektive, und diese gilt auch 2000 Jahre später noch. Die, die gelitten haben – die dienen uns als Ansporn. Warum erlebten sie noch nicht die Wiederkunft Christi? Weil Gott Größeres vorhat. Nicht Schlimmeres, wie wir denken könnten. Natürlich kann es schwerer werden, aber hinter dem Summenzeichen wird stehen: Etwas Größeres. Das ist die hilfreiche und angemessene Sichtweise auf die Gegenwart, wenn Gott auf sich warten lässt. Er macht es aus Liebe und weil er Größeres vorhat. Und du bist mitten drin.

Meine Seele wirst du nicht dem Totenreich überlassen, mich, deinen treuen Diener, wirst du vor dem Grab verschonen. Du zeigst mir den Weg zum Leben. Dort, wo du bist, gibt es Freude in Fülle; ungetrübtes Glück hält deine Hand ewig bereit. PSALM 16,10+11

„Ich bin heute irgendwie nicht gut drauf, ich bleib mal liegen." Und dann fällt sie eben auch aus, die Zeit mit Gott. Sei es in der Stille oder im Gottesdienst. Es fällt leichter, ihn zu loben und sich ihm zu nähern, wenn es gerade rund läuft. Mag sein, dass die akute Not einen in seine Arme treibt, aber was passiert, wenn dort erst einmal nichts passiert? Dann scheinen Not und „Nichtgutdraufsein" eher von Gott fernzuhalten.

Die Bibel geht genau den entgegengesetzten Weg, und das fasziniert mich, weil dieser Weg gleichzeitig ein Weg zur immerwährenden Freude ist! Wie das? Der Psalmist betet in tiefster Not! Nicht umsonst wird dieser Vers auch als prophetisches Wort auf Jesus hin verstanden, auf seine Auferstehung. Aber der Sitz im Leben des Beters – ist die Not. Was rät uns Gott also durch David?

Nicht WENN es dir gut geht, geh zu Gott, sondern DAMIT es dir gut geht, geh zu Gott. Denn in seiner Gegenwart findest du Freude, Fülle, Glück! Wenn das aber so ist, findet sich dort auch die Quelle einer Freude, die selbst durch Leid nicht zerstört werden kann! Mache ich Glück und Freude von anderen Dingen abhängig, werden diese Empfindungen mit diesen Dingen schwanken oder gar verschwinden. Hänge ich Glück und Freude an die Gegenwart Gottes, dann sind sie stabil! Unkaputtbar! Weil Gott da ist und verlässlich! Was ist meine Aufgabe? Mich in der Not nicht kapitulierend zurückzuziehen, sondern erst recht seine Gegenwart zu suchen. Dort finde ich alles, was ich brauche.

1

Kein Auge hat je gesehen, kein Ohr hat je gehört, und kein Mensch konnte sich jemals auch nur vorstellen, was Gott für die bereithält, die ihn lieben. 1. KORINTHER 2,9

Ich wünsche dir morgen einen guten und gesegneten Tag!“ Ich bekomme am Vorabend des so gesegneten Tages diese SMS und spüre, wie ich sie abschmettere. Ich antworte, ebenfalls per SMS: „Na ja, schauen wir mal. Wird schon.“ Ich spüre bei solchen Wünschen, die mich erreichen, dass sie mich doch nicht erreichen. Zumindest nicht mein Herz. Pflichtbewusst sage ich danke oder relativiere den Wunsch, aber eigentlich, ja eigentlich bin ich hart geworden. Ich spüre, wie eingefärbt meine Brille gerade ist und wie Gott mir just in diesem Moment ein geistliches Brillenputztuch reicht und lächelnd sagt: „Da – schau mal wieder durch meine Augen auf dein Leben …“

Fast jeder Mensch erlebt schwere Tage. Der kindliche Optimismus, der neugierig und gespannt wie ein Flitzebogen in den neuen Tag schaut, dieser Optimismus wird schlicht durch das Leben widerlegt. Irgendwann pflanzt sich ein anderer Satz ins Herz, der so oder ähnlich lauten kann: „Pass auf! Du weißt nicht, was morgen kommt. Genieße den Augenblick, es kann morgen etwas Schlimmes passieren.“ Dummerweise verhindert genau diese Haltung ein fruchtbares Leben und genauso den Genuss des Moments – denn wenn der Moment sich langsam anfüllt mit dem Wasser der Angst und Sorge, dann ertrinkt irgendwann die Freude an diesem Augenblick.

Dieser Vers bietet ein Gegengift an. Liebst du Gott (NICHT: Was leistest du, bist du perfekt, hast du wenig gesündigt?)? Dann hält Gott ein hochspannendes Leben für dich bereit. Sei vorbereitet! Es wird immer interessanter! Wir dürfen uns mit diesem Vers füttern, um wieder neu optimistisch auf das Leben schauen zu können.

Uns aber hat Gott dieses Geheimnis durch seinen Geist enthüllt – durch den Geist, der alles erforscht, auch die verborgensten Gedanken Gottes. 1. KORINTHER 2,10

Zeitmanagementgurus! Wie haben sie meinen bisherigen Lebensweg begleitet! Und sich verändert. Manche Paradigmen der Achtzigerjahre sind längst abgeschafft. Begriffe wie Work-life-Balance werden zu Recht kritisch hinterfragt (Findet Leben nur außerhalb der Arbeit statt?). Aber bis heute werde ich das Gefühl nicht los, dass die meisten Konzepte auf der falschen Ebene ansetzen.

„Plane achtzig Prozent deines Tages und lasse zwanzig Prozent Pufferzeiten. Du weißt nicht, was noch reinkommt oder ob etwas länger dauert." Ein klassischer Hinweis zur Tagesplanung am Vorabend. Und der ist ja auch funktional nicht schlecht. Knall dir deinen Tag nicht voll mit Terminen – durchaus weise, aber auch durchaus naheliegend. Warum ist es für viele Menschen nicht mehr naheliegend? Weil sie an den nächsten Tag mit der falschen Haltung herangehen. Weil sie auf der eigentlich entscheidenden Ebene falsche Glaubenssysteme haben, die sie scheitern lassen. Diese Systeme müssen zuerst justiert werden – erst dann hat konkretes Planen Sinn.

So ein falsches System ist (wie bereits gestern angedeutet): „Morgen ist unsicher, ich muss es sichern. Strukturieren. Und dann möglichst viel schaffen." So entsteht ein zu voller Terminplan, der zuerst ein gutes Gefühl gibt, aber nach dem Scheitern unzufrieden zurücklässt. Gott sagt: „Morgen ist spannend. Ich habe Besseres für dich vor! Was das ist? Das sagt dir mein Geist! Er lässt dich nicht im Unklaren. Frag ihn. Höre hin. Forsche in der Schrift. Und dann erst: plane. Und sei bereit, auf ein Wort hin etwas ganz anderes zu machen und zu erleben. Und hetz nicht – wir haben die ganze Ewigkeit lang Zeit!" Genau da anfangen und dann planen – das bringt's!

JUNI **3**

Da rief Hagar aus: „Den, der mich angeschaut hat, habe ich tatsächlich hier gesehen!" Darum gab sie dem Herrn, der mit ihr gesprochen hatte, den Namen: „Der Gott, der mich anschaut." 1. MOSE 16,13

Hagar wird gemobbt. Sie ist eh schon Sklavin. Jetzt „darf" sie auch noch Leihmutter sein für das Kind von Abraham und Sara! Und als das Kind da ist, wird Sara eifersüchtig und behandelt, wie die Bibel deutlich sagt, Hagar schlecht. Später wird sie sogar noch vertrieben. Hagar ist auf der Schattenseite des Lebens gelandet. Man könnte sagen: Sie ist einfach zum falschen Zeitpunkt am falschen Ort geboren.

Wo sich heute nicht wenige Menschen gerne als Opfer betrachten und passiv bleiben, ist Hagar dazu verdammt, Opfer zu sein, denn sie ist abhängig. In ihrer Not weiß sie keinen anderen Weg und läuft weg vor ihrer mobbenden Chefin. Sie ist absolut am Ende und zum Sterben in der Wüste verdammt. Hagar flüchtet freiwillig in den (eigentlich sicheren) Tod – so groß ist ihre Not. Später wird sie sogar noch in den Tod geschickt, aber ... sie wird beide Male überleben. Weil Gott seine Hand über sie hält! Der Gott, der schon hier längst nicht nur Gott der Israeliten ist, sondern auch der Ägypter. Zumindest wendet er sich unglaublich liebevoll dieser ägyptischen Sklavin zu: Die Ungesehene, die Frau, die keine Rechte hat, wird plötzlich gesehen! Sie erlebt den Gott, der sie anschaut. Der sie nicht nur optisch wahrnimmt, sondern alles sieht: Barmherzig. Gnädig. Liebevoll. Und nicht urteilt, sondern eingreift. Handelt. Hilft.

Und wir? In Not sein. An den Rande der Kraft kommen. Ausgeliefert dem Leben. Nur noch weglaufen wollen. Am Ende der Fahnenstange angekommen sein und dort begreifen: Genau da – am Ende – ist Gott und wartet. Lass dich von ihm anschauen und fürchte seinen Blick nicht. Er zeigt dir den Weg.

(...) Weil wir mit Christus verbunden sind, lässt er uns immer in seinem Triumphzug mitziehen und macht durch uns an jedem Ort bekannt, wer er ist, sodass sich diese Erkenntnis wie ein wohlriechender Duft überallhin ausbreitet. 2. KORINTHER 2,14

Ich habe ein neues Parfüm. Ich mag nicht viele Düfte – aber wenn ich sie mag, liebe ich sie! Und je nach Stimmung wähle ich einen Duft aus, der passt. Der entweder meinem Empfinden Ausdruck verleiht oder – seltener – einen Kontrapunkt setzt. Bin ich eher traurig, dann nehme ich einen bestimmten ganz alten Duft, der mich aufhellt, weil er mich an viele Erlebnisse erinnert. Einen Duft, den ich schon als Jugendlicher entdeckt habe (konkrete Angaben gerne auf Nachfrage). Duft drückt also etwas aus – indem er etwas Vorhandenes verstärkt oder etwas Erwünschtes erzeugt. Und nicht selten stehen hinter Düften ausgeklügelte Werbekonzepte, die uns zum Kaufen verleiten sollen.

Christen sind für Paulus ein wohlriechender Geruch. Aber was strahlt dieser aus? Welchem „Image“ entspricht er? Und warum erleben wir davon so wenig in unserer Gesellschaft? Im eigenen Leben? Das treibt mich um! Was sagt Gott dazu? Er sagt, dass der Duft seines Reiches durch uns verbreitet wird, weil wir in seinem Triumphzug mitziehen, und zwar immer! Wenn wir nicht duften – kann es vielleicht sein, dass wir dieses „Image“ nicht im Herzen tragen? Dass Glaube eher langweilig, brav, normal, angepasst und unauffällig ist? Gott sagt: Egal, ob du schwach bist oder gerade gefallen, egal, wie du fühlst oder „drauf“ bist – du bist IMMER in meinem Triumphzug. Lebe täglich in dieser inneren Haltung! Dann duftest du! Jede andere Theologie, die dem widerspricht, erzeugt andere Düfte – aber nicht den Duft des neuen Reiches Gottes.

JUNI **5**

Ja, weil Christus in uns lebt, sind wir zur Ehre Gottes ein Wohlgeruch, der sowohl zu denen dringt, die gerettet werden, als auch zu denen, die verloren gehen. 2. KORINTHER 2,15

Es ist später Nachmittag, und ich habe nach der Arbeit eine Kerze angezündet und mir einen Tee aufgegossen. Ruhige Musik dazu und ein Buch. So soll es sein! Draußen ist es gerade eher düster, ein Regentag, grau in grau. Seltsames Wetter am Anfang des Sommers. Nach einer Zeit des Lesens nicke ich ein, döse sanft weg. Herrlich! Als ich langsam aufwache, ist es draußen heller und ich merke, ohne hinzugucken: Die Kerze ist ausgegangen! Ich zucke zusammen: Woran merke ich das? Die Sonne blinzelt durchs Fenster herein, es ist also nicht dunkler geworden durch das Erlöschen der Kerze! Da fällt es mir auf: Ich nehme als allererstes – ganz intuitiv – den Duft eines erloschenen Kerzendochts wahr. Ein altbekannter Geruch, der ein Gefühl der Geborgenheit hervorruft. Düfte werden ganz tief in uns abgespeichert. Sie lösen sofort eine Kette von Assoziationen, Bildern, Gedanken und Stimmungen aus! Was für ein Geschenk ist die Nase und ihre Feinheit! Sie leitet einen Eindruck weiter, schon bevor unsere Augen etwas wahrnehmen.

Genau so ist es mit Königskindern. Sie tragen den Wohlgeruch des Reiches Gottes in diese Welt. Warum? Weil Christus ihn in uns erzeugt. Er ist der Wunderbaum in unserem Leben. Sein Geruch ist dominant, auch wenn wir gerade meinen, unangenehm zu „riechen“. Sein Duft absorbiert einfach alles andere und verwandelt es in einen Wohlgeruch. Zumindest für diejenigen, die auch Sehnsucht nach Gott haben und fragend sind. Für andere wird dieser Duft vielleicht unangenehm sein und bissige Bemerkungen provozieren. Damit müssen wir rechnen. Der Duft Christi polarisiert. Lebe heute in dem Bewusstsein, dass du duftest – nach Christus.

Nie wieder eine Wasserflut! Nie wieder soll das Leben vernichtet werden! Diese Zusage bleibt für alle Zeiten bestehen, der Regenbogen ist das Erinnerungszeichen. Wenn er zu sehen ist, werde ich daran denken. 1. MOSE 9,15B-17

Einen Regenbogen, der eine Viertelstunde steht, sieht man nicht mehr an.“ So hat es der gute J. W. v. Goethe formuliert. Aber vorher entfaltet der Regenbogen seinen ganz eigenen Zauber. Kinder wie Erwachsene bleiben stehen und staunen. Weisen auf den zweiten Regenbogen, der sich immer – wenn auch schwächer – in der Nähe des Stärkeren befindet. Unweigerlich kommen die Kinderfragen hoch: Wo beginnt er, wo endet er? Regenbögen sind herrlich und weit mehr als physikalische Brechungseffekte. Der Regenbogen ist am Ende der Urflut das Zeichen Gottes, dass er dieses Unglück nicht mehr über die Erde kommen lassen will. Der Regenbogen – so bezeugt es dann auch die Offenbarung – ist auch darüber hinaus ein Zeichen der Treue Gottes.

Doch entschlacken wir einmal dieses wunderschöne Naturphänomen von seinem durchaus vorhandenen romantischen Gehalt. Stellen wir uns vor, ein Regenbogen würde bei strahlendem Sonnenschein stundenlang am blauen Himmel stehen! Seltsam, oder? Denn der Regenbogen entsteht nur im Kontrast aus Sonne und Regen. Wo beides aufeinandertrifft, entsteht Schönheit. Dahinter steht ein Grundprinzip christlicher Spiritualität mit jüdischen Wurzeln. Im Dunkel, im Regen des Lebens, leuchtet das Licht auf und ändert alles. Deswegen ist immerwährendes Glück, so wie wir es uns meist wünschen, kein christliches Ziel. Glaube ist nicht eine Glückspille, sondern die kleinen Auferstehungen durch das Dunkel hindurch in eine Freude, die tiefer wurzelt. Und gerade das macht den Glauben an, in und mit Jesus Christus so absolut lebensnah! Auch heute!

JUNI 7

Ihr sollt euer altes Leben wie alte Kleider ablegen. Folgt nicht mehr euren Leidenschaften, die euch in die Irre führen und euch zerstören. Gottes Geist will euch durch und durch erneuern. Zieht das neue Leben an, wie ihr neue Kleider anzieht. Ihr seid neue Menschen geworden, die Gott selbst nach seinem Bild geschaffen hat. EPHESER 4,22-24

Derby im Ruhrgebiet! Dortmund gegen Schalke. Der Klassiker. Das Stadion bebt und der ganze „Pott" mit. Nun bin ich weder Anhänger der einen noch der anderen Mannschaft, aber die Faszination dieses Klassikers ist deutlich spürbar, und die Spieler der Siegermannschaft jubeln hinterher, als wenn sie die deutsche Meisterschaft geholt hätten. Gerade eben war das Spiel wieder. Dortmund hat gewonnen und der „Pott" bebt! Am nächsten Tag kann ich in den sozialen Medien von den betrübten Schalkern lesen, die ihre „Derbyschmach" betrauern ... auf der anderen Seite die Dortmunder im „Derbytriumph".

Menschen wie du und ich. Arbeiter, Angestellte, Hausmänner und -frauen, Studenten, Schüler. Sie wohnen kaum ein paar Kilometer auseinander. Aber urplötzlich entscheidet die Trikotfarbe über Schmach oder Triumph. Faszinierend. Und absolut vergleichbar mit unserem Glauben. Paulus fordert uns auf, den neuen Menschen (der wir längst sind in Gottes Herzen) bewusst anzuziehen. Es ist also möglich, eine neue Schöpfung zu sein durch den Glauben an Jesus Christus und noch die alten, falschen Klamotten zu tragen! Ein Königskind in Schmach-Kleidung! Es ist unsere bewusste, kleinteilige, alltägliche Entscheidung, dass wir uns hinstellen und es aussprechen und dann leben: „Ich ziehe mein neues Leben an. Ich lebe, was in mir ist: Der Triumph Christi. Damit dieser mehr und mehr abfärben kann auf mein Leben."

Wer sündigt, stammt von dem, der von allem Anfang an gesündigt hat – dem Teufel. Doch gerade deshalb ist der Sohn Gottes erschienen: Er ist gekommen, um das, was der Teufel tut, zu zerstören. 1. JOHANNES 3,8

Wie stehen wir „richtig" zum Teufel? Ich habe lange darum gerungen, ein richtiges, unaufgeregtes, aber wachsames Verhältnis zu diesem Gegenspieler Gottes zu bekommen und mache dabei zwei ganz unterschiedliche Erfahrungen. Diese zwei Erfahrungen sind nicht neu und werden von C. S. Lewis sinngemäß so auf den Punkt gebracht: Der Teufel freut sich über zwei Dinge am meisten: Wenn man ihn entweder nicht mehr ernst nimmt und beachtet oder wenn man ihm andererseits zu viel Gewicht und Bedeutung beimisst. In manchen christlichen Kreisen scheint der Gegner keine Rolle mehr zu spielen und wird in den Bereich des Mythos verbannt. Welch ein Irrtum! In anderen Kreisen wiederum wird alles Sündige, alles, was jemanden in Versuchung führen könnte, sehr schnell dem Teufel in die Schuhe geschoben und ihm damit eine Macht gegeben, die ihm nicht mehr zusteht. Ja, ich behaupte, manche Christen geben ihm damit Macht zurück, die Christus bereits genommen hat.

Das beste Bild für das, was in der unsichtbaren Welt geschieht, ist für mich das Fußballspiel, in dem die eine Mannschaft 8:1 zurückliegt und de facto verloren hat. Aber es ist noch einige Zeit zu spielen, und die unterlegene Mannschaft ist frustriert und foult, grätscht, verletzt, zerstört ohne Rücksicht. Der eigentliche Kampf ist durch Jesus Christus vorbei – das Spiel gewonnen. Aber es gibt unfaire Gefechte bis zum Abpfiff. Und wir sind mitten drin. Aber wir gehören zu den Siegern! Eine wachsame, kämpferische und gleichzeitig sichere Position der Kinder Gottes – das ist unsere Situation! So können wir ohne Furcht in die Kämpfe des Tages gehen.

JUNI **9**

Richtet eure Gedanken auf das, was im Himmel ist, nicht auf das, was zur irdischen Welt gehört. KOLOSSER 3,2

Die A4 ist eine spannende Autobahn, denn sie hat sich mehrfach gewandelt. Erst vor Kurzem ist in unserer Nähe ein ganzes Teilstück von mehreren Kilometern schlicht abgesperrt und geschlossen worden. Neu entstanden ist parallel dazu ein ganzer Schlenker neue A4 – weiter südlich. Warum? Weil die alte A4 weichen musste – für den Braunkohleabbau. Da werden kilometerweise Autobahn schlicht abgebaggert und riesige Gruben entstehen. Was für ein gigantischer Aufwand! Wenn ich nun mit einem auch nur etwas veraltetem Navigationssystem die A4 aus Aachen Richtung Köln fahre, so versetze ich dieses aktuell in tiefste Panik. (Ich denke immer noch, dass die weibliche Stimme im Gerät durchaus zu Stimmungen fähig ist!) Denn sowie die südliche neue Autobahn beginnt, gibt die arme Frau in dem Kästchen vollkommen verwirrende Anweisungen. Ich tue gut daran, sie zu ignorieren und ihr nicht zu folgen, sondern der neuen Straße zu vertrauen.

Nichts anderes geschieht bei der Erneuerung unserer Gedanken. Alte „Hirnautobahnen“ werden stillgelegt und neue durch Jesus gebaut. Wir können in bestimmten Situationen anders denken und handeln. Aber das ist alles andere als einfach. Eine innere Stimme sagt uns: Stopp – das stimmt doch nicht! Du hast doch (zum Beispiel) früher immer panisch reagiert und bist weggelaufen – warum reagierst du jetzt ruhig und zuversichtlich? Werde panisch!

Unsere Aufgabe ist dann, diesem alten Navi nicht mehr zu vertrauen, sondern dem, was neu in uns angelegt wurde. Die alte Autobahn hat so keine Chance. Sie wird erst überwuchert und dann abgebaggert. Unsere Aufgabe ist: Auf das neue Navigationssystem vertrauen! Und Ohren zu gegenüber den alten Stimmen.

Ich richte meinen Blick empor zu den Bergen – woher wird Hilfe für mich kommen? Meine Hilfe kommt vom Herrn, der Himmel und Erde geschaffen hat. PSALM 121,1+2

Zu wem oder was schaue ich empor, wenn ich Hilfe in der Not brauche? Wenn es richtig eng wird im Leben: Von wem oder was erwarte ich Unterstützung, Halt und Kraft? In Notsituationen wird meist sehr schnell deutlich, woran wir uns WIRKLICH halten ... denn: Der Herr ist NICHT dort oben! Das ist ein häufiges Missverständnis bei diesem herrlichen Wallfahrtspsalm. Oben auf den Bergen – das spielt auf die Götzen Astarte und Baal an. Diese wurden in Heiligtümern auf den Bergen verehrt. Der Psalmbeter spricht also davon, dass er zuerst dahin schaut – und sich dann korrigieren lässt (dieses Lied war vermutlich ein Wechselgesang): „Nein, deine Hilfe kommt vom Herrn, der Himmel und Erde gemacht hat! Hallo, mein Freund! Du suchst Hilfe auf den Bergen und nicht bei dem, der diese Berge sogar erschaffen hat? Such nicht da oben. Dein Herr ist hier! Jetzt. Bei dir. Sofort!“

In welchen inneren Dialog führt uns dieses Gebet hinein? An was klammere ich mich? Ich spüre: Meine eigene Kraft kann ich in den Mittelpunkt stellen, meine Intelligenz (oder was ich dafür halte) – auch das eignet sich zur Vergottung. Meine Sicherheiten durch Beruf, Beziehungen und Versicherungen aller Art. Wunderbare Dinge – aber taugen sie als Hilfe? Als Halt im Letzten? Damit gibt man ihnen einen Rang und eine Bedeutung, die ihnen nicht zustehen! Dann die innere Korrektur: Ich wende meinen Blick ab von diesen Dingen. Ganz bewusst. Nachdem ich sie im Gebet sogar betrachtet und bedacht habe. So ehrlich darf ich sein. Und nun darf ich mich selbst liebevoll und deutlich korrigieren: Ich erwarte meine Hilfe vom Herrn! Von niemandem sonst!

JUNI **11**

Er bewahrt deine Füße vor dem Stolpern; er, dein Beschützer, schläft niemals. Ja, der Beschützer Israels schläft und schlummert nicht! PSALM 121,3+4

Huuaaaaa, bin ich müde. Wieder die ganze Nacht gearbeitet und kaum Ruhe bekommen. Mein Job ist aber auch zu aufreibend. Ich durchschaue manchmal die ganze Komplexität nicht mehr, und dann bin ich total überreizt. Aber es muss ja. Aber irgendwann bin ich eingeschlafen. Es ging einfach nicht mehr. Ich „muss auch mal fünfe gerade sein lassen“. Ich bin schon ewig in diesem Job, und das will in den heutigen Zeiten auch was heißen, nicht wahr?“

Worte, die Gott niemals sprechen wird.

Worte, von denen wir manchmal denken, dass er sie spricht. Weil er schweigt. Abwesend scheint. Die Welt immer mehr ins Trudeln gerät. Global genauso wie lokal im eigenen Leben. Hat Gott das noch im Griff? Wohl nicht. Ich rufe nach ihm, und nichts kommt zurück. Warum? Weil ich nach ihm rufe – aber er eigentlich schon da ist! Wir suchen ihn an der falschen Stelle. Irgendwo da draußen. Stellen wir uns vor, wir sitzen mit einem Freund zusammen in einem gemütlichen Café und schlürfen Cappuccino. Plötzlich zücke ich mein Smartphone und rufe ihn zu Hause an. Warte. Rede ins Telefon. Keine Antwort. Nun – den Blick von gegenüber möchte ich sehen. Er wird dann wohl eher ganz langsam und vorsichtig die Sanitäter rufen …

Nein: Gott ist längst da und schläft nie. Ist nicht überfordert. Nicht überrascht von der Komplexität meiner Welt. Im Psalm spielt diese herrliche Aussage auf den Götzen Baal an, der schlief und von seinen Anbetern mühsam geweckt werden musste. Genau so ist Gott nicht. Er ist da. Jetzt. Und da, wo du gleich hingehst. Ruf nirgendwo an. Sondern sei still bei dir – er ist da!

„Steh auf, nimm deine Trage, und geh nach Hause!“ MARKUS 2,11

Das Wunder der Heilung wird geschehen, du musst es nur glauben! Geschieht es nicht, glaubst du nur nicht genug!“ Wie furchtbar eine solche Aussage wirken kann! Der zweite Teil wird natürlich so offen nicht ausgesprochen. Aber dieser Umkehrschluss ist fast schon impliziert. Denn da wird das Wunder einer Heilung an eine menschliche „Leistung“ geknüpft: das Vertrauen. Aber wie vertraut und glaubt man genug? Arme, kranke Menschen kommen da ins Grübeln und landen schnell bei der Beziehung zu Gott: Ist diese intensiv genug? Habe ich genug für ihn getan? Bin ich eventuell doch am Zweifeln? Da wird der geistliche Puls gefühlt bis zum Ableben eines fröhlichen Glaubens. Grausam! Wunder sind dagegen Gnadenerweise des anbrechenden Reiches Gottes. Da, wo Wunder geschehen, geschehen sie nicht nur einfach so, sondern sie verweisen auf das wachsende Reich und auf den, der es anführt: Jesus Christus. Sie werden dann zu Menschenwerk, wenn ich sie an die Glaubensqualität des Empfangenden knüpfe. Die Folge in Deutschland ist dann allzu oft: Dass wir aufgrund des Risikos zu „versagen“, nicht mehr mutig um Heilung beten. Tragisch – denn Gott tut heute noch Wunder, davon bin ich Zeuge! Aber die Wunder vollziehen sich oft erst im Annehmen des Wunders. Selbst das Wunder ist nie grenzüberschreitend. Der Gelähmte hätte liegen bleiben können. Das Wunder geschieht bei Jesus oft erst im gehorsamen Vollzug. Steh auf! Diesen ganz konkreten (!) Akt des Vertrauens wünscht sich Jesus. Und das Wunder kann Raum nehmen. Und wenn nicht? Vertrauend dranbleiben. Nicht das Wunder ist das Zentrum – sondern der Herr.

JUNI **13**

Da stand der Mann auf, nahm seine Trage und ging vor aller Augen hinaus. MARKUS 2,12A

Wahnsinn, was mir da gerade passiert ist! Seit 25 Jahren kann ich meine Beine nicht bewegen und nun schlurfe ich hier durch den Sand! Seltsam fühlt es sich an. Fremd. Ich sehe vermutlich wie ein Betrunkener aus. Mal kurz aufrichten. Soll ja keiner denken, ich hätte mich volllaufen lassen. Wie die alle glotzen ... ja, ja, so kennt ihr mich nicht!! Ist ja gut! Mannomann ... was mache ich denn jetzt? Ich habe 25 Jahre lang quasi am Straßenrand gelegen. Morgens haben mich meine Freunde dahin getragen. Hier, in unserem kleinen Nest, ist das nicht schwer – die paar Meter. Gebettelt habe ich und ja, es hat gereicht. Staub geschluckt habe ich da am Straßenrand, aber ich hatte ein Auskommen. Immerhin. Und nun? Ich habe doch nichts gelernt!! Was mache ich? Vielleicht morgen noch mal betteln? Aber nein, das wird nicht funktionieren. Bis dahin hat es sich rumgesprochen, dass dieser Jesus mich geheilt hat. Mist. Also was tun ... tja ... weiß nicht ... es war schon einfacher als Gelähmter. Da hat alles irgendwie funktioniert. Irgendwie zwar nur, aber immerhin. Und jetzt? Luftleerer Raum, die Zukunft ungewiss. Auweia ...!“

Wenn Gott eingreift, stellt er das Leben manchmal auf den Kopf. Und dabei kann einem ganz schön schwummrig werden. Es ist meist leichter, ein gewohntes Elend Tag für Tag zu durchleben, als eine plötzliche Freiheit zu gestalten. Die macht Angst. Ich glaube, dass dieser Respekt vor dem unbekannten Land manches Wunder verhindert. Bei Suchtkranken kann man das zugespitzt beobachten: Die Droge ist verhasst – und gleichzeitig geliebt. Weil sie gewohnt ist und einen, wenn auch kranken, Halt gibt. Was ist also Voraussetzung für herrliche Veränderungen in unserem Leben? Der Mut, neue Wege zu gehen und sie Gott anzuvertrauen. Er hilft uns gerne.

Wer den Sohn hat, der hat das Leben; wer den Sohn Gottes nicht hat, der hat das Leben nicht. Dies habe ich euch geschrieben, die ihr glaubt an den Namen des Sohnes Gottes, damit ihr wisst, dass ihr ewiges Leben habt, und damit ihr [auch weiterhin] an den Namen des Sohnes Gottes glaubt. 1. JOHANNES 5,12+13

„Der verhält sich aber gar nicht christlich! Na, wenn der Christ sein soll ...“ – solche Sätze höre ich immer wieder. Christsein wird gleichgesetzt mit einem bestimmten (oft klischeehaft verzerrten) moralischen Verhalten und Lebenswandel. Die Wahrheit dahinter ist: Wer Christ ist, bei dem sollte man das an konkreten Auswirkungen im Leben spüren. Ein gesunder Baum bringt eben auch Frucht. Aber bereits das Bild vom Baum deutet es an: Hier endet die Wahrheit des Vorwurfs an den „unmoralischen“ Christen ...

Denn was ist daraus die Konsequenz? Schlechte Früchte vom Baum nehmen und bessere drantackern? Wohl kaum! Dann entwickeln wir uns in Richtung Pharisäismus. Verhalten hui – Herz pfui. Wollen wir das? Nein! Wenn Früchte (noch) nicht stimmen, gibt es zwei Ansätze: Entweder der Baum ist noch nicht reif für eine bestimmte Frucht. Von einem einjährigen Apfelbäumchen erwarte ich keine 100 reifen Früchte! Oder aber der Baum hat Blockaden, die sein Wachstum hindern. Stabile Bäume wachsen aus dem Glauben in den Glauben – so macht es unser Vers herrlich deutlich. Johannes schreibt denen, die glauben, damit sie weiterhin glauben! Befreiender, gesunder Glaube macht den Baum gesund. Der Inhalt des Glaubens? Dass, wer den Sohn hat, das lebendige Leben hat! Leben in Fülle. Leben in Ewigkeit. Wer diesen Glauben meditiert und sich davon prägen lässt – der bringt gesunde Früchte. Immer mehr.

JUNI **15**

Gott aber sei Dank! Durch Jesus Christus, unseren Herrn, schenkt er uns den Sieg! 1. KORINTHER 15,57

Unsere Haltung ist wichtig! Überhaupt: was für ein herrliches Wort. Innere und äußere Haltung. Habe ich zum Beispiel die innere Haltung, dass das mit meinem neuen Job eh nichts wird und ich ein elender Versager bin, dann wird sich diese innere Haltung in einer äußeren Haltung ausdrücken und ich halte mich eher gebeugt und gekrümmt. Eine Haltung resultiert in einer Einstellung: Wie ich mich zu mir und anderen Dinge stelle. Aufrecht oder gebeugt? Ängstlich oder mutig? Das Problem an Haltungen und Einstellungen ist: Es gibt eine Wechselwirkung von außen und innen. Habe ich die innere Haltung, ein Wurm zu sein, drückt sich dieses in meiner Ein-Stellung körperlich aus. Diese verkrümmte Position wiederum fördert und verstärkt die innere Haltung. Deswegen kann es auch nie nur um Gedankenspiele gehen – neue Gedanken, frischer, wohltuender Glaube muss auch in den Körper!

Der kleine harmlose Vers aus dem 1. Korintherbrief hat es in sich und war in Notzeiten eine wichtige Erinnerung. Wir kämpfen nicht um den Sieg als Christen, wir kämpfen VOM Sieg her. Das ist eine komplett andere innere Haltung. Glauben wir das? Dass in Jesus Christus der Sieg sicher ist? Wenn ja, dann ein Gedankenspiel: Wie könnte sich dieser Glaube äußerlich ausdrücken? Ganz konkret! Sprich den Satz einmal aus und bewege dich. Was geschieht? Ein Aufrichten, Strecken vielleicht. Tief einatmen. Raus aus den grauen Klamotten und bunt sein. Aktiv werden, nicht in der Opferrolle stecken bleiben. Vieles kann passieren, wenn man realisiert: Der Sieg ist bereits geschehen und gehört in Christus mir. Ich kann aufhören, darum existenziell zu kämpfen. Die veränderte äußere Haltung wird diesen Glaubensschritt verstärken und verankern.

„Der Geist des Herrn ist auf mir, weil er mich gesalbt hat (...).“ LUKAS 4,18A

Ich liebe James Bond. Hach!
Er bekommt einen nahezu unlösbaren Auftrag. Hinein in das tiefste Böse – verkörpert durch einen diabolischen Gegner. Doch es bleibt nicht dabei: Er bekommt nicht nur den Auftrag, sondern auch die Ausrüstung und das Vertrauen seiner Vorgesetzten, die zu ihm stehen. Er ist im Auftrag „Seiner Majestät“ unterwegs. Grandios! Leider ein modernes Märchen. Oder? Nein! Denn das, was bei James Bond Fiktion ist, ist für einen Christ Realität, und Jesus lebt es vor.

Jesus betritt die Synagoge und nimmt dort am Gottesdienst teil. Irgendwann bekommt er die Schriftrolle und darf vorlesen. Und Jesus liest vor und bezieht das Vorgelesene auf sich. Bereits die ersten Worte haben es in sich. „Der Geist des Herrn ist auf mir“ – das hatte er erlebt bei seiner Taufe. So war es im Alten Bund gewesen, dass der Geist wie eine Taube auf besondere, ausgewählte Personen herabkam, um sie zu einem bestimmten Dienst zu salben, also auszusondern und zu beauftragen. Messias heißt ja auch „der Gesalbte“.

Jesus beschreibt sich also ganz am Anfang seines Dienstes, seines Geheimauftrags, als einen Auserwählten, der zusätzlich auch noch im Auftrag seines „Vorgesetzten“ handelt, nämlich Gottes. Und der ausgerüstet ist mit allem, was er braucht: dem Heiligen Geist. Und wir? Das Großartige ist, dass Jesus in diesem und den folgenden Versen nicht nur seinen Auftrag, sondern damit auch unsere Bestimmung umreißt. Nur, dass der Geist nicht mehr auf uns ruht, sondern sogar in uns Wohnung bezogen hat. Wir sind perfekt ausgerüstet – solange wir für den großen Auftrag nicht auf eigene Kraft, Weisheit und Intelligenz setzen. Und wir haben eine geheime Mission, die immer wichtiger wird in diesen Tagen.

JUNI **17**

(…) den Armen frohe Botschaft zu verkünden (…) LUKAS 4,18A

Die letzten Worte im Leben und die ersten Worte im Dienst eines Menschen sind oft wichtig. Die Regierungserklärung eines Politikers steckt den ersten wichtigen Pflock ein, was dran ist und was die Regierungszeit prägen soll. Bei Jesus und somit bei uns als einzelne Christen und als Gemeinden ist es nicht anders: Wir empfangen in diesen Worten auch unsere Ausrichtung, die uns prägen soll. Gerade wenn es im Glauben drunter und drüber geht und Detailfragen überhandnehmen, ist es wichtig, sich auf diese Grundlagen zu besinnen. Jesus skizziert einen faszinierenden sechsfachen Dienst. Begeben wir uns heute und in den nächsten Tagen auf Entdeckungsreise …

Zuerst also die Verkündigung der frohen Botschaft gegenüber den Armen. Verkündigung bedeutet hier: in Worten und Taten. Das hat immer zusammengehört (siehe Lukas 9,6)! Jede einseitige Auflösung in eine Richtung begründet eine falsche Lehre: entweder Diakonie ohne Verkündigung des Evangeliums oder aber Verkündigung ohne praktisch anzupacken. Beides gehört zusammen, und das gilt auch für die folgenden Teilaufträge (da wird es spannend!). Aber wer ist „arm“? Das griechische Wort redet von denen, die am Rande stehen – nicht nur materiell (das auch), sondern auch in Bezug auf Ehre. Einen Begriff, den wir kaum noch kennen (wir verstehen unter Armut finanzielle Armut). Es gab Reiche, die entehrt waren und Arme voller Ehre. Es geht also um ganz reale Arme – aber auch um Menschen, die arm an Ehre waren. Die sich verloren haben, die gedemütigt wurden, depressiv waren, stigmatisiert. Sie sind besonders (aber nicht nur!) im Fokus der Verkündigung, weil das Evangelium ihnen genau diese Würde und Ehre wieder schenken möchte.

(...) er hat mich gesandt, zu heilen, die zerbrochenen Herzens sind (...)
LUKAS 4,18B

Götter! Idole! Vorbilder! Idealbilder, die uns eigentlich ermutigen sollen, die uns anspornen, zu denen wir aufschauen. Das Problem ist nur: Alle drei sind weit entfernt. Der Teenie wird niemals Justin Bieber sein. Der ganz normale Christ wird nie wie Luther sein und Götter, die weit entfernt sind – beschäftigen die sich mit unseren alltäglichen Niederungen?

Idealbilder tun uns nicht gut, sie versklaven uns sogar, denn wir messen uns an ihnen und erreichen sie nie. Wie der Esel die Möhre, die vor ihm baumelt, niemals erreicht, aber glaubt es zu schaffen. Paulus nennt dieses Orientieren an Idealen/Idolen Gesetz. Und das Gesetz macht nicht frei! Deswegen ist Gott in Jesus Christus nach ganz unten gegangen. In Jesaja 53 wird er beschrieben als der, der allen Schmerz und alles Leid kennt. Nie sind wir allein. In keiner Niederung des Alltags. Genau diese Nähe ist der Beginn einer Änderung, einer Verwandlung, einer Heilung. Denn diese Nähe braucht der Mensch mit dem zerbrochenen Herzen, mit tiefer seelischer Not und Verwundung. Weil aber Jesus ganz unten ist, bietet (nur) er einen Weg an aus der Trauer in die Freude und verwandelt Tränen in Gebet und dann in Gaben. Zur Zeit von Jesus war das zerbrochene Herz vielfältig begründet. Fünfzig Prozent der Kinder starben früh nach der Geburt. Das Leben war geprägt von Entbehrung und Schmerz. Heute sind es andere Dinge, die Herzen zerbrechen lassen – aber sie sind nicht weniger. Wir dürfen, ja sollen zerbrochene Menschen begleiten und sie in der Seelsorge, in Freundschaft oder Zweierschaft in die Gegenwart Jesu führen. Und: Wir dürfen unsere Zerbrochenheit betrachten und sie heilen lassen. Hier fängt es an.

JUNI **19**

(...) Gefangenen Befreiung zu verkünden (...)

LUKAS 4,18B

Eines der ersten Computerspiele, das ich in den Achtzigerjahren auf meinem ersten Computer spielte, handelte von einem Hubschrauberpiloten, der mit seinem Fluggerät Gefangene aus der Hand eines Bösewichts retten musste. Das alles war nur schemenhaft zu erkennen auf den ersten, sehr groben Monitoren; aber es war trotzdem extrem spannend! Ich – der großartige Retter am Joystick – dankbare Menschen, die mir zujubelten ... hach! Gefangenschaft ist immer Zeichen eines Defekts in unserer Schöpfung. Sei es die ganz reale Gefangenschaft durch Kriminalität oder Krieg oder aber die Gefangenschaft durch gottfeindliche Mächte wie Sünde und Sucht. Gefangenschaft zeigt an: Etwas ist schiefgelaufen. Befreiung löst diese Spannung auf vermittelt uns das Gefühl: Alles wieder gut!

Doch das bleibt eine menschliche Illusion, es sei denn ... du folgst Jesus. Der hat die Befreiung auf seinen Plan geschrieben. Die reale Befreiung von der Gefangenschaft unter der römischen Besatzung blieb aus. Aber Jesus vermittelte eine neue Art des Kampfes: durch Barmherzigkeit, Segen, Güte und Liebe. Seine Nachfolger in der Apostelgeschichte haben diese neue Art des Kampfes fortgeführt und Erstaunliches erlebt. Herrscher knickten ein, Gefängnistüren öffneten sich, aber – nicht immer. Wir leben weiter in einer gefallenen Welt. Aber Jesus sprengt auch ganz andere Ketten: geistliche Ketten von Sünde, Sucht und Bindung. Diese Realität ist seit dem Kreuz gültig für jeden, der glaubt! Es ist eine der tückischsten Strategien der Gegenseite, uns einzureden, dass wir nicht frei seien. Wir sind es! Und wenn wir darauf beharren mit Barmherzigkeit, Segen, Güte und Liebe uns selbst gegenüber, dann wird diese Freiheit durchbrechen.

(...) und den Blinden, dass sie wieder sehend werden (...)
LUKAS 4,18B

„Was blind, but now I see ...“ – Ich war blind, aber nun sehe ich! John Newton schrieb diese bewegenden Worte über seine Zeit vor und nach seiner Begegnung mit Jesus Christus. Vom Kapitän eines Sklavenschiffs zum Bekämpfer der Sklaverei an der Seite von William Wilberforce. Was für eine faszinierende Wandlung! Newton findet nur ein Wort dafür: Ich war vorher blind! Geistlich blind. Und wo ein Mensch geistlich blind ist, kann ihm oder ihr Gott vor Augen stehen und er erkennt ihn nicht. Da erzählen liebe Menschen wohlmeinend vom Evangelium und laufen vor eine Wand des Unverständnisses. Die frohe Botschaft wird auditiv durch die Ohren oder optisch durch die Augen aufgenommen und erreicht das Gehirn – aber nie das Herz. Die Augen des Herzens sind blind. Wie tragisch!

Aber auch Menschen, die im Glauben unterwegs sind, können durch Prägungen und Verletzungen der Seele in Teilbereichen blind sein für die Weite und Herrlichkeit des Glaubens. Ich denke, jeder Glaubende kann das bestätigen, dass Glaube sich häutet, erweitert, verschiebt – und nach Gottes Willen immer mehr aufleuchtet. Hoffentlich! Allzu viele halten sich selbst für in bestimmter Weise festgelegt und bleiben so, wie sie sind. Das bedeutet aber faktisch: Es wird immer enger im Glauben. Und Stillstand bedeutet Tod.

Jesus Wunsch ist, die Augen des Herzens zu öffnen! Ob bei Nichtglaubenden oder bei Glaubenden. Das ist seine Geheimmission und somit auch unsere! Wir dürfen in diesem Sinne beten und vertrauen, dass es genau so kommt. Wie wäre es, wenn wir unsere eigenen Augen der Herzens segnen und Jesus die Erlaubnis geben, sie immer weiter zu öffnen? Und das auch für die Menschen um uns herum erbitten? Damit mehr und mehr Licht ins Herz strömen kann.

(...) Zerschlagene (d. h. Unterdrückte) in Freiheit zu setzen (...)

LUKAS 4,18B

Ich schreibe diese Andacht in den ersten Wochen der starken Flüchtlingsbewegungen von Syrien, Afghanistan und dem Balkan quer durch Europa auch in unser Land. Die Gesellschaft beginnt sich zu spalten in jene, die helfen und aufnehmen wollen auf der einen Seite, und jene, die aus Angst die Grenzen schließen wollen – und Ärgeres – auf der anderen Seite. Wo positionieren sich Christen? Da gibt es durchaus die Stimmen, die sich sogar noch auf christliche abendländische Werte berufen, die gegen „Überfremdung" wettern. Andere wiederum packen an und helfen auf allen möglichen Ebenen, die Not zu lindern, auch gegen Widerstand der anderen Seite. Beachtlich!

Was sollen wir davon halten? Wenn du diese Andacht liest, wird die Entwicklung bereits viel weitergegangen sein, und ich hoffe positiv, weil es zu keinen weiteren Eskalationen gegen Flüchtlinge gekommen ist. Doch ich befürchte ...

Jesu Wort bezieht sich auf den Propheten Jesaja und somit thematisch auch auf das Volk Israel, das oft genug unfreiwillig Flüchtling war, sprich: deportiert und unter fremde Herrschaft gebracht worden war! Der Weg von Jesus verspricht, dass durch Gebet, Gnade, und Weisheit Unterdrückte frei werden dürfen und in ihrem Land frei leben dürfen. Solange sie aber flüchten müssen, um zu leben, sind wir für sie zuständig und dürfen sie herzlich empfangen. Es ist eine Ehre vor Gott, das zu tun.

Doch auch als Christ und Christin erleben wir Flüchtlingsdasein: als Kinder der Himmelswelt unterwegs in der Fremde, in dieser Welt. Das ist oft ein zerrissener Zustand – aber auch er darf als frei und befriedet erlebt werden in unmittelbarer Nähe zu Jesus, der mit uns in dieser Spannung steht.

(...) um zu verkündigen das angenehme Jahr des Herrn. LUKAS 4,19

Vor Kurzem bekam ich einen Anruf von der Bank, meiner Bank. Seit fast zehn Jahren bezahlen wir unser Häuschen ab – und die Bank verdient daran. Zu Recht, denn sie hat uns ja das Geld geliehen. So will es unsere Marktwirtschaft. Diese Bank rief also an und verkündete mir, sie habe die doch noch recht hohe Restschuld gestrichen und außerdem eine Regelung aktiviert, die in Zukunft für immer genug Geld sorgt, wenn es knapp werden sollte.

Nein. Die Wahrheit ist: Das war nur ein schöner Traum. Keine Bank würde so handeln – bis auf eine: Die Bank Gottes, die schon von den ersten Zeilen der Bibel an andere Geschäftsgrundsätze hat. Zum Beispiel die Spezialregelung des „angenehmen Jahres", des sogenannten Jubeljahres. Alle fünfzig Jahre durften alle Felder ruhen, Schulden wurden landesweit erlassen und Eigentum an den ursprünglichen Besitzer zurückgegeben, so hatte Gott es angeordnet. Diese göttliche Anweisung ist wohl niemals umgesetzt worden! So gesetzestreu die Juden zur Zeit Jesu waren – das war dann wohl doch zu krass. Denn das hätte ja enorme Auswirkungen auf eine Volkswirtschaft! Doch unabhängig davon proklamiert nun Jesus genau dieses Jubeljahr, dass es mit ihm beginnt! Ein neues Zeitalter bricht an! Die fünf vorher ausgeführten Geheimaufträge werden hier noch einmal in einem einzigen großartigen Begriff zusammengefasst, der unsere Reaktion beschreibt: Jubel! Schuld für alle Zeiten getilgt, Ketten gesprengt, Unterdrückung beendet, Seele und Körper in Heilung begriffen! All das hat hier schon begonnen, manches ist bereits abgeschlossen, anderes wartet noch auf uns. Genau das dürfen wir leben! Und weitergeben! Dazu hilft uns Jesus durch den Geist. Was für eine Mission!

JUNI **23**

Denn ihr wart einst Finsternis; jetzt aber seid ihr Licht in dem Herrn. Wandelt als Kinder des Lichts! EPHESER 5,8

Über dem Sofa meiner Großeltern in Hildesheim hing ein herrlicher alter Schinken – also ein Gemälde. So wie man sie vor dreißig Jahren als Enkel bei Großeltern sehen konnte und sie weitere dreißig Jahre vorher von ebendiesen gekauft wurden. Jesus und das verlorene Schaf. Jesus mit langen, dunkelblonden, lockigen Haaren, blasser edler Haut und – tata – einem Heiligenschein! Was hat mich der Heiligenschein begeistert! Und auf den kleinen Heiligenbildchen, die bei Opa im Gesangbuch lagen, fand ich ihn auch wieder, den Heiligenschein. Toll! Aber der war eben den Heiligen vorbehalten, ich konnte ihn bei mir als Kind nicht finden. Schade.

Mit 23 Jahren und nach einigen Schlenkern bin ich dann endgültig zu Jesus gekommen und habe mich bewusst in seine Nachfolge begeben. Und immer noch kein Heiligenschein! Im Gegenteil: Das Dunkle in mir wurde fast noch spür- und sichtbarer. War – und bin – ich so dunkel?

Der Bibel ist die Position wichtiger als die moralische Tat. Denn die moralische Tat folgt aus der Position. Bin ich also dunkel, weil ich immer noch dunkel handele und empfinde? Unser Vers sagt: Nein! Niemals! Du bist nicht nur IM Licht, sondern du BIST Licht in Christus. Kann ich dort dunkel handeln? Natürlich! Aber es ist widernatürlich für ein Königskind. Viel wichtiger und besser ist: Diese Position kann mir nicht genommen werden. Wer wollte mich aus Christus Herzen wieder herausholen? Die beste Botschaft aber steht am Ende: Weil du Licht BIST, KANNST du auch licht handeln. Nimm deine Position ein, die du hast, und lebe sie. Und du brauchst dir keinen Heiligenschein zu basteln – du hast längst einen.

Denn der Lohn, den die Sünde zahlt, ist der Tod; aber das Geschenk, das Gott uns in seiner Gnade macht, ist das ewige Leben in Jesus Christus, unserem Herrn. RÖMER 6,23

Mein Sohn Ole soll einen PC bekommen, einen Tower, der auch genug Kraft hat für das eine oder andere Computerspiel. Mit seinen elf Jahren ist das schon eine tolle Sache, die alles andere als selbstverständlich ist! Als pädagogisch versierte Eltern verknüpfen wir dieses große Geschenk natürlich an eine kleine schulische Bedingung, die er bis dahin zu erfüllen hat. Der PC ist uns da ein willkommener Motivator gegen eine kleine Durchhängephase unseres Sprösslings. Haben das Eltern je anders gemacht?

Warum ich das erzähle? Weil wir so handeln und leben. Von nichts kommt nichts. Man kriegt nichts geschenkt im Leben. Und so ist es wohl auch – zumindest im beruflichen Kontext, bei manchen Menschen auch leider in Beziehungen. Leider ist uns dieses Denken und Taktieren so in Fleisch und Blut übergegangen, dass wir es allzu leicht wieder auf Gott übertragen, selbst wenn wir einmal verstanden hatten, dass Gott anders ist. Im Glauben ist diese Denke sogar fatal! Denn Christen HATTEN einen Dienstherrn namens Sünde – also Trennung von Gott. Und sein Lohn: der Tod. Ein schleichender Tod, der hier beginnt und in der toten, dunklen Ewigkeit mündet. Aber nun hat ein Dienstherrenwechsel stattgefunden! Gott ZAHLT keinen Lohn, er SCHENKT einfach so, und zwar lebendiges Leben, das auch schon hier beginnt und in die festliche, helle Ewigkeit mündet. Für Lohn müssen wir arbeiten – das Geschenk können wir nur entgegennehmen. Wie unsinnig wäre es, wieder freiwillig arbeiten zu wollen, um Gott zu gefallen! Bleiben wir in der Gnade – es gibt keinen besseren Dienstherren!

JUNI **25**

Durch ihn (Anm. des Verfassers: Gott) leben wir doch, regen wir uns, sind wir! APG 17,28A

Stell dir vor, du schwimmst. Herrlich – in lauem Wasser, das weich den Körper umspült. Im Thermalbad nach einem Saunagang geschieht das ohne Badeanzug oder -hose und dann umfließt das Wasser den ganzen Körper. Ich empfinde das immer als ein Gefühl von Freiheit. Vielleicht, weil es an den Mutterleib erinnert: warm, geborgen, nackt.

Aber Wasser ist ja nicht nur um den Körper herum – es ist auch die „Hauptzutat" unseres Körpers selbst. Alte Leute bekommen das schnell zu spüren, wenn sie vergessen, genug zu trinken, und ich habe bei mir auch gemerkt, dass meine Konzentration nachlässt, wenn ich nicht genug Wasser im Laufe des Tages nachfülle.

Wasser drumherum, Wasser innen drin. Nun ist die Fantasie gefragt. Tauche ab in deinem Thermalbecken und atme dann ein. Geht nicht! Furchtbare Vorstellung! Aber erst dann würde das Bild komplett. Manche geistlichen Lehrer haben es so formuliert: Glauben heißt, unter Wasser atmen lernen. Mich fasziniert und bewegt dieser Gedanke. Denn genau das beschreibt der Vers. Wir sind durch Gott und in Gott. Unsere Existenz ist ganz von ihm gefüllt. Mehr geht nicht. Dann regen und bewegen wir uns auch durch ihn und in ihm. Also ist – wenn wir dieses Bewusstsein haben – selbst unser Weg zur Arbeit, unsere Begegnungen mit Menschen, einfach alles von Gott geschenkt und „umspült". Und wir leben, wir atmen in und durch Gott. Wir sind Geschöpfe in befreiter und befreiender, aber maximaler Abhängigkeit zu ihm. Diese Radikalität der Abhängigkeit zuzulassen, ist nicht einfach. Es bedeutet: Kontrolle abzugeben, loszulassen und sich hinzugeben. Es ist: Atmen lernen unter Wasser.

So schuf Gott den Menschen als sein Ebenbild, als Mann und Frau schuf er sie. (...) Dann betrachtete Gott alles, was er geschaffen hatte, und es war sehr gut! 1. MOSE 1,27+31A

Gott schafft den Menschen, schafft die beiden Geschlechter als Abbild seiner Größe, die beide Geschlechter umfasst und doch weit darüber hinausgeht. Er gibt den Menschen ihre Bestimmung, ihre Autorität, wozu sie berufen sind: zu herrschen, zu gestalten, zu benennen, zu füllen. Aber: Wie viel von diesem Arbeitsauftrag haben sie schon erledigt, bevor Gott sie anschaut und sich ein Loch in den Bauch freut und sein „sehr gut" über ihnen ausspricht? Nichts.

Jesus betritt die Bühne der Weltgeschichte und wird diese aus den Angeln heben, alles verändern. Er erkennt irgendwann seine Bestimmung. Er ist nun dreißig Jahre alt und hineingewachsen in den Gehorsam. Er ist nach jüdischem Verständnis reif, ein Rabbi, ein Lehrer zu sein. Bis zu diesem Zeitpunkt hat er sich ausbilden lassen zum Zimmermann. Nun wird er von Johannes getauft – er empfängt die Ausrüstung für seinen Dienst, den Heiligen Geist. Und: Jesus darf wie jeder andere Mensch die herrlichen Worte des Vaters hören: „Dies ist mein geliebter Sohn, ich liebe ihn, ich bin verrückt nach ihm, er ist klasse!" Wie viel seines Auftrags hatte Jesus zu diesem Zeitpunkt bereits erledigt? Nichts!

Wenn die Menschen, die an Jesus glauben, in IHM sind und ER in ihnen, was müssen wir tun, damit Gott sich wie ein Schneekönig über uns freut? Nichts! Was können wir also falsch machen, damit diese Freude aufhört? Nichts! So ist es und so wird es bleiben. Wenn du fällst, ist er nicht enttäuscht. Wenn du gewinnst, freut er sich – aber bleibt dennoch gleich. Welche Freiheit, so leben zu können!

Ich nenne euch Freunde und nicht mehr Diener. Denn ein Diener weiß nicht, was sein Herr tut; ich aber habe euch alles mitgeteilt, was ich von meinem Vater gehört habe. JOHANNES 15,15

Freundschaften, also richtig enge Freundschaften, kenne ich wenige. Manchmal gibt es Lebensabschnittsfreundschaften, die mit einem Ortswechsel verblassen, aber einige wenige halten durch die Jahrzehnte. Echte Freunde kann man über ein Leben verteilt an ein bis zwei Händen abzählen. Warum? Weil echte Freundschaft radikale Offenheit bedeutet. Mein Freund Simon ist so jemand. Wir teilen Glauben und Lebenshorizont, was durchaus hilft. Aber vielmehr kann ich vor ihm – und er vor mir – alles ungefiltert aussprechen. Die tiefste Schuld, die dunkelsten Abgründe der Seele – ich kann sie aussprechen vor Simon und weiß, dass er mich niemals verurteilen wird. Er wird niemals den Zeigefinger erheben und mich richten, stattdessen wird er Klartext reden auf eine Weise, die tiefe Wertschätzung und Nähe ausdrückt. So habe ich es erlebt und erlebe es und versuche das Gleiche für ihn zu sein. Seelenfreundschaft. Selten. Wunderschön.

Jesus bezeichnet uns als Freunde Gottes. Seine Freunde. Warum macht er das, obwohl er der Schöpfer eines ganzen Universums ist, also ein enormer Unterschied zwischen ihm und uns klafft? Weil er mit uns über alles reden möchte. Obwohl er unsere tiefsten Gedanken kennt, sehnt er sich danach, dass wir sie mit ihm teilen, denn er dringt nicht in uns und bricht unsere Grenzen. Nein – er steht vor der Tür unseres Herzens und klopft, ruhig und geduldig. Wir dürfen erzählen, das Schlimmste, Dunkelste, Verzweifeltste, aber auch die größten Freuden und Triumphe. Und wie ein richtiger Freund ist: Er verurteilt nicht, hört zu, redet klar und wertschätzend. Und wir können still werden und zuhören, wenn er uns von seinem Herzen erzählt.

Deine Augen sahen mich schon, als mein Leben im Leib meiner Mutter entstand. Alle Tage, die noch kommen sollten, waren in deinem Buch bereits aufgeschrieben, bevor noch einer von ihnen eintraf. PSALM 139,16

In einem Seminar gibt eine Humortrainerin (ja, so was gibt's!) eine interessante Übungsanweisung: Jeder soll einem anderen Seminarteilnehmer ein ehrliches Kompliment machen. Der andere hört das, würdigt es und sagt dann: „Ja, genau!“ Er soll also das Kompliment nicht überhören, relativieren oder wegwischen, wie man es so gerne in falscher Bescheidenheit tut – sondern ernst nehmen und annehmen! „Ja, so ist das. Ich bin schön, prima, klasse, liebenswert, humorvoll, intelligent.“ Merkst du, wie das knirscht? Ja, darf ich das denn? So dreist etwas annehmen? Ist das nicht unbescheiden? Was denkt dann der andere?

Im frommen Bereich ist das noch extremer: Alles zur Ehre Gottes. „Vielen Dank für die tolle Predigt!“ – „Danken Sie Gott, ich bin nur Werkzeug!“ Ja, ja, stimmt ja. Aber dennoch hast du es klasse gemacht! Da wird aus Bescheidenheit schnell eine – meines Erachtens – ungeistliche Geringschätzung der eigenen Person. Also: „Ja, genau!“ Mutig aussprechen. Das könnte auch geistlich enorme Konsequenzen haben. Warum?

Gott spricht uns in der Bibel und auch durch den Heiligen Geist herrliche Komplimente aus. Wie wunderbar wir gemacht sind. Er weiß das ja vom Mutterleib an, er hat es ja bestimmt und er ist „stolz wie Oskar“ auf jeden von uns. Er kennt sogar unsere Tage, die wir leben, auch wenn sie verquer sind und Umwege gehen. Trotzdem liebt und schätzt er uns! Er spricht uns Komplimente zu. Wenn wir diese auch instinktiv abwiegeln und relativieren, können sie nie ihre heilende Kraft auf unsere Seele entfalten. Sie verpuffen im Wind unserer Ablehnung. Also auch zu Gottes Komplimenten: „Ja, genau!“

So machte er (der Sohn) sich auf den Weg zu seinem Vater. Dieser sah ihn schon von weitem kommen; voller Mitleid lief er ihm entgegen, fiel ihm um den Hals und küsste ihn. LUKAS 15,20

Ich liebe „The Voice of Germany". Die Juroren hören blind, wie Menschen ein Lied singen, und entscheiden sich nur aufgrund der Stimme, ob sie jemanden in ihrem Team haben wollen oder nicht. In der zweiten Runde singen nun die „Auserwählten" gegeneinander. Einer oder eine muss dann gehen. Aber in dem Moment, indem der Verlierer die Bühne verlässt, haben die Juroren der anderen Teams eine großartige Chance. Sie können sich sagen: Mag ja sein, dass er oder sie heute nicht so gut war, aber ich sehe immer noch Potenzial und will diesen Menschen in meinem Team haben! Und zack – auf den Buzzer gehauen – kann der Juror den bereits Aufgegebenen ganz leicht und ohne weitere Leistungsbeweise in sein Team holen, der sogenannte „steal-deal". Es ist herrlich zu sehen, wie das Gesicht des Abgewählten erst enttäuscht und dann maßlos überrascht und beglückt ist! Die zweite Chance! Einfach so!

Stell dir vor, du gehst deine Wege, eine Zeit lang vielleicht von Gott distanziert. Dinge laufen aus dem Ruder. Du entfernst dich. Driftest ab, gehst verloren. Du willst schon gehen und – zack! – haut Gott den Buzzer. Stopp! Du bist in meinem Team. Weiterhin! Und dann stell dir vor, das passiert mehrfach, immer wieder. Na ja, so wie wir Menschen halt ticken. Und immer wieder wollen wir geschlagen die Bühne des Glaubens verlassen und immer wieder haut Gott mit einem breiten Lächeln auf den Buzzer und ruft: Immer noch bei mir! Das ist Gnade! Pur! Gott breitet seine Arme aus und läuft dir nach, wenn du schon aufgegeben hattest. Immer und immer wieder – hat er den dicken roten Buzzer und ruft: Auf immer in meinem Team!

Und der Herr wandte sich um und sah Petrus an. Da erinnerte sich Petrus an das Wort des Herrn, das er zu ihm gesprochen hatte: Ehe der Hahn kräht, wirst du mich dreimal verleugnen! Und Petrus ging hinaus und weinte bitterlich. LUKAS 22,61+62

Erinnerst du dich daran, als du als Kind Mist gebaut hast? Ich sehr lebendig: Ein Bonbon mitgehen lassen mit sieben Jahren. Mutprobe. Auweia! Später gelogen. All so was. Ich denke mal, darin erkennt sich jeder Mensch wieder. Kinder entdecken auch die dunklen Wege und gehen sie. Mussten mir damals meine Eltern sagen: Wie kannst du so was tun? Das ist falsch! Nein – ich wusste es längst. Mein Gewissen rührte sich und bohrte in mir, bis ich meinen Eltern alles sagte.

Mich fasziniert Petrus und der Blick Jesus. Petrus begeht die – in unserer Vorstellung – schlimmstmögliche Sünde für einen Nachfolger Jesus (bei Gott gibt es keine Abstufung der Sünden): Er verleugnet ihn. Bumm! Katastrophe! Schlimmer geht's kaum. Was jetzt? Schimpft Jesus. Verflucht ihn? Brüllt herum? „Wie konntest du nur? Treuloser, gottloser Verräter!“ All das tut er nicht. Er schaut ihn ruhig an. Ich vermute, traurig und zerbrochen war der Blick auf seinen so engen Weggefährten. Das reicht. Petrus erinnert sich an die Worte seines Rabbis und bricht zusammen. Niemand muss ihm sagen, was er falsch gemacht hat. Keiner muss ihm eine Bußpredigt halten und auf seine Schuld hinweisen. Er weiß es. Jeder weiß es. Natürlich kann man sein Gewissen auch so weit betäuben und abtöten, dass man es nicht mehr merkt, wenn man danebentritt. Aber gerade dann wird eine Bußpredigt nicht helfen! Sondern Liebe und Klarheit und Gnade, die die Mauern aufweicht. Jesus macht uns das immer und immer wieder vor gegenüber denen, die gefallen sind. So sollen wir mit anderen umgehen – und mit uns selbst!

Durch eigene Leistungen kann man bei Gott nichts erreichen. Deshalb kann sich niemand etwas auf seine guten Taten einbilden. Gott hat etwas aus uns gemacht: Wir sind sein Werk, durch Jesus Christus neu geschaffen, um Gutes zu tun. EPHESER 2,9+10A

Liebe erarbeitet! Den Stempel trägt fast jeder Mensch. Anders geht es auch kaum. Eltern müssen Grenzen setzen. Und Kinder werden diese Grenzen – zumal wenn diese mit emotionalen Bedingungen verknüpft sind – so verstehen: Wenn du dich benimmst und alles richtig machst, haben wir dich lieb! Ein Kind begreift nicht, dass Liebe auch Grenzen setzen muss. So beginnt die Lebenshaltung, die unter dem Fazit steht: Liebe erarbeitet!

In den Religionen ist das nicht anders – aber Jesus Christus durchbricht dieses Muster radikal! Bei ihm wird aus „Liebe erarbeitet“ ein „Liebe! ER arbeitet!“. Jesus macht deutlich: Die Liebe ist gesetzt. Unabhängig von unserem Verhalten und unserem Sündenregister. Ja, auch wenn wir bewusst Christen sind, ist das so! Wir fangen nicht in der Gnade an und machen mit Leistung weiter. Gnade bleibt zentral. Die Liebe ist gesetzt und dazu die Vorleistung Gottes: ER arbeitet. Er liebt zuerst, wird Mensch, versteht, gibt Kraft, segnet, vergibt. Weil das so ist, dürfen wir antworten, indem wir das Empfangene weitergeben. Spürst du, wie dieser Ansatz alles auf den Kopf stellt? So sehr, dass diese Gnadenlehre selbst für viele Fromme anstößig ist! Ich erlebe das immer wieder: „Wie? Dann kann ja jeder machen, was er will? Wenn er dadurch nichts an Liebe und Gnade verliert?“ Ja, genau. Und eben weil die Gnade so radikal ist und Gott so in Vorleistung geht, entsteht erst die Veränderung, die diese „Ich kann ja sündigen, mir kann ja nichts passieren“-Haltung unmöglich macht. Liebe erarbeitet? Nie wieder! Liebe! ER arbeitet.

Nun, wer zu Jesus Christus gehört, hat seine eigene Natur mit ihren Leidenschaften und Begierden gekreuzigt. Da wir also durch Gottes Geist ein neues Leben haben, wollen wir uns jetzt auch auf Schritt und Tritt von diesem Geist bestimmen lassen. GALATER 5,24+25

Ach, Paulus! Ich lese diese Zeilen und werde traurig. Meine alte Natur mit ihren Begierden ist gekreuzigt. Sprich: Mausetot! Martin Luther hat es so schön treffend auf den Punkt gebracht, dass der alte Adam ersäuft sei in der Taufe, aber das Aas könne schwimmen. Genau das ist auch meine Erfahrung! Frustrierend!

Doch ich glaube, dass dieser Vers zentral für unseren Weg im Glauben ist. Denn was passiert? Wir sündigen, fallen, spüren die Leidenschaften und Begierden. Da das wehtut und sich mit der Aussage von Paulus reibt, wird diese langsam an unsere Lebensrealität angepasst. „Ich bin halt immer noch ein elender Sünder. Es ist meine Natur. Ich bin ein gerechtfertigter Sünder, mehr nicht!" Das Problem dabei ist, dass die biblische Aussage ad absurdum geführt wird – dadurch dass ich mir selbst eine sündige Identität zuschreibe, sündige ich MEHR. Ein Kreislauf entsteht. Wie kann es anders laufen?

Was passiert, wenn ein Kleinkind laufen lernt? Es fällt hundertmal auf seinen Windelpo. Brüllt es dann: „Schaut mal, Mama und Papa, was für ein elendes Kind ich bin, unfähig zu laufen! Das wird für immer so sein!"? Nein, das Fallen ist Bestandteil der Einübung eines neuen Lebensstils. Genauso beschreibt es Paulus: Wir SIND nun anders, also sollten wir auch so leben. Sprich: Das muss eingeübt werden! Fallen erlaubt! Die Grundlage ist aber die neue Natur: Wir sind heilig. Daran dürfen und müssen wir festhalten, auch wenn wir fallen. Damit sich unser Leben langsam an die biblische Realität anpasst und nicht umgekehrt!

JULI **3**

Höre Israel, der Herr ist unser Gott, der Herr allein! Und du sollst den Herrn, deinen Gott, lieben mit deinem ganzen Herzen und mit deiner ganzen Seele und mit deiner ganzen Kraft. 5. MOSE 6,4+5

Es gibt in Kirchen und Gemeinden einen lustigen Gebetsreflex. Dieser Reflex betrifft vor allem Menschen, die vielleicht irgendwann einmal kirchlich erzogen wurden oder Religionsunterricht „genossen" haben, dann aber seit langer Zeit keinen Gottesdienst mehr betreten haben. Irgendwann heißt es in eben einem solchen: „Wir beten das Gebet, das uns der Herr zu beten gelehrt hat." Und zack! – kommt das Gebet wie aus der Pistole geschossen! Es ist einfach „drin". Das bedeutet noch lange nicht, dass der Inhalt sich verankert hat, aber immerhin! Für fromme Juden gibt es ein grundlegendes Gebet, das sicher jedem Gläubigen in Fleisch und Blut übergegangen ist: das „Schma Jisrael". Diese Verse sind so überragend bedeutsam für die Juden, dass sie grundlegender Bestandteil täglicher Gebete geworden sind. Das macht nachdenklich. Denn das bedeutet auch, dass Gott – ähnlich wie im Vaterunser – absolut Zentrales vermitteln möchte. Was ist dieses Zentrale? Was könnte man denken? „Diene deinem Gott von ganzem Herzen." – „Befolge seine Gebote, auf dass es dir gut ergeht." – „Handle so, dass es Gott gefällt." Aber nein – all das eben nicht! Stattdessen zwei herrliche Grundaussagen:

Erstens soll das Volk hören. Das bedeutet: Gott spricht. Redet. Teilt sich mit. Wir sollen die Ohren aufsperren. Hier geht es nicht um Lesen – wir befinden uns im Altertum. Gott will gehört werden.

Zweitens soll das Volk Gott lieben. Keine Taten. Keine Regeln. Stattdessen Beziehung! Warmherzige, intime Beziehung. Beides kommt zuerst – oder es kommt gar nicht mehr. Auch heute.

Am Abend, als ein frischer Wind aufkam, hörten sie, wie Gott, der Herr, im Garten umherging. Ängstlich versteckten sie sich vor ihm hinter den Bäumen. Aber Gott rief: „Adam, wo bist du?“ 1. MOSE 3,8+9

SMS, WhatsApp, E-Mail und andere Textnachrichten auf dem Smartphone und PC sind eine tolle Erfindung und doch – unglaublich schwierig. Denn wir hören sie (normalerweise) nicht und spüren sie nicht. Immer wieder kommt es zu Missverständnissen. Kein Wunder: Ein und derselbe Satz können je nach Aussprache vollkommen verschieden gemeint sein. Beispiel: „Du solltest echt mal zum Arzt gehen.“ Wie liest du diesen Satz? Oder besser – wie hörst du ihn mit den Ohren deines Herzens? Sprich ihn vorwurfsvoll ernst – sprich ihn liebevoll sorgend: Unglaublich verschieden ist die Wirkung. Deswegen eignen sich E-Mail und SMS nicht für Diskussionen und Klärungen. Das geht schief! Wir projizieren unsere Erwartungen in einen Satz hinein und hören ihn so vielleicht vollkommen falsch – je nachdem, wie wir geprägt sind.

Nicht weniger schwierig ist es mit der Bibel. In diesem Vers aus der Schöpfungsgeschichte könnten wir einen Vorwurf hören: Der Kontrolleur Gott geht durch den Garten und sucht den ungehorsamen Adam. Ich vermute, die meisten tendieren zu dieser Deutung, vielleicht etwas weniger drastisch. In Wirklichkeit glaube ich an einen anderen „sound“, und der Text stützt das: Gott geht spazieren und freut sich auf seine Zeit mit seinen tollsten Geschöpfen. Er will das! Er liebt das! Aber seine Menschen verstecken sich. Und er ruft: Wo seid ihr? Traurig, fragend, fast ein wenig verzweifelt. Gott weiß, was passiert ist, doch er will nicht wahrhaben, dass der Mensch sich deswegen vor ihm versteckt. Doch – so ist es. Der liebende Gott trauert um seine freien Menschen. So dürfen wir ihn „hören“.

JULI **5**

Es ist wahr, ich habe euch Vollmacht gegeben, auf Schlangen und Skorpione zu treten und die ganze Macht des Feindes zu überwinden, und nichts wird euch schaden können. LUKAS 10,19

Eine befreundete Familie wird von Krankheiten überschwemmt. Er steht im hauptamtlichen Dienst für Gott. Ihr zweites Kind wird geboren, und alle Beteiligten erleben Krankheit, Krisen, Schmerz, Unsicherheit. Die Ärzte arbeiten auf Hochtouren, aber wenn eine Baustelle aufgeräumt und beseitigt scheint, bricht die nächste auf. Täglich kommen SMS und E-Mails herein mit neuen Hiobsbotschaften, und ich spüre, wie ich von Tag zu Tag wütender werde. Nicht auf Gott. Sondern auf mich. Bisher habe ich viel zu apathisch zugeschaut, gebetet und der jungen Familie Ermutigungen übermittelt. Doch Krankheit und Tod sind eben nicht Teil von Gottes Schöpfungsplan, sondern Teil einer strauchelnden Welt, sie gehören zu den Feinden Gottes.

Die Macht des Todes ist am Kreuz gebrochen und in den Sieg verschlungen, wie das Neue Testament betont. Dennoch sterben Menschen. Wir leben in der Zwischenzeit zwischen „jetzt schon" und „noch nicht". Gebet greift in dieser Zwischenzeit in den Himmel und ringt um ein Sichtbarwerden der neuen Realität schon jetzt! In diesem Sinne ist Gebet ein Kampf zwischen zwei Fronten. Aber mit der Zuversicht und dem Mut eines Kindes Gottes, das die mächtigste Kraft in sich weiß: den Heiligen Geist. Gebet ist nicht winseln, freundlich betteln, ausprobieren – Gebet ist Kampf! Und dieser Kampf ist nötig in einer kämpfenden und leidenden Welt. Das mutige, ja verwegene Gebet vertraut darauf: Gott kann und will. Und endet nicht, wenn das Erbetene noch nicht sichtbar wird. Lassen wir uns nicht verführen zu kraftlosem Gebet. Gebet ist die größte Waffe der Liebe und der Kraft Gottes – uns anvertraut.

6 JULI

Die Jünger machten sich auf den Weg und zogen von Dorf zu Dorf. Überall verkündeten sie die Botschaft vom Reich Gottes und heilten die Kranken. LUKAS 9,6

Es ist ein Spruch, der gut ankommt in christlichen Kreisen: „Christen sollten weniger mit Worten, als mit ihrem Leben überzeugen!" Was soll damit gesagt werden? Dass es zu viele Christen gibt, die fromm reden und anders handeln. Richtig! Was ist die Konsequenz? Weniger reden, besser handeln! So könnte man nun denken. Wenn die Christen einfach nur nett und hilfsbereit und „anders" sind als die Menschen ohne Gott, dann würden diese ganz ohne Worte schon irgendwie zum Glauben finden. Oder zumindest ins Fragen kommen und dann, ja dann, dürften Christen sagen: „Ja, ja, schön dass du fragst – hinter meinem tollen Verhalten steckt eigentlich Jesus!" Und dann staunen die Menschen und kommen zum Glauben. Nicht? Nein. Denn dieser Weg ist ein Irrweg. Natürlich sollten Christen ein anderes Leben führen und andere Entscheidungen treffen als Menschen, die nicht nach Gott fragen. Aber ist dieses andere Leben „machbar"? Nein! Das bezeugt das Neue Testament. Das neue Leben, die Frucht des Heiligen Geistes, ist natürliche Folge des Lebens mit Gott, wenn man ihn denn lässt. Christen sind Menschen auf dem Weg – also nicht unbedingt besser, aber besser dran! Wovon und wie zeugen sie dann? Der schlichte Vers aus dem Lukasevangelium macht klar: Nicht von sich selbst – sondern von IHM. Und das geht immer, auch wenn wir gerade mal das Gefühl haben, so gar nicht christusgemäß zu leben. Dann erzählen wir von seiner Gnade und Annahme in unserem Scheitern! Was machen die Jünger? Sie werden zum Kanal für die Wunder Gottes und erzählen von ihren Erfahrungen. Beides dient dem Großmachen Gottes. Eigene „Heiligkeit" steht dabei nicht im Fokus. Wie befreiend ist diese Perspektive!

JULI **7**

Dir, Herr, will ich von ganzem Herzen danken, und erzählen will ich von deinen wunderbaren Taten. PSALM 9,2

Eine Rückkopplung, auch Rückmeldung oder Feedback (engl.) ist ein Mechanismus in Systemen, die Signale verstärken oder Informationen verarbeiten. Dabei wird ein Teil der Ausgangsgröße auf den Systemeingang zurückgeführt, entweder direkt oder in modifizierter Form (nach Wikipedia). Puh, schwere Kost in einer Andacht, aber ein Prinzip, das Gott in unsere Schöpfung an ganz vielen Stellen hineingelegt hat. Mit voller Absicht. Negativ kennen wir Rückkopplung zum Beispiel von Lawinen. Eine kleine Schneekugel beginnt, reißt mehr Schnee mit und verstärkt dadurch den Effekt, wodurch noch mehr Schnee mitgerissen wird. Rückkopplungen haben eine immense Kraft! Leider auch negativ. Positiv gilt aber auch: Wo Rückkopplung greift, passieren große Dinge! Wer Menschen hat, die an einen glauben und ohne Hintergedanken ermutigen und loben, erlebt bei sich mehr Kraft und Motivation, was wiederum mehr Menschen begeistern kann. Leider gilt diese Spirale auch für Entmutigung.

In den Psalmen finden wir viele großartige geistliche Rückkopplungen. Hier ist so eine. Indem ich beginne, Gott zu danken und zu loben (so eine andere Übersetzung), werde ich sensibler für die Wunder Gottes. Indem ich sie erzähle, wächst nun wieder mein Lob und meine Dankbarkeit. Das Leben beginnt aufzuleuchten, und es wird spür- und erlebbar, wie sehr es durchtränkt ist von Gottes Gegenwart und Handeln. Unsere Aufgabe ist es, anzufangen: Mit Danken zum Beispiel. Vor dem Schlafen oder nach dem Aufwachen drei Dinge benennen, für die man dankbar ist. Und gespannt beobachten, wie die Rückkopplung nach wenigen Tagen beginnt zu greifen und das Lebensgefühl nachhaltig verändert …

Genauso ist es mit dem Glauben: Wenn er keine Taten vorzuweisen hat, ist er tot; er ist tot, weil er ohne Auswirkungen bleibt. JAKOBUS 2,17

Ich möchte hier keinen mit Verdauungsproblemen langweilen, aber: Jeder kennt sie! Durchfall, Verstopfung, Magendrücken. Manchmal – Gott sei Dank nicht mehr so häufig wie als Kind – sucht sich das Essen auch wieder seinen Weg nach oben. Fakt ist: Was in den Magen reingeht, muss auch irgendwie wieder raus. Sonst gibt es ernsthafte Probleme, und zwar recht schnell. Es braucht nahrhafte, gesunde Nahrung und einen funktionierenden Verdauungstrakt, damit der Mensch vernünftig leben kann. Esse ich nur Junkfood oder Fast Food, dann wird mein Körper irgendwann rebellieren. Ist mein Darm bereits angegriffen, gibt es – auch wenn ich gute Lebensmittel esse – trotzdem Probleme beim Verwerten. Im Glauben scheint mir das nicht anders zu sein. Glaube braucht Werke. Input benötigt Output. Es beginnt bei der Nahrung: Füttere ich mich Tag für Tag mit Müll, ist da ein Übergewicht an falscher Seelennahrung, dann werde ich auch geistlich fettleibig und gute geistliche Werke selten. Ausreißer sind bei der Nahrung erlaubt (und unvermeidbar), solange die Richtung stimmt. Ein übler Film verletzt meine Seele nicht, wenn ich bei Gott bin. 100 üble Filme ohne geistliches Leben? Nicht gut. Aber auch wenn die Nahrung stimmt – es muss auch umgesetzt werden. Da kann manches im Weg stehen, dass der Glaube nicht ins Leben, in die Tat kommt: Blockaden. Schlechte Gewohnheiten. Prägungen. Die Folge: geistliche Verstopfung oder gar Erbrechen. Gefährliche Momente. Es tut gut, sich dieses Gleichgewicht immer wieder einmal vor Augen zu führen – und im Zweifelsfall mit dem Arzt zu reden. Also mit Gott selbst oder mit einem Seelsorger oder einem Vertrauten. Damit wir uns nicht nur mit Glauben vollstopfen, sondern ihn auch erleben!

JULI 9

Gott ist Licht; bei ihm gibt es nicht die geringste Spur von Finsternis. 1. JOHANNES 1,5B

Ich trage seit einigen Monaten so einen Activity-Tracker. Gut – zu neunzig Prozent dient er mir als schicke Uhr, aber immerhin! Der Gute hat nur einen Nachteil: Er muss alle paar Tage geladen werden. Sowie ich den Tracker ans Ladegerät hänge, zeigt er müde blinkend irgendetwas zwischen zehn und vierzig Prozent Restkapazität an. Schwupps – innerhalb von einer viertel Stunde zieht der Akku im Schweinsgalopp auf neunzig Prozent hoch und verharrt. Eine weitere Stunde später ist er dann triumphierend blinkend auf hundert Prozent. Sprich: Er hat für die letzten zehn Prozent viermal so lange benötigt wie vorher für die Aufladung auf neunzig Prozent.

Hinter dieser Beobachtung steckt ein Lebensprinzip. Dieses findet sich auch in der 80/20-Regel. Du brauchst zwanzig Prozent Aufwand für achtzig Prozent Ertrag. Für die mickrigen restlichen zwanzig Prozent brauchst du dann achtzig Prozent Aufwand. Kurz: Das lohnt nicht! Perfektionismus, also alles perfekt hinbekommen zu wollen, ist Überforderung und lebenszerstörend! Das hat Gott so angelegt in unserem Leben. Dabei ist Perfektionismus letztlich zweierlei: ein trauriger Schutzmechanismus, um sich vor Verletzung und Kritik zu schützen, und gleichzeitig eine Anmaßung. Perfekt – wie Gott! – sein zu wollen! Dabei reicht es, dass einer licht ist und perfekt: Gott selbst. Er hat sogar das perfekte Opfer gebracht, damit wir es nicht mehr sind. Opfer. Auch Opfer unserer eigenen, manchmal übernommenen Ideale. Wir dürfen leben, fallen, aufstehen, gelassen sein, ihn machen lassen. Macht dieses Denken der Gnade faul? Im Gegenteil: Perfektionismus lähmt letztlich. Gnade befreit zum mutigen Handeln und Leben mit Maß. Weil ER sich kümmert, brauche ich keinen Kummer zu haben, dass es wieder nicht zu hundert Prozent gereicht hat. Er reicht immer!

Und Gott der Herr machte Adam und seiner Frau Kleider aus Fell und bekleidete sie. 1. MOSE 3,21

Als der Mensch zur Erkenntnis von Gut und Böse gekommen ist, ist in der Welt etwas zerbrochen. Wo vorher ein unbeschwertes Leben in Abhängigkeit zum Vater möglich war, so regierte nun Bewertung, Leistung und Scham. Was ist gut, was ist böse? Das müssen wir stets neu herausfinden und wollen das auch! Danach wird Leistung ausgerichtet, und wenn eine Leistung nicht erfüllt wird, dann werden Menschen beschämt, abgewertet, kleingemacht. Die heilige Unbeschwertheit der Kinder Gottes ist durch den sogenannten Sündenfall verloren gegangen. Wie tragisch! Denn sofort war die Scham im Spiel. Wir sind nackt!! Wir müssen uns bedecken! Scham will bedeckt sein. So bedecken und vertuschen wir auch unsere Seelenwunden und unser Versagen. Angst regiert, verletzt zu werden. Doch wie geht Gott damit um? Die ersten Menschen haben ihre Scham notvoll mit ein paar Blättern bedeckt. Ein echtes Problem im Herbst, wenn die Dinger welken ... Gott geht in seiner Liebe weiter. Das erste Wesen muss sterben. Ein Tier muss sein Leben geben, damit der Mensch weiterleben kann. Gott kümmert sich um die Scham. Er geht weiter als die Menschen: Schützt sie. Nicht VOR ihrem Versagen, aber IN ihrem Versagen. Das wird sein Prinzip bleiben und dieses Prinzip wird sich unendlich ausdehnen. Schließlich wird er selbst das ultimative Opfer sein, um die Scham und Schande der Menschen endgültig zu beseitigen. Denn er, Jesus Christus, hat die Schande (anderes Wort für Scham) mit ans Kreuz getragen (Hebräer 12,2). Nun müssen wir uns nicht mehr schämen und dürfen frei zum Vater rennen. Egal, was passiert ist. Was für eine Entlastung! Möge sie heute ein wenig mehr unser Herz erreichen.

JULI **11**

Dann sagte er: „Nun ist der Mensch geworden wie wir, weil er Gut und Böse erkennen kann. Auf keinen Fall darf er jetzt von dem Baum essen, dessen Frucht Leben schenkt – sonst lebt er für immer!“ Darum schickte er die beiden aus dem Garten Eden fort (...) 1. MOSE 3,22+23

Geh auf dein Zimmer! Ich will dich hier nicht mehr sehen! Ich habe dir tausendmal gesagt, dass du das nicht machen sollst, aber wer macht es? Na klar: DU! Nichts Besseres im Kopf als Unsinn! Wenn du bei den Hausaufgaben genau so eifrig dabei wärst wie beim Unsinnmachen, na dann könnte aus dir etwas werden. So aber – ich weiß echt nicht, was so aus dir werden soll. Glaubst du, die Welt wartet auf dich?“

Durchatmen. Es mag ja die ganz lieben Kinder geben, die solche Szenen nie erlebt haben, die glatt durchs Leben geflutscht sind, Bestnoten eingeheimst haben und Muttis Liebling mit Ehrennadel in Gold waren. Ich war es nicht. Du wahrscheinlich auch nicht. So sind wir geprägt. So sind Eltern und ja – so bin ich auch manchmal als Vater. Wütend. Verzweifelt. Überfordert. Aus den Augen! Strafe muss sein! Es steckt in unseren Genen. Diese Vorstellung von Gerechtigkeit und Lohn bzw. Strafe für „gute Taten“ bzw. „Unrecht“.

Dann lese ich: Gott vertreibt die Menschen aus dem Paradies. Der alte Geruch von zu Hause kommt hoch. Raus mit dir! Die Worte hallen in mir und Gott spricht hier seine Worte in diesen Hall hinein. Aber was sagt er? Der Mensch hat sich gerade von Gott getrennt. Die Trennung ist vollzogen. Was geschieht, wenn der Mensch nun noch vom zweiten Baum isst? Er würde ewig leben und somit wäre die Trennung unaufhebbar! Es ist vorbei. Weil Gott liebt, will er das verhindern. Er hat Hoffnung für den Menschen. Deswegen: Raus mit ihnen. Aus Liebe. Mit Tränen in den Augen. Nur so kann er uns retten.

Geh weg von dem dummen Menschen! Du hörst doch nichts Gescheites von ihm. Die Weisheit lässt den Klugen erkennen, welchen Weg er gehen soll, aber die Torheit der Narren betrügt sie selbst. SPRÜCHE 14,7+8

Alle Jahre wieder: Finanzskandale. Gutgläubige (gierige) Anleger vertrauen irgendwelchen dubiosen Experten, die es schaffen, die Menschen zu blenden mit Auftritt, Äußerlichkeiten und vermeintlicher Expertise. Das mühsam verdiente Geld wird in Papiere gesteckt, in Aktien und – puff! Weg ist das Geld. Verbrannt auf dem Markt der Gier und der gebrochenen Versprechen. Dumm gelaufen!

Doch man durchschaut ja nicht immer so leicht, welcher Berater ein Narr ist und wer nicht! Sich einen Rat zu holen bei einem vertrauten Menschen – das lobt die Bibel ausdrücklich an anderer Stelle. Der Mensch ist keine Insel und soll und darf die Lebenserfahrung weiser Menschen anzapfen. Alles andere wäre seinerseits wieder Narretei. Doch wie erkenne ich einen weisen Berater? An dieser Stelle wage ich eine unerwartete Abzweigung: Um zu erkennen, wer ein Narr ist, muss ich erst einmal erkennen, wo ich selbst einer bin! Denn der Narr steckt in mir! Meinen eigenen Narren-Stimmen vertraue ich oft viel zu sehr. Begebe mich in den Rat meiner inneren Dialoge, ohne sie zu hinterfragen. Ein Fehler! Denn genau dann folge ich falschen Fährten und vertraue beispielsweise dem unseriösen Fond-Manager. Warum? Weil ich meine eigene Gier und meine Sehnsucht nach Geld nicht entlarvt habe. Ich habe den Narrenstimmen in mir vertraut. Deswegen ist Selbsterkenntnis immer der zweite Schritt zu einem gelingenden Leben. Was ist der erste Schritt? Der Weisheit zu vertrauen. Sie lehrt den richtigen Weg. Diese Weisheit kommt von Gott. Auch sie lebt in dir, wenn du an Jesus glaubst. Ein Narr ist, wer dieser Weisheit nicht zuerst Beachtung schenkt.

JULI **13**

Ich möchte dir etwas sagen: Als du noch jung warst, hast du dir den Gürtel selbst umgebunden und bist gegangen, wohin du wolltest. Doch wenn du einmal alt bist, wirst du deine Hände ausstrecken, und ein anderer wird dir den Gürtel umbinden und dich dahin führen, wo du nicht hingehen willst. JOHANNES 21,18

Was ist der Vorteil an einem Hamsterrad? Man kann sich nicht verlaufen!

Was ist der Nachteil an einem Hamsterrad? Man kann sich nicht verlaufen!

Nur von innen sieht ein Hamsterrad wie eine Leiter aus – eigentlich schafft man genau: nichts.

Kann es sein, dass wir in so manchem Hamsterrad nicht nur gefangen sind und gefangen gehalten werden, sondern wir auch selbst ganz gerne genau da bleiben wollen? Es fühlt sich so gut an! Man kommt ins Schwitzen und bewegt sich, aber leider passiert nichts außer eben das: Man rennt und bleibt auf der Stelle! Der Vorteil dabei ist: Es ist absolut sicher! Solange wir laufen! Wehe, wir wollen raus und stehen bleiben – dann werden wir herumgeschleudert. Jeder, der einmal plötzlich aus dem Stress heraus krank geworden ist, kennt dieses Gefühl der Sinnlosigkeit und Leere, weil man plötzlich zum Stillstand verurteilt ist. Die Vorteile des Hamsterrads überwiegen: Die Illusion von Vorankommen bei gleichzeitiger Sicherheit. Immer nur laufen. Verlaufen unmöglich.

Dietrich Bonhoeffer hat davon gesprochen, dass man dem Rad in die Speichen fallen müsse. Er hat das in Bezug auf die Katastrophe des „Dritten Reiches“ geäußert. Zuerst haben wir es aber wohl nötig, dass Gott uns in die Speichen fällt und das Hamsterrad zum Stillstand bringt. Denn vorher kann er uns nicht in eine andere Richtung lenken. Abspringen! Lenkfähig werden für neue Wege – im Vertrauen darauf, dass Gott auf diesen Wegen dabei ist, auch wenn es – wie bei den Jüngern – nicht immer einfache Wege waren! Hamsterräder sind keine Erfindung Gottes.

Ihr steht frühmorgens auf und gönnt euch erst spät am Abend Ruhe, um das sauer verdiente Brot zu essen. Doch ohne Gottes Segen ist alles umsonst! Denn Gott gibt denen, die ihn lieben, alles Nötige im Schlaf! PSALM 127,2

Wir haben „24/7 Gebet" in der Gemeinde. „24/7" ist eine weltweite Gebetsbewegung, in der wunderschöne Gebetsräume gestaltet werden und dann, innerhalb einer Woche, rund um die Uhr Menschen jeweils eine oder zwei Stunden Gebet in diesem Raum „buchen". Letzte Woche war es wieder so weit. Ich war um acht Uhr dran, für zwei Stunden, und ich freute mich auf diese Zeit! Wie würde der Raum diesmal aussehen? Welche Gebetsstationen würde es geben? Ich löste die Beterin vor mir ab und ging in den Raum: zuerst in die Ruheecke, in einen gemütlichen kleinen Sessel, um von dort den Raum zu betrachten. Als ich mich hinsetzte, wurde mir schwindelig. Ich war einfach müde. Erschöpft schloss ich die Augen. Schreckte auf! Ich sollte doch in diesem Raum beten! Die Zeit nutzen und „effektiv" sein. Doch so sehr ich mich bemühte – ich kam nicht an. Plötzlich erinnerte ich mich an einen Satz des amerikanischen Autors John Ortberg, der sinngemäß lautet: „Manchmal ist das Geistlichste, was man tun kann, einfach zu schlafen." Und Gott schien mir zu sagen: „Genau, Christof. Mach das." So döste ich kurz ein ...

Wir schlafen heute im Schnitt eine Stunde weniger als die Menschen vor 100 Jahren. Wenn dann noch schlechter Schlaf dazukommt, lässt die Kraft nach; die Reizbarkeit, aber auch die Fehlerhaftigkeit nimmt zu. Wir können nicht so kreativ sein und nehmen manches nicht mehr sensibel wahr. Genügend Schlaf ist wichtig. Sogar wichtiger als „Stille Zeit" – von einzelnen Momenten abgesehen, in denen uns Gott zu wachen auffordert. Denn wenn wir ausgeruht sind, sind wir sensibler und aufnahmefähiger für das, was Gott uns schenken möchte.

JULI **15**

Jedes Ereignis, alles auf der Welt hat seine Zeit: Geborenwerden und Sterben, Pflanzen und Ausreißen (...)
PREDIGER 3,1+2

Johanna Basford ist ein Phänomen. Sie ist 32 Jahre alt, kommt aus Schottland und ist nun vermutlich Millionärin. Warum? Sie hat Malbücher erfunden. Nein – nicht die für Kinder. Für Erwachsene! Kleine, filigrane Illustrationen meist romantischer Art: Pflanzen, Landschaften, Ornamente. Überarbeitete, hektische Manager entdecken plötzlich, wie gut es tut, diese feinen Strukturen auszumalen und dabei zur Ruhe zu kommen. In einem Interview mit der Zeitschrift „Stern" spricht sie von ähnlichen Effekten wie bei Meditation. Nun – wenn man Meditation als Selbstbeschäftigung betrachtet ohne Gegenüber, mag das zutreffen, ich würde das Phänomen Erwachsenenmalbücher eher anders deuten ...

Wir sind fragmentiert und leben parallel – so ist der Alltag außerhalb einsamer Dörfer zumindest gestaltet. Mir hat einmal ein Neu-Berliner gesagt, dass er allein von der Hektik und Komplexität dieser großen Stadt abends erschöpft sei, dazu noch der Job als Ingenieur. Was macht nun ein Malbuch? Es fokussiert. Das konzentrierte Malen sammelt wieder ein, was zerstreut war, und nimmt Lebenstempo heraus. Es funktioniert wie eine Gangschaltung, mit der man langsam wieder herunterschalten kann nach hektischem Tagewerk. Vom „Alles gleichzeitig tun wollen und das schnell" – hin zu EINER Sache und die dann gründlich. Das tut gut! Dazu Bilder, die das Herz ansprechen, und die Arbeit mit Farben, die unsere Kreativität anregen. Eine wirklich gute Sache.

Ich sehne mich danach, das zusammen mit Gott zu machen. Fokussiert sein, nicht alles gleichzeitig machen müssen und dabei mit dem Heiligen Geist zusammen das Malbuch unseres Lebens ausmalen, das der Vater bereits kennt und sogar einige orientierende Striche vorgezeichnet hat.

Wenn dann jemand zu euch sagt: „Seht, hier ist der Messias!“ oder: „Seht, er ist dort!“, so glaubt es nicht. Denn mancher falsche Messias und mancher falsche Prophet wird auftreten und große Zeichen und Wunder vollbringen, um, wenn möglich, sogar die Auserwählten irrezuführen. MATTHÄUS 24,23+24

Phishingmails. Manchmal sind sie so unbeholfen und schlecht in Sprache und Optik, dass man eigentlich nicht darauf reinfallen KANN, was nicht alle davon abhält, es dennoch zu tun. Manchmal sind diese Mails aber auch täuschend echt! Da schreibt z. B. eine Bank, dass man seine Daten erneut eingeben muss, weil ein unbefugter Zugriff aufs Konto erfolgt sei. Alles stimmt: Anrede, Grafik, alles. Aber der Anhang ist verdächtig. Und: Eine Bank würde nie auf diesem Weg zur Eingabe persönlicher und vertraulicher Daten auffordern! Deswegen an dieser Stelle ganz praktisch die Warnung: Nie auf solche Mails eingehen!

Gedankensprung: Manche Christen machen sich viele Gedanken über den Antichristen. Wer ist das und was macht er alles Böses? „Anti“ heißt aber im Griechischen nicht „gegen“, sondern „anstelle von“! Das Böse ist also deswegen so gefährlich, weil es das Gute nachäfft, und zwar täuschend echt. Es ist eben NICHT leicht erkennbar. Sogar Zeichen und Wunder geschehen und gute, große Reden werden geschwungen. All das wirkt echt, aber es ist nicht echt. Der Antichrist und antichristliches Wirken in unserem Leben sind wie eine Phishingmail in unserem Mailprogramm. Täuschend echt, aber gefälscht. Die Absicht ist falsch! Das Ziel ist ein anderes! Das Herz dahinter ist ein anderes! Das zu spüren bei all den Stimmen in unserem Leben, die uns zuraunen: So sollst du es machen, so ist es richtig – das gelingt nur durch den Heiligen Geist und ein Leben nah am Herzen Jesus. Dann werden wir manche Wunder sehen, Worte hören (auch aus unserem eigenen Herzen) und wissen: falsches Herz.

JULI **17**

Noah aber fand Gnade in den Augen des Herrn.

1. MOSE 6,8

Gnade. An dieser Stelle taucht der Begriff zum ersten Mal in der Bibel auf. Das fasziniert mich. Wenn Dinge zum ersten Mal auftauchen, sind sie besonders wichtig. Da werden erste Pflöcke eingeschlagen zum Verständnis eines Wortes. Nun ist das hier auch so – aber mit Einschränkungen. Denn inhaltlich unterscheidet sich diese Gnade natürlich von der viel weiter entwickelten Gnade des Neuen Bundes. Das ist auch kein Wunder. Der Wahrheitsbegriff entwickelt sich im jüdischen Denken, er ist nicht statisch, immer gleichbleibend, wie im westlichen Denken. Deswegen entfaltet sich auch unser Gottesbild im Laufe der Jahrtausende, die von der Bibel abgedeckt werden, immer weiter und mündet als Höhepunkt in Jesus Christus und wird dort vollendet. Gnade ist bei Noah zuerst ein moralischer Begriff. Die Welt war verderbt – er war rechtschaffen. Aber schon hier deutet sich die Gnade Jesus Christi an: Noah wandelte mit Gott. Er vertraute Gott und fragte nach ihm! Großartig, dieser frühe, zarte Klang der Gnade – so lange vor der Geburt des Messias.

Ich entdecke in diesem kurzen Vers den Fährtenleger Gott. Er deutet Dinge an und entfaltet sie. So wie eine Raupe den Schmetterling andeutet, eine Knospe die Blüte, so entfaltet Gott das Wissen über ihn. Und auch heute entfaltet sich dieses Wissen und unser Verständnis weiter. Nicht im Widerspruch zur Bibel, sondern geleitet vom Heiligen Geist als Auslegung und Aktualisierung. Gott ist immer der Gleiche. Aber er liebt es, unser Bild von ihm weiterzuentwickeln und zu weiten. Damit wir immer neu in der jeweilig aktuellen Gesellschaft leben und Salz und Licht sein können. Ich staune über diese Weitsicht Gottes. Ich möchte ihn heute neu und weiterentdecken.

Noah aber fand Gnade in den Augen des Herrn.
1. MOSE 6,8

Noch einmal Noah. Noch einmal Gnade. Diesmal wird es aber konkret. Wir haben gestern einen frühen Vorgeschmack bekommen auf die Gnade, wie sie mit liebevoller Kraft von Jesus Christus gebracht und von dem Apostel Paulus theologisch entfaltet wird. Aber was sagt der Vers inhaltlich? Wie – inhaltlich? Die paar Worte? Doch Achtung! Namen sind heute vielleicht Schall und Rauch, in der damaligen Zeit hatten Namen Bedeutung. Wir beten nicht umsonst „im Namen" Jesus. Das tun wir, biblisch verstanden, nicht, indem wir diese Floskel an ein Gebet hinten dranhängen, sondern indem wir in seinem Wesen, in seinem Charakter, in seinem Sinne beten. Das setzt Beziehung voraus. Wissen um sein Herz! Bei Noah ist es nicht anders. Was bedeutet der hebräische Name Noah auf Deutsch? Etwas Überraschendes: Ruhe.

„Ruhe" aber fand Gnade in den Augen des Herrn. Nun kann man eine solche Auslegung auch leicht überspannen – aber Zufall ist das in meinen Augen auch nicht! Noah musste auch wahrlich Ruhe bewahren! Inmitten einer gottlosen Zeit im Auftrag Gottes ein Riesenschiff auf dem Trockenen zu bauen, vermutlich unter dem Gespött der Menschen – da sollte man in sich und vor allem in Gott ruhen. In der Ruhe finden und empfangen wir Gnade. Ruhe ist vermutlich eine der subversivsten Tätigkeiten in unserer schnellen Zeit: gegen den Strich des Leistungsdenkens gebürstet. Gerade deswegen empfangen wir in der Ruhe vor Gott: Gnade. Seine Gegenwart um seiner und unserer selbst willen. Und auch deswegen ist es eine effektive Strategie des Gegners, uns die Ruhe nehmen zu wollen. Der Schreiber des Hebräerbriefs wird später dazu auffordern, diese Ruhe mehr als alles andere zu suchen. So soll es sein!

JULI **19**

Beutet die Fremden nicht aus, die bei euch leben. Ihr wisst doch, wie es einem Fremden zumute ist, weil ihr selbst in Ägypten als Fremde gelebt habt. 2. MOSE 23,9

Ein Bekannter von mir ist in der DDR aufgewachsen. Wir sitzen in einem Café und fachsimpeln über „Pegida“ und die deutschen Probleme mit den Migranten. Gerade im Osten. Er erzählt mir von einer Erfahrung, die für ihn ein Augenöffner war. Noch zu DDR-Zeiten musste er beruflich in die BRD reisen. Zum ersten Mal die fremde Republik. Er stieg also am Frankfurter Hauptbahnhof aus und verließ den Bahnhof zu Fuß Richtung Hotel. Stieg hinab in eine Straßen-Unterführung, in der es wegen der späten Uhrzeit recht leer geworden war. Ein türkischer oder griechischer Gemüsehändler rief laut etwas in seiner Muttersprache. Eine Frau fegte die Unterführung und rief zurück. Ansonsten niemand. Diese Szenerie mit den lauten fremden Tönen und Leuten war für ihn so ungewohnt und unheimlich, dass er die Unterführung direkt wieder verließ und sich einen anderen Weg suchte. Was man nicht kennt, das wirkt bedrohlich. Setze einen Menschen aus dem brasilianischen Urwald (falls es solche noch gibt) zum ersten Mal in ein Auto und fahre Tempo 100 – er wird schockiert sein und dieses „Objekt“ sehr misstrauisch (im besten Fall) beäugen.

Die Bibel geht ganz selbstverständlich davon aus, dass wir Fremde im Land haben. Von Obergrenzen ist da keine Rede. Im Gegenteil: Die Israeliten wurden ihrerseits aufgefordert, sich als Fremde im Exil zu vermehren und dem Land zu dienen. Andersherum sollen die Israeliten die Migranten auf Augenhöhe behandeln. Was man nicht kennt, macht Angst. Lernen wir die Menschen, die bei uns Schutz suchen, kennen. Behandeln wir sie, wie Jesus sie behandeln würde. Sie dürfen hier leben und sich entfalten. Das wäre das beste Zeugnis des Glaubens.

(...) Wenn dein Auge durch Neid oder Habgier getrübt ist, ist deine ganze Erscheinung finster. – Wie groß muss diese Finsternis sein, wenn statt des Lichtes in dir nur Dunkelheit ist! MATTHÄUS 6,23

Dieses Bürschchen da drüben! Baseballkappe auf, gerade mal 21 Jahre alt und schon einen dicken BMW unter dem Hintern! Einen Wagen, den ich mir vermutlich nie werde leisten können (und wenn ich ehrlich bin, auch nicht wollen, aber das blende ich in solchen Momenten aus). Was kann der denn schon arbeiten, dass der so was haben darf? Ungerecht ist das. Grrrrrr ...

Neid verdunkelt das Herz. Wörtlich steht hier in diesem Vers: wenn dein Auge böse ist. Das böse Auge, der böse Blick – der ist eng verbunden mit Neid und im Alten Testament fast synonym. Kaum etwas hat so schnell und so tief greifend die Fähigkeit, die Seele zu verdunkeln, wie Neid. Auf das, was andere besitzen, haben, erleben, können, sind – und man selbst nicht. Jeder kennt ihn; unsere Gesellschaft baut auch darauf auf. Nur wer neidisch ist, will mehr, und wer mehr will, konsumiert.

Dabei basiert Neid auf einem großen Missverständnis. Es lautet: Es gibt eine gerechte, paradiesische Welt, die manche Menschen mehr, schneller, früher erreichen als ich. Und was diese Welt ausmacht, das ist ein Bild in meinem Kopf: Harmonie. Wohlstand. Gesundheit. Glück. Alles kann dazu beitragen. Das Problem: Diese Welt gibt es nicht! Diese Welt ist krumm und schief durch die Sünde. Selbst mein Neid macht diese Welt ein Stück dunkler. Denn er sieht das Beneidenswerte – aber sieht nicht die Gesamtgeschichte eines Menschen. Da mag gerade Erfolg sein – was war da vorher und was ist da weiter an Schmerz? Keiner kommt glatt durch diese ungerechte Welt. Neid will das glauben und verdunkelt das Herz gegenüber dem Leben, meinem Mitmenschen und Gott. Denn Neid tötet Dankbarkeit für das, was ist. Lassen wir Neid nicht zu!

Jesus nahm die zwölf beiseite und sagte zu ihnen: „Wir gehen jetzt nach Jerusalem hinauf. Dort wird sich alles erfüllen, was bei den Propheten über den Menschensohn steht." LUKAS 18,31

Als Kind habe ich den Neujahrsmorgen geliebt. Ja, ich weiß, wir haben mitten im Sommer, aber der Gedanke passt trotzdem hierhin. Was habe ich zusammen mit einem Freund an diesem Morgen gemacht? Ich bin durch die Straßen gestreift, durch die feuchten, traurig aussehenden Überreste der Böller und Raketen watend. Auf der Suche nach – Raketen und Böllern, die nicht gezündet hatten und nun darauf warteten, von zwei Kindern ihrer Bestimmung zugeführt zu werden! Gelungen ist das selten, denn sie waren halt feucht. Aber ab und an hat es dann zu unserem Entzücken gekracht und gefunkt!

Alte, nicht gezündete Raketen zu suchen, um sie anzuzünden – eine mühsame Sache! Einer geglückten Zündung stehen haufenweise mühsame Versuche, mit klammen, kalten Fingern bereits verbrauchte Feuerwerkskörper zu entzünden, gegenüber. Mich erinnert das an die Vorgehensweise, wie wir Menschen, genauer: wie ich manchmal versuche, im Leben zurechtzukommen. In Krisen, schwierigen Situationen oder auch ganz alltäglich wird auf die altbekannten Lösungsmodelle und Lebenskonzepte zurückgegriffen. Wenn die nicht zünden, wird weitergesucht. Vielleicht funktioniert ja noch eins! Das Problem: Andere Ergebnisse erzielt man nicht mit denselben Grundannahmen und Wegen. Wenn die eigene Disziplin es nicht schafft, mich von einer schlechten Gewohnheit fernzuhalten, dann wird mehr Disziplin auch nicht funktionieren! Jesus macht es anders. Er lebt gegenwärtig. Er wusste nicht, wie lange er dienen sollte, wann seine Zeit gekommen war. Das sagte ihm sein Vater durch den Geist. Und prompt bog er ab. Neuer Weg. Neues Vorgehen. Das möchte ich mehr und mehr lernen.

Paulus und seine Begleiter zogen nun durch den Teil Phrygiens, der zur Provinz Galatien gehört. Eigentlich hatten sie vorgehabt, die Botschaft Gottes in der Provinz Asien zu verkünden, aber der Heilige Geist hatte sie daran gehindert. APOSTELGESCHICHTE 16,6

Manchmal kommen im Radio Reportagen, bei denen ich laut auflachen muss, manchmal bleibe ich staunend am Straßenrand stehen. Heute war so ein Tag. Da gibt es einen Geruchsdesigner, der mit seinen Mitarbeitern für Hunderte Firmen arbeitet. Was ist seine Aufgabe? Er entwickelt Gerüche, mit denen Autos, Pullover, Spülmaschinen – einfach alles – vor der Auslieferung versehen werden! Sozusagen: der Neugeruch. Der wird sorgfältig designed. Passend zur Markenidentität. Ein preiswerter Pullover sollte nicht nach britischem Tweed riechen. Ein Kleinwagen nicht nach edlen Materialien. Und wir? Wir fallen drauf rein. Das kann durchaus geschlechtsspezifisch sein! So brauchen Männer entsprechende Gerüche bei Neuwagen, Frauen sind diese (meist) egal, weil für sie ein Auto nicht die emotionale Bedeutung hat. Wie werden wir manipuliert! Ich muss lachen! Und doch ... zeigt dieses Vorgehen ja etwas, das Gott in uns angelegt hat: dass wir den „Geruch" von etwas Neuem erkennen. So wie wir auch den Geruch von Verdorbenem erkennen würden.

Paulus wird mehrfach vom Heiligen Geist gehindert, etwas zu tun oder durch eine bestimmte Gegend zu ziehen. Weil genau dieser Geist Griechenland im Blick hat. Und plötzlich öffnet sich der Blick auf Griechenland durch eine Vision und der Geist schenkt Paulus den verlockenden Duft des Neuanfangs. Ein neuer Kontinent! Wer sich dem Geist anvertraut, der wird diesen speziellen „Geruch" kennenlernen: Wenn etwas genau richtig ist, zur richtigen Zeit und nach Gottes Willen. Dieser „Geruch" darf und kann mehr und mehr Wegweiser im Alltag werden.

JULI **23**

Als die Israeliten bei Refidim lagerten, rückten die Amalekiter an, um Israel anzugreifen. 2. MOSE 17,8

Refidim – der erste Lagerort des Volkes Israel nach vierzig Jahren Wüstenwanderung. Endlich raus aus der Einöde! Endlich bewohntes Gebiet! Endlich nahe der Verheißung Gottes. Atmeten die Israeliten auf? Erleichtert? Glücklich? Wird alles gut? Von wegen! Zuerst murrt das Volk gegen Mose und Gott, weil es kein Wasser hat, dann kommt prompt der erste feindliche Überfall. Na, die Freude über das neue Land hatte ja nicht allzu lange angedauert.

Mich fasziniert an dieser Stelle die Passgenauigkeit dieser Erlebnisse auf mein, vielleicht auch auf dein Leben. Denn Refidim heißt übersetzt „Ort der Ruhe". Ich kenne genau diese Abläufe aus meinem Leben. Ich komme aus einer Wüstenzeit heraus in eine Zeit der Ruhe bei Gott. Die Wüste scheint vorbei. Doch dann geht es los. Die inneren Stimmen beginnen zu murren: Das soll jetzt diese Ruhe bei Gott sein? Seine Gegenwart? Toll! Ist das alles? So geht es weiter und weiter. Und dann beginnen die äußeren Angriffe auf die Ruhe bei Gott: Lärm. Störungen. Dringlichkeiten. „Ist dieses still bei Gott sein wirklich sinnvoll? Bringt es das? Ist Beten und aktiv sein nicht viel besser? Lass das doch ...".

Der Ort der Ruhe ist umkämpft. Dieser Ort ist seit dem Neuen Testament das Sein in Christus, in uns verborgen durch seinen Heiligen Geist, der in unserem Geist (nicht Verstand!) wohnt. Nichts wird so intensiv attackiert. Warum ist klar: Dieser Ort ist der Ausgangspunkt, der Weg und das Ziel allen geistlichen Lebens. Was lernen wir für diesen Kampf von den Israeliten? Sie weigern sich, den Ort zu verlassen, kämpfen und siegen. Mit dieser Beharrlichkeit dürfen und sollen wir daran festhalten und standhalten: Der Ort der Ruhe – ihn gebe ich niemals auf!

Es soll euch zuerst um Gottes Reich und Gottes Gerechtigkeit gehen, dann wird euch das Übrige alles dazugegeben. MATTHÄUS 6,33

Boah Schatz, ich bin so alle vom Tag! Ich hab echt 'ne Menge geschafft! Aber es reicht einfach nicht. Ich wollte, morgen wird es noch besser ... bringst du mir bitte was Leckeres vom Bäcker mit? Das habe ich jetzt verdient, oder? Ich glaube, ich gönn mir jetzt mal so richtig was ... Darf ich? Findest du mich eigentlich toll? Super? Schatz? Schaaahatz?"

Wenn ich ehrlich bin, könnte ich diese Parodie eines Ehedialogs ziemlich genau auf meine „normalen" Gebete übertragen. Um was geht es mir, wenn ich „einfach so" mal bete – und meine Worte und Gedanken nicht reflektiere? Es geht mir um drei Dinge: Was ich leiste oder leisten will und vielleicht nicht schaffe (Können, Leistung), was andere von mir denken (Konflikte, Ansehen) und was ich habe (Besitz, Geld, Versorgung). Können, Ansehen, Besitz. Diese drei. Immer wieder. Du auch?

Ist das nun falsch? Nein, Gott kann damit umgehen, nur: Glauben wir, dass Schatz in unserer fiktiven Szene ein solches Verhalten auf Dauer angenehm findet? Wohl nicht. Warum nicht? Es kommt ein Wörtchen allzu oft drin vor: Ich. Nicht gut für eine Ehe. Es soll vorkommen dürfen! Auch im Gebet! Aber es darf nicht das Zentrum werden, sonst verlieren wir die richtige Perspektive: Wir leben nicht mehr vom Himmel her, sondern von unseren irdischen Möglichkeiten. Das Ich wird aber dann reif, wenn es sich in Gott verliert. Das ist ein Paradox des Glaubens. Wer loslässt, empfängt. Wer immer nur ums Ich kreist, ist in einer kindlichen Entwicklungsstufe hängen geblieben und sucht. Sucht nach sich. Dann ist der erste Schritt, dieses Ich zu finden in Ihm – in Gott. Und es dann wieder loszulassen. Denn auf Dauer sind die drei o.g. Ich-Themen toxisch für unsere Beziehung zu Gott ...

JULI **25**

Da trat der Versucher an ihn heran und sagte: „Wenn du Gottes Sohn bist, dann befiehl, dass diese Steine hier zu Brot werden!" Aber Jesus gab ihm zur Antwort: „Es heißt in der Schrift: ‚Der Mensch lebt nicht nur von Brot, sondern von jedem Wort, das aus Gottes Mund kommt.'" MATTHÄUS 4,3+4

Tu, was du kannst! Lebe dein Potenzial! Alles steckt in dir! Es kommt auf dich an!" So vieles raunt mir in dieser Zeit diese Worte entgegen. Flexibel bleiben, dazulernen, dran-bleiben, machen, schaffen, vorankommen. In manchen christlichen Kreisen wird das sogar fromm gefärbt übernommen: „Gott schreibt mit dir Geschichte. Er braucht dich! Lebe deine Gaben, du bist entscheidend!" Meine Erfahrung ist: Gott schreibt mit mir nicht Geschichte, weil ICH es will und vorantreibe, sondern wenn ich loslasse und IHN dranlasse! Das ist auch ganz auf der Linie des Evangeliums: Denn beim ersten Ansatz kreise ich um mich – beim zweiten um IHN.

Hinter all dem Antreiben und „mehr, schneller, besser" steckt unser grundlegendes Gesellschaftsparadigma: das Leistungsdenken. Nun ist Leistung alles andere als schlecht und hat wunderbare Dinge hervorgebracht. Wie sehr dieses Denken allerdings zum Götzen geworden ist, spürt man aber erst dann, wenn Leistung nicht in dem Maße erbracht werden kann wie erwünscht oder erhofft. Auch so mancher Haupt- und Ehrenamtliche kann von dem nun kommenden ein Liedchen singen. Denn dann ist es schnell vorbei mit der Gnade – bringst du keine Leistung, bringst DU es nicht – bist du draußen! Das aber ist Götzendienst! Dann sind Schwache, Kranke, Behinderte, Alte, Kinder, Sensible – wer auch immer – auf Dauer entbehrlich, wenn Leistung unser Sein ausmacht. Das ist Denken aus der Hölle. Jesus enttarnt es hier. Und kontert schlicht: Der Mensch lebt von Gott und nicht von eigener Leistung. Ende der Ansage.

Daraufhin ging der Teufel mit ihm in die Heilige Stadt, stellte ihn auf einen Vorsprung des Tempeldaches und sagte: „Wenn du Gottes Sohn bist, dann stürz dich hinunter! Denn es heißt in der Schrift: ‚Er wird dir seine Engel schicken; sie werden dich auf ihren Händen tragen, damit du mit deinem Fuß nicht an einen Stein stößt.'" MATTHÄUS 4,5+6

Ich erinnere mich an eine Kindheitssituation, die irgendwie – trotz ihrer vermeintlichen Harmlosigkeit – in meinem Herzen Wunden gerissen hat. Ich war Kindergartenkind und hatte Filzpantoffeln der übelsten Sorte an. Ich konnte nicht mitspielen und alle zeigten mit dem Finger auf mich. Warum ich diese Pantoffeln anhatte? Keine Ahnung. Vielleicht war ich zu lahm beim Anziehen meiner richtigen Schuhe gewesen und die Pantoffeln dienten als erzieherische Maßnahme. Vielleicht gab es andere Gründe. Fakt ist: Diese Erinnerung ist eine der ersten meines Lebens, und sie tat weh. Die Frage dahinter: Was denken die anderen? Wie sehen sie mich? Bin ich angenommen? Noch heute erlebe ich es manchmal, dass ich wegen Lappalien denke: Nun lachen alle über mich und denken schlecht von mir. Und dann steigt die Scham in mir hoch und ich verkrieche mich. Wie damals. Gott sei Dank ist das selten geworden.

Was denken andere von mir? Wie ist mein Ansehen? Wie komme ich rüber? Diese Frage treibt viele um. Und so manche coole Fassade ist eben deswegen so cool und hart, damit diese Ängste nicht nach außen dringen. Jesus soll auch in diese Falle laufen. Geh ins Herz Jerusalem. Tempel. Und da auf die vorderste Kante des Daches – wow, da sehen dich alle! Und dann lass dich bewundern, indem du ein Wunder tust. Jesus lässt sich überhaupt nicht auf diese Denke ein! Er kontert: Mache ich nicht! Für so was spanne ich meinen Vater nicht ein. Ansehen? Habe ich vom Vater. Das ist Freiheit!

JULI

27

Schließlich ging der Teufel mit ihm auf einen sehr hohen Berg, zeigte ihm alle Reiche der Welt mit ihrer Herrlichkeit und sagte: „Das alles will ich dir geben, wenn du dich vor mir niederwirfst und mich anbetest." Darauf sagte Jesus zu ihm: „Weg mit dir, Satan! Denn es heißt in der Schrift: ‚Den Herrn, deinen Gott, sollst du anbeten; ihm allein sollst du dienen.'" MATTHÄUS 4,8-10

Teufel: „Hey Jesus schau! Diese ganze Welt kann dir gehören! Alle Täler und Höhen und die Menschen. Alles was du sehen kannst und alles drüber hinaus! Die ganze Herrlichkeit!"

Jesus: „Sag mal – ich glaube du spinnst! Erstens: Auch wenn es nicht so aussieht – und du wirst das schon bald merken –, mir gehört das längst schon alles! Du willst mir mein Eigentum schenken. Zweitens: Du bietest mir einen Kuchen an, ich aber habe vor ewigen Zeiten das Büfett geschaffen. Diese Welt, den Weltraum, alles ist durch mich gemacht. Verschwinde!"

Szenenwechsel.

Teufel: „Schau mal! Hör mit deinem frommen Kram auf und folge mir und den Regeln dieser Welt und ich mache dich reich und du bekommst alles, was du dir wünschst!"

Du: „Sag mal – ich glaube, du spinnst! Erstens: Auch wenn es nicht so aussieht – und du wirst das schon bald merken –, mir gehört das in Christus längst schon alles und ich darf eines Tages mit ihm regieren. Du willst mir also mein eigenes Erbe – was mir schon gehört – geben. Zweitens: Du bietest mir einen Kuchen an, ich aber habe das Büfett geschenkt bekommen: Den Geist der Auferstehung und den ganzen himmlischen Segen. Mehr geht nicht! Verschwinde!

Ich bin überzeugt, dass der, der etwas so Gutes in eurem Leben angefangen hat, dieses Werk auch weiterführen und bis zu jenem großen Tag zum Abschluss bringen wird, an dem Jesus Christus wiederkommt. PHILIPPER 1,6

Heute war ich mit den Kids Drachen steigen lassen. Kein klassischer Drachen, sondern ein Lenkdrachen, genau gesagt, ein Mattendrachen ohne Gestänge: Dreißig Meter. Zwei Leinen. Komplizierte Befestigung am reißfesten, aber hauchdünnen Stoff. Und die beiden Leinen waren hochgradig verknotet. Verwickelt, verdreht, durcheinander. Und das im Urlaub! Nach bereits fünf Minuten lief ich bedenklich rot an. Ich wollte doch diesen dämlichen Drachen zum Fliegen bringen! Und nicht eine halbe Stunde mit Entknoten und Entwirren zu tun haben! Ich begann, den Drachen persönlich zu nehmen. Ja! Nicht lachen! Aber da mein Sohn Ole (elf Jahre alt) meinem Tun interessiert zuschaute, blieb ich dran (Vorbild und so ... wobei die Flüche vorher ...). Eine knappe halbe Stunde später und gefühlte 300 Rotationen der Schnüre umeinander später waren sie frei, parallel und warteten auf die Erfüllung ihrer Aufgabe! Da schwebte er im starken Seewind. Herrlich! Wunderbar anzusehen! Majestätisch fast!

Auf dem Heimweg fiel mir auf, dass auch meine Lebensschnüre durch Versagen, Fehler, Schuld meiner Person und auch anderer Menschen an mir verwickelt, verdreht und verknotet waren und sind. Aber Gott kriegt sie auseinander. Er hört damit erst in der Ewigkeit auf. Aber er liebt es, schon zu unseren Lebzeiten ganz schön weit zu kommen. Denn auch wenn da noch ein paar Verdrehungen sind: Fliegen kann der Drachen bereits. Weil Gott ihn hält und lenkt! Ist dieses Entwirren angenehm? Nein. Es dauert und tut manchmal weh. Aber es hat ein Ziel: Fliegen. Und wir werden es erreichen, wenn wir ihn machen lassen.

JULI **29**

Bleibt in mir, und ich werde in euch bleiben. Eine Rebe kann nicht aus sich selbst heraus Frucht hervorbringen; sie muss am Weinstock bleiben. Genauso wenig könnt ihr Frucht hervorbringen, wenn ihr nicht in mir bleibt. JOHANNES 15,4

Was für eine abstruse Szene! Oben am Kopf der Holztreppe, die auf den Strand führt, steht ein schwer adipöser Mensch und brüllt gegen den Wind seinem Hund etwas zu. Hund tollt am Wasserrand herum, also mindestens 100 Meter von seinem Menschen entfernt, und schlabbert zwischendurch Wasser aus dem Meer. Mensch brüllt von der Düne: „Theo, nicht Salzwasser trinken! Theo, NICHT!" Der Hinweis ist verständlich, denn Salzwasser trinkende Hunde mutieren wenige Stunden zu Wesen, die eruptiv Flüssigkeit aus allen Körperöffnungen strömen lassen. Nur: Aus 100 Meter Entfernung dem Hund etwas zuzurufen, dass dieser nicht begreifen KANN (es sei denn, es gäbe Hunde, die Salz- und Süßwasser intellektuell unterscheiden können) – nicht wirklich sinnvoll! Halb lachend trolle ich mich mit den Kindern .... und werde nachdenklich ...

Manchmal rutsche ich – und vielleicht auch du – in ein genauso abstruses Gottesbild, das ich dann aber eine Zeit lang glaube: Gott blafft mir von weit entfernt Befehle zu, deren Sinn ich nicht unbedingt begreife. Und da ich dagegen rebelliere, tolle ich, Gott ignorierend, am Wasserrand entlang und distanziere mich weiter von ihm – beziehungsweise von seinem Zerrbild. Denn es ist ja anders herum: Er ist in mir und ich in ihm. Er bringt in mir Gehorsam hervor, je mehr ich in diesem Bewusstsein lebe. So einfach? So einfach! Gehorsam ist Frucht eines Lebens „in Christus" – einen Begriff, den Paulus satte 216 Mal verwendet. Wenn dieser Weg der Gnade Gott so wichtig ist, sollten wir ihn gehen und den entfernten, blaffenden Gott radikal ablehnen. Es ist nie ER!

Lass dich nicht von den Leidenschaften fortreißen, die besonders junge Menschen in Gefahr bringen! Dein Ziel soll ein Leben sein, das von Gerechtigkeit, Glauben, Liebe und Frieden erfüllt ist. Verfolge dieses Ziel zusammen mit allen, die den Herrn aufrichtig und mit reinem Gewissen anbeten. 2. TIMOTHEUS 2,22

Wer denkt bei den „Leidenschaften, die junge Menschen in Gefahr bringen", nicht sofort an Sex? Das ist so ein christlicher Reflex, der wie eine Nebelkerze die eigentlichen Aussagen verhüllt. Denn in dem Text geht es eher um falsche Lehren, um Menschen, die andere verführen. Aber ich könnte hier auch ergänzen: Streben nach Erfolg, Macht, eigene Kraft. Da wir in einer Gesellschaft leben, in der in Würde reifen wollen nicht unbedingt hoch im Kurs steht, betrifft dieser Vers fast jeden. Was bringt dein Herz, dein Vertrauen auf Gott, in Gefahr? Was Paulus hier aufzeigt, fasziniert mich: Fliehe von etwas, fliehe zu etwas, fliehe zusammen mit anderen! Drei kurze Aufforderungen, die für mich Evangelium pur sind!

Wenn etwas nach deinem Herzen greift, das dir nicht guttut, dann steh auf und geh. Kämpfen ist manchmal auch dran – die erste Option jedoch ist: gehen. Ja, fliehen, wie es wörtlich heißt. Jemand versucht dich zu einem Weg zu leichtem Geld zu überreden? Sag klar „Nein" und geh. Dein Herz verlockt dich zu Tratsch und Lästern? Steh auf und geh kurz auf Toilette. Aber fliehe auch zu etwas. Da zieht etwas Positives: Der Traum Gottes für dein Leben. Mal ihn dir aus. Träum vom Frieden im Herzen, von innerer Freiheit. Du brauchst dieses positive Ziel! Und du schaffst es nicht allein. Suche dir Menschen, wo du von deinem „Weg-fliehen" und „Hin-Fliehen" erzählen kannst, die für dich beten und auch dir gegenüber offen sind. Dreifaches Fliehen = Freiheit.

JULI **31**

Er selbst aber, der Gott des Friedens, heilige euch durch und durch, und euer ganzes [Wesen], der Geist, die Seele und der Leib, möge untadelig bewahrt werden bei der Wiederkunft unseres Herrn Jesus Christus! Treu ist er, der euch beruft; er wird es auch tun. 1. THESSALONICHER 5,23-24

In der Seelsorge sitzt mir eine Frau gegenüber. Sie erzählt von missbräuchlichen Erfahrungen, die sie vor langer Zeit traumatisiert haben: sachlich, nüchtern, reflektiert. Sie scheint es verarbeitet zu haben. Ihr Leben gelingt. Meine Erfahrung lehrt mich etwas anderes: Gottes Gnade hat dieser Frau einen Mechanismus geschenkt, dass sie nach erlebter Hölle überleben konnte. Aber das verletzte Kind ist noch da! Und es ist in vielen Männern und Frauen. Es ist die logische Folge einer gefallenen, manchmal unsagbar grausamen Welt. Dieses Leben hat wohl jedem von uns seine Faust in die Magengrube gerammt und das Herz verletzt ...

Während die Frau mir weiter die Fakten erzählt, spüre ich, wie in mir Tränen und Wut hochsteigen. Ich kenne diesen Mechanismus und schildere ihn der Frau. Sie wird still. Ich frage sie, wo sie gerade etwas in sich spürt. Sie deutet auf einen Teil ihres Körpers und plötzlich brechen die Tränen aus ihr heraus. Ich begleite sie in die Gegenwart Jesu und sie erlebt, wie Jesus ihr verletztes Kind in den Arm nimmt und heilsam berührt. Es löst sich etwas. Frieden strömt in die Situation. Aber auch Kraft, Ehrlichkeit, Mut.

Gott meint uns ganz. Körper, Seele, Geist. Keine Abstufung. Er will uns „durch und durch" berühren und heilsam durchfluten. Dass ER uns heil und untadelig bewahren will als ganzes Wesen – das setzt voraus, dass da vorher Heilsames geschehen ist. Wer macht das? Nicht der Seelsorger. Nicht der Ratsuchende. Gott, der absolut treu ist, macht es: Vater, Sohn, Geist. Lass es zu und erlebe diese umfassende, zarte Liebe.

Wenn ihr zornig seid, dann versündigt euch nicht. Legt euren Zorn ab, bevor die Sonne untergeht. EPHESER 4,26

Eine faszinierende Reportage über die berühmten Marmorbrüche in Carrara in der Toskana: Hier wird schon lange der legendäre weiße Marmor abgebaut und verarbeitet. Eine hochgefährliche Arbeit. Noch immer stirbt jedes Jahr ein Arbeiter im Berg. Früher waren es weit mehr. Jedes Mal, wenn es einen erwischt hatte, wurde das Horn geblasen und im Tal fragten sich alle Frauen und Freundinnen der Arbeiter: Hat es meinen Mann erwischt? Noch immer gibt es in Carrara diesen Spruch: Wenn du abends Streit mit deinem Mann hattest, dann versöhne dich spätestens morgens vor der Arbeit mit ihm, damit er überlebt. Zufriedene und ausgeglichene Arbeiter überleben – abgelenkte, mit sich selbst beschäftigte sind gefährdeter.

Mich berührt diese Geschichte, weil sie die Macht des Zorns – und der Versöhnung und Klärung verdeutlicht. Wir sind von Gott her auf Liebe, Harmonie und Frieden angelegt. Das ist unsere paradiesische DNA. Durch die Loslösung von Gott leben wir in einer Welt, in der wir mir dieser DNA an Grenzen stoßen. Wie ein Fisch an der Luft, so ist der Mensch in der Sünde, im Streit, im Unfrieden. Und gleichzeitig erzeugt er ihn durch seine Gottlosigkeit. Aber unsere Sehnsucht erzählt die Geschichte des Paradieses. Wir wollen leben. In Harmonie und Frieden. Wo dieses nicht geschieht, raubt es uns Lebensenergie und -freude, Kreativität und Konzentration. Die Botschaft der Gnade kehrt diesen Trend um. Es wird wieder möglich, anders zu leben: hinzugehen und um Vergebung zu bitten. Sich selbst zurückzunehmen und zu fragen: Sag mir bitte, was habe ich Falsches gesagt? Zorn ist normal, ja gesund in einer gefallenen Welt – dauerhafter Groll als Ergebnis des Zorns kann töten. Schnell oder langsam.

AUGUST

2

Macht den bestmöglichen Gebrauch von eurer Zeit, gerade weil wir in einer schlimmen Zeit leben. EPHESER 5,16

Hast du eine To-do-Liste? Auf dem Smartphone, dem PC oder einfach als Blatt Papier mit einem Magnet am Kühlschrank befestigt? Fast jeder muss planen: Was habe ich noch zu erledigen, zu besorgen, wen anzurufen, anzuschreiben? Ansonsten vergisst man etwas. Zudem: Mich entlasten solche Listen auch immens! Sonst muss ich all diese Dinge im Kopf bewahren, darf sie nicht vergessen, muss damit jonglieren. Habe ich sie aufgeschrieben, entlastet sich mein Kopf und gewinnt Kraft und Raum für andere Dinge. Aber ... die Sache hat eine Kehrseite. Und die hat auch mit unserem Vers zu tun, der heute fast immer falsch verstanden wird. Denn was bedeutet „bestmöglich Zeit auskaufen“ – wie es in älteren Übersetzungen heißt? In unserer Leistungsgesellschaft, gewachsen auf dem Boden des Protestantismus (der Katholizismus ist da weniger anfällig), wird dieser Vers meist so verstanden: Schaffe was! Leg los! Mach viel! Power rein in deine Tage, was das Zeugs hält!

Das Problem ist: Das meint der Vers nicht. Es geht nicht um Quantität – sondern um Qualität und Inhalt. Mit was füllen wir unsere Tage und welche Qualität hat das? Vom jüdischen Denken her ist klar: Beziehungen sind wichtiger als tote Materie. Auch auf der Arbeit: Die soll gut erledigt werden, ja! Aber die Kollegen sind wichtiger! Ein guter Umgang, das Gebet für sie, das Interesse an ihnen. Dazu: die Beziehung, die dauerhafte Verbindung zu Gott in und über allem. In der Ewigkeit wird uns nicht die Software, das Werkstück, die Rechnung erwarten. Da erwarten uns andere Menschen und Gott selbst. Deswegen brauchen wir nicht nur eine To-do-Liste, sondern auch eine Not-to-do-Liste. Keine Hektik. Keine falschen Prioritäten. Kein Druck. Stattdessen diese Priorität: Gott, Mitmensch, ich selbst.

Nun ist ja der Geist, der in euch wohnt, der Geist dessen, der Jesus von den Toten auferweckt hat. Und weil Gott Christus von den Toten auferweckt hat, wird er auch euren sterblichen Körper durch seinen Geist lebendig machen, durch den Geist, der in euch wohnt. RÖMER 8,11

Ich feiere mit Gemeindeleuten in den Geburtstag eines Freundes hinein, als mir seine Frau eine kleine Geschichte erzählt und sich dabei vor Lachen biegt. Ostern hatte sie eine Freundin angerufen und zuerst gesagt: „Herzlichen Glückwunsch!“ Dann gestutzt. Und dann nachgeschoben: „Äh, nein, ich meinte frohe Weihnachten.“ In diesem Moment war es dann wohl vorbei mit einem ernsten Telefonat! Frohe Ostern, frohe Weihnachten und herzlichen Glückwunsch – ja was denn noch alles? Herrlich!

Doch wenn ich recht überlege gilt: Frohe Ostern, frohe Weihnachten und herzlichen Glückwunsch alles gleichzeitig, und zwar immer. Gott wird Mensch, Fleisch, erniedrigt sich selbst. Das feiern wir Weihnachten, und genau diese Fleischwerdung vollzieht sich ja bis heute Tag für Tag in seinen Kindern. Sein guter Geist wohnt ja in uns. Wir sind Tempel des Geistes. Wir tragen Gott durch diese Welt. Weihnachten – immer!

Und dieser Geist ist auch der Geist der Auferstehung Jesus. So kraftvoll und faszinierend! Er lebt in uns und verspricht uns nicht nur für die Zukunft die Auferstehung von den Toten (darum geht es hier in diesem Vers), sondern noch viel mehr: Die ganze Fülle Gottes wohnt durch den Geist in uns. Ostern ist immer! Jeden Tag neu auferstehen, Anlauf nehmen, Kraft tanken, leben!

Na, herzlichen Glückwunsch! Wenn man es zu solchen herrlichen Tatsachen nicht sagen kann – wozu sonst? Besser geht‘s nicht! Gottes „All-inclusive-Glaubensversorgung“! Ostern, Weihnachten, hurra! – mitten im Jahr, bei vielleicht 30 Grad!

Wenn euch also der Sohn Gottes befreit, dann seid ihr wirklich frei.

JOHANNES 8,36

Es war der 13. Januar 1968. Johnny Cash, der große Countrysänger, tritt in einem Gefängnis auf: Folsom Prison. Die Gefangenen rasten aus. Cash nimmt kein Blatt vor den Mund und lässt sich deutlich hörbar über die schlechten Bedingungen im Gefängnis aus, zum Beispiel die miserable Trinkwasserqualität. Bereits 1955 hatte Johnny Cash „Folsom Prison Blues“ aufgenommen, ein Musikstück, das die Gefühlswelt der Insassen und die Sehnsucht nach Freiheit poetisch beschreibt. Vielen Insassen war dieses Lied zum Trost und zum Ausdruck ihres Herzens geworden und sie baten Cash darum, auch in Gefängnissen aufzutreten. Genau das hat dieser dann auch mehrfach gemacht – zuletzt in Folsom Prison. Die Aufnahme dieses Konzerts bewegt bis heute und ist unter die TOP 100 der besten Aufnahmen der Weltgeschichte gewählt worden.

Jesus singt in der Bibel das Lied der Freiheit für die Gefangenen der Sünde, der Trennung von Gott. Wer dieses Lied zum Klingen bringt, der wird die Kraft dieser Worte bis heute bei denen spüren, die gefangen sind und sich im Lied der Freiheit wiederfinden, Menschen ohne Gott brauchen es genauso, wie betrübte Christen auf ihrem Weg. Jesus weckt die Sehnsucht in den Hungrigen, Zerschlagenen, Gebundenen. Aber er macht mehr: Er geht selbst ins Gefängnis und singt dort sein Lied. Zuerst in Israel und im Grenzgebiet Israels, dann in der Totenwelt bei denen, die bereits verstorben waren, und heute durch die, die ihm folgen und sein Lied weitersingen. Aber es bleibt nicht beim Singen, beim Widerspiegeln der Sehnsucht – es geschieht reale Befreiung! Die Mauern brechen zusammen. So bleibt es bis heute: Geh hin zu den Gefangenen! Sie hören es sonst nicht. Geh nah heran. Sing ihnen Jesus Lied. Lass IHN sein Werk tun. Und staune.

Ihnen sollt ihr diese Nachricht bringen: „Jetzt beginnt Gottes neue Welt!" Heilt Kranke, weckt Tote auf, macht Aussätzige gesund und treibt Dämonen aus! MATTHÄUS 10,7+8A

Ich bin mit einem Ehepaar in Aachen unterwegs und gehe auf den Aachener Dom zu. Was für ein tolles Gebäude – Weltkulturerbe. Muss man ja gesehen haben. Da spricht mich eine Frau an. Um die fünfzig Jahre alt, schüchtern, unauffällig. Ob wir für sie beten könnten. Sie wäre schon im Dom gewesen und hätte eine OP-Wunde, die sich nicht gut schließen würde. Sie wirkt verzweifelt. Ich frage sie nach ihrem Namen und sie nennt ihn: Ricarda. Auf offener Straße lege ich die Hände auf und spreche Heilung in ihr Leben hinein. Ich bete nicht um Heilung, denn dazu werden wir nicht aufgefordert – wir werden aufgefordert zu heilen! Ist sie gesund geworden? Das weiß ich nicht und ich muss es auch nicht wissen. Gott ordnet Heilung an, wir sprechen sie einem Menschen im Namen Jesus zu und überlassen Gott selbst die Restverantwortung. Tun wir das nicht, sind wir schnell dabei, ein Heilungssystem aufzurichten und Erklärungen zu finden, warum jemand nicht geheilt wird, was mit ihm oder ihr nicht stimmt oder mit unserem Gebet.

Wer Heilung in ein Leben hineinspricht, ist gehorsam gegenüber dem Auftrag Jesus. Die Vollmacht im und die Verantwortung nach dem Gebet trägt allein Gott. Wird ein Mensch nicht gesund, dann bleibt unsere Verantwortung, weiter Heilung zuzusprechen, aber auch die Person in Krankheit, Leiden und vielleicht sogar Tod zu begleiten. Beide Wege sind kein „Entweder-oder", sondern laufen parallel. Ich erlebe mich als viel zu zaghaft gegenüber diesem Auftrag. Angst bindet mich, etwas falsch zu machen oder zu erleben, dass „nichts passiert". Ich möchte mutiger gehorchen und „machen" – und dann loslassen, was passiert, in SEINE Hände.

AUGUST

6

Wenn ihr jedoch wie wilde Tiere aufeinander losgeht, einander beißt und zerfleischt, dann passt nur auf! Sonst werdet ihr am Ende noch einer vom anderen aufgefressen. GALATER 5,15

Ein Pastorenkollege schickt mir ein faszinierendes Bild zu, das er in einem amerikanischen Museum für Naturkunde entdeckt hat. Eine beklemmende Szenerie: zwei gewaltige Elche, die Geweihe im Kampf ineinander verkeilt. Normal, wenn Männer um ein Weibchen kämpfen. Doch diese beiden hatten sich dermaßen ineinander verkeilt, dass sie sich nicht mehr trennen konnten und schließlich beide starben. So hat man sie gefunden, ausgestopft und in das Museum gestellt. Was für ein tragisches, aber auch aussagekräftiges Bild für das, was Paulus hier ironisch beschreibt: Wenn wir die Freiheit in Christus nicht zur Liebe gebrauchen (Vers 13), sondern zum Durchsetzen egoistischer Wünsche, dann wird es nicht nur unangenehm, sondern auch gefährlich! Lebensgefährlich – zumindest geistlich.

Spricht sich Paulus damit gegen jede Form von Konflikt und Auseinandersetzung aus und plädiert für Wattebäuschchen? Absolut nicht – er selbst ist das beste Gegenbeispiel und hat keinen Konflikt gescheut, wenn es um die gute Sache des Evangeliums ging. Ihm geht es um das Herz hinter dem Konflikt. Wenn Freiheit bedeutet: Ich darf machen, was ich will, und alle müssen das akzeptieren, dann führt diese Haltung unweigerlich in die tödliche Sackgasse! Denn die Freiheit des einen endet eben an der Freiheit des anderen. Liebt keiner von beiden, wird gekämpft bis zur Erschöpfung. Die Freiheit, die Paulus meint, ist aber nicht nur Freiheit von etwas, sondern eben auch Freiheit zu etwas: nämlich zur Liebe und zur gegenseitigen Unterordnung. Hat Paulus recht, dann darf ein Konflikt stattfinden, kann aber gelöst werden. Lass dich befreien zur Liebe!

Jesus nahm weiter zu an Weisheit und wuchs zu einem jungen Mann heran. Gottes Gnade war mit ihm, und die Menschen hatten Freude an ihm. LUKAS 2,52

Ich bin mal wieder zwecks Rezepte auf chefkoch.de unterwegs. Ich koche sehr gerne, aber habe eben nicht in allen Bereichen Ahnung – also: schlaumachen. Diesmal geht es um die Papaya. Ein längerer Artikel und mittendrin eine Aussage, die mich stutzen lässt: „Manche Papayas reifen nach, andere altern nur." Ich halte inne und denke spontan: Das ist bei Menschen auch so! Es ist ein riesiger Unterschied zwischen Altern und Reifen. Zwischen Zunahme an Jahren und Zunahme an Weisheit. Erstes geschieht automatisch, Letzteres leider nicht und viel zu selten. Ich bedauere das sehr, dass wir so wenig weise Frauen, aber vor allem auch weise Männer haben. Diese scheinen mir noch seltener zu sein. An Jesus können wir lernen, dass Weisheit nicht erst im Alter beginnt, sondern früh angelegt wird. Weisheit und Reife scheinen ein Lebensstil zu sein – keine Frage des Alters! Was behindert Reifen und Weisheitgewinnen? Sicher eine Zeit, in der das Schnelle und die Masse zählt. Viele Erlebnisse, Gedanken, Impulse. Weisheit und Reife verlangen – ähnlich wie bei gutem Käse oder Wein – Ruhe, Geduld, Tiefe. Je früher wir damit anfangen, auch solche Zeiten bewusst zu suchen und nicht nur „hopplahopp" zu leben, desto besser. Aber was ist Reife und Weisheit? Weisheit ist nichts Philosophisches, sondern im biblischen Denken das Wissen, wie Gottes Weisung alltäglich anzuwenden ist. Gottes Weisung lediglich auswendig zu kennen, ist keine Reife und Weisheit. Zu wissen, welche wann zum Zuge kommen muss – das ist Weisheit und Lebenskunst! Ist Gottes Gnade mit uns (und das ist sie), hören wir auf den Heiligen Geist (der uns Weisheit lehrt), nehmen wir uns Zeit für Ruhe und Muße – und die Weisheit wird in uns wachsen.

AUGUST 8

Und er demütigte dich und ließ dich hungern und speiste dich mit dem Manna, das weder du noch deine Väter gekannt hatten, um dich erkennen zu lassen, dass *der Mensch nicht vom Brot allein lebt, sondern dass er von all dem lebt, was aus dem Mund des Herrn hervorgeht.* 5. MOSE 8,3

Lies täglich in der Bibel! Sie ist nicht das Kuchenstück für besondere Anlässe, sondern das Brot für jeden Tag! So ermahnt mich ein Artikel, und ich sinke mit schlechtem Gewissen zusammen. Begründet wird eine solche Aussage mit unserem heutigen Vers, den Jesus auch gegenüber dem Teufel in Matthäus 4,4 zitiert. Unzweifelhaft ist diese Deutung richtig. Aber sie ist auch nicht richtig. Die Bibel ist heilsam und wohltuend, eine aufbauende und verändernde Kraftquelle. Es lohnt sich, sie „aufzusaugen „und zu „kauen“. Erst durch die Worte der Bibel wissen wir vom Evangelium. Was für ein großartiges Buch! Und nicht nur dieses Andachtsbuch nimmt ja seine Inspiration immer zuerst von der Bibel. Aber ist das alles? Die Israeliten in der Wüstenzeit hatten keine Senfkorn-Bibel im Umhang, die sie zwischen zwei Bissen Manna studieren konnten. Zudem konnten längst nicht alle lesen – Kinder und Frauen sowieso nicht. Warum zitiert Jesus diesen Vers und was meint er? Er meint sicherlich auch – neben dem verschrifteten Reden Gottes – sein direktes Reden durch den Heiligen Geist. Wir brauchen diese alltägliche leise Stimme, die uns begleitet und immer wieder auf Jesus hinweist und uns neue Erkenntnisse aufschließt. Ohne Heiligen Geist keine Weisheit und auch keine fruchtbringende Bibellektüre! Aber er meint auch sich selbst. Später wird er sagen, dass er selbst das Brot des Lebens ist und von Gott her kommt. Wir leben zuerst aus ihm: aus dem Reden seines Geistes. Aus den Worten der Bibel. Aus prophetischen Zusagen von Geschwistern. Nutze diese Nahrungsquellen!

***Und er demütigte dich und ließ dich hungern und speiste dich mit dem Manna, das weder du noch deine Väter gekannt hatten, um dich erkennen zu lassen,* dass der Mensch nicht vom Brot allein lebt, sondern dass er von all dem lebt, was aus dem Mund des Herrn hervorgeht.** 5. MOSE 8,3

Auf den ersten Blick ein grausamer Vers. Was ist das für ein sadistischer Gott, der sein Volk hungern lässt, es demütigt und dann mit seltsamen unbekannten, essbaren Krümeln speist? Seien wir ehrlich: Vierzig Jahre lang dasselbe seltsame Essen? Nicht mal, wenn es Pizza gäbe, würde ich das aushalten. Vierzig Jahre in der Wüste – die in einem Bruchteil davon zu durchwandern ist! Was ist das für ein Gott? Der dasselbe später noch mit seinem Sohn macht: Vierzig Tage lang NICHTS essen!

Doch schauen wir genauer hin und zuerst ehrlich in unser Leben. Wir durchleben ja auch Wüstenzeiten. Wüstenzeiten werden dabei nicht immer von Gott verursacht, aber sie können immer von ihm genutzt werden, um ihm näher zu kommen! Wie sich ein Geliebter von seiner Verehrten zurückzieht, damit diese mehr Sehnsucht entwickelt, so entzieht sich Gott uns manchmal und schickt uns so in eine geistliche Wüste. Wo ist Gott? Lass deine Sehnsucht nach ihm wachsen – er lässt sich finden.

In anderen Wüstenzeiten lernen wir wie das Volk Israel, Dinge loszulassen, die uns daran hindern, ganz aus Gottes Hand zu leben. Stolz, Kontrolle, Stärke. Deswegen kann später das Neue Testament sagen, dass solche Prüfungen eine freudige Angelegenheit für uns sind – geistlich bewertet. Denn sie können der herrlichen Vertiefung der Liebesbeziehung zum Vater dienen. Können? Ja – denn auch hier zwingt Gott nicht. Wir werden so lange in der Wüste bleiben, bis wir gelernt haben. Oder die Wüste für normal halten. Lassen wir es nicht so weit kommen. Sehnen wir uns nach dem Vater und lassen los, was uns die Wüstenzeit loslassen lehrt …

AUGUST

10

Ebenso füllt niemand jungen, gärenden Wein in alte, brüchige Schläuche. Sonst platzen sie, der Wein läuft aus, und die Schläuche sind unbrauchbar. Nein, jungen Wein füllt man in neue Schläuche! Nur so bleibt beides erhalten. MATTHÄUS 9,17

Gerade gekauft: ein aufblasbares Badetier, genau gesagt, ein Seehund. Groß und sogar zum Daraufliegen, aus dem Angebot beim Discounter. Doch so groß sieht er gar nicht aus, der Seehund. Vakuumiert in einer engen Verpackung und somit sehr handlich kommt er daher, und das freut das Urlaubsgepäck. Passt. Einige Wochen später ist der Seehund schwimmfähig geworden – und groß. Er hat die Nordsee kennengelernt und soll nun wieder bis zum nächsten Schwimmen schön handlich gefaltet in seine Schlafverpackung. Doch Pustekuchen! Alles „Entlüften“ und Falten hilft nichts: Die alte Hülle ist zu klein. Halb reingestopft, halb heraushängend, wird diese schließlich entnervt auf die Koffer geworfen.

Was sich einmal entfaltet hat, passt meist nicht mehr in die alte Verpackung. Diese Weisheit trifft nicht nur auf Badetiere zu, sondern auch auf Menschen. Wer sich entfaltet, wächst, reift – der muss auch seine Verpackung anpassen, sonst wird es eng und reißt irgendwann. Seien es Gewohnheiten und Rituale, Denkweisen und alte Schubladen, die das Leben schön sauber strukturiert haben: Plötzlich passen sie nicht mehr! Oder: Da entdeckt einer die große Gnade Gottes für sich und stößt mit diesem Thema in seiner Kirchengemeinde auf Widerstand. Was tun? Kämpfen! Ja, aber wie lange? Dann ist es irgendwann vielleicht sogar dran, sich eine neue Heimat zu suchen. Reibung ist für beide Seiten gut und wichtig – aber wenn die Spannung nur noch verletzt, sind getrennte Wege vielleicht dran. Hab Mut zur Entfaltung zur Reife – und Mut zur neuen Verpackung!

Denn so [sehr] hat Gott die Welt geliebt, dass er seinen eingeborenen Sohn gab, damit jeder, der an ihn glaubt, nicht verlorengeht, sondern ewiges Leben hat. JOHANNES 3,16

Fragte man mich nach dem ersten und wichtigsten Vers zum Thema Liebe in der Bibel, dann wäre es dieser. Wenn wir uns mit Liebe beschäftigen und mit der Frage, wie wir mehr lieben können – gerade auch die nicht ganz so netten Zeitgenossen –, dann muss das Nachdenken darüber an dieser Stelle beginnen. Die frühe Christenheit hatte dafür den Begriff „teneo teneor“: „Ich halte, weil ich gehalten werde.“ Wir lieben, weil wir Geliebte sind. Deswegen ist es so wichtig, diese Liebe mit allen Facetten zu inhalieren – nur so können wir gottgemäß lieben.

Liebe denkt nicht zuerst an sich selbst. Gott könnte mit sich und seiner kleinen Privatgemeinschaft der Dreieinigkeit und den Engeln zufrieden sein. Aber er ist es nicht. Er will dich in seiner Nähe! Liebe schaut auch nicht danach, dass man dem anderen etwas Gutes tut, um davon zu profitieren – das wäre ein verkappter Egoismus, getarnt als Liebe. Liebe denkt vom anderen her und vergisst sich selbst.

Diese Liebe ist opferbereit. Gott opfert alles, um einen Menschen liebevoll in seine Nähe zu ziehen: dich! Ja, hier steht: Welt. Aber mir geht es jetzt um dich. Denn wenn Gott auch die Welt meint, so meint er sie als Ansammlung von einzelnen wunderbaren, aber von ihm getrennten Geschöpfen. Seine Liebe opfert alles für dich!

Liebe ist aber auch ein Verb. Wir denken bei Liebe an ein Gefühl. Das Gefühl steht aber der Liebe, wie Gott sie meint, im Weg. Seine Liebe, die wir anzapfen dürfen, handelt. Wird aktiv. Ohne Ansehen der Person. Unabhängig vom Wert des Gegenübers. Spüre dieser Liebe nach – und leite sie weiter.

AUGUST

12

Denn so [sehr] hat Gott die Welt geliebt, dass er seinen eingeborenen Sohn gab, damit jeder, der an ihn glaubt, nicht verlorengeht, sondern ewiges Leben hat. JOHANNES 3,16

Ich habe bei meinem Sohn alle Hoffnung verloren. Ich weiß noch, wie er ein halbes Jahr eifrig zur Jugend unserer Gemeinde gegangen ist, aber es hat ihn nicht dauerhaft geprägt. Jetzt zählen nur noch Geld und Karriere. An Gott denkt er nicht mehr. Ich habe irgendwie aufgegeben."

„Meine Mutter – sie wird nun 83. Sie wird nicht mehr lange leben. Das macht mich unheimlich traurig, weil sie Jesus ablehnt. Werde ich sie im Himmel wiedersehen?"

„Diese Vergewaltiger und Schlächter in diesem Krieg in Afrika! Sie werden in der Hölle schmoren! Das haben sie verdient! Gottes Gerechtigkeit wird siegen! Und auch diese linken und rechten Fanatiker hierzulande! Sie fragen nicht nach Jesus – sie haben das Gericht verdient!"

Normale menschliche Trauer, normales menschliches Gerechtigkeitsempfinden. Böses wird bestraft, wer nett ist und nach Jesus fragt, der wird gerettet. Das Problem ist: So ist es keine gute Nachricht. Oder höchstens für unser sehr menschliches Empfinden, das sich bestätigt fühlen darf. Aber: Gott hat die GANZE Welt geliebt. Hat seinen Sohn für ALLE gegeben. Hat die GANZE Welt mit sich versöhnt. Das ändert nichts an der Konsequenz für ein Leben ohne ein Annehmen dieser Versöhnung – aber die Versöhnung findet nicht erst statt, wenn ein Mensch sie annimmt, sondern sie ist real. Für jeden! Den Schlächter, den Nazi, die hoffnungslose Mama, den materialistischen Sohn. Dieser Fakt soll UNSERE Haltung verändern! Niemand ist aufgrund seines „Nett-Seins" näher am Glauben! Alle sind versöhnt. Alle erfahren Befreiung, wenn sie die Hand Gottes ergreifen. Die Liebe Gottes wirkt unabhängig vom „Wert" eines Menschen. Wie gut! Auch für mich.

Das alles sage ich euch, damit meine Freude euch ganz erfüllt und eure Freude dadurch vollkommen wird. JOHANNES 15,11

Ich erinnere mich noch genau: In der Studenten-WG, in der ich während meines Informatik-Studiums lebte, war ein junger Mann aus den USA zu Gast. Er strahlte und lächelte immer! Das war seine „amerikanische“ Prägung. Ich schlurfte eines Morgens schlaftrunken an ihm vorbei auf die Toilette, und er strahlte mich unverschämt gut gelaunt an: „Hey! Wie geht es dir?“ Ich blieb stehen und erwiderte lapidar: Besch... – denn das entsprach in dieser Lebensphase der Wahrheit. Das Lächeln im Gesicht meines Gegenübers erstarrte. Das war er nicht gewohnt. Seiner angelernten Mentalität nach war man einfach gut drauf!

Nun geht es mir nicht um Bewertung der amerikanischen Lebenshaltung, die sicher auch gegenüber der manchmal sauertöpfischen deutschen Vorteile hat. Mir ist hängen geblieben: Ich will authentisch sein, wenn es geht. Im Beruf geht das nicht immer – aber privat zumindest. Ich will nicht nur die Freuden, die von außen kommen, aber sehr schwankend sein können, ich will eine innere Freude, die auch hält, wenn es schwer wird im Leben. Jesus verspricht eine solche Freude. Ja, sie soll uns ganz erfüllen, sogar vollkommen sein! Wenn ich mein Leben anschaue, dann strebe ich dem noch nach. Ich kenne diese Freude weder vollkommen noch erfüllend, bzw. ich kenne sie nur temporär. Aber Stopp! Ist mein Streben vielleicht schon der falsche Weg? In den Versen davor wird die Grundlage für diese Freude gelegt: Es sind die Verse vom Weinstock und den Reben. Wir sind Reben und bringen von selbst (das heißt: dadurch, dass wir mit dem Weinstock verbunden sind) Frucht. Mit Leichtigkeit. Freude ist auch eine Frucht und somit hervorgebracht vom Weinstock. Freude scheint also keine Mühe zu sein, sondern das Ergebnis eines Lebens, das loslässt in seine Kraft, seine Pflege, seine Versorgung als Weinstock. Wie befreiend!

AUGUST

14

Und so lautet mein Gebot: Liebt einander, wie ich euch geliebt habe. JOHANNES 15,12

Es war Herbst, und am Baum hingen noch einige Äpfel. Die waren von Wespen und Vögeln angefressen und sahen erbärmlich aus. Nicht viel mehr als das Kerngehäuse hing an den Zweigen. Da streckte sich der Baum im auffrischenden Herbstwind und sprach zu den Äpfeln: „Ihr seht vielleicht runzelig aus und euer Fruchtfleisch hat seinen Zweck erfüllt und die Tiere genährt. Aber das Beste kommt noch! Ich habe alles von mir in euch hineingelegt: mein Erbgut, meine Energie, alles. Es ist in euren Kernen. Sie warten darauf, befreit zu werden und auf den Boden zu fallen. Dort werden sie vielleicht von Insekten wegtransportiert oder von Vögeln oder aber sie bleiben an Ort und Stelle. Diese Kerne werden all das, was ich ihnen gegeben habe, multiplizieren und ihrerseits weitergeben. Eure Aufgabe, liebe Äpfel, ist nur, das zu erkennen und die Kerne nicht festzuhalten. Lasst los!" Die Äpfel ihrerseits waren stolz auf ihre ehrenvolle Aufgabe. Sie warteten auf einen Windzug, spreizten ihre Kerngehäuse, und die Kerne fielen heraus auf den Boden. Der Baum lächelte zufrieden. So geht sie weiter – die Kraft des Baumes. Von Generation zu Generation ...

Das Liebesgebot verlangt von uns nicht mehr, als das weiterzugeben, was wir empfangen haben. Wir müssen nichts leisten – nur loslassen und auf das Wort Gottes hin, diese Liebe einem Menschen weitergeben. Das Gebot ist nicht schwer, es ist eine ehrenvolle universale Aufgabe. Was wir dafür brauchen? Diesen neuen, weiten Blick und das Vertrauen, dass uns nach dem Abgeben schon in „unserem nächsten Frühjahr" neue Liebe und neue Kraft überströmend reichlich nähren wird.

Niemand liebt mehr als einer, der sein Leben für die Freunde hingibt. JOHANNES 15,13

Ole, räumst du den Tisch mit ab?" – „Klaro, mache ich. Und nächstes Mal macht das dann Merle?"

„Mein Glas ist nicht ganz so voll wie das von Merle!" „Ole darf viel länger Fernsehen gucken!"

Vergleichen. Wichtiger sein. Nicht nur bei Kindern gibt es das. Mit wem vergleichst du dich? Mit Kollegen? Partner? Freunden?

Kurz vorher hatten sich die Jünger gesträubt, sich von Jesus die Füße waschen zu lassen, und hatten sich wie die Kesselflicker gestritten, wer unter ihnen am wichtigsten ist. Auch damals schon. Es hat sich nichts geändert.

Das Wichtigste an Jesus Botschaft war nicht sein Tod – das Zentrum seiner Verkündigung war das neue Reich Gottes. So soll es bis heute sein. Kreuz und Auferstehung ermöglichen die Teilnahme an Gottes neuer Welt, aber das Reich als herrliche Vision des sich mehr und mehr umsetzenden Traumes Gottes vom Leben, das bleibt das Ziel! Und dieses Reich, das auch in der Bergpredigt beschrieben wird, dieses Reich „tickt" anders: Gott ist kein distanzierter Sklavenhalter, sondern Freund. Ein Freund, der sein Leben gibt für seine Freunde. Der dient bis zum letzten Blutstropfen. Gott definiert mit dieser Liebestat den Begriff „Liebe" neu. Sein Herz musste zerbrechen, damit unsere Herzen weich werden können. Sein Blut sprengt unsere Mauern. Das ist eine Liebe, die alle Grenzen sprengt und auch sprengen muss, damit unsere Mauern – egal, wie hoch und dick sie sind – überwunden werden können. Dieser Liebe kann ich mich nur hinhalten. Wie die Rebe sich dem Weinstock anvertraut. Diese Liebe will dein Herz erreichen und in dir die Sehnsucht wecken nach dem neuen Reich, wo genau das gelebt wird.

AUGUST

16

Archippus sollt ihr Folgendes ausrichten: „Vernachlässige den Auftrag nicht, den du als ein Diener des Herrn erhalten hast, sondern führe ihn vollständig aus!“ KOLOSSER 4,17

Als Kind habe ich immer mal mehr, mal weniger gerne im Garten geholfen. Meine „ehrenhafte“ Aufgabe war oft Unkraut zupfen. Wenn es nicht zu viel Unkraut gab, war das eine durchaus befriedigende Aufgabe. Vorher ein Durcheinander – hinterher saubere, feine Erde ohne ein Hauch von „störendem“ Grün. Das stellte mein ästhetisches Empfinden durchaus zufrieden. Was mich weniger zufriedenstellte – und das ist schlicht eine Folge unseres Idealbildes – ist, dass bereits zwei Tage später das makellose Bild Vergangenheit war und die ersten grünen Spitzen feixend aus dem Boden ragten. Der Dienst der Gartenarbeit: eine Daueraufgabe. Vernachlässigst du sie, geht es den Bach runter ...

Gott schenkt Aufgaben. Seine Gnade und Liebe ist frei und ohne Ansehen der Person und unserer Vorleistung. Aber die Gnade zielt nicht auf sich selbst, sondern auf Multiplikation. Sie will wachsen und unsere Welt erreichen. Deswegen will Gott uns als Diener in seinem Reich, die ehrenvolle Aufgaben übernehmen. Das Ehrenvolle ist dabei nicht unsere menschliche Bewertung einer Aufgabe, sondern die Beauftragung durch den Auftraggeber selbst! Wenn er mich zum Besuchsdienst beruft, dann ist das genauso ehrenvoll wie die Berufung zum Predigen. Zu was beauftragt dich Gott? Er will dich!

Genauso klar ist aber auch: Lasse ich eine empfangene Berufung zu einem Dienst brach liegen, wuchert das Unkraut. Denn ich bin so leicht nicht zu ersetzen. Der Dienst im Reich Gottes verlangt also auch Treue – aber nicht bis zum Tod. Ein Dienst kann irgendwann „vollständig“ sein. Dann ist es gut. Ich empfange einen neuen Ruf. Wie spannend, dass wir so daran mitarbeiten dürfen, dass Gottes Gnade Raum gewinnt!

Wir wollen also voll Zuversicht vor den Thron unseres gnädigen Gottes treten, damit er uns sein Erbarmen schenkt und uns seine Gnade erfahren lässt und wir zur rechten Zeit die Hilfe bekommen, die wir brauchen. HEBRÄER 4,16

Irgendwann musste es passieren. Ich fahre mit meinem Auto in die Tiefgarage, schließe es zu und verlasse das Parkhaus. Hinter mir fällt die Metalltür des Ausgangs schwer ins Schloss. Da fällt mir auf – und gleichzeitig läuft es mir heiß und kalt den Rücken runter: Du hast deinen Schlüsselbund im Auto gelassen! Hektisches Prüfen der Hosentaschen ... Mist! Es ist wirklich passiert. Und jetzt? Es ist 18:30 Uhr. Alle Bewohner scheinen bereits im Haus zu sein. Außerdem ist es Sonntag und deshalb sehr ruhig. Wer verlässt jetzt noch das Haus? Ich kenne auch niemanden aus dem Haus, der sein Auto in der Tiefgarage hat. Meistens sind es Geschäftsleute der Umgebung ... auweia! Ich komme nicht in die Wohnung. Keiner hat sonst einen Schlüssel ... ich komme nicht in die Tiefgarage. Da stehe ich nun. Und stehe. Nach etwas mehr als einer Stunde kommt ein Auto – hurra! Gerettet!

Beim Abendessen wirkt das Erlebnis nach. Wie oft empfinde ich das so bei Gott? Ich mache einen Fehler, versage, sündige – und habe dann das Gefühl, die Tür ist hinter mir ins Schloss gefallen. Kein Zurück mehr, und nur ein dunkles gähnendes, vergittertes Loch wartet da auf mich. Aber sonst kann ich auch nirgendwo hin. Mein Versagen – meine Konsequenzen. So ist das Leben halt. Ja, so ist es. Aber nicht bei Gott! Denn er sagt zu, das in dem Moment, wo wir meinen, dass ein Gitter rasselnd auf den Boden kracht, Jesus selbst im Geländewagen um die Ecke biegt und lächelnd den Schlüssel in den Öffner steckt. Drin! Immer wieder. Es gibt keinen geschlossenen Thron Gottes! Nie! Vorbei! Und irgendwann begreife ich auch noch, dass dieser Gott ja durch seinen Geist in mir wohnt und deshalb alle Verschlossenheit letztlich: Illusion ist.

AUGUST **18**

Ihr habt gehört, dass gesagt ist: Du sollst deinen Nächsten lieben und deinen Feind hassen. Ich aber sage euch: Liebt eure Feinde, segnet, die euch fluchen, tut wohl denen, die euch hassen, und bittet für die, welche euch beleidigen und verfolgen. MATTHÄUS 5,43+44

Wenn ich mir dessen bewusst werde, dass ich ohne jede Vorleistung, ohne dessen würdig zu sein, Gottes Liebe und Gnade empfangen darf, dann kann ich diese weitergeben auch an andere. Durch die tief sitzende Denkweise der Unterscheidung von Gut und Böse, richten und urteilen wir nahezu permanent. Gäbe es an deinem Herzen einen „Verurteilungszähler", was würde er am Ende eines Tages anzeigen? Das frage ich nicht, um dich klein zu machen und traurig, sondern ganz selbstkritisch. Meiner würde an manchen Tagen schnell drehen. „Feinden" die Liebe zu verweigern (damit ist nicht das Gefühl gemeint!) – das geht nur, wenn wir glauben, die Liebe selbst verdient zu haben. Denn dann gibt uns das Urteilen und Bewerten unserer Mitmenschen das Gefühl, höher stehend zu sein als sie! Damit bauen wir unser Ego auf. Zu bewerten – das vermittelt ein Gefühl der Überlegenheit.

Doch zu lieben und zu segnen, was uns auf den Senkel geht oder was wir sogar verachten – das ist nicht nur eine Anordnung, die nach außen gerichtet ist. Wenn wir begriffen und ergriffen haben, wie umfassend und frei diese Liebe und Gnade Gottes in Jesus Christus ist, dann werden wir uns auch selbst nicht mehr verachten, wo wir uns selbst feindlich gegenüberstehen und wo Stimmen in uns Dinge sagen, die wir eigentlich nicht wollen. Gott kennt diese Stimmen, er kennt das Dunkel in uns – und all das hat ihn trotzdem nicht davon abgehalten, uns zu erobern. Wir dürfen uns deswegen selbst in Demut annehmen und das in uns segnen, was uns nicht gefällt. Was wir bekämpfen, stärken wir – Liebe aber transformiert uns in das Bild Christi.

Vor allem aber bringt einander eine tiefe und herzliche Liebe entgegen, denn „die Liebe", so sagt uns die Schrift, „deckt viele Sünden zu". 1. PETRUS 4,8

Mein Kind, ich habe dich erwählt und berufen, obwohl ich wusste, wie es in dir aussieht und wie dich das Leben, diese Welt und nicht zuletzt deine Trennung von mir verkrümmt hat. Das stört mich nicht. Ich selbst habe mit schlimmen Sündern gespeist und gefeiert – und sie haben ihr Leben auf den Kopf gestellt und an mich geglaubt. Glaube nicht, ich hätte Berührungsängste gegenüber den Dingen, die in dir sind. Ja, es geht noch weiter: Ich wusste damals, als ich dich gerufen habe, schon ganz genau, dass du den Mist bauen würdest, der heute geschehen ist. Ich kenne jedes Fettnäpfchen von dir bis zu deinem letzten Atemzug. Wie ein Panorama habe ich sehen können, wo du in deiner Freiheit, obwohl du mein Kind bist, eben doch auch andere Entscheidungen getroffen hast. Denkst du, das schockt mich? Denkst du, meine Gnade ist so klein? Ich kenne das alles schon längst, und meine Liebe weicht deswegen keinen Millimeter. Das schaffst du nicht, egal, was du anstellst, okay? Bitte nimm diese Aussage ganz fest in dein Herz. Du bist frei! Das ist mir so wichtig, weil nur Freiheit und Liebe dich verändern können, nicht Druck und Gesetz. Und du – das will ich dir auch ins Herz legen –, was wir zu deinen Lebzeiten nicht hinkriegen, das erledige ich hinterher mit einem Atemhauch, mit einem Schlag meines Herzens.

Eine Bitte habe ich an dich: Bitte gib diese Liebe auch an andere weiter. Diese Liebe kennt immer ein großes „Dennoch" und „Noch einmal" und eine „nächste Chance". Gib Menschen nicht auf und pflege deinen Groll nicht. Du empfängst meine große Liebe und darfst sie weiterleiten. Mich empfangen und weiterleiten an andere, das wird dir unendlich guttun!

AUGUST

20

***Wenn ihr mich liebt, werdet ihr meine Gebote halten.* Und der Vater wird euch an meiner Stelle einen anderen Helfer geben, der für immer bei euch sein wird; ich werde ihn darum bitten.** JOHANNES 14,15+16

Wenn du freundlich zu Tante Waltraut bist, dann bist du ein liebes Kind!" Will meinen: Blamiere mich nicht vor Tante Waltraut, ansonsten gibt es Ärger, und du bist nicht mehr lieb! Kinder übersetzen: „Ich bin nicht mehr liebenswert. Deine Liebe zu mir hängt an meinem Wohlverhalten." Wie gut, dass Kinder solche Regeln und Sätze in rebellischen Phasen durchbrechen und sich trotzdem verweigern, bestimmte Dinge zu tun. Sehr zum Leidwesen der Eltern – aber genau diese Rebellion ist eminent wichtig. Wenn sie denn zugelassen wird.

Ich muss zugeben, dass mich der Satz, den Jesus hier ausspricht, genau an solche typischen Elternsätze erinnert. „Du zeigst mir deine Liebe, wenn du tust, was ich sage." Richtig hingeschaut ist es aber hier genau andersherum: Die Liebe läuft dem Gehorsam voraus und ist nicht eine Folge des Gehorsams. Der Gehorsam ist ein natürlicher Ausdruck von Liebe! Da steht eben nicht: „Wenn ihr meine Gebote haltet, liebt ihr mich!" Ungehorsam stellt die Liebe Gottes nicht infrage oder mindert sie. Diese Unterscheidung ist wichtig. Gerade weil wir fast alle Elternsätze in uns tragen wie eine permanent vor sich hinleiernde Spieluhr, deuten wir einen solchen Vers vorschnell genauso schief und leiernd. Wenn wir aber genau anders herum an diesen Vers herangehen, wird er fast selbstverständlich. Wenn mich ein Mensch, den ich lieb habe, um etwas bittet oder mich auffordert, etwas zu verändern, dann werde ich dem nach Prüfung sorgfältig nachkommen. Warum sollte es bei Gott anders sein? Der Ursprung, der Ausgangspunkt, aber ist die Liebe. Der Rest folgt, wenn diese in meinem Herzen landen darf.

Wenn ihr mich liebt, werdet ihr meine Gebote halten. ***Und der Vater wird euch an meiner Stelle einen anderen Helfer geben, der für immer bei euch sein wird; ich werde ihn darum bitten.*** JOHANNES 14,15+16

Jesus, ich will dich umarmen vor Freude über dich! Du schaffst es, selbst einen Vers über Gehorsam vor Gnade triefen zu lassen! Es begeistert mich, wie sehr dir deine Menschen wichtig sind und wie umfassend du sie versorgst!

Damit das bei dir als Leser auch so ist, male ich dir eine Situation vor Augen, wie sie kaum absurder sein kann ...

Da geht ein Schüler in die Schule und kämpft sich mehr oder weniger durch. Immer wieder scheitert er an den Anforderungen. Mitmachen? Geht nicht, zu schüchtern. Mathe begreifen? Puh! Selbst das Schreiben fällt noch schwer. Krakelig und unbeholfen kommt es rüber. Das Lehrerkollegium der kleinen Privatschule besteht nur aus drei Lehrern, aber die sind sehr engagiert. Sie leiden darunter, mit anzusehen, wie das begabte und von Herzen bemühte Kind sich abmüht und darüber tieftraurig wird, dass ihm so wenig gelingt. Da beschließen die drei Lehrer etwas sehr Ungewöhnliches: Einer der drei wird sich nun neben den Schüler setzen und ihn begleiten. Er wird für ihn schreiben, Mathe pauken und mit ihm zusammen aufzeigen und antworten, bis das Selbstbewusstsein groß genug ist, dass er es selbst hinbekommt. Tag für Tag macht der Lehrer es so. Und Stück für Stück blüht der Schüler auf. Unglaublich?

Ja, sicher unglaublich! Aber nicht bei unserem Gott! Der Lehrer heißt „Heiliger Geist“. Er ist bei uns, in uns, für uns und vollbringt, wozu wir (noch) nicht fähig sind. Er führt uns hinein in die Reife. Er will, dass wir aufblühen. Gott – du hast wirklich an alles gedacht in deiner Gnade! Ich kann nur staunen.

AUGUST **22**

Gott hat euch in seiner Gnade durch Jesus Christus zu seiner ewigen Herrlichkeit berufen. Nachdem ihr eine Weile gelitten habt, wird er euch aufbauen, stärken und kräftigen; und er wird euch auf festen Grund stellen. Ihm gehört alle Macht für immer und ewig. 1. PETRUS 5,10+11

Ich habe diesen Vers in einer äußerst schwierigen Phase meines Lebens von lieben Freunden zu Weihnachten bekommen. Die Ehe zerbrochen, ein Wechsel des Dienstortes als Pastor steht bevor, Abschiede, Schmerz, die Kinder ... alles brach über mir zusammen. 2015 – das absolut schlimmste Jahr meines Lebens. Der Boden wankt und die Füße verlieren ihren festen Halt. Leiden an der zerbrochenen Welt, die ich nun auch ganz deutlich am eigenen Leib spüre. Ja, ich war selbst zerbrochen und hatte durch mein Versagen an dieser Zerbrochenheit mitgewirkt. So sind wir Menschen. So bin ich. Aber dabei bleibt es nicht. Gott hat mich und dich berufen. Zu einer ewigen Herrlichkeit. Nach dem Ewigkeitsverständnis des Neuen Testaments beginnt diese bereits hier und der Tod ist nur ein Übergang in eine andere Ausprägung von Ewigkeit. Was ist Herrlichkeit? Auf Griechisch heißt sie „doxa". Dieses „doxa" bedeutet auch Glanz. „Doxa" ist einfach: Wow! Wir sind berufen, in diesem Wow! zu leben. Egal, ob wir versunken sind in der Dunkelheit des Lebens oder im Triumph aufsteigen. Das fühlt sich nicht so an – aber es ist die Wahrheit. Im Dunkel will und wird uns Gott aufbauen, stärken, kräftigen und uns wieder festen Boden schenken. Dass er das tut, das kann ich bezeugen. Nicht mit einem Wimpernschlag. Aber sanft, unaufhaltsam, verlässlich. Das Schwanken lässt nach, die Tränen versiegen langsam. Wie das gelingen kann? Durch Abgeben an den Gott, der alle Macht hat. Ihm diese Macht zuzutrauen, das ist der entscheidende Schritt, wenn alles in einem schreit: Machtlos!

Freut euch allezeit! Betet ohne Unterlass! Seid in allem dankbar; denn das ist der Wille Gottes in Christus Jesus für euch. Den Geist dämpft nicht!

1. THESSALONICHER 5,16-19

Jetzt sei mal spontan!! Los! Jetzt sofort! Lass dir was einfallen!" – Lähmung. Das geht so nicht! Alle Dinge, die einer gewissen inneren Freiheit bedürfen, kann man nicht „machen". Kreativität? Nicht planbar. Spontaneität. Genauso wenig anzuordnen. Freude? Kann man nicht befehlen. Hoppla! Paulus? Ich hätte da mal eine Frage ...

„Du Paulus?"

„Hm?"

„Wie kommst du dazu, mir Freude zu befehlen? Das geht doch gar nicht!! Ich bin einigermaßen ratlos und auch ein wenig empört."

„Das mag daran liegen, dass du Freude anders verstehst. Sie ist für dich ein spontanes Gefühl. Und dann suchst du danach, wie du dieses Gefühl öfter haben kannst. Da es aber spontan und unverfügbar scheint, glaubst du, man kann nicht dazu auffordern."

„Ja, und? Wie sollte es anders gehen?"

„Indem man Dinge tut, die Raum schaffen für Freude. Dann kann die Freude hineinströmen und wie von selbst entstehen. Weißt du – ihr mit euren Satzzeichen und Verszählungen in den Bibeln. Ich kannte die damals nicht. So glaubst du auch, dass das eine isolierte Anweisung ist. Ist sie aber nicht. Gleich danach zähle ich mehrere Dinge auf, die den Raum schaffen für eine echte innere Freude. Streich mal das Ausrufezeichen und die Verszählung und setze einen Doppelpunkt. Und dann lass dich überraschen, wie Freude entstehen kann, wenn man ihr Raum gibt!"

AUGUST **24**

Freut euch allezeit! *Betet ohne Unterlass!* Seid in allem dankbar; denn das ist der Wille Gottes in Christus Jesus für euch. Den Geist dämpft nicht!

1. THESSALONICHER 5,16-19

Ich muss etwas gestehen: Beten ist mir nie leichtgefallen. Meine Stille Zeit zu halten – fast immer ein Kampf. Wenn es darum geht, Anliegen vor Gott zu bringen, bin ich nach ein paar Minuten durch und hatte bisher oft ein schlechtes Gewissen, weil andere anscheinend Stunden ohne eine Spur von Langeweile beten können. Dieses schlechte Gewissen ist seltener geworden. Weil ich Gebet neu entdeckt habe für mich. Dieser Vers war dabei ein Schlüssel: „Betet ohne Unterlass." Ach du Schande, habe ich zuerst gedacht, auch noch dauernd das tun, was ich keine viertel Stunde durchhalte? Aber dann habe ich weitergegraben. Wie kann Paulus das fordern? Geht doch gar nicht!

Plötzlich ging mir auf, dass es doch geht. Nämlich dann, wenn Gebet nicht nur Aktivität ist, sondern zuerst Beziehung, Haltung und erst dann, daraus entstehend, auch Aktivität. Beziehung endet ja auch nicht, wenn man einen Tag nicht miteinander redet. Gebet ist nicht Information Gottes, es ist Beziehungspflege! Also reden, schweigen, zuhören, beieinander sein, zusammen Dinge erleben. Weil nun Gott unsichtbar ist, helfen bei dieser Beziehungspflege kleine Rituale. Mich erinnert ein Summer daran, alle halbe Stunde an Gott zu denken und mein Herz ihm bewusst zu öffnen. Andere nehmen sich jeden Tag eine bestimmte Zeit. Durch den Tag – ohne Unterlass – zieht sich aber das offene Herz, die Beziehung, die innere Haltung, das sich Hinhalten in die Gegenwart Gottes: Gebet, das Freude erzeugt!

25 AUGUST

Freut euch allezeit! Betet ohne Unterlass! ***Seid in allem dankbar; denn das ist der Wille Gottes in Christus Jesus für euch.*** **Den Geist dämpft nicht!**

1. THESSALONICHER 5,16-19

Liest du zu Hause die Übersetzung „Hoffnung für Alle" („Dankt Gott für alles (...)")? Oder die Einheitsübersetzung („Dankt für alles; (...)")? Dann kann sich bei diesem Vers etwas eingeschlichen haben, das ganze viele Menschen meinen praktizieren zu müssen. Nämlich Gott FÜR alles danken zu müssen. Das kann absurde Züge annehmen: Ich habe Kopfschmerzen – danke Gott, denn das willst du ja wohl. Danke, Vater, dass ich Krebs habe – es wird seinen Sinn haben. Danke für den Zerbruch meiner Freundschaft. STOPP!

Dieses Denken ist alles, aber nicht in der Bibel begründet. Vielmehr entsteht hier – angefeuert durch falsche Übersetzungen – eine Art Fatalismus, der blind alles dankbar entgegennehmen muss, das ins Leben platzt. Ich sollte aber nichts annehmen, das nicht von Gott ist! Und auch nicht dafür danken. Gott kann Krankheiten nutzen, aber er schickt sie nicht! Was für ein Vater wäre das, der in seiner Liebe beschließt, einem seiner Kinder Krebs zu „schenken"! Was für ein krankes Gottesbild steht hinter einem solchen Denken? Bei anderen Dingen werden wir auch aufgefordert zu gebieten, zu widerstehen, zu kämpfen. Keine Dankbarkeit. Also Achtung! – und die richtige Übersetzung auswählen.

Denn die meisten Bibelausgaben übersetzen richtig: Seid IN allem dankbar. Das ist möglich und heilsam und dem Evangelium gemäß. Ich habe eine schwere Krankheit – aber ich kann Gott IN der Krankheit immer noch für andere Dinge loben und ihm danken für seine Gegenwart, meine Freude und vieles mehr. Diese Perspektive lässt aufatmen und Freude entstehen sogar im Leid. Ein echter Freudenbringer: Dankbarkeit in allen Dingen!

Freut euch allezeit! Betet ohne Unterlass! Seid in allem dankbar; denn das ist der Wille Gottes in Christus Jesus für euch. ***Den Geist dämpft nicht!***

1. THESSALONICHER 5,16-19

„Den Geist dämpft nicht." Ich dämpfe Gemüse, wenn ich asiatisch koche. Passt nicht. Mein Auto hat Stoßdämpfer und fängt Unangenehmes ab, damit es nicht meine Wirbelsäule erreicht. Passt nicht. Hier herrscht eine gedämpfte Stimmung. Schon eher ... Mit Sprache ist das so eine Sache. Wörtlich steht hier eher so etwas wie: „Wasser ins Feuer gießen", sodass dieses droht auszulöschen. Nun spüre ich in mir einen Reflex: Ich bekomme ein schlechtes Gewissen und will herausfinden, was ich denn alles so gegen den Heiligen Geist mache! Wo sündige ich? Wo bin ich ungehorsam? Rückfrage: Führt diese Frage zu mehr Freude? Nein – ich drehe um das Falsche anstatt um Jesus zu kreisen!

Die Frage, die zuerst kommen muss, ist: Ist das überhaupt ein zu dämpfendes Feuer? Davon geht ja Paulus aus. Ich gehe davon aus, dass du den Geist in dir trägst. Ist er ein Feuer? Das ist die Normalität eines Christen – nicht seltener Zustand von geistlichen Superhelden. Sehnst du dich danach? Wenn ja – großartig! Wenn nein – haben wir den ersten Grund, warum das Feuer nur vor sich hin glimmt, anstatt kraftvoll zu lodern. Es geht darum, dem Geist Gottes Raum zu geben und Dinge zu meiden, die dem Geist Raum nehmen. Das fängt zuerst damit an, dass ich dieses Feuer erbitte und mich dem mutig aussetze. Möchte ich das überhaupt? Oder möchte ich schön die Kontrolle behalten in meinem Leben? Diese Fährte führt zum Eimer Wasser, den ich in der Hand halte – und zur Freude und zum lodernden Feuer, wenn ich diesen Eimer abstelle und mein Herz öffne.

Dafür halte man uns: für Diener Christi und Verwalter der Geheimnisse Gottes. 1. KORINTHER 4,1

Mystery, Harry Potter, Herr der Ringe, Narnia, Akte X und viele Bücher und Serien mehr. Geheimnisvolles ist absolut gefragt. Dinge zwischen Himmel und Erde, die sich niemand erklären kann. Die sich langsam Schritt für Schritt enthüllen. Wesen, die wir nicht kennen und erst langsam kennenlernen. Ein Schauer, der über den Rücken jagt. Ist es ein Wunder? Haben wir doch in unserem Leben eine enthüllte Welt erschaffen, die so wohl durchdacht und strukturiert ist, dass es schon wieder anödet. Es mag Sicherheitsmenschen geben, die genau das genießen und sich zusätzlich noch mit zig Versicherungen gegen diese angeblich so riskante Welt absichern. Aber fast jeder Mann, fast jede Frau wird irgendwann spüren: Es ist alles vorhersehbar. Erklärt. Kalkuliert. Sogar was man anziehen soll, ist vom Mainstream diktiert. Die Ideale werden vorgegeben, und auch das Scheitern an den Idealen ist bereits ritualisiert und vorhersehbar. Man gehe nur in ein Diskussionsforum für Abnehmwillige ... Also wächst die Sehnsucht nach dem Geheimnis. Dass da mehr ist. Esoterik lädt den Alltag mystisch auf. Filme und Bücher schenken eine Bilderwelt im Herzen, die sich deutlich von unserer Sicherheitswelt unterscheidet.

Ich blicke auf unseren herrlichen Glauben und stelle fest: Auch hier scheint alles schön erklärt und sachlich. Theologen haben Antworten. Die unterscheiden sich manchmal. Aber es fehlt etwas. Etwas, das Paulus erwähnt: das Geheimnis. In das wir eingeweiht wurden, dass sich aber auch für uns – geleitet durch den Heiligen Geist – weiter entfaltet. Dahin müssen wir zurück. Das größte Geheimnis der Welt wartet: der Schöpfer des Universums mit seinem Plan für diese Welt. Du bist dabei. Auf ins Abenteuerland!

AUGUST

28

Ihr sollt so beten:
Unser Vater im Himmel!

MATTHÄUS 6,9A

Charles Francis Adams, Politiker, Jurist und Diplomat in den USA des 19. Jahrhunderts und Sohn des sechsten Präsidenten – ein Mann, arbeitsam und eifrig. In seinem Tagebuch heißt es: „War mit meinem Sohn fischen – ein vergeudeter Tag!" Sein Sohn, Brook Adams, schrieb zu dieser Zeit auch schon Tagebuch – dieses wurde später veröffentlicht. Am selben Tag lautete sein Eintrag: „War mit Papa fischen – der schönste Tag meines Lebens ..."

Spürst du den Schmerz in dieser Geschichte? Ich spüre ihn als Vater von zwei Kindern. Wenn ich mich in meiner Seelsorgeausbildung mit dem Vatersein beschäftige und auch mit Verletzungen durch Väter, dann kommt ein dumpfer Schmerz in mir hoch: Meine Güte, was mache ich alles falsch! Schlimmer: Was habe ich schon alles falsch gemacht und kann es nicht ausradieren aus den Herzen meiner Kinder! Ich kann nur etwas dagegensetzen, um Vergebung bitten.

Vater unser also. Wörtlich: Abba – das heißt: Lieber Papa im Himmel. Himmel meint die für uns unsichtbare Welt. Nicht sichtbar und doch immer gegenwärtig. Lieber Papa! Bei dem Begriff müssen nicht wenige schlucken. Ich habe Menschen erlebt, die konnten das zuerst gar nicht beten, weil sie damit Gott sofort in eine negative Schublade steckten. Da wird das Zärtliche und Nahe, das Gott uns schenken will, zur bitteren Erinnerung an den eigenen Vater. An den Vater, der fehlte. Oder an Schläge, Unverständnis, Distanz. Man kann das Vaterunser aber auch beten und damit einem neuen, einem anderen, einem heilsamen Vaterbild im Herzen Platz schaffen. Jesus zeigt uns einen anderen Vater. Einer, der konsequent und gerecht ist – uns liebevoll zugewandt, menschenfreundlich, vergebend. Über jedem Vater, egal, wie er war, steht Gott, dieser Vater: Ganz anders! So kann die erste Zeile des Vaterunsers mehr und mehr zum Balsam für die Seele werden.

Dein Name werde geheiligt.
MATTHÄUS 6,9B

Ich bin katholisch aufgewachsen. Da wusste ich aus dem Kommunionunterricht, dass es viele, sehr viele Heilige gibt. Da meine Heimatgemeinde ein sehr jesuszentriertes Franziskanerkloster war, kamen diese Heiligen aber gar nicht so sehr im Gemeindeleben vor. Insofern kann ich mit dem Begriff „Heiliger" oder „Heilige" etwas anfangen, aber mit dem Verb? Etwas heiligen? Das kommt definitiv nicht mehr in unserem Wortschatz vor, also müssen wir es erklären. Uns selbst. Und den Menschen, die fragen. Überleg mal kurz: Wie würdest du diese Bitte erklären?

Heiligen heißt eigentlich „etwas Besonderes zur Seite tun". Deswegen sind alle Christen Heilige, weil sie berufen und von Gott als seine Kinder zur Seite genommen sind. „Seinen Namen heiligen" könnte also frei übersetzt werden mit: Ihm einen speziellen Platz im Leben einräumen. Aber warum Name? Warum nicht Gott selbst? Der Name Gottes steht für seinen Charakter, sein Wesen, seine Person – und dem entsprechend sollen wir leben, reden, handeln. Das erweist ihm Ehre. Kurz: Leben, reden, handeln sollen übereinstimmen und von Ihm her geleitet werden. Dieses „Heiligen" liegt nicht in unserer Macht – sonst bräuchten wir nicht darum zu bitten. Gehorsam und eine immer mehr von Gott geprägte Lebensführung – das zu bewirken, ist Aufgabe des Heiligen Geistes. Aber dem sollten wir nicht im Weg stehen. Denn Gottes Namen die Ehre zu geben, heißt gleichzeitig: sich selbst nicht zuerst die Ehre zu erweisen. Das tut erst einmal weh. Da kommt die Frage hoch: Ja, wenn ich nicht mehr auf mich selbst achthabe, wer bin ich denn dann überhaupt noch? Und deshalb steht diese Bitte auch direkt nach dem „Abba – Papa", weil dieses uns die Angst nehmen kann, sich selbst zu verlieren. Er ist Papa – wir Kind. Immer. Heiliger Geist, lehre uns den Vater ehren!

AUGUST

30

… dein Reich komme (…)

MATTHÄUS 6,10A

Tiere sind faszinierend. Sie lehren uns die menschliche Beschränktheit. Da gibt es zum Beispiel Schlangen. Diese können nicht sehr gut sehen im optischen Bereich, aber dafür umso besser im Bereich der Wärmestrahlung. Wie praktisch! So erkennen sie ein Beutetier im Stockdunklen trotzdem als leuchtend hellen Fleck. Hoffentlich keinen Beutemenschen. Gleichzeitig zeigt diese Fähigkeit, dass es für uns absolut unsichtbare Dinge gibt, die trotzdem existieren. Eine Binsenweisheit vielleicht – aber wie oft haben Menschen schon gesagt: Ich glaube nur, was ich sehen kann? Oder nehmen wir WLAN oder Radio- und Fernsehwellen. In der Luft sind Abertausende von Informationen, Musik, Bilder, Datenmassen geradezu, und wir spüren als Menschen genau: nichts! Wir sind Gefangene unserer Sinne, unserer Wahrnehmung, unseres Wissens. So ist das halt. Und doch entdecken Menschen großartige Dinge, bekommen eine Ahnung, dass da noch mehr ist, als sie mit dem Verstand erfassen können. Manche Physiker reden von nicht sichtbaren Parallel-Universen, kaum ein Mensch kann sich das vorstellen, aber es scheint so etwas zu geben.

Für Christen ist diese Idee nicht neu. Sie reden vom Reich Gottes. Übrigens war das der Hauptaspekt der Reden Jesu. „Mit mir ist das Reich Gottes gekommen – es ist sogar mitten unter euch, sogar in euch, wenn ihr mir vertraut“, sagt er. „Es wird nun wachsen, es wird durch euch weitergetragen, es entsteht überall, wo mein Wille geschieht, Frieden, Gerechtigkeit, Versöhnung zwischen Mensch und Mensch und Mensch und Gott.“ Jedes Gebet ist also letztlich eine Bitte darum, dass etwas mehr von diesem Reich Gottes sichtbar wird. Dass der Traum Gottes von dieser Welt, der so ganz anders ist als unsere Träume, erlebbar wird. In Familien, Firmen, Städten, mitten im Alltag. Das klingt wie ein Geheimnis – und es ist eins!

(…) dein Wille geschehe auf der Erde, wie er im Himmel geschieht. MATTHÄUS 6,10B

Bekomme ich nun mein Handy?"

„Ja, du bekommst dein Handy!"

„Wann?"

„In drei Wochen." (Pause)

„Geht auch in zwei Wochen?"

„Nein, in drei Wochen."

Dieser Dialog geht nun weiter bis zum Erhalt des lang ersehnten Objekts. Eltern kennen das. Das noch unsichtbare, aber verheißene Handy bzw. Smartphone wird erbeten, besser „erquengelt", bis es in die sichtbare konkrete Welt gekommen ist und in den nicht mehr ganz kindlichen Händen liegt. Mit dieser anstrengenden Lektion zeigt aber mein Sohn, was Gebet bedeutet, und das hat mir vor einigen Jahren einen Perspektivwechsel beschert. Gebet findet an der Grenze zwischen Himmel und Erde, sichtbarer Welt und Reich Gottes statt, das sichtbar werden will. Gebet greift hinein in die unsichtbare Welt und erbittet das Sichtbarwerden – und handelt danach. Jesus selbst sagt an anderer Stelle, dass er nur tut, was er seinen Vater tun sieht (Johannes 5,19). Geistliche Augen sehen, was Gott im „Himmel" gerade tut und tun will, und handeln dementsprechend. So ereignet sich Reich Gottes im sichtbaren Bereich. Was fehlt? Die absolut realistische Perspektive meines Sohnes. Der weiß: Das Handy gibt es. Und ich will es. Genau so möchte ich vom Himmel denken! Und durch die Bibel und den Geist mehr und mehr wissen, was im Reich Gottes geschieht nach dem Willen des Vaters. Welch universale Perspektive für unser Gebet!

Gib uns heute unser täglisches Brot.

MATTHÄUS 6,11

Elf Millionen Tonnen Lebensmittel werden in Deutschland jedes Jahr im Abfall entsorgt. Immerhin 61% dieser riesigen Menge entstehen durch ganz normale Privathaushalte: 81,6 Kilo jedes Jahr pro Bundesbürger: 225 Gramm pro Tag. Weggeworfen. Obst, Gemüse, Brot, Fleisch. – Szenenwechsel: Ich stehe wieder einmal im Supermarkt vor den riesigen Theken mit zig Brotsorten und frage mich: Was nehme ich? Und ich greife wieder zu meinem Lieblings-Sauerteigbrot. Meine Art, mit dem Überfluss irgendwie fertig zu werden.

Heute also: „Gib du uns bitte unser tägliches Brot!" – treffender: „Gib uns das Brot, das wir heute nötig haben." Die Menschen, denen Jesus begegnete, waren überwiegend Tagelöhner, gingen morgens an einen zentralen Platz der Stadt und schauten, wo sie Arbeit bekommen konnten. Wenn sie nichts bekamen, ging man schon mal hungrig ins Bett ... Unsere Lebenswelt? Sicher nicht, aber: Gerade seit der Eurokrise stellen wir ja fest, dass eigentlich nichts mehr so richtig sicher ist. Dass unser Wohlstand, unsere vermeintlichen Sicherheiten auf sehr tönernen Füßen stehen ...

Jesus lädt uns ein, die Sorgen um das Lebensnotwendige abzugeben. Was ist dein umsorgtes Lebensnotwendige? Die Kraft für den nächsten Tag? Die Frage nach der Zukunft der Kinder? Angst vor einer Krankheit? Die Frage nach dem Arbeitsplatz trotz fortgeschrittenen Alters? Nach der Rente und Sicherheit? Jesus zeigt mit dieser kleinen Bitte einen großen Weg zur Freiheit und zur Dankbarkeit. Zur Freiheit, weil wir wissen dürfen: Gott versorgt. Er meint es gut. Aus seiner Hand nehmen wir jede noch so kleine Gabe. Er ist auch der Gott der kleinen Dinge. Und zur Dankbarkeit, weil wir die alltäglichen Lebensnotwendigkeiten nicht mehr als selbstverständlich betrachten – sondern als Zeichen der Liebe Gottes.

SEPTEMBER

Und vergib uns unsere Schuld.
MATTHÄUS 6,12A

Dies ist die ungewöhnliche Geschichte einer kanadischen hochbegabten Studentin. Das Problem: Sie blockierte in Prüfungssituationen. Wie so viele sensible Menschen war sie dem Druck einfach nicht gewachsen. So blieb sie weit unter ihren Möglichkeiten, hatte Blackouts und vergass die Hälfte. Eine verzweifelte Situation, aus der ihr ihr Dozent heraushalf. Er holte die junge Frau zu sich ins Büro: „Wissen Sie, wir haben im Kollegium gesprochen und machen folgenden Vorschlag: Sie haben jetzt schon alle Abschlussprüfungen mit eins bestanden." Die Studentin konnte es kaum glauben ... So befreit, lernte sie im folgenden Semester weitaus entspannter und beendete das Jahr mit 100 % freiwillig bestandenen Prüfungen – mit eins!

Meine spontane Reaktion? Zu schön, um wahr zu sein! So sehr bin ich vom Leistungsdenken geprägt. Deswegen ist auch die Bitte im Vaterunser „Vergib uns unsere Schuld" so oft moralisierend verstanden worden. Als ginge es im christlichen Glauben um ein Selbstverbesserungsprojekt, in dem man böse Dinge bekennen muss, um einen zornigen Gott zu besänftigen. Dabei ist der uns längst liebevoll zugewandt. Dafür hat Jesus Christus gesorgt: Alle Schuld ist vergeben, alle Trennung zwischen Mensch und Gott aufgehoben. Dass das so ist, das vergegenwärtigen sich Christen mit der Zeile: „Vergib uns, vergib mir meine Schuld." So, als wenn die Studentin sich im Laufe des Semesters, wenn wieder Leistungsdruck hochkommt, sagt: „Sei ruhig, du hast schon alle Prüfungen bestanden ... du darfst dich entspannen, leben und lernen!" Das ist der christliche Weg. Gegen den Strich des Leistungsdenkens gebürstet – eine echte Befreiung.

(…) wie auch wir denen vergeben haben, die an uns schuldig wurden.

MATTHÄUS 6,12B

Wenn meine Mutter mir als Kind etwas zweimal innerhalb von einer Minute sagte und dabei den Ton tendenziell eher verschärfte, dann wusste ich: Jetzt wird's gefährlich und ich höre lieber zu! Wiederholungen bewirken nicht nur bei Kindern Verstärkung. Auch von Predigten weiß man, dass die Kernpunkte mehrfach wiederholt werden müssen, damit sie sich beim Zuhörer als Gedanken einprägen und als wichtig wahrgenommen werden.

So sieht Jesus auch den Gedanken, dass wir vergeben sollen! Er wiederholt ihn nach dem Schluss des Gebets gleich noch einmal und sehr eindringlich. Ja – es hängt richtig viel daran: Wir verlieren nicht die ewige Vergebung zum Heil, aber wir schwächen massiv die Beziehung zu Gott, wenn wir Vergebung verweigern. Warum? Ist Gott dann sauer? Lösen wir uns von diesem Gedanken und schauen nüchtern hin. Wenn ich Groll, Wut, Bitterkeit, Härte im Herzen trage – und das tu ich automatisch, wenn ich nicht vergeben habe, dann blockiert das mein Herz, und der Geist kann sich an entscheidenden Stellen nicht ausbreiten. Stillstand im Glauben ist die logische Konsequenz. Und in der Tat: Für sich selbst um Vergebung bitten ist weit häufiger, als jemandem anders im Gebet Vergebung zuzusprechen – dabei ist das Zweite erheblich wichtiger! Denn uns ist ja längst am Kreuz vergeben. Es muss nichts Neues geschehen – wir stellen uns „nur" neu unter das Kreuz und vergegenwärtigen uns diese herrliche Befreiung. WER ABER ANDEREN VERGIBT, DER HEILT ZUERST SICH SELBST. Rottet bittere Wurzeln aus! Ich mache Mut, das anzupacken. Nicht „hopplahopp". Vergebung zusprechen ist manchmal schwer und verlangt nach einem Weg. Aber schreib dir die Menschen auf, denen du vergeben sollst. Dann pack es an. Eventuell zusammen mit einem Seelsorger. Du darfst frei und weich sein!

Und lass uns nicht in Versuchung geraten, sondern errette uns vor dem Bösen. MATTHÄUS 6,13

Ja, ja, die Versuchungen! Angesichts von leckeren Schokokeksen seufzen wir vielleicht auch schon mal spielerisch verzweifelt: „Führe mich nicht in Versuchung ..." Landläufig denkt man ja: Versuchung hat mit einem Konflikt zwischen dem zu tun, was wir wollen, und dem, was unsere höheren Werte sind. Das können die großen Themen sein wie Untreue oder Diebstahl oder die kleinen: Ich will einen Keks, mein höherer Wert ist Schlanksein oder Gesundheit. Diesen Konflikt meine ich dann mit Willenskraft lösen zu können: Anstrengen! Klappt nicht – siehe Silvestervorsätze. Mit der reinen Willenskraft scheitern wir oft. Ja, wir machen es sogar noch schlimmer, denn: Wenn man so mühsam gegen die Versuchung kämpft, macht man sie am Ende nur noch größer. Aus den Keksen wird ... ein Kuchen. Und wenn man das Ganze dann noch mit Gott verknüpft, verwandelt sich dieser schnell zum Spielverderber. Alles, was Spaß macht, ist Versuchung.

Gott geht es in der Bitte aber um Dinge, die Beziehungen zerstören. Die Beziehung zu mir selbst, zum Nächsten und über allem: zu Gott. Es geht gar nicht um Willenskraft. Sondern es geht darum, dass Gott uns helfen soll, den Versuchungen zu widerstehen, die Beziehungen zerstören und bedrohen – ganz konkret. Ich kann Gott zum Beispiel darum bitten: „Bewahre mich davor, dass ich mein eigener Gott bin, dass ich leer laufe, weil ich Kraft und Weisheit und alles von mir erwarte – und nicht mehr von dir ..."

Gott – so die Bibel – will unser Leben aufbauen. Vom Thema „Kekse" sind wir da meilenweit entfernt! Deine Willenskraft kannst du gegen „zu viel Kekse" einsetzen – und du kannst Gott um seine Hilfe bitten, dass du mit deinem Leben Beziehungen aufbaust und nicht zerstörst.

Er führte Abram aus dem Zelt nach draußen und sagte zu ihm: „Schau dir den Himmel an, und versuche, die Sterne zu zählen! Genauso werden deine Nachkommen sein – unzählbar!" 1. MOSE 15,5

Sportler haben eine faszinierende Trainingstechnik jenseits des körperlichen Trainings. Manche mögen denken: Sportler – die trainieren eben möglichst gekonnt und effektiv ihre Bewegungen, ihre Technik, dann kommt der Erfolg schon, wenn genug Talent da ist. Pustekuchen. Ein entscheidender Faktor ist letztlich die Psyche. So trainieren beispielsweise Spitzenläufer, indem sie sich den erfolgreichen Zieleinlauf immer wieder vorstellen. Der Körper kann zwischen Realität und lebendiger Vorstellung nicht unterscheiden und deswegen programmiert sich ein Sportler so quasi auf Erfolg. Was das mit Abram zu tun hat?

Ich treffe immer wieder auf liebe Geschwister im Glauben, die sehr viel Wert darauf legen, dass „nur das Wort" zählt: Die Bibel zu kennen, zu lernen, zu verinnerlichen. Primär über den Kopf, das Denken, das Auswendiglernen. Und in der Tat: Das ist bestes Handwerkszeug im Glauben. Zu Hause zu sein in den Geschichten der Menschen mit ihrem Gott und in den Worten Gottes an uns. Aber reicht das? Ich mache die Erfahrung in meinem Leben, aber auch in der Seelsorge bei anderen Menschen: Du kannst alles im Kopf haben, die wertvollen Wahrheiten des Glaubens begriffen haben, aber du hast sie nicht ergriffen. Sie haben sich nicht als Basis-Lebensgefühl bei dir eingenistet. Gott weiß, wie wir „ticken", und schenkt uns deswegen unter anderem Bilder. Dem Abram zeigt er die Sterne und verbindet sie mit einer Verheißung. Jedes Mal, wenn Abram die Sterne sehen wird, wird er auch an die Verheißung Gottes denken. Wir brauchen solche geistlichen, prophetischen Bilder über unserem Leben. Erbitten wir sie, bewahren wir sie – sie sind unendlich wertvoll und führen uns ans Ziel.

Als ich erfolgreich war und in Sicherheit lebte, dachte ich: „Was kann mir schon passieren?" (...) Dann aber hast du dich von mir abgewandt, und mich packte das Entsetzen. PSALM 30,7+8

Not lehrt Beten. So sagen viele Menschen. Andere sagen: Na ja, kurz vor dem Tod werden alle irgendwie gläubig. Hinter all den Gedanken steht die Idee: Wenn es uns dreckig geht, dann wenden wir uns an Gott. Die Geschichte zeigt anderes: In den Schützengräben des Ersten Weltkriegs haben sich die einen an Gott gewandt – die anderen gegen ihn. Not macht nicht automatisch fromm. Aber etwas anderes macht leicht „unfromm": nämlich Erfolg und Segen, der falsch angenommen wird.

Sind Erfolg und „weltlicher" Segen, wie z. B. Besitz, gut? Sind sie. Wir dürfen sie genießen und uns daran erfreuen. Es ist kein Ausweis von Heiligkeit, ein bedrücktes und niedergeschlagenes Leben zu führen. Aber es ist eben auch kein Merkmal besonderer Gottesnähe, wenn man gesegnet ist. Dieses Denken hat sich in manchen protestantischen Kreisen eingenistet: Glaube richtig und du hast Erfolg, Salbung und Segen. Ich glaube daran nicht. Die Liebe Gottes wird sich immer wieder auch darin zeigen, dass er Falsches zerbricht, und das bedeutet auch Schmerz. Wie Eltern ihrem Kind etwas zumuten, damit es reifen kann, so handelt Gott in seiner Liebe. Diese Reibungsphasen auszuhalten, ist deswegen so schwer, weil wir eher auf kurzfristigen Segen aus sind, Gott jedoch langfristige Veränderung sucht. Aber es gibt auch vermeidbaren Schmerz – den zeigt uns David in diesem Psalm. Bleib in Erfolg und Segen in Abhängigkeit von Gott. Freue dich daran, aber schau auf IHN. Nicht auf seine Gaben. Sonst wirst du irgendwann auf die Gaben schauen und vergessen, dass sie von ihm sind. Gott in seiner Liebe entzieht David und holt ihn so zurück in seine Nähe. David lehrt uns, diese Nähe zu suchen – vor allem anderen.

SEPTEMBER **7**

Glücklich zu nennen ist, wer seine Stärke in dir gefunden hat, alle die, deren Herz erfüllt ist von dem Wunsch, zu deinem Heiligtum zu pilgern. PSALM 84,6

Mich faszinieren dieser und die nachfolgenden Verse – deswegen werden sie uns die nächsten Tage begleiten. Wörtlich heißt er (nach der ELB): „Glücklich ist der Mensch, dessen Stärke in dir ist, in dessen Herz gebahnte Wege sind!“ Wie viel Weisheit und Wissen über die Art und Weise, wie Menschen ticken, steckt in diesen wenigen Worten. Wir wissen mittlerweile, dass regelmäßige Gewohnheiten neuronale Autobahnen in unserem Gehirn anlegen. Sprich: Was ich regelmäßig tue, das werde ich mit immer größerer Wahrscheinlichkeit auch weiter tun. Deswegen brauchen neue Gewohnheiten Zeit, bis sie „installiert“ sind. Ein Feldweg hat neben der Autobahn erst einmal keine Chance. Wir wissen auch von Medizinern, dass es noch an anderen Stellen des Körpers neuronales Gewebe gibt (man verzeihe mir die unmedizinische Ausdrucksweise). Zum Beispiel in der Bauchregion (das Bauchgefühl), aber auch im Herzen. Wie das alles zusammenspielt – daran wird geforscht.

Fakt ist: Ein Herz mit gebahnten Wegen macht es leicht, zu Gott zu kommen. Wer als frommer Israelit gewohnt war, jedes Jahr nach Jerusalem zum Tempel zu pilgern, der wird es mit wachsendem Alter auch weiter tun und etwas erheblich vermissen, wenn er oder sie es nicht tun kann! So wie falsche Gewohnheiten festlegen, so wohltuend können gute Gewohnheiten sein. Es gibt nur ein Problem: Geistliches Leben ist Transformation durch den Heiligen Geist in das Bild Christi hinein (2. Korinther 3,18). Das bedeutet aber auch, dass Transformation nicht nur Neues lernen, sondern genauso auch Altes verlernen bedeutet. Damit neue Herzensautobahnen entstehen können. Was ist bei dir dran, dass du es verlernen darfst, um Neues zu lernen?

Glücklich zu nennen ist, wer seine Stärke in dir gefunden hat, alle die, deren Herz erfüllt ist von dem Wunsch, zu deinem Heiligtum zu pilgern. PSALM 84,6

Ich bin ein Schatzsucher. Das habe ich früh im Leben gelernt. Ich habe als Kind auf Wanderungen davon geträumt, irgendwo auf dem Weg oder am Wegesrand Schätze zu finden. Dabei entdeckte ich nie einen Schatz, aber viel Wertvolles und Schönes. Ich habe wie nebenher gelernt, genau zu beobachten und im Vorbeigehen wahrzunehmen. Diese Haltung zieht sich durch mein Leben. So gehe ich in Buchhandlungen und stöbere nach Schätzen. Höre Musik und spüre, ob sie berührt, ob ich vielleicht einen nahezu unbekannten Schatz geborgen habe.

Diese Haltung hat auch einen Nachteil: Ich suche da draußen nach immer neuen Schätzen. Die mir etwas geben, das ich bisher nicht hatte. Ein neues Buch, neue Musik, ein christlicher Autor, eine geistliche Übung. Dann lese, höre, probiere ich und bin letztlich wieder enttäuscht. Frustration macht sich breit – eine Frustration, die, denke ich, viele kennen. Vielleicht liest du dieses Buch auch mit dieser inneren gespannten Haltung. Und ja: Die äußeren Schätze können wertvolle Wegweiser sein – aber nie das Ziel. Nicht der neue Prediger oder die ultimative Konferenz. Nichts. Die gebahnten Wege zum Tempel da draußen sind Irrwege. Einen Irrweg neu und leicht verändert zu beschreiten, wird diesen im Herzen trotzdem weiter vertiefen, und wir kommen nicht raus aus der Falle. Das Ziel ist falsch und deswegen kann der Weg nicht richtig sein. Jesus gibt das neue Ziel vor: Du bist der neue Tempel. Dein Geist ist der Raum, in dem sein Geist wohnt, in dem du anbetest. Verlerne es, draußen nach dem Ziel zu suchen. Lerne, bei dir anzukommen, deiner Dunkelheit, deinem Triumph, deiner Wirklichkeit – und du kommst bei Gott an. Der Weg ist da. Er führt zu Gottes Geist in dir.

SEPTEMBER 9

Durchqueren sie das Tal der Dürre, so wird es durch sie zu einem Ort mit Quellen, und auch der Herbstregen schenkt dem Tal wieder Fruchtbarkeit. PSALM 84,7

Bei sich selbst ankommen – ganz schön schwer, wenn man meistens nicht zu Hause ist! Zerstreut. Außer sich. Fragmentiert. Sammlung ist notwendig. Doch wehe, man versucht diesen Weg zu beschreiten. Er ist eine „road less travelled", eine wenig begangene Straße: Holperig, anstrengend, dornig. Hast du den Film „Ich bin dann mal weg" gesehen? Er vermittelt einen Eindruck von den Anstrengungen einer Pilgerreise. Ein uraltes Symbol für den Weg in den Fußstapfen Jesu hinein in die Transformation in sein Bild hinein. Du magst denken – und ich falle bis heute immer wieder in diese Falle hinein – dass nun der „richtige" Weg sich auch solcher erweisen müsse, indem er leicht und locker zu gehen sei. Gott könne ja auch auf diese Weise Applaus spenden und sagen: „Jawoll, nun hast du den richtigen Weg gefunden, gut gemacht."

So ist es nicht. Das neu Lernen und Verlernen des Alten stößt auf Widerstand. Der aktive Teil in uns wehrt sich gegen diesen Weg und vermag ihn durchaus auch fromm zu untermauern. Es gibt für alles einen Bibelvers. Sollten wir nicht beten, handeln, machen, tun? David ist in seinem Psalm erfrischend ehrlich. Er beschreibt den Weg zum Tempel als innere Reise, die den Pilgernden verändert, aber auch das Umfeld. Was für eine enorme Verheißung Gottes! Doch es beginnt mit einer schmerzhaften Einsicht: Da ist das Tal der Dürre. Die Zunge hängt pelzig am Gaumen. Alles in uns schreit: Ich will etwas finden, das den Durst stillt! Das hier tut es nicht! Doch es gibt keinen anderen Weg für den, der reifen will, als zu sich zu kommen und Gott in dem zu finden, was jetzt gerade ist. Halte durch! Und du erlebst Erfrischung, Quelle, Fruchtbarkeit zu gegebener Zeit. So wird es kommen – brich nicht ab!

Er (der Gefängniswärter) war überglücklich, dass er mit seinem ganzen Haus zum Glauben an Gott gefunden hatte. APOSTELGESCHICHTE 16,34B

Ich habe einige Jahre lang Gefängnisarbeit gemacht. Eine JVA zu betreten und mit ein paar schweren Jungs einen Hauskreis zu machen, das war eine der emotional bewegendsten Erfahrungen. Die Enge zu spüren, die Ausweglosigkeit der acht Quadratmeter mit zwei Menschen und nur einer Stunde Ausgang auf dem Hof pro Tag. Die Schuld zu spüren, die meist eingestanden und manchmal beschämt zurückgehalten wurde. Das alles bis hin zum Geruch und der Atmosphäre hat sich mir tief eingeprägt.

Wenn ich an den letzten Tagen vom Weg nach innen geschrieben habe und von seinen Tücken, dann stellt sich die Frage: Wie geht das denn? Bei der Antwort geht es aber weniger um das WIE als vielmehr um das IN WELCHER HALTUNG. Und da hilft uns dieser Vers. Paulus und Silas waren sowieso bestens gelaunt, denn sie hatten Befreiung erlebt! Aber auch der Wächter war zum Glauben gekommen und freute sich wie ein Schneekönig und gab eine Riesenparty! Doch vorher erleben sie (und wir) Schmerzhaftes: Gefängnis. Ketten. Dunkelheit.

Genau diese sind es, die den Weg nach innen schwer machen, aber unausweichlich. Wir sind Gefangene unserer Wunden, Schmerzen, Prägungen und auch unserer Sünde. Gott hat die Ketten der Sünde gesprengt, aber wir erleben, wie wir sie panisch festhalten, weil wir es nicht wagen, frei zu leben. Manchmal sind wir auch Wärter – wir halten Menschen in Groll und Bitterkeit gefangen und wollen nicht loslassen und vergeben. Oder wir horten unseren Lebensschmerz. Aber unsere inneren Wächter und all die verletzten und verkrümmten Persönlichkeitsanteile dürfen behutsam Jesus begegnen und erleben: Sie sind frei! Um jedoch frei zu werden, muss das Gefängnis betreten werden. Aber dieser Mut wird belohnt!

Ein Samariter aber kam auf seiner Reise in seine Nähe, und als er ihn sah, hatte er Erbarmen; und er ging zu ihm hin, verband ihm die Wunden und goss Öl und Wein darauf, hob ihn auf sein eigenes Tier, führte ihn in eine Herberge und pflegte ihn. LUKAS 10,33+34

Die übliche Auslegung dieser Geschichte, die Jesus dem Pharisäer erzählt, der ihn nach dem Weg zum ewigen Leben fragt, ist schrecklich öde – uns aber in Fleisch und Blut übergangen: Sei wie der Samariter nett zu den Menschen, das mag Gott. Aber stimmt diese Auslegung? Denn Achtung: Es geht um die Frage des ewigen Lebens! Sollte darauf Jesus antworten: Sei nett zu Bedürftigen? Spätestens an diesem Punkt kommen wir ins Grübeln ...

Nun kann die Hilfe gegenüber Bedürftigen prächtig aus vielen Belegstellen der Bibel abgeleitet werden und soll hier gar nicht grundsätzlich infrage gestellt werden. Aber: Ist das hier die Quintessenz der Geschichte? Der Pharisäer fragt nach dem Heil und antwortet auf die Rückfrage Jesus dann mit dem Liebesgebot. Jesus lobt ihn – aber der Pharisäer windet sich heraus: Wer ist denn mein Nächster? Außerbiblische Quellen belegen: Das war ein gängiger Ausweich-Trick, um keine Verantwortung zu übernehmen. Darauf erzählt Jesus die Geschichte und fragt am Ende: „Welcher von diesen Dreien ist deiner Meinung nach nun der Nächste dessen (!) gewesen, der unter die Räuber gefallen ist?“ Er sprach: „Der, welcher die Barmherzigkeit an ihm geübt hat!“ Da sprach Jesus zu ihm: „So geh du hin und handle ebenso!“ (V 36.37). Hier geschieht ein faszinierender Perspektivwechsel: Plötzlich findet sich der Pharisäer in der Rolle des Hilfsbedürftigen wieder, dessen Nächster der Samariter ist. Er soll nicht wie der Samariter werden, der Pharisäer ist der Bedürftige! Er soll sich vom Außenseiter dienen lassen! Dieser Außenseiter heißt: Jesus! Genauso sind wir aufgefordert, unsere Wunden versorgen zu lassen und uns retten zu lassen von Jesus. Welche Wohltat!

Ein Samariter aber kam auf seiner Reise in seine Nähe, und als er ihn sah, hatte er Erbarmen; und er ging zu ihm hin, verband ihm die Wunden und goss Öl und Wein darauf, hob ihn auf sein eigenes Tier, führte ihn in eine Herberge und pflegte ihn. LUKAS 10,33+34

Glaube an Jesus und alles ist gut!" Diesen Satz hört man nicht nur von dubiosen amerikanischen Fernsehpredigern, sondern spürt ihn auch als Erwartung bei manchen jungen (und alten) Christen. Nach einem gewissen Anfangsschwung stellt man jedoch meistens fest: Ich bin ja immer noch ich und meine Hinwendung zu Jesus hat mein Leben nicht einfach ausradiert und auf NULL gestellt. Wie gut! Aber der Frust über die immer noch vorhandenen Macken aller Art führt dann nicht selten zu verschiedenen Fehlformen des Glaubens. Zuerst die Gesetzlichkeit: Ich muss mehr „Stille Zeit" machen, mich mehr anstrengen, gehorsamer sein ... Dann wird es gelingen, dass ich mich loswerde. Andere wiederum betreiben fromme Maskerade. Nach außen der Superchrist, der so glücklich über den Glauben ist – im Herzen toben Zweifel und Schmerz. Wieder andere geben irgendwann auf und bleiben auf einem niedrigen Niveau stehen und erfahren nie wirklich Freude und Fülle des Glaubens.

Das Gleichnis vom Mann, der unter die Räuber kam, zeigt deutlich: Es geht immer weiter auch darum, sich von Jesus und den von ihm Beauftragten pflegen und heilen zu lassen. Zuerst muss es mir ein ernstes Anliegen sein, Jesus an die Wunden meines Herzens heranzulassen. Dazu muss ich sie wahrnehmen und überhaupt zulassen. Dürfen Lebenswunden in deiner Theologie noch existieren? Dann kannst du sie Jesus bringen: In Gebet und vielleicht auch Seelsorge, Zweierschaft – denn Jesus gebraucht auch die Menschen der „Herberge" zur Heilung. An den schmerzhaftesten Punkten Jesus Gegenwart und Fürsorge zu erleben – das heilt und befreit.

Doch Elisa beruhigte ihn: „Du brauchst keine Angst zu haben! Denn auf unserer Seite steht ein noch größeres Heer." Dann betete er: „Bitte, Herr, öffne ihm die Augen!" Da öffnete der Herr Elisas Diener die Augen, und er konnte sehen, dass der ganze Berg, auf dem die Stadt stand, von Pferden und Streitwagen aus Feuer beschützt wurde. 2. KÖNIGE 6,16+17

Das Leben raubt mir manchmal den Atem. Noch ein Termin kommt herein, noch ein Formular muss ausgefüllt werden, da brandet ein Konflikt auf, eine Krankheit kommt dazu. Puh! Wenn jetzt noch eine Sache kommt, dann ... und sie kommt garantiert. Ein Reifen am Auto geht kaputt. Alles wird eng in der Brust, zieht sich zusammen und ich möchte am liebsten weglaufen. Vielleicht kennst du dieses Gefühl. Wenn du einer der wenigen Menschen bist, die das Leben locker sehen können, bist du entweder sehr reif (Glückwunsch!) oder aber du wagst nicht genug und hast eine schöne Komfortzone um dich aufgebaut. Ich jedenfalls erlebe solche Situationen immer wieder.

Wenn das passiert, möchte ich andere Augen haben, solche, die in die unsichtbare Welt schauen können. So wie Elisa sie hier für seinen Diener erbittet. Die Stadt ist umzingelt von bis an die Zähne bewaffneten Syrern und die Israeliten haben keine Chance. Menschenmöglichkeiten? Keine mehr vorhanden! Kapitulieren! Doch in der unsichtbaren Welt, die uns von allen Seiten umgibt, passieren andere Dinge. Da tobt ein anderer Kampf und Engel wie Dämonen sind unterwegs. Ob ich daran noch glaube? Aber selbstverständlich! Ich habe zu viel davon selbst mitbekommen. Die Existenz dieser Welt soll nicht beunruhigen oder ängstigen. Wir brauchen auch keine Strategien entwerfen, mit dieser Welt umzugehen. Was wir wissen dürfen: Es gibt sie, und wir dürfen um offene Herzensaugen bitten, die mehr davon mitbekommen und darüber ruhig werden. Wir sind umgeben von Kampf – aber vor allem von Schutz!

Gott ist zwar unsichtbar, doch an seinen Werken, der Schöpfung, haben die Menschen seit jeher seine göttliche Macht und Größe sehen und erfahren können. Sie haben also keine Entschuldigung. RÖMER 1,20

Paul Watzlawick hat einmal den schönen Satz formuliert: „Man kann nicht nicht kommunizieren." Will meinen: Auch wenn man nichts sagt, sagt man etwas. Auch Gesten, Blicke, Körperhaltung sprechen – manchmal lauter als die gesprochenen Worte. Ich möchte diesen Satz etwas umformulieren, und das mit gewisser Berechtigung, denn wir sind ja Ebenbilder Gottes. Wir können also auch – in aller Vorsicht – von uns auf Gott schließen. Ich formuliere also einmal die Aussage: Gott kann nicht nicht kommunizieren. Was hat eine solche Sicht für Konsequenzen? Die wichtigste Konsequenz ist: Gott spricht zu dir, durch Umstände, Schönheit, Schöpfung, ... Gott wäre es ein Leichtes gewesen, uns so auszustatten, dass wir ähnlich wie Koalas mit einer Pflanze auskommen, um alle Nährstoffe zu erhalten. Ihm hat es aber erheblich besser gefallen, dass wir Vielfalt essen müssen, um gesund zu bleiben. Er schenkt uns damit Kreativität, wir dürfen Rezepte erfinden, genießen. Gott spricht also durch unser Essen, durch unsere Nahrung, unser Kochen und Zubereiten – und vermittelt etwas von seiner überbordenden Kreativität, seinem Sinn für Schönheit, für schrägen Humor (so wie manche Tiere und Pflanzen aussehen). Du spürst vielleicht: Mit dieser neuen Sicht wird der Alltag geistlich aufgeladen. Die Schöpfung, deine Nahrung, Tiere wie Menschen – alles was dir begegnet, spricht zu dir. Gott begegnet dir im Alltäglichen. Diese alltägliche „Aufladung" ist nicht künstlich und krampfhaft, vielmehr ist unsere materialistische Weltsicht reduziert und künstlich. Öffne deine Augen für das, was dich umgibt. Gott spricht zu dir!

SEPTEMBER **15**

Was hülfe es dem Menschen, wenn er die ganze Welt gewönne und nähme doch Schaden an seiner Seele? MATTHÄUS 16,26

Wellness für die Seele. Da ist es – das allgegenwärtige W-Wort. Muss diese Andacht auch noch auf diesen Zug aufspringen? Nach Wellness-Marmelade, Wellness-Kissen und Wellness-Raumspray nun auch Wellness für die Seele? Ich denke ja! Denn: Auch wenn der Wellness-Wahn mittlerweile zu einer Marketing-Masche verkommen ist – er drückt ja eine berechtigte Sehnsucht aus: nicht nur zu funktionieren als Rädchen der Gesellschaft, sondern auch: einfach mal zu sein, nicht nur zu machen, machen, machen. Doch zwei Dinge sollten wir berücksichtigen, damit Wellness dem ganzen Menschen dienen kann.

Hoffentlich dient zum einen die Wellness-Welle nicht nur dazu, den Körper weiter zu „ver-zwecken". Nach der Masche: Fünf Tage Wellness-Urlaub, damit er nachher umso besser im Beruf funktioniert. Das wäre schade! Denn der Körper ist gerade von der Bibel her nicht nur funktionierende Hülle, sondern vollwertiger Bestandteil der Person. In diesem Sinne sollte Wellness in die Gegenwart führen und nicht nur der Zukunft dienen. Sprich: jetzt ganz Mensch sein dürfen – und nicht in Zukunft besser funktionieren müssen.

Zum anderen ist Wellness dann erst vollständig, wenn die Seele mitkommt. Das sagt unser Vers mit den drei Konjunktiven. Es gibt eben auch eine Überbetonung des Körperlichen. Immer mehr Menschen spüren in unserer Zeit: Erholung und Wellness muss ganzheitlich sein, um wirklich gutzutun. Da gehört Gott auf jeden Fall mit dazu! Jesus Christus hat denen, die ihm folgen, das Leben in Fülle zugesagt. Wenn das keine gute Definition von ganzheitlicher Wellness ist! So geht es in einer biblischen Wellness nicht um neuen Stress – sondern vielmehr um Loslassen von Ballast und Blockaden, um ein wohltuendes Ausrichten auf den, der in Seele und Körper heilsam hineinwirken will.

**Weinen hat seine Zeit,
und Lachen hat seine Zeit (...)**
PREDIGER 3,4A

Hat Jesus gelacht? Im Mittelalter war diese Frage durchaus umstritten. In Umberto Ecos Roman „Der Name der Rose“ ist genau dieses Thema Grundlage eines Streitgesprächs zwischen dem grimmigen Jorge und dem fröhlichen Franziskaner William von Baskerville. Schon für die Kirchenväter war die Frage wichtig, ob Jesus gelacht haben könnte, denn mit dieser Frage suchte man eine Antwort darauf, ob Jesus wahrer Mensch oder wahrer Gott gewesen sei. Da man sich Gott nicht lachend vorstellen konnte, war das Lachen in Klöstern unüblich und galt als unchristliche Narretei. Aber es gab auch Gegenstimmen. Gott sei Dank!

Lachst du viel? Kinder lachen bis zu 450 Mal am Tag. Erwachsene nur noch 15 Mal. Wie unendlich traurig ist das! Aber natürlich: Es gibt eben nicht immer etwas zu lachen. Das Leben ist kein Ponyhof, wie ein lieber Freund von mir gerne seufzend bemerkt. Wohl wahr. Umso wichtiger ist es, dass auch Jesus gelacht hat! Denn er sagt ja von sich: Wer mich sieht, sieht meinen Vater! Gott selbst! Und da wir Menschen als seine Ebenbilder geschaffen sind, hat unser Gottesbild so weitreichende Konsequenzen auf unser Leben. Die Bibel weiß, dass das Weinen seine Zeit hat und das Lachen. Es geht also nicht um eine Art christliches positives Denken. Aber klar ist: Natürlich hat Jesus gelacht! Ich kann mir gut vorstellen, dass er mit seinen Jüngern Witze gerissen und sich den Bauch vor Lachen gehalten hat. Jesus war eben ganz Mensch. Und trotzdem Sohn Gottes – und damit ganz Gott. In diesem Geheimnis liegt der tiefste Grund der Freude, die sich im Osterlachen ausdrückt. Dieses wurde im späten Mittelalter am Ostersonntag in der Kirche angestimmt. Weil der Tod besiegt ist, weil das Leben triumphiert. Und weil Jesus diesen Weg zuerst gegangen ist. Wenn das kein Grund zum (Mit-) Lachen ist! Manchmal mitten in schweren Zeiten.

17

Jesus weinte.
JOHANNES 11,35

Wann hast du das letzte Mal geweint? Ich hatte Phasen in meinem Leben, in denen die Tränen selten geworden waren. Irgendwann waren sie komplett versiegt. Schwere Zeiten der inneren Verhärtung – gegenüber Menschen, vielleicht sogar gegenüber Gott. Eine gefährliche Zeit für die Seele. „Ich habe keine Tränen mehr" – das ist ein Warnzeichen ohnegleichen. Denn dann wird nach innen geweint und das verletzt und versalzt uns das Leben.

Das Weinen wurde in der frühen Christenheit und im Mittelalter als gesundes Zeichen eines ganzheitlichen Glaubens gesehen. Tränen und Gebet – das zusammen war und ist ein Zeichen! Wenn das seelische Zentrum unseres Lebens unberührt bleibt, dann ist das so, wie wenn eine Fackel unangezündet bleibt. Die Fackel ist immer noch da, sie existiert – die Leuchtkraft aber fehlt. Tränen in der Begegnung mit Gott sind ein Zeichen – kein untrügliches Zeichen wohlgemerkt, aber nichtsdestotrotz ein Zeichen dafür, dass Gott dieses seelische Zentrum berührt hat. Wenn ich Menschen und Gesichter im Alltag beobachte, dann kann ich mich des Gefühls nicht erwehren: Es wird zu wenig geweint und getröstet. Es wird zu viel nach innen geweint! Und die Gesichter werden hart und in sich gekehrt.

Der kürzeste Vers der Bibel berührt mich bis heute. Jesus weinte. Jesus weint beim Grab seines gestorbenen Freundes Lazarus. Er weint, weil er die Tränen der Welt spürt, die tief im Herzen verankerte Trauer der Menschen und die Ausweglosigkeit so mancher Träne. Kurz: Jesus weint, weil er deine Tränen sieht. Mich rührt der weinende Jesus an – weil er meine Härte durchbricht. Weil ich endlich wieder weinen kann und diese Tränen bei ihm ein gutes Ziel finden. Tränen ohne Ziel laufen leicht ins Leere, und wir bleiben bei uns selbst stehen. Wann hast du das letzte Mal geweint?

18 SEPTEMBER

Und jetzt gehe ich nach Jerusalem, von Gottes Geist dazu gedrängt und an seine Weisung gebunden. Was dort im Einzelnen mit mir geschehen wird, weiß ich nicht.

APOSTELGESCHICHTE 20,22

Als ich klein war, haben meine Eltern etwas aus heutiger Sicht sehr Gewagtes gemacht: Sie wussten, dass sie zum Beispiel nach Bayern fahren wollten – sagen wir Schwangau. Sie haben also alles gepackt und sind losgefahren und haben dann vor Ort beim „Fremdenverkehrsamt" (was für ein Wort!) geschaut und gefragt, was denn noch frei sei. Irgendwie hat das immer geklappt, und es waren immer nette Pensionen. Würde ich das heute noch machen? Nein – ich habe gerne alles vorher geplant und festgelegt, damit ich keine Unsicherheit aushalten muss. Aber zugegeben: Damals gab es kein Internet und deswegen waren die Möglichkeiten, vorher alles entspannt festzulegen, auch begrenzter. Trotzdem: Ich bewundere diese Gelassenheit. Ich möchte sie mehr und mehr wieder erlernen. Ich denke, es ist eine wertvolle Tugend in unruhigen Zeiten, nicht Dinge planen zu wollen, die nicht mehr planbar sind. Aber wie gelingt das?

Allgemein gesprochen: Wenn wir keine grundlegende Sicherheit in wesentlichen Dingen haben, suchen wir Sicherheit in den unwesentlichen Dingen. Andersherum: Suche ich perfekte Kontrolle im Alltag, fehlt es mir an grundlegender Sicherheit. Diese Sicherheit gibt der Heilige Geist, der uns Jesus vermittelt und in uns lebt. Gott ist gut. Er meint es gut. Immer. Er leitet uns in allen wichtigen Dingen. Deswegen dürfen wir Kontrolle abgeben, die Hände öffnen und loslassen. Wir dürfen uns entlasten lassen. Das sind so grundlegende Aussagen, die Ruhe schenken – wenn wir sie denn glauben können. Paulus jedenfalls versteht den Heiligen Geist und sein Drängen (1), gehorcht den Impulsen (2) und lässt los, was darüber hinausgeht (3). Das will ich mehr und mehr lernen.

SEPTEMBER

19

Ich weiß nur, dass der Heilige Geist mich in jeder Stadt, durch die ich komme, ausdrücklich darauf hinweist, dass Gefangenschaft und Leiden auf mich warten. Doch es liegt mir nichts an meinem Leben; mein persönliches Ergehen hat keinerlei Bedeutung.

APOSTELGESCHICHTE 20,23+24A

Wie gehen wir mit schweren Zeiten und Leid um? Hier in diesen Abschiedsworten von Paulus finden wir eine spannende Variante, die so nicht häufig auftaucht: Der Heilige Geist weist „ausdrücklich" darauf hin, dass Leiden wartet! Na, sehr verlockend, mag man zuerst denken. Dennoch wissen wir, dass Gott es gut meint und dass viele Menschen es nicht gut meinen. Es geht hier nicht um irgendein Leiden, sondern um Leiden, verursacht durch Menschen, die der frohen Botschaft feindlich gesinnt sind. Anderes Leid ist schlicht Teil der gefallenen Welt, an der wir als Christen teilhaben und auch ein Stück am Leiden mittragen. Christus hat das Leid getragen – wir tragen es ein wenig mit. Verlust von Menschen, Krankheit und manches andere fällt darunter. Bei diesem Leid sind wir aufgefordert zu beten und aktiv dem Leid entgegenzutreten. Wenn wir es dennoch tragen müssen, dann ist das so. Aber wir dürfen um Versöhnung, Heilung, Segen und vieles mehr bitten. Anderes Leid wiederum ist schlicht Folge unseres Versagens. Wer Kette raucht, darf sich über die Raucherlunge nicht wundern. Wer verletzende Worte ausspricht, der wird Zerbruch ernten. Dass Gott aus diesem Leid wieder etwas Gutes machen kann, das steht dabei außer Frage. Paulus spricht vom Leid, und er kann es deswegen tragen, weil er dem Heiligen Geist absolut vertraut und sich selbst nicht so wichtig nimmt! Er dient der Welt – die Welt hat nicht um ihn zu kreisen und ihn zufriedenzustellen. Eine schwere Botschaft – aber eine wichtige in schweren Zeiten. Und Gott ist (trotzdem) in all dem liebevoll dabei. Garantiert!

Wichtig ist nur, dass ich das Ziel meines Laufes erreiche und den Auftrag voll und ganz erfülle, den ich von Jesus, dem Herrn, erhalten habe – den Auftrag, allen Menschen die gute Nachricht von Gottes Gnade zu bringen. APOSTELGESCHICHTE 20,24B

Wann ist ein Auftrag Gottes abgeschlossen? In diesem Teilvers verbirgt sich etwas ganz Spannendes! Etwas Ungeheuerliches, das richtig verstanden eine große Freiheit und eine große Sicherheit gleichzeitig schenkt. Paulus will das Ziel des Lebenslaufes erreichen und seinen Auftrag von Gott her voll und ganz erfüllen. Nun: Der Auftrag, allen Menschen die gute Nachricht von der Gnade Gottes zu bringen, dieser Auftrag ist – vorsichtig gesagt – unerfüllbar. Alle Menschen? Paulus ... wirklich alle kannst du nicht meinen, oder? Nein, antwortet mir dieser Paulus: Ich meine alle Menschen, die Gott mir in meinen Weg stellt und die er für mich vorbereitet. Wie viele das sind, das weiß ich nicht. Ich stutze bei dieser Antwort. Frage bei Paulus nach: Aber woher weißt du dann, wann dein Auftrag erfüllt ist und du das Ziel erreicht hast? Tja, antwortet mir Paulus. Der Heilige Geist weiß es jetzt schon. Er wird es mir zur gegebenen Zeit sagen. Dann darf ich den Auftrag loslassen und bekomme entweder einen neuen oder darf sterben und zu meinem Herrn gehen. Darauf freue ich mich! Ich staune über diese Antwort, aber sie ist die einzige logische und geistlich stimmige. Gott gibt dir und mir einen Auftrag und er wird auch seine Erfüllung kennen. So lange darf ich sehr frei und ohne mir Gedanken zu machen leben und dienen. Darf alles Taktieren und Planen loslassen und ihm vertrauen. Er wird leiten und lenken und dann auch: beenden. Besser und sicherer geht's nicht.

SEPTEMBER

21

Und weil wir auch füreinander verantwortlich sind, wollen wir uns gegenseitig dazu anspornen, einander Liebe zu erweisen und Gutes zu tun. HEBRÄER 10,24

„Freunde hat man in unserem Alter nicht mehr!“ So hat mir mal eine ältere Dame gesagt. Und in mir hat alles aufgeschrien: Das darf doch nicht wahr sein! Klar, man wird anspruchsvoller, vielleicht eigensinniger. Es wird schwerer, sich neu auf einen anderen Menschen einzulassen. Eine Jugendliche sagte letztens zu mir: „Ich habe viele sogenannte Freunde – aber hintenrum reden sie über mich und hauen mich in die Pfanne.“ Jeder scheint immer mehr für sich zu kämpfen ... und sie schloss mit den Worten: „Ich muss hart sein, um durchzukommen.“ Es ist in den letzten Jahren viel geschrieben und diskutiert worden über die Vereinsamung und die Vereinzelung. Darüber, dass viele Menschen nur wenige authentische Beziehungen haben. Über den Mangel an tröstenden Schultern und herzlichen Umarmungen. Peter Fox singt in seinem Lied „Schwarz zu blau“: Jeder hat n' Hund, aber keinen zum Reden! Bitter!

Vermeintlicher Themenwechsel: Eines der häufigsten Wörter des Neuen Testamentes? Es ist erstaunlicherweise das Wort „einander“. Einander lieben, ermutigen, hinterfragen, aufbauen und vieles mehr. Es geschieht nicht von selbst – es ist manchmal harte Arbeit. Aber so hat sich die Bibel Gemeinschaft gedacht! Es gibt eine Sache, die dieser Gemeinschaft zwischen Menschen Flügel verleiht: Die Gemeinschaft mit Gott. Wenn wir das erfahren und umsetzen, kann so eine heilsame Gemeinschaft entstehen; eine Gemeinschaft, die das Herz verändert. Vertikal, zwischen Gott und Mensch und horizontal, zwischen Mensch und Mensch. Gut zu wissen, dass Gott auf die Not und die Sehnsucht unserer Zeit gute Antworten kennt. Folgen wir ihm in ein wachsendes Netzwerk der wohltuenden Gemeinschaft!

Die Krüge fassten jeder zwischen achtzig und hundertzwanzig Liter. Jesus befahl den Dienern: „Füllt die Krüge mit Wasser!" Sie füllten sie bis zum Rand. JOHANNES 2,6B+7

Ich liebe diese Stelle. 600 Liter Weinnachschub sind das Ergebnis des ersten Wunders Jesus! Das passt gar nicht so in das Bild von einem enthaltsamen Jesus hinein, das in manchen Kreisen gepflegt wurde. Nein! Jesus hat gerne gefeiert und gegessen und geredet und genossen. Jüdische Feiern – das ist die pure Lebensfreude voller Musik und Tanz, voller Lachen und Weinen. Gleichzeitig voller geistlicher Tiefe und Symbolkraft. Biblische Feiern dienen nicht der Flucht vor dem Alltag – sondern scheinen im Leben verankert zu sein und deuten gleichzeitig auf etwas anderes hin: Auf die Feier Gottes und des Lebens, das er geschenkt hat!

Das Gegenteil: Komasaufen! Den billigen Wodka an den Hals setzen und in wenigen Sekunden herunterkippen. Feiern bis zum Augenstillstand. Als Flucht vor dem öden Leben, das entweder überfordert oder aussichtslos ist. Jetzt bitte nicht den Zeigefinger moralisierend schwenken: Wie könnt ihr nur, ihr bösen Jugendlichen! Christen sind nicht gegen etwas, sondern für etwas, das gutut! Die Bibel zeigt uns Feiern und Feste, die uns mit dem Leben, mit Gott, mit anderen Menschen verbinden und gleichzeitig voller Bedeutung sind! Ja, das große Bild für die Ewigkeit mit Jesus Christus ist ein Fest, ein Hochzeitsmahl mit Jesus Christus im Mittelpunkt! Als Gastgeber! Da wird es nicht nur Himbeerbrause geben ...

Christen dürfen echte Feiern vorleben! Feiern voller Sinnlichkeit und voller Lob Gottes. Voller Genuss der guten Gaben Gottes und voller Lebensfreude. Feiern, auf denen geweint und gelacht werden darf. Feiern, auf denen nicht betäubt, sondern befähigt wird. Lass dich einladen zur Feier deines Lebens!

SEPTEMBER

23

Und ihr habt an dieser Fülle teil, weil ihr mit Christus verbunden seid – mit ihm, der das Oberhaupt aller Mächte und Gewalten ist. KOLOSSER 2,10

In einem Witz diskutieren Gott und ein Engel über die Fertigstellung des Menschen:

Engel: „So, geschafft – du hast den Menschen fertig bekommen!"

Gott: „Stopp, da fehlt noch etwas. Ein kleiner Zeh!"

Engel: „Wieso kleiner Zeh, wozu soll der gut sein?"

Gott: „Warte es ab. Ich sag nur: Möbel. Das wird lustig!"

Herrlich der Witz, nicht wahr? Aber so ist es eben nicht. Obwohl es so sein könnte, denn Gott hat Humor, und das Tischbein und der Schmerz im kleinen Zeh erinnern uns an eine enorm wichtige Lektion des Lebens, gerade in schweren und dunklen Zeiten. Denn was geschieht in solchen Momenten? Wir klagen über das, was passiert, und werten dabei meistens auch noch kräftig: „Ach Herr, warum muss das jetzt auch noch schiefgehen! Ich bin echt so ein Dummkopf!" Nicht gut. Gar nicht gut. Klagen ist gut – aber was folgt dann daraus? Hoffentlich nicht, im Klagen stecken zu bleiben und es gegen sich zu wenden. Das wäre fatal und würde eine emotionale Abwärtsspirale in Gang setzen und den Umständen und den Gefühlen eine Macht geben, die sie nicht haben und auch nicht haben dürfen! Der Vers dagegen macht deutlich, was wir für eine Würde und Fülle in uns tragen, weil wir mit Christus verbunden sind – wörtlich: in ihm sind! Unglaublich. Und er nimmt uns in die heilsame Pflicht, die zugleich eine wertvolle geistliche Übung ist: Sprich über deinem Leben nicht aus, was schiefläuft und du über dich empfindest, sprich aus, was du in Christus bist und wo du hineinwachsen darfst! Dann sprichst du in Übereinstimmung mit Gottes gutem Willen und es geschehen Wunder.

Jedes Mal, wenn ich im Gebet an euch denke, danke ich meinem Gott für euch alle. PHILIPPER 1,3

Gäbe es Dankbarkeit auf Rezept, müsste es verschrieben werden. So viel Gutes bewirkt diese geistliche Haltung und die daraus strömende Aktivität in unserem Leben. Denn Danken richtet sich an Gott. Schaut von unserem begrenzten Leben weg auf den, der alles gibt. Danken richtet auf. Man bleibt nicht mehr nur bei sich, sondern dehnt sich aus. Sofern man wie hier der Apostel Paulus auch noch für andere Menschen dankt, dehnt man sich sogar gewaltig aus! Plötzlich kommt aus dem Herzen ein Gebet, und dieses umfasst einen selbst, den Herrn als Ansprechpartner und andere Menschen! Es entsteht ein riesiger unsichtbarer Bereich des Friedens Gottes. Denn wer dankt, spricht gleichzeitig Gutes und Segensreiches aus gegenüber sich selbst und der unsichtbaren Welt! Das tut allen Beteiligten mehr als gut.

Ein englischer Pastor erzählt von seinem geistlichen Kampf gegen ein Bordell in dem Stadtviertel, in dem seine Kirche steht. Tag für Tag geht er auf die gegenüberliegende Straßenseite des Bordells und verflucht den Laden! Er möge weichen im Namen Gottes! Doch das Bordell floriert. Irgendwann geht ihm das Wort Jesus im Herzen ganz weit auf, das aussagt, dass wir nicht fluchen sollen, sondern segnen! So beginnt er für die Menschen im Bordell zu danken und sie zu segnen. Innerhalb kurzer Zeit schließt das Bordell. Zufall? Mag sein. Für Menschen zu danken und sie zu segnen, die einem vielleicht nicht unbedingt nahe sind (vorsichtig gesagt!) – das ist eine der sichersten Methoden, das eigene Herz zu befrieden und Menschen etwas Herrliches zu schenken: Gegenwart Gottes. Ohne dass diese es wissen und wissen müssen. Das ist die sanfte Macht der Kinder Gottes, durch Dank und Segen die Welt zu verändern!

SEPTEMBER

25

Da erschien ihm der Engel des Herrn und sprach zu ihm: Der Herr ist mit dir, du tapferer Held! RICHTER 6,12

Mich fasziniert Priming! Nie gehört? Ist das ein Kautabak? Ein Zweikomponentenklebstoff? Alles falsch – es geht um ein Prinzip der Wahrnehmung. Auf was für Ideen wir kommen, hängt ab von der vorherigen Fokussierung. So werden Schüler besser in der Schule, wenn man den Lehrern vorher gesagt hat, dass sie hochbegabt sind (obwohl sie es nicht sind). Oder wenn Menschen eine Studie über alte Menschen lesen, gehen sie hinterher langsamer als ohne die Lektüre. Oder ein humorvolles Beispiel: Es gibt Menschen, die sich darauf spezialisieren, in englischer Popmusik deutsche sinnlose Sätze zu entdecken. Hat man aber erst mal von diesen Sätzen gehört, kann man die Lieder gar nicht mehr anders hören! „I've got the power" von Snap ist ein legendäres Beispiel. So wie sie es singen, kann man darin „Agathe Bauer" hören statt „I've got the power". Weiß man das einmal, muss man jedesmal lachen, wenn man diese Musik auch nur hört. Das ist Priming. Fokussierung beeinflusst entscheidend das, was wir anschließend denken.

Dieses göttliche Prinzip ist eminent wichtig für unseren Umgang mit uns selbst. Wir verändern uns in das, auf was wir uns fokussieren. Hängen wir in dunklen Gedanken, Selbstabwertungen und düsteren Zukunftsvisionen fest, dann werden wir kaum das Gegenteil erreichen. Göttliches Prinzip? Ja: Gott sieht in dir dein Potenzial – das, was du sein wirst, und nicht das, was gerade schiefläuft. Gideon zum Beispiel wird gerade eben erwählt und stellt sich am Anfang, vorsichtig gesagt, wenig heldenhaft an. Wie begrüßt ihn der Engel? Tapferer Held! Das WIRD er sein. Er IST es noch lange nicht. So sieht dich Gott, so schaut dich Jesus an. Immer! Priming! Zeit, es ihm nachzumachen.

Ihr sollt außerhalb des Lagers einen Platz bestimmen, wo ihr eure Notdurft verrichtet. Haltet Schaufeln bereit, grabt ein Loch, ehe ihr euch hinhockt, und macht es nachher wieder zu. 5. MOSE 23,13+14

Ach, ist das herrlich, wenn die Bibel so richtig handfest und praktisch wird! Genauso herrlich ist, dass man an solchen Versen sehr entspannt erkennen kann, dass Gottes Wort eben auch Wort in die jeweilige Zeit hinein ist und wir diesem Vers nicht mehr gehorchen müssen. Wir haben Wasserspülung und keine Lager mehr, in denen wir wohnen.

Aber was können wir noch aus diesem Vers lernen? Jede Menge! Denn man darf sich ja schon mal fragen: Was hat denn Gott gegen Notdurft? Ist die schlecht? Sie gehört doch genauso zur „sehr guten" Schöpfung? Aber natürlich. Der Vers danach erstaunt zuerst und bringt dann weiter: „Euer Lager muss rein sein, denn der Herr, euer Gott, ist mitten unter euch, um euch zu schützen und euch den Sieg über eure Feinde zu geben (Vers 15a)". Neben der Hygienevorschrift gibt hier Gott seinem Volk auch eine Lektion darüber, dass etwas, das vor Gott nicht bestehen kann, nicht ins Lager gehört. Daran sollen sie jedes Mal denken, wenn es um Stuhlgang geht: Sünde, also seelischer Sch... Gott sagt: Ich wohne unter euch, bleibt sauber in jeder Beziehung. Was machen wir heute damit? Wir verbuddeln nichts mehr. Und auch im Umgang mit der Sünde hat sich etwas getan: Nicht wir müssen die Sünde aus unserem Herzen beseitigen – Gott macht es. Unsere Aufgabe ist das Anstellen der geistlichen Wasserspülung: Sich neu unter das Kreuz stellen. Darüber jubeln, dass Gott bereits alles gereinigt hat. Und dann ganz praktisch: Den Auslöser zur Sünde auf Distanz bringen und verbuddeln. Auch ohne Schaufel. Damit wir nicht neu verführt werden zur Sünde. Von der Schaufel zur Wasserspülung – danke Gott!

Jesus betete: „Vater, vergib ihnen, denn sie wissen nicht, was sie tun!" LUKAS 23,34

Mich faszinieren Mangroven. Diese knorrigen Gewächse mit den langen Wurzeln stehen im Salzwasser in den Übergangszonen vom Meer zum Land. Mangrovengürtel sind undurchdringliche Dickichte, die kilometerbreit sein können. Was mich an diesen Pflanzen fasziniert? Nun: Salzwasser halt. Können wir von Salzwasser leben? Nein – wir sterben davon. Mangroven schaffen das. Sie verarbeiten die ungenießbare Flüssigkeit durch ein ausgeklügeltes Filtersystem. Wurzeln nehmen das Wasser auf und leiten es an Blätter ganz oben in der Pflanze weiter, die mit sogenannten Salzhaaren und anderen Mechanismen ausgestattet sind und das Salz einfach ausscheiden können. Man sieht auf diesen Blättern dann Salzkristalle. Unglaublich, oder? Vorbildhaft.

Ich wünsche mir einen ähnlichen Mechanismus. Wenn mich ein Mensch mit ungerechten Worten oder Verurteilungen überhäuft, dann möchte ich dieses giftige Etwas von meinen getroffenen Persönlichkeitsbestandteilen (die gerne aus Schmerz zurückschlagen würden oder sich zumindest zurückziehen wollen) weiterleiten an die Teile meines Charakters, die reifer sind und Verantwortung übernehmen können. Um dann angemessen zu reagieren und nicht instinktiv aus dem Bauch heraus. Jesus macht das vor. Er wird geschlagen, verspottet, gequält. Glauben wir allen Ernstes, das habe ihm nichts ausgemacht? Jesus war kein Halbgott mit Teflonherz, an dem alles abperlt! Aber er hatte sich so in der Liebe zu seinem Vater zentriert, dass er reif reagieren konnte: Mit Vergebung. Petrus hatte die gegenteilige Reaktion kurz vorher demonstriert und einem Soldaten ein Ohr abgehauen. Ich möchte von Jesus lernen und mehr und mehr Mangrove werden.

Seid besonnen, seid wachsam! Euer Feind, der Teufel, streift umher wie ein brüllender Löwe, immer auf der Suche nach einem Opfer, das er verschlingen kann. 1. PETRUS 5,8

Diese Bibelstelle ist voller Missverständnisse und muss dringend neu entdeckt werden. Denn sie macht Angst! Passt bloß auf! Der Teufel kommt! Er will verschlingen – also: töten. Das Heil in Christus wegnehmen. Das Leben zerstören. Tod bringen. Das assoziieren wir automatisch mit dem Bild eines brüllenden Löwen. Und so ist es vielfach in Predigten und Büchern überliefert worden. Aber ist das die einzige Lesart? Sind nicht der Teufel und die gottfeindlichen Mächte entmachtet und zum Spott gemacht worden?

Laut Paulus kann uns doch eigentlich nichts mehr trennen von Gott! Auch nicht die Gegenseite! Das macht nachdenklich gegenüber allzu großen Schreckensszenarien. Klar ist: Während Gott allgegenwärtig ist – der Teufel ist ein Streuner, er streift. Er ist also nicht überall gleichzeitig, selbst seine Helfer schaffen das nicht. Und er sucht nach Opfern. Das klingt nicht nach Festmahl! Dann würde er reißen und nehmen und schlingen und fressen – denn er trifft wahrlich auf genug Menschen. Tut er aber nicht. Er sucht. Er brüllt auch noch herum – großen Eindruck will er machen. Nachteil: Ein leises Heranschleichen und dann Überraschen ist das nicht. Wir werden gewarnt und können – so der folgende Vers – widerstehen. Kein Schreckensszenario. Wachsamkeit und Besonnenheit im Glauben reichen gegen ihn. Warum? Es gibt einen weisen Satz: Wenn du gegen Ratten kämpfst, nimm ihnen das Futter. Das ist der einfachste Weg. Der Teufel sucht nach Ansatzpunkten. Hast du durch deine Fokussiertheit auf Christus keine – hat er einfach Pech gehabt. Deswegen warnt Petrus im Vers davor vorm Sorgen. Wo der Blick auf Christus gerichtet ist und kein Futter geboten wird, brüllt – das Mietzekätzchen.

Der Sohn kann nichts von sich selbst aus tun; er tut nur, was er den Vater tun sieht. Was immer der Vater tut, das tut auch der Sohn. JOHANNES 5,19

Achtung! Freiheit und Entspannung warten! Jesus kann nichts aus sich heraus tun. Doch – natürlich konnte er sich morgens einen Nutella-Matzen schmieren und einen Kaffee dazumachen. Keine Frage! Aber alles von geistlicher Relevanz – kurz: Frucht – das tat sein Vater durch ihn, und er musste nur offene Herzensaugen bewahren und auf seinen Vater schauen. Erstaunlich, nicht wahr? Kein Halbgott, kein Magier, der es ja drauf hat, weil er der Sohn Gottes ist. Ein Mann wie du und ich. Diese totale Abhängigkeit wird weitergereicht an uns. In Johannes 15 beschreibt Jesus den Weinstock und die Reben (ich habe darüber schon in einer früheren Andacht geschrieben). In Vers 5 sagt er: „Ohne mich könnt ihr nichts tun." Zack! Wie reagierst du darauf?

Meine erste Reaktion früher war immer Ärger. Na toll! Ich bin zur Unfähigkeit verdammt. Dieser Vers übte Druck auf mich aus. Immer, immer, immer auf Jesus gucken und nur dann klappt es, etwas hervorzubringen, das Gott gefällt. Umkehrschluss: Wenn ich Schlechtes hervorbringe, dann war ich wohl kein guter Christ. Stopp! Es wird immer gefährlich, wenn man mit falscher Brille Verse liest und dann auch noch einen Umkehrschluss vollzieht. Als Kind Gottes gefällst du Gott! Unwandelbar, nicht schwankend. Punkt. Es gibt keine guten Christen – nur Kinder Gottes. Gott hält keine Wertungstafeln wie im Eiskunstlauf hoch. Dementsprechend müssen wir auch für ihn keine Pirouetten laufen. Ohne mich könnt ihr nichts tun – das ist die ultimative Befreiung. An ihm bleiben, auf ihn schauen – und leben. Das ist es. Mehr nicht. Keine Leistung. Anders gelingt dieses Fruchtbringen nicht. Freiheit!

Nur ein Gast bin ich auf dieser Erde, enthalte mir deine Gebote nicht vor. Zu jeder Zeit verzehre ich mich vor Sehnsucht nach deinen Rechtsbestimmungen. PSALM 119,19+20

Morgen geht es auf Vater-Tochter-Wochenende nach Wien. Ich packe in meinen Koffer, was ich nötig habe zu dieser Jahreszeit, und es entwickelt sich eine ganz seltsame Gefühls-Gemengelage. Einerseits Vorfreude und Spannung auf das Neue, andererseits Unruhe: Geht alles gut? Der erste Flug für meine achtjährige Tochter. Macht es ihr Spaß? Klappt alles? Ruhig werde ich erst morgen Mittag sein, wenn wir im Hotelzimmer angekommen sind. Koffer auspacken und für die nächsten Tage ein kleines Stück Heimat haben. Puh! Diese Zwischenzeiten aber sind seltsam ...

Das Leben als Kind Gottes ist Leben in der Zwischenzeit. Wir sind nur Gast auf dieser Erde. Das gilt für alle Menschen, erst recht aber für die, die sich zu Jesus halten und ihre Identität und ihren eigentlichen Lebensraum im „Himmel“ haben. Der Psalmist beschreibt das treffend und schiebt hinterher, was ihm dabei Halt gibt: Die Gebote und die Rechtsbestimmungen Gottes. Sie geben ihm Stabilität und Sicherheit im Leben auf dieser Erde. Sie sind ihm heilig. Dieser Vers kann vom Alten Testament her gelesen werden, aber durch die Erfahrung des Jesus Christus hindurch muss er anders gelesen werden: Denn das Wort Gottes ist lebendig und heißt Jesus, und der hat das Gesetz erfüllt. Wir schauen auf ihn – nicht mehr auf hilfreiche und gute Buchstaben. Man kann sich nur an eine Sache im Leben halten, und das Neue Testament macht klar: Du bist Gast auf Erden – halte dich an Jesus fest! Er ist dein Fels in der Zwischenzeit. Halte dich nicht an Gesetzen fest. Denn du kannst dich nur an einem festhalten. Und wenn du dich an Gesetzen festhältst, dann verlierst du den Halt in Jesus.

So ist es wohl, das Leben als Königskind: Unterwegs und dennoch zu Hause bei IHM.

Gib uns heute unser täglisches Brot.

MATTHÄUS 6,11

Start im Flugzeug ab Flughafen Köln/Bonn. Eben war ich noch mit meiner Tochter Merle durch Nieselregen vom Auto zum Shuttle gelaufen und dann mit diesem recht altersschwachen Gefährt, unter dem Gequietsche der Scheibenwischer, zum Terminal gekarrt worden. Nun sitzen wir leicht aufgeregt im Flieger nach Wien. Er startet, steigt, versinkt im trüben Wolkengrau und die nächsten Minuten sind turbulent, wackelig und düster. Urplötzlich durchstößt der Flieger die obersten Wolkenschichten: blauer Himmel pur. Dazu ein ruhiger Flug. Strahlende Sonne. Wunderbar. Aufatmen.

Diese Szene, die sich ja bei jedem bewölkten Tagflug so wiederholt, fasziniert mich. Ein ganzes Stück eines gesunden Glaubens hat genau damit zu tun: Mitten in den grauen und zäh nebeligen Abschnitten des Lebens, manchmal auch nur eines Tages, die Perspektive zu verändern und Richtung Gott aufzusteigen. Hierbei geht es nicht um Flucht vor dem dumpfen, schmerzhaften Leben, sondern um einen echten Perspektivwechsel. Dieser gelingt nur durch den grauen Nebel hindurch, nicht an ihm vorbei. Aber dann kann man neu erleben: Hinter jedem Lebensgrau steckt ein Himmelsblau. Weiter Horizont, wo es vorher eng war. Licht im Dunkel. Es ist einfach da. Es liegt an uns, den Aufstieg zu wagen, den Jesus führt. Er will dich hineinführen in diese erweiterte Realität, die so unwirklich erscheint, wenn der zähe Alltag die geistlichen Augen vernebelt. Wenn wir es brauchen, will er uns jeden Tag damit versorgen – als tägliches Brot. Jesus sagt: Es ist da. Immer. Und der Aufstieg beginnt an einem heiligen Ort, im Tempel, da wo Gottes Gegenwart wohnt: direkt in dir.

Schließlich wollten die zwei Männer gehen. Da rief Petrus: „Meister, hier gefällt es uns. Wir wollen drei Hütten bauen, für dich, für Mose und für Elia!" Petrus wusste aber gar nicht, was er da redete. LUKAS 9,33

Landung in Wien. Den Kopf voller Gedanken und gespannt, was alles passiert. Klappt alles? Wie ist das Hotel? Wie klappt das so zum ersten Mal mehrere Tage mit meiner achtjährigen Tochter?Sicher keine existenziellen Fragen, aber für einen Sicherheitsmenschen wie mich – nun ja – wichtig. Fakt ist: Ich kann nicht über den Wolken bleiben, wo die Freiheit eben nicht grenzenlos ist, sondern endet, wenn das Kerosin ausgeht. Wie die Jünger des vertrautesten Kreises um Jesus müssen wir auch zurückkehren in die Niederungen des Alltags. Es ist nur menschlich, das geistliche Wohlbefinden optimieren zu wollen, und Hütten bauen zu wollen, wo es einfach gut ist. Aber erstens ist das noch nicht die neue Welt und zweitens sollen wir nicht von der Erde in den Himmel flüchten, sondern ein Stück Himmel im Namen Jesu auf diese Erde bringen. So müssen es auch die Jünger erleben, die nicht nur ins lärmende Tal hinabsteigen müssen, sondern dort auch noch auf einen Jungen treffen, der sich vehement der Heilung widersetzt. Es klappt einfach nicht. Erst das Eingreifen Jesu heilt ihn und lehrt die Jünger – und bringt ein Stück Himmel auf die Erde. Wir sind in einem permanenten Schwingen zwischen dem Einnehmen einer himmlischen Perspektive und dem Ruhen in seiner Gegenwart auf der einen Seite – und auf der anderen Seite der Erdung: der Verbindung von eben dieser himmlischen Perspektive mit dem knallharten Alltag. Schwingen wir nicht, rutschen wir in eine schiefe Glaubenspraxis, die das Evangelium kraftlos (nur Erde) oder irrelevant (nur Himmel) macht. So soll sich Glaube im Spannungsfeld zwischen sichtbarer und unsichtbarer Welt bewähren. Mittendrin: wir. Genau hier dabei: Jesus. Spannend!

OKTOBER 3

Alles, was atmet, lobe den Herrn! Halleluja!

PSALM 150,6

Ich laufe mit meiner Tochter durch Wien und als ich nach unten schaue, lächelt mich ein Smiley an und ermuntert mich: Atme tief! Immer wieder erblicke ich diese Aufforderung auf den Asphalt gesprayt und jedes Mal lächele ich, richte mich auf und atme tief ein und aus. Achtung: in den Bauch! Denn achtzig Prozent der Deutschen atmen falsch. Beim Einatmen ziehen sie die Schultern hoch und den Bauch ein – dabei sollte sich der Bauch nach vorne wölben, weil erst dann der größte Teil der Lunge gefüllt werden kann (durch Absenkung des Zwerchfells). Die flache Atmung in die Brust hat nur einen Vorteil: sie kaschiert den fehlenden Sixpack. Genauer: die Speckrollen darüber. Ansonsten sorgt sie für Probleme. Denn so werden viele Giftstoffe ungenügend ausgeschieden und unser Körper erhält nicht die mögliche Sauerstoffdosis. Test: Atme tief und langsam in den Bauch, pausiere kurz, und dann atme doppelt so lang wieder aus. Wiederhole es zehn Mal. Vermutlich bekommst du ein Gefühl des Schwindels. Das sollte eigentlich nicht passieren – aber dein Körper denkt: Juhu, jetzt kriege ich eine Überdosis!

Atmen ist aber auch eine geistliche Frage. Denn im Hebräischen wie im Griechischen ist der Begriff „Atem“ gleichzeitig das Wort für den Geist – aber auch für das Leben. Gott haucht uns seinen Atem ein. Leben heißt atmen und atmen heißt Gott loben können. Beim Singen atmen wir automatisch besser, und nur wer gut und tief atmet (mit Stütze), kann gut singen. Wer richtig atmet, versorgt sich gut. Jede Zelle atmet auf. Mein Sohn Ole fragte als Sechsjähriger einmal: „Wenn Gott überall ist, atmen wir ihn doch ein?“ Natürlich! Auch wenn er in uns wohnt, dürfen wir mit dem Atmen beten. Seinen Frieden einatmen und Sorge und Unfrieden ausatmen. Ist das esoterischer Firlefanz? Nein! Biblisch begründete Spiritualität. Gott schenkt uns den Atem. Nutzen wir ihn zum Leben und Loben.

Macht euch keine Sorgen um den nächsten Tag! Der nächste Tag wird für sich selbst sorgen. Es genügt, dass jeder Tag seine eigene Last mit sich bringt. MATTHÄUS 6,34

223 Minuten. Fast vier Stunden. So viel sieht jeder Deutsche im Durchschnitt jeden Tag fern. Und macht nebenher noch so manches andere. Eine Bekannte erzählte mir, der Griff zur Fernbedienung sei schon fast ein Reflex, wenn sie nach Hause kommt. Das Fernsehen läuft einfach im Hintergrund mit. Sie sagte allerdings noch etwas: Die stetig rappelnde Kiste verhindere ein echtes, tief gehendes Gespräch mit ihrem Mann ...

Wissenschaftler nennen das Multitasking, das gleichzeitige Tun von mehreren Dingen: Beim Aufstehen die Morgenandacht hören, während des Frühstücks die Zeitung lesen und auf dem Handy die neusten Mails prüfen, im Hintergrund das Morgenmagazin. Oh, wie kenne ich das! Dieselben Wissenschaftler stellen aber auch fest, dass Menschen, die so leben, letztlich uneffektiv leben und wenig achtsam. Das Gehirn schaltet dauernd hektisch zwischen verschiedenen Aufgaben hin und her und kann nichts mehr richtig wahrnehmen. Die Achtsamkeit geht verloren, und das wird dann tragisch, wenn es sich beim Gegenüber nicht um eine Aufgabe, sondern um einen Menschen handelt – oder auch um Gott.

Sorgt euch nicht um den morgigen Tag, es reicht das Heute! Mit seinen eigenen Herausforderungen. Jetzt leben, nicht in der Zukunft, nicht in der Vergangenheit. Das ist die Definition von Achtsamkeit. Jesus warnt damit vor einer frühen Form des Multitasking. Ein Umdenken und „anders Leben“ wird aber nur gelingen, wenn wir es zunehmend schaffen, den Alltag verantwortlich zu gestalten: Inseln der Achtsamkeit im Kleinen schaffen. Nur eine Sache machen, die aber fokussiert. Stille aushalten. Beim Heute bleiben – wie Jesus es uns zur Entlastung ins Herz schreibt. Da fängt es an.

OKTOBER **5**

Macht den bestmöglichen Gebrauch von eurer Zeit, gerade weil wir in einer schlimmen Zeit leben. EPHESER 5,16

Als Kind habe ich immer fasziniert auf die großen Uhren an Bahnsteigen gestarrt, die auf der Zwölf eine bedeutungsvolle Pause machten – die Zeit schien für einen Augenblick still zu stehen. Unsere Zeit – das ist zuerst einmal eine Erfindung. Armbanduhren gab es den größten Teil der Menschheitsgeschichte nicht, die Kirchturmuhr ist auch erst im Mittelalter entstanden. Quarzuhren vermitteln uns den Eindruck, Zeit sei zerhackt, dabei fließt sie. Zeit kann unendlich schnell gehen, wenn wir einen lieben Menschen nur einmal im Jahr besuchen; sie kann sich ziehen, wenn wir auf den Zahnarzt warten. Zeit ist relativ. Und doch räumen wir einer Erfindung wie der Zeit eine unglaubliche Macht ein. Hat die Zeit uns oder haben wir die Zeit? Ist unsere Zeit ge-füllt oder er-füllt? Gestalten wir unser Leben aktiv oder werden wir vom Leben getrieben und reagieren nur noch?

Gott hat uns die aktive Rolle geschenkt: die Verantwortung, voranzutreiben, schöpferisch zu sein. Als seine Verwalter sollten wir die Erde gut pflegen und kreativ füllen. Dass da etwas schiefgelaufen ist, ist augenscheinlich. Doch was? Unser Vers hilft hier weiter. Denn die schlimme Zeit ist eine Zeit, in der Menschen getrieben werden von allem Möglichen und kein Zentrum haben, an dem sie sich orientieren können. Die schlimme Zeit ist eine Zeit, in der Menschen sich selbst zum Gott machen. Dabei möchte Gott sie zum wahren Menschen machen. Erfüllte, gute Zeit, das ist Zeit, in der Gottes Friede herrscht. Dieser aber wird geschenkt – wenn wir, und das meint der Bibelvers, innehalten und nach dem Zentrum unseres Lebens fragen und ihm folgen. Von diesem Zentrum her können wir beginnen, unsere Zeit aktiv zu gestalten. Und dann verliert sie ihre beängstigende Macht und kann uns nicht länger gefangen halten.

Im selben Augenblick merkte auch Jesus, dass eine Kraft von ihm ausgegangen war. Er drehte sich um und fragte die Leute: „Wer hat mein Gewand berührt?“ Seine Jünger erwiderten: „Du siehst doch, wie sich die Menschen um dich drängen, und da fragst du: ‚Wer hat mich berührt?‘“ MARKUS 5,30+31

Mit meiner Tochter zum ersten Mal in einer Stadt wie Wien unterwegs zu sein, war wieder eine Lehrstunde in Serendipität. „Seren“ – was? Der Begriff stammt aus dem persischen Märchen „The Three Princes of Serendip“ – Serendip ist eine alte Bezeichnung für Sri Lanka, also Ceylon. Diese drei Prinzen sind auf dem Weg zu ihrem Ziel und stellen irgendwann fest, dass sie wie nebenher großartige Entdeckungen machen, mit denen sie nicht gerechnet hatten. Genau das ist das Prinzip der Serendipität. Ich trödelte mit Merle durch Wien und wies sie auf die großartigen Bauwerke hin – sie nickte fleißig, wirkte aber eher desinteressiert. Was sie interessierte, waren kleine Entdeckungen am Wegesrand. Eine Puppe im Fenster. Ein lustiges Bild. Eine Zeichnung an der Mauer: Entdeckungen wie nebenher, und ich denke manchmal: Das sind die wirklich spannenden und wichtigen. Aber man braucht in Serendipität geschulte Sinne, die ihre Antennen weit geöffnet haben. Wer sich nur funktional auf ein Ziel fokussiert, wird die Schönheit am Wegesrand nicht wahrnehmen können.

Jesus ist auf seinem Weg durch das Gedränge. Jeder normale Mensch würde sagen: Nichts wie schnell durch, durch diese Menschenmasse und das Ziel erreichen! Jesus behält seine Wachsamkeit, spürt seinen Körper, spürt aber vor allem auch seine geistliche innere Bewegung, die zarten Signale des Heiligen Geistes. Tausend Berührungen – aber er spürt die eine. Und es kommt zu einer der bewegendsten Geschichten des Neuen Testaments. Nimm dir Zeit, schärfe die Sinne – auch die des Geistes – und entdecke deine Welt.

OKTOBER

7

Ihr seid das Licht der Welt. Eine Stadt, die auf einem Berg liegt, kann nicht verborgen bleiben. MATTHÄUS 5,14

Ich gehöre mit meinem Jahrgang 1967 noch zu denen, die zur Bundeswehr mussten. Ich war zu diesem Zeitpunkt auch nicht Christ – dementsprechend habe ich es auch ohne ideologische Bedenken gemacht und habe dort auch viele gute Dinge erlebt. Ich erinnere mich noch an eine Nachtwanderung in der Grundausbildung. Es war stockfinster trotz der vorhandenen Nähe zu Hamburg. Neumond. Dunkel. Zur Demonstration der Wirkungskraft von Licht im Dunkeln ließen die Offiziere in einem Kilometer Entfernung einen Soldaten eine Zigarette anzünden. Eine kleine Zigarette und ein Feuerzeug hinter der abschirmenden Hand. Obwohl wir einen Kilometer entfernt waren, sahen wir den vorher verborgenen Soldaten sofort! Seitdem ist mir klar: Licht hat Kraft, unendlich viel Kraft!

Dennoch vergesse ich dieses Prinzip immer und immer wieder und beginne gegen die Dunkelheit zu kämpfen. Aber so etwas wie Dunkelheit gibt es physikalisch gar nicht! Dunkelheit definiert sich als Abwesenheit von Licht. Sie hat keine eigene Qualität. Also kann ich auch nur begrenzt gegen sie kämpfen. Aber ich kann Licht anmachen. Denn dort, wo Licht hineinkommt, verschwindet Dunkelheit sofort. Dort, wo Jesus Raum gewinnt, weichen die Gegenkräfte. Christen kämpfen also nicht gegen etwas – auch nicht gegen das Dunkel in sich selbst, sondern geben dem Raum, der längst als Licht in ihnen ist: Jesus selbst. Jesus sagt: Ihr seid das Licht. Ihr seid eine Stadt, die nicht verborgen sein kann – warum bitte lasst ihr es dann nicht zu? Warum verbergt ihr euch freiwillig? Jesus sagt nicht: Ihr könntet Licht sein, wenn ihr weniger sündigt, mehr Stille Zeit haltet, netter seid. Nein: Ihr SEID Licht. Identität! Es ist mehr Arbeit, das zu verstecken, als es einfach zuzulassen und zu erleben, wie die Dunkelheit weicht.

Es pflegten sich ihm aber alle Zöllner und Sünder zu nahen, um ihn zu hören. Und die Pharisäer und die Schriftgelehrten murrten und sprachen: Dieser nimmt Sünder an und isst mit ihnen! LUKAS 15,1+2

Und du willst Christ sein? Du machst doch dieses xyz?!“ Einen solchen meist entrüstet vorgetragenen Satz habe ich immer wieder in meinem Leben gehört. Dabei kann das xyz als Variable verstanden werden, die je nach christlicher Sozialisation für vermeintlich berechtigte Empörung beim Fragenden sorgt. Im Rheingau empört man sich in manchen Freikirchen über Christen, die rauchen, aber nicht über solche, die gerne Wein trinken. Weinanbaugebiet halt. Im Saarland dagegen ist es genau anders herum: Tabakanbaugebiet. Manchmal sind solche Animositäten eben doch sehr kulturell und eben nur vorgeschoben biblisch begründet. Oder aber: Wie kannst du als Christ in diese Kneipe gehen? In diesen Film? Mit diesen Menschen reden? Dich mit diesem Thema beschäftigen? Um es klar zu sagen: Es gibt sicherlich Dinge für Christen, die ziemlich eindeutig nicht gut sind und nicht nach dem Herzen Gottes. Gut, wenn wir Geschwister haben, denen wir vertrauen, und die uns ohne erhobenen Zeigefinger und den Klang moralischer Überlegenheit darauf hinweisen. Das gehört dazu und ist wichtige Korrektur. Spannend wird es da, wo kulturell, religiös oder familiär bedingte Prägungen unhinterfragt biblisch begründet als Vorwurf geäußert werden: Wie – du engagierst dich in der Politik? In der Bürgerinitiative? Du triffst dich mit diesen Menschen, ja weißt du denn nicht ...? Jesus Markenzeichen war es, genau das zu tun, was die Superfrommen wirklich ätzend fanden. Ohne Berührungsängste. Es ist ein gutes Zeichen unserer Sprachfähigkeit, wenn uns Menschen, die sonst nie einen Gottesdienst betreten würden, lieber zuhören und mit uns über Glauben reden, als die Frommen. Wir sollten in der Tat mehr in Jesus Fußstapfen gehen. Auch in diesem Aspekt.

Und Gott hatte am siebten Tag sein Werk vollendet, das er gemacht hatte; und er ruhte am siebten Tag von seinem ganzen Werk, das er gemacht hatte. 1. MOSE 2,2

Lass doch mal deine Seele baumeln! Dauernd lässt irgendwer die Seele baumeln und Angebote wollen uns dazu verhelfen. Wo kommt eigentlich dieser nervige Satz her? Von Kurt Tucholsky aus seinem Roman „Schloss Gripsholm". Also noch relativ frisch als Redewendung. Dabei klappt das nicht – Seele baumeln lassen. Menschen arbeiten sich fast zu Tode und fahren dann in den Urlaub und wollen die Seele baumeln lassen. Und stellen dann fest: Es geht einfach nicht. Im lesenswerten Erklärungsansatz zum Thema Erschöpfung und Burn-out von Horst Krämer heißt es: „Auch fünf Wochen werden bei diesem Versuch der Entspannung nichts bringen. Man wird durch Nichtstun nicht munterer, vor allem wenn einem bei der Rückkehr ins Alltagsleben das Gleiche erwartet, das man bisher schon als energieabsaugend empfunden hat. Die Lösung liegt in Aktivität und im Wechsel von Anspannung und Entspannung ..."

Es geht also um Mikrorhythmen, kleine Wechsel von Ruhe und Anspannung, ganz alltäglich. Es ist quer durch alle Lebensbereiche im wahrsten Sinne des Wortes not-wendig, Rituale, Hobbys, Aufgaben, Leidenschaften zu finden, die einem die Möglichkeiten geben, aktiv zu entspannen, spielerisch zwischen Anspannung und Entspannung zu wechseln. Einen solchen Wechsel kann man übrigens sehr gut bei Jesus beobachten. Phasen der Anspannung und der Anforderung wechseln ab mit Feiern, Festen, Ruhepausen und Rückzug. Dieser Mikrorhythmus hat eine geistliche Dimension, die grundlegend ist. Gottes Schöpfungshöhepunkt war nicht der Mensch – es war die Ruhe. Die ausgerechnet er nicht nötig hatte, uns aber ins Stammbuch geschrieben hat. Schwingen wir mit Jesus – zwischen Anspannung und Entspannung.

Und Petrus nahm ihn beiseite und fing an, ihn zu tadeln, indem er sagte: Gott behüte dich, Herr! Dies wird dir keinesfalls widerfahren. Er aber wandte sich um und sprach zu Petrus: Geh hinter mich, Satan! Du bist mir ein Ärgernis, denn du sinnst nicht auf das, was Gottes, sondern auf das, was der Menschen ist. MATTHÄUS 16,22+23

Wie hart Jesus manchmal sein kann! Das passt so überhaupt nicht in das Bild des „lieben Jesulein" hinein, der immer sanft, freundlich und watteweich ist: Dieses Bild ist ein Zerrbild! Wahrheit und Liebe gehören immer zusammen – auch im Umgang mit sich selbst. Etwas ausschließlich mit Liebe zu betrachten und zu beurteilen, verkommt zur Bauchkraulerei, lediglich die Wahrheit als Maß anzulegen, zur harten Unbarmherzigkeit. Beides zusammen ergibt einen Entwicklungsraum, der gleichzeitig Schutz und Wachstums-Reize bietet.

Jesus handelt genau so. Und gerade dann ist er genau so, wenn es um viel, ja um alles geht! Er nennt Petrus Satan, weil dieser ihn in einer ganz wesentlichen Sache versucht! Er will ihn vom vorher bestimmten Weg abbringen – menschlich absolut verständlich. Für Jesus ist das aber eine brutale Versuchung, der er allzu gern nachgeben würde, es aber aus Gehorsam nicht kann und will. Petrus meint es gut, aber bringt Jesus in eine immense Spannung. Deswegen reagiert dieser so hart und unbarmherzig und beschränkt damit auch in sich alle Stimmen, die da „hochploppen": „Ja, das wäre schön, länger zu leben. Meine Freunde nicht zu verlieren. Nicht gefoltert zu werden. Leben und atmen zu dürfen."

In ähnlichem Maße dürfen auch wir mit Gedanken umgehen, die uns bedrängen und grundlegend vom Weg abbringen wollen. Auch hier hilft – wenn Verständnis und seelsorgerisches Hinschauen nicht weiterführen – manchmal nur das klare STOPP! Es reicht! Hinter mich! Bestraft Jesus den Petrus hier? Bestrafen wir dann eigene Gedanken, die falsch sind? Dazu morgen mehr ...

Und Petrus nahm ihn beiseite und fing an, ihn zu tadeln, indem er sagte: Gott behüte dich, Herr! Dies wird dir keinesfalls widerfahren. Er aber wandte sich um und sprach zu Petrus: Geh hinter mich, Satan! Du bist mir ein Ärgernis, denn du sinnst nicht auf das, was Gottes, sondern auf das, was der Menschen ist. MATTHÄUS 16,22+23

Warum ist Jesus so grob zu Petrus? Muss ich auch mit solchen Worten rechnen, wenn ich etwas sage, was nicht in Ordnung ist, obwohl ich es gut meine? Wir haben festgestellt, dass Jesus aufgrund der großen Versuchung so reagiert. Aber was geschieht nun? In vielen Übersetzungen wird Petrus weggeschickt! Weg mit dir! Genau diese Leseweise hat sich in uns festgesetzt. Logisch: Jesus verwendet ein drastisches Schimpfwort, also wird Petrus wohl auch „auf sein Zimmer geschickt". Das kann in verzagten Gemütern Angst erzeugen. Lesen wir diese Aufforderung durch die Brille der Liebe.

1) Ist Petrus identisch mit Satan? Nein! Aber Jesus sieht den Widersacher hinter Petrus am Werk. Der arme Kerl weiß es nur nicht.

2) Kommen alle Versuchungen vom Satan? Das wäre eine unzulässige Verallgemeinerung. Jakobus (Kap. 1) sagt deutlich, dass sie im Normalfall aus dem eigenen Herzen kommen. Aber hier geht es um weit mehr. Hier geht es um den Verlust der Berufung!

3) Dieses Gespräch findet VOR Ostern statt. Das Kreuz ändert alles! Deswegen müssen Geschichten oft unter dem Aspekt betrachtet werden, ob sie VOR oder NACH dem Kreuz stattgefunden haben. Das Kreuz besiegt Satan, auch wenn dieser noch kämpft.

4) Was macht Jesus wörtlich? Er schickt ihn zurück HINTER sich: in den Gehorsam der Nachfolge. Ist das eine Strafe? Nein! Was ist man hinter Jesus bei einem Angriff? Sicher! Jesus bestraft nicht, er schützt Petrus. Fühlen wir uns angegriffen von außen oder von quälenden Gedanken, gibt es einen sicheren Ort: hinter Jesus. Immer.

Dabei gab es in dieser bewaldeten Gegend viele wilde Bienenvölker, sodass überall Honig zu finden war. Gerade zu dieser Zeit flossen die Waben über. Doch kein Israelit wagte, von dem Honig zu essen, zu sehr fürchteten sie Sauls Drohung. 1. SAMUEL 14,25+26

Wenn wir nicht das genießen und wahrnehmen, was Gott uns schenkt, werden wir irgendwann bei dem landen, was er verbietet. Gott ist kein Gott des Dauerfastens und der Askese, sondern er versorgt – und das überströmend, wie es immer wieder quer durch die Bibel beschrieben wird. Saul aber ist Feldherr und tobt in seinen Rachegedanken. Also verflucht er jeden, der etwas isst, bevor nicht alle Feinde an diesem Tag besiegt sind. Die Soldaten bekommen Angst und gehorchen ihrem militärischen und geistlichen Herrn. So laufen sie hungernd mitten im Kampf an den herrlichen tropfenden Honigwaben vorbei, die dort an den Bäumen hängen, und werden schwächer und schwächer. Irgendwann ist trotzdem der Feind besiegt. Die ausgehungerten Männer stürzen sich auf das tote Getier der Feinde und essen es direkt aus den Blutlachen der Schlachtung. Für fromme Israeliten ein Gräuel! Die Tiere mussten nach Gottes Willen ausbluten! Warum aber passiert das? Weil vorher der Genuss des Honigs durch eine unsinnige Anordnung verboten war. Ach, Saul!

Dieses System finden wir immer wieder. Wird der rechte Gebrauch nicht geübt, findet ungerechter Verbrauch statt. Beispiel: Alkohol. Der zeitweise Genuss in Grenzen ist rechter Gebrauch. Das aber muss eingeübt werden (es sei denn, man möchte grundsätzlich keinen Alkohol trinken). Ansonsten droht Alkohol zur Betäubung zu werden, die nicht mehr nach Gottes Willen ist. Oder Sexualität, die wir partnerschaftlich genießen dürfen und sollen. Tun wir das nicht, drohen von Gott nicht gewollte Fehlformen. Genießen wir die herrlichen Dinge, die uns Gott schenkt in vollen Zügen und mit allen Sinnen. Zu unserem Schutz.

OKTOBER

13

Ihnen wollte er zu erkennen geben, welch wunderbaren Reichtum für die nichtjüdischen Völker dieses Geheimnis umschließt. Und wie lautet dieses Geheimnis? „Christus in euch – die Hoffnung auf Gottes Herrlichkeit!“ KOLOSSER 1,27

Reichtum des Geheimnisses: Christus in dir! Das will ich entdecken! Es gibt eine geistliche Regel, die lautet: Licht zieht Licht an und Dunkel zieht Dunkel an. Wenn ich dauernd Umgang mit „dunklen“ Menschen habe, dann wird mich das runterziehen ins Dunkel. Wenn ich Gutes tue und „Licht“ aus mir herausströmen lasse, dann wird das weiteres Licht erzeugen und anziehen. Ich denke, jeder hat diese Erfahrung schon gemacht. Lächele Menschen an – und sie lächeln zurück. Behandele sie unwürdig und du wirst wenige Freunde haben. Lebe aus deinen dunklen Sätzen über dich und sie erfüllen sich. Glaube dem, was Gott über dich sagt, und du wirst heller.

Doch was hat das für Konsequenzen für uns in Bezug auf „Christus in dir“? Nun: Der Himmel wird von dir zu jeder Tages- und Nachtzeit angezogen: Alles im Himmel möchte dir nahe kommen. Warum? Weil das hellste Licht der Welt in dir ist: Christus! Er ist in dir, auch wenn du fällst, wenn du sündigst, wenn du dir dessen nicht bewusst bist. Wir sind Licht, weil Christus in uns lebt. Und dieses Licht zieht den Himmel, die unsichtbare göttliche Welt permanent an.

Was hat diese Einsicht für Konsequenzen? Wir dürfen von uns weg auf Jesus schauen, der gerne durch den Geist in uns lebt. Gerne! Immer! Zu oft denken wir: Der Himmel verschließt sich, weil wir nicht fromm genug sind oder zu wenig für Gott machen. Schauen wir auf das Dunkle, das wir zu Lebzeiten noch produzieren werden, oder auf dunkle, falsche Sätze über uns – dann empfangen wir auch Dunkel. Gib Christus in dir Raum. Öffne deine Hände. Empfange. Schau auf das Licht.

Als mir der Herr dies alles zeigte, fing ich am ganzen Leib an zu zittern. Seine Worte ließen meine Lippen beben, der Schreck fuhr mir in die Glieder, ich konnte mich kaum noch auf den Beinen halten. Jetzt warte ich sehnsüchtig auf den Tag, an dem das Unheil über dieses Volk hereinbricht, das uns angegriffen hat. HABAKUK 3,16

Was ist ein Trauma? Früher dachte man, Traumata widerfahren nur Menschen, die im Krieg sind oder die Missbrauch, Vergewaltigung erleben müssen. Heute wissen wir aus Psychologie und Seelsorge, dass Traumata gerade bei sensiblen Menschen häufiger sind. Trauma entsteht da, wo wir hilflos und machtlos sind. Ausgeliefert. Wenn wir nicht fliehen, aber auch nicht kämpfen können. Kleine Kindern können weder fliehen noch gegen Erwachsene kämpfen und sich wehren. Deswegen wirken z. B. Erniedrigungen bei Kindern so traumatisch.

Alle Säugetiere kennen traumatische Erfahrungen – aber sie gehen damit anders um. Während wir oft erstarren, beginnen sie zu zittern. Dieses neurogene Zittern beseitigt die Traumaspannung aus dem Körper, die dieser sonst speichert. Wir Menschen unterdrücken dieses Zittern meist und speichern so schwere Lebenserfahrungen und bekommen Rückenprobleme und vieles mehr.

Habakuk bekommt von Gott einen Blick in dessen gewaltiges und gewalttätiges Handeln. Er wird das Volk befreien und gleichzeitig die Feinde beseitigen. Habakuk zittert, bebt, spürt den Schrecken in seinen Gliedern: eine Traumareaktion. Gott ist groß und gewaltig, fliehen kann man nicht vor ihm, gegen ihn kämpfen auch nicht. Dieser Gott ist gefährlich! Mächtig.

Wenn ich bei diesem Vers stehen bliebe und das Neue Testament ausblendete, dann würde es mir nicht anders gehen. Wie gut, dass uns Jesus Christus das Herz des Vaters zeigt und wir ohne Zittern selbst nach Versagen zum Thron kommen dürfen. Aber auch Gott bleibt nicht beim Zittern des Habakuk stehen …

Und doch will ich jubeln, weil Gott mir hilft, der Herr selbst ist der Grund meiner Freude! Ja, Gott, der Herr, macht mich stark; er beflügelt meine Schritte, wie eine Gazelle kann ich über die Berge springen. HABAKUK 3,18+19

Habakuk lebt in einer traumatisierenden Umgebung und erlebt zusätzlich einen gewaltigen, fast beängstigenden Gott. Gut – dieser Gott ist auf seiner Seite, aber Habakuk ist sich nicht sicher, ob das so bleibt. Menschen, die Trauma erlebt haben, stellen sich immer wieder eine Frage: Bin ich sicher? Ist dieser Gott sicher? Aber hey – er wird uns befreien! Daran möchte ich festhalten, auch wenn ich davon noch nichts spüre (Vers 17). Ich WILL mich einfach darauf verlassen.

Doch Gott scheint an dieser Stelle einzugreifen. Die Stimmung kippt plötzlich wie im Traumalehrbuch. Denn es gibt eine Sache, die einem zitternden, verängstigten Menschenkind in einer solchen Situation helfen kann: Bindung. Bindung hilft gegen Ausgeliefertsein. Aber Bindung ist etwas sehr Persönliches, Herzliches, Warmes – nicht die gewaltige Zusage eines machtvollen Gottes! Doch urplötzlich ändert sich die Sprache. Gott selbst ist Grund seiner Freude! Nicht mehr das, was er tut, sondern das, was er IST. Und Habakuk spürt prompt etwas ganz Neues. Wie sein Zittern und Zagen beendet wird und etwas anderes Raum greift in ihm: Stärke, Beflügeltsein, Beweglichkeit wie eine Gazelle! Das schafft Bindung beim Größten – bei Gott.

In diesen wenigen Zeilen gibt uns Gott einen frühen Vorgeschmack auf das Evangelium. Er selbst macht es und es reicht. Das zu begreifen, ebnet den Weg aus den Verletzungen und Wunden des Lebens. Gott schenkt in Christus eine so starke Bindung, die das Weltall zusammenhalten könnte. Diese Bindung zu entdecken und in sie hineinzuleben – das heilt die Traumata des Lebens mehr und mehr. ER hat einfach an alles gedacht.

Wenn es aber jemand unter euch an Weisheit mangelt, so erbitte er sie von Gott, der allen gern und ohne Vorwurf gibt, so wird sie ihm gegeben werden. JAKOBUS 1,5

Ich gönne mir immer wieder einmal Auszeiten. Eine Woche raus in die Stille. Danach fragen mich liebe Leute: „Na? Gut erholt?" Und ich kann nur mit der Hamburger Band „Fettes Brot" sagen: „Äh, jein!". Klar, man kommt zum Schlafen, bewegt sich an der frischen Luft. Aber sonst? Bin ich nun wieder neu belastbar, vielleicht sogar stärker belastbar als vorher? Mein Fazit mag sich frustrierend anhören, ist aber ganz und gar nicht so gemeint. Ich nehme vor allem eins deutlicher wahr: meine Grenzen. Ich bin sensibler geworden für Müdigkeit, Erschöpfung und innere Grenzen – die in verschiedenen Rhythmen im Kleinen jeden Tag mal erreicht werden und im Großen wöchentlich, monatlich ... In gewisser Weise bin ich also schneller an der Grenze, weil ich sie eben wahrnehme und nicht mehr überspiele, überarbeite, verachte und breche.

Die Missachtung eigener Grenzen aus einem Leistungsdenken heraus ist oft nichts anderes als gelebter Atheismus. ICH kann das, ICH schaffe das auch noch, ICH bin stark, das kriege ich auch noch hin! Der Machbarkeitswahn, der keine Grenzen anerkennt, raunt uns zu: „Streng dich mehr an, achte nicht auf deine Grenzen, überspringe sie! Arbeite härter, werde fitter, du kannst noch mehr schaffen! Und mach dir keine Gedanken über die Konsequenzen."

Gott zog es vor, einen Tag Pause zu machen nach der Schöpfung – obwohl er es nicht nötig hatte. Und wir denken, wir kommen auch so durch? Ich jedenfalls habe es nicht geschafft ... Die Angebote Gottes sind jedenfalls reine Entlastung. Immer wieder macht er Mut: Erkenne deine Begrenztheit und verlass dich auf mich. Sei Geschöpf und lass mich dein Schöpfer sein, damit du nicht erschöpft bist. Frag mich – ich helfe dir gern!

OKTOBER 17

Aber jetzt sagt der Herr, der euch geschaffen hat, (...): „Hab keine Angst, Israel, denn ich habe dich erlöst! Ich habe dich bei deinem Namen gerufen, du gehörst zu mir.“ JESAJA 43,1

Als ich angefangen habe, in Aachen Informatik zu studieren, bekam ich an dieser Riesenuni eine Matrikelnummer. Fortan war ich die 42654. Ein eigenartiges Gefühl. Ich habe doch einen Namen! Nummern entmenschlichen. Den Namen nicht mehr zu hören und statt dessen als eine anonyme, kalte Nummer registriert zu sein, das weckt dunkle Erinnerungen an Konzentrationslager in aller Welt oder an die vielen Opfer der letzten Katastrophen, die zu bloßen Ziffern werden: 1000 Tote, 5000, 10.000. Unzählbar, anonym ... gruselig. Ich spüre unweigerlich: Menschen sind immer mehr als eine Nummer und wehre mich dagegen.

Ich denke daran, dass es bei der Namensgebung ursprünglich um mehr ging als um eine reine Modeerscheinung – was gerade „in“ ist, all die Justins, Marlons und Emils: Es geht um den ganzen Menschen. Auch wenn der Vers aus dem Alten Testament stammt, so berührt er uns nicht weniger, denn jeder darf sich angesprochen fühlen, der durch Jesus Christus gerufen wurde und wird. Ich empfinde das Gerufensein als Schlüssel zum Menschsein. Der Name entspricht im Altertum dem Herzen, dem Innersten, dem ganzen Menschen. Gott sagt also – menschlich gesprochen – nichts anderes als: „Ich kenne dich in- und auswendig. Vom Mutterleib an. Du bist mir so vertraut, wie du dir selbst nicht vertraut sein kannst. Ich kenne deine Eigenarten, deine Gaben, Grenzen, deine Verletzungen. Vielleicht denkst du selten an mich, ich denke aber immer an dich. Ich habe dein Foto an meiner Kühlschranktür und betrachte es liebevoll.“

So ist Gott. Lass dich heute von ihm rufen. Er macht dich zur Person.

Liebe Brüder und Schwestern! Betrachtet es als Grund zur Freude, wenn euer Glaube immer wieder hart auf die Probe gestellt wird. Denn durch solche Bewährungsproben wird euer Glaube fest und unerschütterlich. JAKOBUS 1,2+3

Kakao möchte man nicht sein, das habe ich im Schokoladenmuseum in Köln gelernt. Die geernteten Kakao-Früchte werden mit Macheten aufgeschlagen und auf Bananenblättern ausgebreitet. Das weiße, zuckerhaltige Fruchtfleisch beginnt daraufhin zu gären und entwickelt dabei Temperaturen von etwa 50 °C. Ganze 10 Tage dauert dieser Vorgang, und währenddessen entwickelt die Kakaobohne ihre Aromastoffe sowie ihre Farbe. Und dann erst die Schokolade: Von der Kakaobohne angefangen wird gemahlen, gemischt, gewalkt, gepresst, verteilt, erhitzt, gekühlt und schließlich stundenlang conchiert, was so eine Art „Dauervermanschung" ist und sehr lecker aussieht. Wenn ich mir vorstellte, Schokoladenbestandteil zu sein, dann wäre dieser Prozess wohl weniger lustig und führte zum Schleudertrauma.

Was mir dabei hängen blieb: Jede Form von Veredelung bei Nahrungsmitteln hat irgendwie mit Stress, Belastungen, Zerreißproben, Druck oder Hitze zu tun. Warum nur, glaube ich also viel zu oft, es würde bei uns Menschen anders laufen? Auf die sanfte Tour? Lässig und cool Veränderung erfahren ohne persönlichen Aufwand und ohne Kosten? Richard Rohr, ein amerikanischer Franziskanerpater sagt, dass eine Erkenntnis am Anfang eines menschlichen Reifeprozesses steht: Das Leben ist hart. Was heißt das in der Konsequenz? Dass wir menschlich nicht reifen, wenn wir glauben, dass sich alles um uns dreht, dass alles leicht und locker sein muss und jede schwere Phase des Lebens als persönlichen Angriff auffassen. So denken Kinder – Erwachsene sollten weiter sein. Erprobungen müssen wir nicht lieben – aber wir können sie als Reifeprozess ansehen. Das ändert vieles.

OKTOBER

19

Wie unreine (Menschen) sind wir alle geworden, unsere ganze Gerechtigkeit ist wie ein schmutziges Kleid. Wie Laub sind wir alle verwelkt, unsere Schuld trägt uns fort wie der Wind. JESAJA 64,5

Dürfen wir uns selbst loben? Uns auf die Schulter klopfen? „Fein gemacht, Christof!" Ich denke ja! Wertschätzung auszudrücken und sich selbst anzuerkennen, dass man etwas Gutes geleistet hat, das ist eine gute Seelenhygiene. Selbstverachtung und Geringschätzung werden von manchen Menschen in die Bibel hineingelesen – herauslesen kann ich das nicht. Denn problematisch wird es erst, wenn wir das Gute, das wir geschafft haben, nutzen, um Gott zu beeindrucken und unseren Stolz zu nähren und uns so unseren Wert und unsere Identität daher ableiten. „Ich bin doch klasse! Ein echter Held. Ich hab's drauf." Wer meint, seine eigene Gerechtigkeit erzeugen zu können, der begibt sich auf rutschigen Untergrund. Selbstgerechtigkeit ist nicht Gerechtigkeit. Gerecht gesprochen wird man von Gott!

Nun klingt der Vers heute sehr hart. Was? Meine Gerechtigkeit ist wie ein schmuddliges Gewand? Paulus setzt später noch einen drauf: Er hätte ja wahrhaftig eine Menge vorzuweisen an guten Taten, an Frommsein und alles richtig machen. Aber das alles betrachte er als Müll! Dreck! Das soll eine frohe Botschaft in diesem Buch sein? Ich finde sie herrlich! Paulus erkennt seine guten Werke an. Er muss sie nicht schlechtreden. Aber haben sie Bedeutung? Findet Gott sie prima und sagt: Du brauchst meinen Sohn nicht, du bekommst das auch so hin? Eben nicht. Ein solches Denken endete unmittelbar im Leistungsglauben. Denn was ist, wenn ich gerade nicht „gut" bin? Nein – Gott schafft Gerechtigkeit. Unsere Aufgabe ist es nicht mehr, Gerechtigkeit zu erarbeiten, sondern sie zu entdecken. Was für eine Befreiung!

Wälze dein Tun auf Jahwe, dann gelingen deine Pläne.
SPRÜCHE 16,3

Wie bringst du Gott zum Lachen? Erzähl ihm von deinen Plänen. Dieser etwas böse Spruch zeigt aber eine biblische Wahrheit: Dass Gott durchaus andere Pläne mit uns haben kann als wir. Aber dürfen wir deswegen nicht planen? Typisch deutsch entscheiden wir uns hier für ein Entweder-oder, anstatt – jüdisch gedacht – ins Sowohl-als-auch, also ins Spannungsfeld hinein zu gehen. Ja, Gott hat immer wieder andere Pläne als wir – damit ist zu rechnen und das tut auch gut. Denn so hängt unser Leben nicht an unserer Weisheit, sondern Gott nimmt manchmal die Sache in seine Hand, um uns an sein gutes Ziel zu bringen. Auf der anderen Seite gilt aber auch: Planen ist erlaubt. Ja, dieser Vers aus den Sprüchen stellt die Sache geradezu auf den Kopf. Ich dachte zuerst: Ist das falsch übersetzt? Muss es nicht heißen: Vertraue dem Herrn deine PLÄNE an und er lässt dein TUN gelingen? Spannenderweise nicht! Der Vers geht davon aus, dass es wichtig ist, sein Tagewerk Gott anzuvertrauen! Die wie ich finde sehr passende Übersetzung macht deutlich: Das ist auch nötig! Denn dieses Werk ist oft genug Last, überwältigend im Umfang, manchmal nicht zu schaffen. Wie gut tut es da zu beten: „Herr, ich gehe jetzt Schritt für Schritt und wälze mein Tun auf dich ab. Lenke du meine Schritte, ebne den Weg, schenke Gelingen.“ Eine wohltuende Entlastung. Die zweite Entdeckung in diesem Weisheitsspruch ist: Wenn ... dann! Wenn du deinen alltäglichen Weg Gott gibst, dann gelingen deine Pläne. Weil alle Pläne gut sind? Ganz sicher nicht deswegen. Vielmehr, weil das tägliche Abwälzen und in Gottes Gegenwart Gehen nah ans Vaterherz führt und unsere Pläne immer mehr mit den Plänen seines Herzens in Übereinstimmung bringt. Was für eine Perspektive!

So machte er sich auf den Weg zu seinem Vater. Dieser sah ihn schon von weitem kommen; voller Mitleid lief er ihm entgegen, fiel ihm um den Hals und küsste ihn. LUKAS 15,20

Wie oft habe ich diese Geschichte von den beiden verlorenen Söhnen schon gelesen, wie zentral ist diese Erzählung für unser Gottesbild! Und auch – wenn wir ehrlich sind – wie ausgelutscht. Immer und immer wieder haben Christen diese Geschichte gehört. Da schaltet man leicht ab, wenn man auch nur die ersten Worte hört. Aber es lohnt sich, sie trotzdem neu zu lesen. Denn so durchbricht diese Geschichte die Ebene des Intellekts und der Emotionen, weil sie vermeintlich langweilig geworden ist und keine großen Gefühle mehr auslöst. Und kann so durch das „Zig-mal-gehört-Gefühl" hindurch unseren Geist erreichen und berühren. Eine gute Art, die Bibel zu lesen, wie sie auch von Dietrich Bonhoeffer nahegelegt wird: Eine Woche lang dieselbe Bibelstelle lesen, damit Intellekt und Gefühl müde werden und der Geist erreicht werden kann.

Heute morgen habe ich diese Geschichte wieder gelesen und mich – ja – gelangweilt. Ich kenne das schon von mir. Aber plötzlich wird eine Ebene tiefer eine Saite angeschlagen. Der verlorene Sohn war ja IMMER geliebt. Über alles. So zeigt uns Jesus seinen Vater – Gott selbst. Dieser liebt nicht erst wieder, als der Sohn umkehrt. Er liebt kontinuierlich. Das mögen wir nun längst verstanden haben. Was mich daran neu bewegt: Man kann wissen, dass der Vater unabänderlich liebt – aber dennoch so leben, als täte er es nicht. Verzagt, ängstlich, zweifelnd, vor dem Vater weglaufend. Mir geht es nicht darum, diese Haltungen zu verurteilen, sondern: Ich bete dafür, dass bei mir und dir dieses Wissen um die unabänderliche kontinuierliche Liebe des Vaters die Tiefenschichten unserer Persönlichkeit erreichen kann, damit wir auch in diesem Bewusstsein, in dieser Haltung leben können, damit dies zu unserem Basis-Lebensgefühl wird. Was würde das alles verändern?

Da warf Ruth sich vor ihm nieder und fragte: „Womit habe ich das verdient? Warum beachtest du mich, obwohl ich eine Ausländerin bin?“ RUTH 2,10

Es sind dunkle Zeiten in Deutschland. Busse mit Asylanten werden von aufgebrachten Menschenmengen empfangen, die Frauen und Kinder mit Hass überschütten. Die Gesichter dieser Menschen im Bus spiegeln nackte Angst, traumatische Starre. Überall passiert das, nicht nur in Deutschland. Wie gut, dass immer noch eine Mehrheit der Menschen so etwas nicht machen würde. Als ich diese Bilder sah, wurde mir zuerst schlecht, und dann wurde mir klar: In diesem Bus sitzt Jesus und bekommt die Schmährufe ab, den Hass, die Verachtung, die Engstirnigkeit. Gott hat sich immer auf die Seite der Schwachen und Verfolgten gestellt und gegen die Etablierten, die auf ihrem Besitzstand saßen. In Jesus ist er sogar solidarisch mit den armen Menschen geworden. Er ist einer von ihnen geworden und lässt durch seinen Sohn sagen, dass alles, was wir den Geringen antun, IHM antun. Im Guten wie im Bösen. Diese Wesensart Gottes ist uralt. Sie findet sich bereits bei seinen Nachfolgern im Alten Testament wie eine strahlende Prophetie auf das Kommende. Boas schützt Ruth, die Ausländerin. Er versorgt sie, er bewahrt sie vor den Übergriffen seiner Arbeiter, die sie vermutlich respektlos angegrabscht hätten. Oder Ärgeres. Sie war ja „nur“ eine Frau, eine Ausländerin dazu. Christen, die Jesus nachfolgen, tragen auch die DNA von Boas in sich. Sie dürfen, nein, sie müssen aufstehen, wenn Schwache und Schutzsuchende angegriffen werden, und damit Liebe aus dem Herzen Jesus säen. Wir ernten, was wir säen. Und vielleicht sind wir eines Tages die, die Hilfe und Beistand nötig haben. Und ihn dann von Seiten erfahren, mit denen wir nicht gerechnet haben. Wem kannst du heute ein Stückchen von der Liebe Gottes zeigen?

OKTOBER

23

Später, als die Jünger mit Jesus allein waren, fragten sie ihn: „Warum konnten denn wir den Dämon nicht austreiben?" – „Wegen eures Kleinglaubens", antwortete er. „Ich sage euch: Selbst wenn euer Glaube nur so groß ist wie ein Senfkorn, könnt ihr zu diesem Berg sagen: ‚Rücke von hier nach dort!', und er wird dorthin rücken. Nichts wird euch unmöglich sein." MATTHÄUS 17,19+20

Schon mal einen Stein im Schuh gehabt? Wie dumm man sich vorkommt, wenn man dann den Schuh auszieht und feststellt, wie klein dieser Stein war! Kein Felsbrocken, wie er sich subjektiv angefühlt hat, sondern – nun ja – ein großes Sandkorn. Wie kommen wir eigentlich auf die seltsame Idee, dass nur große Dinge Großes bewirken können? Vielleicht, weil uns das unsere Gesellschaft genau so lehrt: Think big! Denke groß! Viel hineinstecken – viel herausbekommen. In ganz wesentlichen Dingen ist das aber falsch! Man betrachte nur einmal einen Moskito. Winzig. Aber wenn er nachts in meinem Schlafzimmer ist, drehe ich durch. Dieses Hochtongeräusch! Die Sorge, dass er mich sticht. Vielleicht überträgt er ja auch noch eine Krankheit. Ich stehe auf, mache Licht an und bewaffne mich mit einer gerollten Zeitschrift. Das Viech muss ich erledigen. Nach zwei Stunden habe ich meine Überlegenheit als Homo sapiens bewiesen und ein kleiner roter Fleck ziert die Raufaser. Mmh ... Mensch gegen Mücke. Nur als Erinnerung. So viel zum Thema: kleine Ursache – ganz große Auswirkung.

Ähnlich geht es beim Gebet zu. Wir brauchen weder viel Kraft, viel Mut, viel Technik – wir brauchen nur unseren Kleinglauben loszulassen. Und einen Senfkornglauben an einen großen Gott zuzulassen und bewegen so einen Berg. Wie das? Weil dieser Gott – das Ziel unseres Glaubens – groß ist! Wir müssen es nicht sein! Das Einzige, das nie groß genug sein kann, ist das Zutrauen in eben diesen Gott. Das ist eine innere Haltung, an der wir arbeiten können und müssen. Den Rest? Macht er.

Wir alle aber, indem wir mit unverhülltem Angesicht die Herrlichkeit des Herrn anschauen wie in einem Spiegel, werden verwandelt in dasselbe Bild von Herrlichkeit zu Herrlichkeit, nämlich vom Geist des Herrn. 2. KORINTHER 3,18

Dunkelkammern. In den Zeiten der Digitalfotografie kennt man das kaum noch. In solchen wurden früher Schwarz-Weiß-Bilder entwickelt. Man hatte einen lichtempfindlichen Film und konnte diesen dann in einem solchen speziellen Raum öffnen und durch verschiedene Bäder (Entwicklerbad, Stoppbad, Fixierbad) aufs Papier bekommen. Profifotografen arbeiten heute noch gerne auf diese Weise. Bei diesen Fotos dienen dunkle Kammern dazu, das, was noch unsichtbar ist, herauszubringen. Der Film ist verkapselt – würde man ihn einfach öffnen, sähe man nichts! Wäre der Film immer nur dem Licht ausgesetzt, gäbe es paradoxerweise nie ein Foto. Erst die Entwicklung in der Dunkelheit ermöglicht das bleibende Bild.

Im Leben ist es nicht anders. Dunkelheit dient der Entwicklung, genauer gesagt: Wir sollen hineinentwickelt werden in das Bild Christi. Auch das geschieht – unter anderem – in der Dunkelheit. Als du geboren wurdest, hat Gott dir das Bild, das er von dir hat, in dein Herz geprägt. Das ist da. Aber es ist nicht entwickelt. Dann kommt das Leben: dein Versagen, deine Schuld, aber auch die Schuld anderer an dir. Du gehst deinen Weg, wirst vielleicht hart oder bitter. Die Dunkelkammern des Lebens sind es, die nachdenklich machen. Sie sollten dich ermutigen zu rufen: Herr, schenk du mir Licht! Dunkelkammern des Lebens zeigen die Bereiche, in denen wir mehr Sehnsucht nach Gott brauchen. Glaube und Taufe – das sind Entwicklerbad, Stoppbad, Fixierbad in der Dunkelkammer des Lebens. Wer darin wächst, entwickelt sich hinein in das Bild Christi. Nutze deine Dunkelkammern dazu und werde nicht bitter und verzagt in ihnen.

OKTOBER

25

Jedoch – kann Gott überhaupt auf der Erde wohnen? Ist nicht sogar der Himmel zu klein, dich zu fassen, geschweige denn dieses Haus, das ich gebaut habe? 1. KÖNIGE 8,27

Gott ist faszinierend groß. Unendlich groß – und das ist er auch, wenn wir ihn noch so klein machen. Umso wichtiger ist es, sich immer wieder an das zu erinnern, was dieser Vers ausdrückt, aber auch die Psalmen immer wieder bestaunen: Gott ist überwältigend groß und der Anbetung würdig. Nichts auf der Erde kann ihn fassen. Die Erde nicht, der Himmel nicht, kein Haus. Deswegen reden wir ja auch streng genommen nicht mehr vom Gotteshaus, wenn wir vom Gebäude einer Kirche oder Gemeinde reden. Gott wohnt da nicht. Er lässt sich dort nicht einsperren. Er ist größer als alles, was wir denken können – ja, größer als das Universum! Unglaublich. Unfassbar. Zum Niederfallen. Was verändert das, wenn wir diesen Gedanken an einen solchen souveränen, machtvollen und gleichzeitig liebevollen Gott zulassen?

Perspektivwechsel. Das Neue Testament ist ja nicht nur zeitlich etwas komplett Neues, weil es nach dem Alten Testament kommt und darauf aufbaut. Es ist ja auch etwas komplett Neues, weil die Wahrheit über Gott sich weiter entfaltet und immer mehr sichtbar wird, wie fantastisch und unglaublich unser Herr ist. Da sagt doch das Neue Testament an diversen Stellen etwas, das den Aussagen des Alten Testaments widerspricht. Vermeintlich. Aber eigentlich nicht – denn mit Jesus Christus ist eine neue Qualität, ein Quantensprung erfolgt. Was steht da? Dass Gott mit all seinem himmlischen Segen, in all seiner Herrlichkeit in denen wohnt, die ihm gehören, die ihm vertrauen wie ein Kind. Kein Universum kann ihn fassen, keine Erde, keine Kirche – aber du! Du darfst ihn beherbergen. Für immer. Was verändert diese Sicht in deinem Leben?

Wir leben zwar in dieser Welt, aber das heißt noch lange nicht, dass wir so kämpfen, wie die Welt kämpft. Die Waffen, mit denen wir unseren Kampf führen, sind nicht die Waffen dieser Welt. 2. KORINTHER 10,3+4A

Ganz arglos gehe ich in das Gespräch. Ich werde nach einem Gottesdienst angesprochen und alles beginnt wertschätzend und harmlos. Doch plötzlich wendet sich das Blatt. Ich spüre, wie die Stimmung eisiger wird, und dann fällt ein Satz, der wie ein Torpedo in meinem Herzen einschlägt. Ich spüre, wie meine Brust eng wird und meine Muskeln sich verkrampfen. Blut schießt mir in den Kopf und die Gliedmaßen. Fliehen oder kämpfen? Na, kämpfen doch wohl – ich bin ein Mann. Also schieße ich zurück; mit gepresster, nur äußerlich ruhiger, aber eigentlich bebender Stimme verlässt ein verletzender Satz meinen Mund und verletzt den anderen an seiner wunden Stelle. Ich kenne doch meine Pappenheimer und ihre Schwachpunkte!

Alltag. Vom Kindergarten bis zur Bahre. Manche Menschen erleben das seltener, aber das auch nur, weil sie zum Fluchttypus gehören und sich so schützen. Der Kampftypus wehrt sich durch Zurückschießen, und ähnlich wie bei einem realen Wettrüsten ist das nicht gut. Nie. Aber wie kommt man da raus? Heißt das nun, dass ich mir alles gefallen lassen muss? Nein – definitiv nicht. Grenzen setzen ist wichtig und notwendig. Aber wie? Paulus betont, dass wir gegen das Böse in der Welt und auch in uns nicht mit menschlichen Methoden kämpfen sollen. Denn das funktioniert nicht und ist dem Reich Gottes nicht mehr angemessen. Was angemessen ist – das sprengt hier den Rahmen. Aber damit wir dahin kommen können, es überhaupt herauszufinden, dazu müssen wir als Erstes die weltlichen Methoden des Kampfes verweigern. Strikt. Im Zweifelsfalle rausgehen und später weiterreden – aber sich weigern, zu kämpfen, wie die Welt kämpft. Das ist die Saat für eine Lösung.

OKTOBER

27

Welchen Wert hat schon ein Spatz auf dem Dach? Man kann zwei von ihnen für einen Spottpreis kaufen! Trotzdem fällt keiner tot zur Erde, wenn es euer Vater nicht will. Bei euch sind sogar die Haare auf dem Kopf alle gezählt. Darum habt keine Angst! Ihr seid Gott mehr wert als ein ganzer Spatzenschwarm. MATTHÄUS 10,29-31

Ich muss sechs Jahre alt gewesen war, als ich zum ersten Mal Blut sah. Ich rede von viel Blut. Es hätte mich schockieren müssen, und in der Tat hat es sich tief in mein Gedächtnis eingebrannt, aber wegen etwas anderem. Während Opa und die anderen Männer arbeiteten, tollte ich durch seine Werkstatt. Arbeitsrechtlich war mein Aufenthalt dort wahrscheinlich eine Katastrophe – all die Walzen, Sägen, Hobel, die sausenden Bänder der Bandsägen ... Ich durfte. Opa war da. Still und vertrauenerweckend. Plötzlich kam ein Arbeiter herein. Stumm vor Schock. Er zeigte mit seiner einen Hand auf seine andere Hand – von der nur noch ein Stummel übrig war – und ungläubig auf die abgetrennten Finger. Aus der Wunde strömte das Blut unaufhörlich. Ich war wie gelähmt von dieser unwirklichen Szene. Und mein Großvater? Er stellte ruhig seine Maschine ab, holte Verbandszeug und einen Behälter für die Finger und behandelte ruhig den komplett unter Schock stehenden Mann und brachte ihn weg ...

Dieser Kontrast hat sich bis heute in mir eingebrannt. Auf der einen Seite diese Extremsituation – und auf der anderen Seite mein Großvater: ruhig, gelassen, kompetent. Ihm war nichts an Elend fremd nach zwei Kriegen; er hatte das Wissen, die Souveränität und die Autorität eines Mannes mit viel Lebenserfahrung. Auf seinen Schoß durfte ich krabbeln und mich sicher fühlen. Dieses Bild von Geborgenheit und Sicherheit in der Gegenwart einer starken Autorität – das hat mich geprägt – und es begeistert mich bis heute, wenn ich an Gott denke. Denn so ist er – Papa Gott.

Du lädst mich ein und deckst mir den Tisch selbst vor den Augen meiner Feinde. Du salbst mein Haupt mit Öl, um mich zu ehren, und füllst meinen Becher bis zum Überfließen. PSALM 23,5

„Du schenkst mir voll ein." So übersetzt Martin Luther diese Bibelstelle. So hat es sich eingeprägt in unserem Unterbewusstsein. Doch Gott will mehr, kann mehr, tut mehr! Das zu wissen, ist wichtig, denn sonst gleichen wir einem Gefäß, das sich verschlossen hat, und wenn es dann mit einem Segensstrom übergossen wird, diesen nicht aufnehmen kann. Eigentlich steht hier ein Wort, das im Griechischen mit „perissos" übersetzt wurde: überströmend, überfließend, über alle Maßen. Gott ist maßlos: maßlos liebevoll und großzügig. Er ist kein Pfennigfuchser und Knauserer. In unserem Denken und vor allem Fühlen, erleben wir Gott vermutlich eher als ein Gegenüber, das uns „gerade so" in Christus annimmt. Auf eine gewisse Weise stimmt das auch. Wir haben es nicht verdient oder erarbeitet, sein Kind zu sein und mit ihm versöhnt zu werden. Aber das ist geistliche Realität in Bezug auf das Heil – beziehen wir aber diese Sicht auf unser alltägliches Leben IM Glauben, verdreht diese begrenzte Sichtweise das Wesen Gottes und verhüllt den Blick auf ihn. Gott ist großzügig über alle Maßen. Wir sind angenommen, das steht. Wir sind „kleine Christusse". Da ist nichts mehr Schmutziges und Falsches an uns in der Sichtweise unseres Vaters. Also enthält er uns auch nichts vor! Nichts!

Warum erleben wir dann nicht mehr Überströmendes: Weil wir erstens versuchen, selbst Fülle im Leben zu erzeugen, anstatt sie zu erwarten und zu erbitten und dann zu arbeiten. Und zweitens, weil wir ein zu enges und kleines Gottesbild pflegen. Ein solches Bild verengt das Herz und schließt die Hände. Der Segensstrom fließt, aber er rauscht an uns vorbei. Glaube an den überströmenden Gott, er ist über alle Maßen großzügig! Öffne die Hände und lass los.

OKTOBER

29

Da richtete sich Jesus auf, und da er niemand sah als die Frau, sprach er zu ihr: Frau, wo sind jene, deine Ankläger? Hat dich niemand verurteilt? Sie sprach: Niemand, Herr! Jesus sprach zu ihr: So verurteile ich dich auch nicht. Geh hin und sündige nicht mehr! JOHANNES 8,10+11

Jesus ist der große Ermöglicher! Er geht damit in ein Spannungsfeld hinein, das mich mehr und mehr verändert und auch das Potenzial hat, unsere Gemeinden und Kirchen zu verändern. Warum haben diese Verse eine solch umfassende Sprengkraft? Wäre Jesus ein moderner Liberaler, würde er sagen: „So verurteile ich dich nicht. Es ist alles prima. Bleib, wie du bist. Sei willkommen!" Wäre er gesetzlich, würde er der Frau sagen: „Du bist hier nicht willkommen – ändere deinen äußeren Lebensstil und dann komm wieder; so darfst du hier nicht sein!" Aber Jesus ist anders. Er sagt dir und jedem Menschen: „Sei willkommen und komm an. Komm zur Ruhe. Und ich werde dein Leben langsam und Stück für Stück von innen verändern." Aber sagt er der Ehebrecherin nicht: „Sündige nicht mehr (in dieser Sache)?" Ich habe weiter vorne schon davon geschrieben – hier noch einmal kurz: Er sagt es – und ermöglicht es. Denn er hat der Frau vorher ihre Scham genommen und sie zurückgeholt in ihre Würde. Er ermöglicht es, dass sie hier nicht mehr sündigen muss.

Das ist unser Weg der klaren Barmherzigkeit. Er fängt bei uns selbst an: Wir dürfen uns selbst mit unseren Entwicklungsbereichen willkommen heißen. Unser Fallen, Straucheln und Versagen darf vorkommen in der Gegenwart Gottes. Wir müssen es nicht verdrängen. Es ist okay. Paradoxerweise verändert uns genau diese Annahme in der Gegenwart Gottes in sein Bild. Er rettet uns – und er heiligt uns. Das ist eine Willkommens- und Ermöglichungskultur, die wir uns gönnen dürfen. Und allen anderen Menschen auch. Allen.

Lehre uns zu bedenken, wie wenig Lebenstage uns bleiben, damit wir ein Herz voll Weisheit erlangen! PSALM 90,12

Der schwedische Autor Tomas Sjödin erzählt eine herrliche Geschichte: „Meine Mutter hat eine lustige Nachbarin. Nachdem die beiden sich eine Weile unterhalten hatten, erzählte sie, wie sie ihren Tag beginnt: ‚Als Erstes geh ich raus und hole die Zeitung. Noch neben dem Briefkasten überfliege ich die Todesanzeigen, um zu schauen, ob meine dabei ist. Wenn nicht, geh ich rein und koche Kaffee.' Das ist auch eine Art, sein Verhältnis zur Zeit zu pflegen. Sie ignorieren und seinen Morgenkaffee trinken."

„Memento mori". So haben das die Mönche des Mittelalters genannt, und das war vermutlich eine Verballhornung des Begriffs „Memento moriendum esse" – was auf Lateinisch genau Psalm 90,12a übersetzt: Bedenke, dass du sterben musst. Für die Mönche war dieses Bedenken ähnlich wie für die lustige Nachbarin eine tägliche Übung. Morbide? Nein! Wir wissen vielleicht, dass wir sterben müssen. Aber haben wir es verinnerlicht? Meistens nicht. Denn das Nachdenken über das Thema Sterben und Tod weckt meist unangenehme Emotionen. Das tägliche Bedenken soll genau das ändern, denn ansonsten drohen wir den Tod zu verdrängen oder zu deckeln, bis er uns plötzlich eiskalt erwischt. Das Bedenken des Todes und der vielen kleine Tode im Leben – wenn Träume sterben oder wir schwächer werden –, das lehrt uns dagegen, den Augenblick wertzuschätzen und als kostbar zu empfinden. Wer den Gedanken an den Tod nicht immer schnell zur Seite schiebt, sondern sich mit ihm auseinandersetzt, der wird nicht mehr nach billigem Trost suchen, sondern existenziell in die Tiefe gehen. Und genau das möchte ich. Genau das brauchen wir.

OKTOBER

31

Gott sprach zu Mose: „Ich bin, der ich bin!" Und er sprach: So sollst du zu den Kindern Israels sagen: „Ich bin", der hat mich zu euch gesandt. 2. MOSE 3,14

Stell dir vor, du stellst dich bei einem Arbeitgeber vor. Er fragt dich: „Und Sie? Wie heißen Sie?" Du antwortest (bitte im coolen Clint-Eastwood-Tonfall): „Ich bin, der ich bin, und ich werde sein, der ich sein werde." Ich denke einmal, die Chancen auf den Job stünden nicht allzu hoch! Aber es wäre zumindest sehr lässig. Warum eigentlich? Weil die Aussage stark ist: Ich muss keinen Namen haben, ich muss mich auch nicht durch einen Namen begrenzen lassen, ich bin mir selbst genug und ich bin ich – das reicht! Ich bin ein SEIN. Jede weitere Bezeichnung beschränkt mich. Eine starke Aussage von einem Gott, der sich der Festlegung widersetzt. Später wird Jesus diese „Ich-bin"-Worte aufgreifen und auf seine Weise füllen und damit jedem glaubenden Juden klarmachen: Er zitiert das heilige Ich-Wort Gottes und stellt sich damit auf seine Stufe.

Unendlich viel Weises und Herrliches kann zu diesem Vers gesagt werden – mir brennt eins auf der Seele: Wir haben im westlichen Abendland aus Gott manchmal einen „Gott ist der, der segnet" gemacht. Oder „Gott ist der, der mein Leben verbessert". Das Wort Gottes zur Selbstvorstellung mahnt uns aber, dass er um seiner selbst willen liebt und geliebt werden will. So wie wir ihn irgendwie verzwecken, verlieren wir Gott als Zentrum und machen etwas anderes zum Ziel: seine Gaben. Das, was er tun soll. Das Problem an einer solchen Grundhaltung zu Gott ist: Was geschieht, wenn Segen, Optimierung des Lebens, Erfolg und Gesundheit ausbleiben? Dann kollabiert der Glaube. Ein Glaube aber, der Gott um seiner selbst willen folgt – der ist unabhängiger von Äußerlichkeiten und überdauert auch Krisen. Damit du sein kannst, was du eigentlich bist, glaube an den ICH BIN, DER ICH BIN.

Ja, noch ehe mir ein Wort über die Lippen kommt, weißt du es schon genau, Herr. PSALM 139,4

Solch ein Vers sorgt für Verknotungen in meinem Gehirn. Gott kennt die Worte, noch bevor ich sie spreche. Hm, gut. Also schaut er in mein Herz und sieht, wo diese Worte geformt werden, noch bevor ich sie ausspreche? Wie gehe ich dann mit negativen Worten um? Versuche ich sie nicht auszusprechen? Das wäre eine Möglichkeit, aber dann greift der Vers nicht mehr. Denn wenn ich sie nicht ausspreche, dann kennt der Herr sie ja auch nicht vorher. Und schon beginnt der Knoten immer mehr Verwirrung zu stiften ...

Dabei ist das alles hier gar nicht gemeint. Der Psalm 139 spricht in seinen Versen von der Gegenwart Gottes in meinen Lebensumständen. Ich kann (muss?) vor ihm nicht fliehen. Auch das kann Unbehagen auslösen – je nachdem, welches Gottesbild wir an dieser Stelle haben. Fühlst du nun Unbehagen, kann es sein, dass Gott dir durch diese Andacht sagen möchte: „Hey, arbeite mal an deinem Bild von mir. Denn für den Psalmbeter bedeutete dieses Wissen Trost! Freude! Wenn du nun Unbehagen oder gar Angst empfindest, kann es sein, dass du an einen falschen Gott glaubst."

Zurück zu den Worten, die über die Lippen kommen. Der Vers sagt etwas sehr Wohltuendes. Es geht im Glauben nicht um Sündenmanagement. Jenseits westlicher Logik sagt er: „Es bringt dir nichts, wenn du den Mund hältst und in deinem Herzen all den Groll und die Wut pflegst. Ich schau in dein Herz. Da möchte ich Ruhe reinbringen." Natürlich: Besser halte ich den Mund, als einen anderen zu verletzen. Aber halten wir NUR den Mund, verletzen wir uns selbst. Gott will aber GANZ erlösen. Deswegen verdeutlicht Psalm 139: Ich bin überall bei dir, in dir, um dich herum. Mir geht es um dich in allen Umständen, vom Herzen bis zum Körper. Lass uns anfangen mit der Verwandlung.

NOVEMBER **2**

Denn aus Gnade seid ihr gerettet durch Glauben, und das nicht aus euch, Gottes Gabe ist es; nicht aus Werken, damit niemand sich rühme. EPHESER 2,8+9

Ich bin als Jugendlicher sitzen geblieben. Die Geschichte dahinter erzähle ich stellvertretend für viele Menschen, denn sie findet sich so oder ähnlich häufiger als man denkt. Ich bin in einen schönen Kindergarten gegangen – aber schon dort erinnere ich mich an Leistungsdruck. Was das war, weiß ich nicht mehr genau, aber ich spürte das Gefühl von Versagen und Scham. Dann die Grundschule. Alles lief glatt, zu glatt, ich war ein guter Schüler, aber schnell gelangweilt. Unterfordert. Dazu eine Lehrerin, die eindeutig die Mädchen bevorzugte. Von da an ging's bergab. Ich rutschte in eine Spirale aus Faulheit, Versagen, Druck, Leistung, Scham. Leistungsdenken machte sich breit. Und auf dem Gymnasium ging es ähnlich weiter. Alles lief gut, bis ich einmal versagte und Druck bekam. Ab diesem Zeitpunkt blockierte ich – ich weiß nicht mehr warum. Blaumachen, schlechte Noten verschweigen, Faulheit, blaue Briefe abfangen. Wieder flog es auf, wieder peinliche Gespräche, schmerzende Sätze: „Der packt es nie! Der ist faul!" Wer einmal sitzen bleibt, der ist unten durch.

Es kam genau so. Ich blieb sitzen – und das war wie ein Befreiungsschlag. Ich startete durch und machte ein gutes Abitur. Und auch das Studium, das nun folgen sollte, war zwar anstrengend, aber ich biss mich durch. Doch in meinem Herzen war ein Schmerz: Du bist nicht gut genug! Du musst besser werden! Leistung, Versagen, Angst – das waren meine Kategorien, und noch immer war ich ein schüchterner junger Mann. Dann stolperte ich über eine christliche Studentengruppe. Plötzlich wurde eine Tür der Gnade aufgestoßen, durch die ich bis heute gehe. Die Kernsünde? Die Trennung von Gott. Eine furchtbare und zentrale Folge davon? Leistungsdenken. Eine Pest für die Seele. Der Weg der Freiheit? Jesus. Nur er.

Ich habe den HERRN stets vor Augen (wörtl: vor mich gelegt); weil er zu meiner Rechten ist, werde ich nicht wanken. Darum freut sich mein Herz und jauchzt meine Seele. Auch mein Fleisch wird in Sicherheit ruhen. PSALM 16,8+9

Realität: Ich wanke, und weil ich wanke, rufe ich den Herrn um Hilfe: Mir geht's nicht gut – Herr, hilf! Ich habe Angst – Herr, nimm sie weg! Wie verständlich ist diese Reaktion, und wir dürfen so reagieren – wie Kinder! Vielleicht ist dann aber auch einmal dran, nicht nur reaktiv geistlich zu handeln, sondern proaktiv, also vorbeugend! Damit ich insgesamt weniger wanke und schwanke. Nun geht es mir nicht um Lebensoptimierung nach der Masche: Wenn du alles richtig machst mit Gott, hast du ein glückliches und erfolgreiches Leben. Der Kontext des Psalms zeigt: Hier geht es um ein Freuen und Jauchzen mitten in Verfolgung, Tränen, Anfechtung. Es geht Gott um eine Freude, die innen wohnt und uns von innen wärmt – nicht um eine, die sich von äußeren Umständen nährt und dementsprechend Schwankungen unterworfen ist. Wie kann diese Freude denn angefacht werden? Vorbeugend und nicht erst, wenn es außen brennt? Indem ich mir Gott, wie er sich in Jesus offenbart hat, vor Augen halte, wörtlich: vor mich lege! Ich liebe diese wörtliche Übersetzung, denn sie zeigt: Das ist etwas Aktives, das ich tun kann! Das ist meine Verantwortung, mein Schritt, mein Weg. Immer neu auf Gott schauen. Ihn kennenlernen, mir vor Augen halten. Wenn sein Bild verblasst, ist es meine Verantwortung, es wieder lebendig zu machen und ins Zentrum meines Denkens und Fühlens zu rücken. Wenn ich es so betrachte, werde ich langsam eins merken: Er ist da. Mir zur Rechten. Diese Sicherheit ist der Zündfunke meiner inneren Freude.

NOVEMBER

4

Als Elisabeth den Gruß Marias hörte, hüpfte das Kind in ihrem Leib. Da wurde Elisabeth mit dem Heiligen Geist erfüllt und rief laut: „Du bist die gesegnetste aller Frauen, und gesegnet ist das Kind in deinem Leib!“ LUKAS 1,41+42

Ich habe eine wunderbare Tochter (neben einem tollen Sohn), die heißt Merle. Sie ist Weltrekordhalterin, obwohl sie erst 2007 geboren ist. Aber die Zeit nach ihrer Geburt war besonders. Sie wurde mit einem extrem schweren Herzfehler geboren, der bis in die Achtzigerjahre nicht hätte operiert werden können. Auch heute noch würde er in den meisten Ländern der Welt den sicheren Tod bedeuten oder wäre nicht bezahlbar. Die Kleine hatte eine Herzklappe zu wenig, ein Loch in der Scheidewand und keine Arterien zur Lunge; kurz: Sie wurde von Tag zu Tag schwächer. Sie wurde von großartigen Ärzten im Klinikum Aachen operiert und lebt. Bis heute. Dabei sah es zunächst nicht so gut aus: Zuerst wurden ihre Werte wieder schlechter – Spenderorgane müssen alle paar Jahre getauscht werden, insofern war das normal. Doch meine damalige Gemeinde in Eschweiler betete und die Werte wurden wieder die eines gesunden Kindes. Nun ist sie zur Zeit dieser Andacht acht Jahr alt – und eine OP nicht in Sicht. Weltrekord!

Warum erzähle ich das? Gott kennt Merle. Vom Zeitpunkt ihrer Zeugung an. Er hat sie im Mutterleib begleitet. Drei Viertel der Kinder, die einen solchen Herzfehler haben, werden abgetrieben. Die Bibel bezeugt: Gott kennt die Kinder im Mutterleib und spricht sie an. Das wäre auch so gewesen, wenn unsere Tochter es nicht geschafft hätte. Jeder Mensch ist gewollt. Unabhängig von Aussehen, eventueller Behinderung, Geschlecht, Größe. Gott kennt jeden Menschen von der Zeugung an und spricht: Du bist schön. Du bist gewollt. Du hast Würde. Auch du.

Und weil Jesus Christus den Willen Gottes erfüllt und seinen eigenen Leib als Opfer dargebracht hat, sind wir jetzt ein für alle Mal geheiligt. HEBRÄER 10,10

Wenn Gott dich in deinem Herzen anschreit, ausschimpft, niederdrückt – ist es nicht Gott! Was für eine grandiose Möglichkeit, unsere inneren Stimmen von dem leisen Reden Gottes zu unterscheiden! Doch warum kann ich da so sicher sein?

Wir Christen sind ein seltsames Völkchen. Wir betonen die Gnade Gottes in der Wiederherstellung der Beziehung zwischen Gott und Mensch. Wie gut! Aber wenn es um die Weiterentwicklung geht, ist es dann doch wieder Sache der eigenen Leistung, und die Gnade verweht mit dem Wind. Ich fühle mich schuldig gegenüber Gott, weil ich nicht genug gebetet habe, und bilde mir ein, dass er nun enttäuscht ist. Nur als Beispiel. Bekannt? In diesem Gefühl und dem dahinterstehenden Satz sind gleich mehrere Dinge falsch. Gott kann nicht enttäuscht sein. Er unterliegt nämlich keinen Täuschungen. Er wird mit uns leiden und mit uns kämpfen, wo wir unter unseren Möglichkeiten liegen – aber er ist kein Gott, der enttäuscht sein Haupt wiegt, wenn wir versagen. Er kennt unser Versagen bis zum letzten Atemzug und hat uns dennoch berufen. Unser Vers sagt: Die Gnade geht weiter. Wir SIND bereits ein für alle Mal geheiligt. Das Kreuz und die Liebe Gottes durch seinen Sohn reichen nicht nur für die Versöhnung, sondern auch für die Verwandlung. Wenn Gott dich und mich also anschaut, sieht er einen bereits geheiligten Menschen an: Weiß. Strahlend. Rein. Weil das so ist, kann und wird er uns niemals ausschimpfen, klein machen, erniedrigen und mit dem moralischen Zeigefinger wedeln. Weil wir geheiligt SIND. Es ist die unendliche Gnade Gottes, die es uns ermöglicht, eben aufgrund dieser vollendeten Freiheit auch hineinzuwachsen in diese innere Realität. Danke, Gott!

NOVEMBER 6

„Alles ist mir erlaubt!" Wer so redet, dem antworte ich: Aber nicht alles, was mir erlaubt ist, ist auch gut für mich und für andere. – „Alles ist mir erlaubt!" Aber es darf nicht dahin kommen, dass ich mich von irgendetwas beherrschen lasse. 1. KORINTHER 6,12

Die Schweinehundforschung bestätigt: Wer den Schweinehund als Feind behandelt, riskiert einen inneren Bürgerkrieg – den immer öfter der Schweinehund gewinnt! Was soll ich nun machen? Den Schweinehund in Ruhe lassen, weil das Bekämpfen es nur noch schlimmer macht? Aber dann muss ich ja damit leben, dass er mir so einiges kaputt macht: mein Gesundheitsprogramm, meine Figur, eine gute Prüfung ...

Der Schweinehund ist ein herrliches Beispiel dafür, wie ich mit meinen „negativen" Gefühlen umgehen kann! Der nervige Gefährte mit der Schweineschnauze signalisiert mir: Jetzt ist Entspannung angesagt! Ich MUSS abnehmen, gesünder essen, mich mehr bewegen, dann bin ich besser, beliebter, wertvoller. Bah – sagt der Schweinehund: Musst du nicht! Entspann dich! Der Schweinehund ist ein Anti-Burn-out-Hund. Bei manchen Menschen bekommt er allerdings zu viel Macht, und aus der Entspannung wird eine resignierte Lebenshaltung. So ernst wir Gefühle nehmen sollen, Macht sollen sie nicht über uns haben! Gefangen nehmen will mich der Schweinehund nämlich gar nicht. Richtig verstanden will er etwas sehr Gutes: mich ausbalancieren, weil ich eh schon genug Stress habe. Er ist ein Feind des Prinzips „Leistung erzeugt Wert"! Und damit ist er ein sehr „christlicher" Hund. Denn er zeigt mir: Vor Gott bist du gut genug, wie du bist. Für den musst du dich nicht krampfhaft runterhungern, Muckis antrainieren, noch eine Zusatzqualifikation erwerben ... Würdigen wir also den Schweinehund. Nehmen ihn ernst. Sein Anliegen. Dann wird er kleiner und ruhiger, denn er weiß sich wahrgenommen. Und plötzlich klappt das auch wieder mit dem Sport!

Behandelt alle Menschen so, wie ihr von ihnen behandelt werden wollt! LUKAS 6,31

Ich fahre mit dem Auto und höre Radio: Andreas Bourani – „Hey". Er singt im Refrain: „Hey, sei nicht so hart zu dir selbst, es ist okay, wenn du fällst, auch wenn alles zerbricht, geht es weiter für dich." Weinen ist beim Autofahren gar nicht gut, aber die Tränen fließen und verschleiern den Blick. Gut, dass die Schranke runtergeht und ich mich fassen kann. Ich brauchte diesen Zuspruch durch Bourani oder wie ich es empfunden habe: durch Gott durch Bourani. Meine Gedanken gehen weiter. Wie behandele ich Menschen, die versagen, fallen, straucheln, die dann zu mir kommen und mir ihren Schmerz und Zerbruch klagen? Zumeist: Behutsam, freundlich, tröstend, aufbauend. Wie behandele ich mich? Ganz und gar nicht so.

Mein Eindruck ist, dass sich hier etwas verändert hat seit biblischen Zeiten. Ich entdecke das auch beim Liebesgebot Jesus, den anderen so zu lieben wie sich selbst. Die Wertschätzung der eigenen Person, ohne um sich selbst zu drehen – das schien in Jesus Zeiten normal und nicht erwähnenswert. Quasi gesetzt. Heute ist das ganz und gar nicht so. Ich erlebe mich, ich erlebe andere Menschen, die mit sich selbst nicht barmherzig umgehen, sondern hart und nachtragend. Ich wünschte mir, dass ich mich so behandeln kann, wie ich oft (sicher nicht immer, denn ich versündige mich auch an Menschen) andere behandle.

Das Problem greift aber noch weiter: Wenn ich selbst mit mir nicht so umgehe, wie Jesus mit mir umgeht, dann werde ich es in Situationen, in denen es emotional eng wird, auch mit anderen nicht können. Dann werde ich, wenn jemand mich schlecht behandelt, genauso zurückschlagen.

Wie geht Jesus mit dir um? Bitte ihn um seinen Blick auf dein Herz und übernimm diesen Blick. Du brauchst das. Und die Menschen um dich herum auch.

NOVEMBER 8

Tröstet euch gegenseitig mit dieser Gewissheit!
1. THESSALONICHER 4,18

Getröstet werden ist ganz schön schwer, und Trost zu schenken nicht minder. Warum? Weil wir oft nicht ge-tröstet, sondern ver-tröstet wurden. Wer nie richtigen Trost erlebt hat, wird als Erwachsener andere Wege finden, sich auf falsche Weise zu trösten oder halt schlicht mit dem Schmerz allein bleiben. Wie kommt es zu einer solchen schmerzhaften Entwicklung? Nach einer kleinen Umfrage unter Bekannten gibt es drei Sätze, die fast alle als Kinder einmal gehört haben. Diese Sätze zerstören Gott gewollten Trost:

„Weine nicht – ist doch nicht so schlimm!" Diese Aussage ist einfach nur bedrückend. Denn was schlimm ist, entscheidet nicht derjenige, der trösten sollte. Erwachsene sehen manches aus anderer und abgeklärterer Perspektive – für ein Kind ist die Scham, der Schmerz, der Verlust aber ungleich größer.

„Stell dich nicht so an!" Hier wird Schmerz oder Kummer zu einem persönlichen Defekt erklärt: Wer trauert und weint, ist angeblich überempfindlich. Dahinter steckt manchmal, dass das Kind lernen soll, dass diese Welt hart ist. Manchmal aber auch, weil wir Eltern die Resonanz in uns spüren und mit dem, was da hochkommt, nicht zurechtkommen. Aber: Ein weiches Herz in einer harten Welt zu bewahren, ist nicht Schwäche, sondern MUT.

Nach kurzer Zeit des Tröstens: „Jetzt ist alles wieder gut!" Noch so ein Irrtum, und bei Licht betrachtet, weiß das jeder von uns: In einer gefallenen Welt wird einfach nicht alles wieder gut. Das Kind empfindet immer noch Schmerz, bekommt aber gesagt: „Das dauert zu lange, es ist eigentlich alles gut."

Wer so ver-tröstet worden ist, muss und darf es neu lernen. Dafür gibt uns Gott ein gutes Vorbild. Ihn selbst und seinen Sohn, der das endgültige und perfekte Bild Gottes ist. Dazu morgen mehr.

Da streckte Jesus die Hand aus und berührte ihn. „Ich will es", sagte er, „sei rein!" Im selben Augenblick verschwand der Aussatz. LUKAS 5,13

Trösten lernen von Jesus. Ich bin selbst nur „seltsam" getröstet worden, muss es also neu lernen. Das aber ist eminent wichtig – denn wir leben in einer trost-losen Gesellschaft. Trost und Barmherzigkeit hineinzubringen in diese Kultur, die danach dürstet – das ist wichtig. Und auch ich habe Durst nach Trost. Trost braucht das „einander" – was für eine Chance haben wir in Kleingruppen, Zweierschaften und Gemeinde an dieser Stelle! Was kann ich von Jesus lernen?

Trost überspringt Mauern. Ich nehme die Perspektive meines Gegenübers ein. Trost kann niemals distanziert stattfinden – dann ist er kein Trost. Jesus ist das Extrembeispiel: Indem er als Gott zum Menschen geworden ist, hat er die größte Mauer übersprungen; er hat sich nicht mit weisen Ratschlägen aus dem Himmel zufriedengegeben. Du darfst kommen, wie du bist, wenn du Trost brauchst, und du wirst dich schmutzig machen, wenn du tröstest.

Trost berührt. Selbst da, wo es anstößig scheint. Jesus berührt Aussätzige und Prostituierte – grenzwahrend, aber er berührt sie. Hast du das schon mal erlebt, dass du mit einem traurigen Menschen gesprochen hast, und erst, als du ihn oder sie in den Arm genommen hast, begannen die Tränen zu fließen? Genau das meine ich.

Trost hält den anderen in Wut und Trauer aus. Jesus läuft mit einem Zeloten und einem Petrus durch die Gegend. Beides Menschen, die nicht nur Schmerz und Trauer in sich tragen, sondern auch eine Menge Wut. Hinter fast jeder Trauer steckt eine Wut. Oder anders herum. Das auszuhalten ist nicht einfach! Und doch glaube ich, dass wir daran heilen, wenn wir auf diese Weise Trost empfangen und wir auch anderen helfen, so zu heilen. Sei bei Trost!

NOVEMBER

10

Er sah sie der Reihe nach an, voll Zorn und zugleich tief betrübt über ihr verstocktes Herz. Dann befahl er dem Mann: „Streck die Hand aus!“ Der Mann streckte die Hand aus, und sie war geheilt. MARKUS 3,5

Tempo 130 auf der Überholspur. Im Rückspiegel kommen sie schnell näher: aggressiv aussehende Scheinwerfer. Nur wenige Meter hinter mir verschwinden sie wieder, so dicht fährt der Drängler auf. Ich sehe das Aufflackern der Lichthupe, erschrecke! Und verspüre Wut! Will zurückschlagen. Ausbremsen. Schließlich weiche ich auf die rechte Spur aus und kann mir eine abwertende Geste nicht ersparen. Mein Herz rast, mein Magen rebelliert, ich würde am liebsten ins Lenkrad beißen! Und gleichzeitig schäme ich mich: Warum bin ich nicht cooler?

Wut! Die unterdrückte Emotion, die oft in mir gärt und nur abgeschwächt ihren Weg nach außen findet. Dabei ist Wut eine Grundregung. Wenn ich sie nicht wahrnehme und angemessen ausdrücke – wende ich sie leicht gegen mich selbst; man spricht dann von Autoaggression. Selbstverletzung oder Depressionen können die Folge sein. Dabei hält Wut ein Stoppschild hoch: Halt! Hier hat einer deine Grenzen verletzt! Oder die Grenzen anderer. Wut will das Verhältnis von Nähe und Distanz regeln. Sie setzt Energie in mir frei, noch mal genau zu überprüfen: Tut mir das gut, wie der mit mir umgeht, oder muss ich da mal ein klares Wort sprechen? Doch genau diese Antriebskraft fehlt vielen Menschen. Entweder spüren sie ihre Wut nicht mehr oder unterdrücken sie. Und wie bei einem defekten Dampfkochtopf fliegt dann irgendwann der Deckel mit einem lauten Knall durch die Küche und zerstört, was ihm in den Weg kommt. Dabei könnte der Dampf, richtig gelenkt und reguliert, Dinge bewegen. Geheiligter Zorn verändert die Welt. Jesus setzt sich mutig über die Frommen hinweg und heilt den Kranken. Das ist heiliger, heilsamer Zorn!

Warum bist du so bedrückt, meine Seele? Warum stöhnst du so verzweifelt? PSALM 43,5A

Chuck Norris ist der Prototyp des kalten Rächers im amerikanischen Kino und kennt keine Angst, nur einen grimmigen Gesichtsausdruck. Chuck Norris ist so angstfrei, dass es mittlerweile im Internet Tausende Witze über ihn gibt. „Chuck Norris schläft mit eingeschaltetem Licht. Nicht, weil Chuck Angst vor der Dunkelheit hätte, sondern weil die Dunkelheit Angst vor Chuck Norris hat." Klasse, wie hier der angstfreie Chuck auf den Arm genommen wird! Die Witze funktionieren, weil die meisten Menschen wissen: So cool ist in Wirklichkeit keiner. Angst hat jeder Mensch! Doch Angst hat keinen guten Ruf. Viele Menschen glauben, dass Angst etwas Krankhaftes ist, etwas, das man loswerden muss. Wenn wir aber Angst bekämpfen, machen wir sie nur stärker. Wenn wir sie verdrängen, macht sie uns krank. Dabei gilt: Ängste warnen uns vor Gefahren. Sie machen uns darauf aufmerksam, wenn wir über unsere Grenzen gehen. Sie lehren uns bestenfalls, Maß zu halten und Schieflagen im Herzen wahrzunehmen. Oft aber erlebe ich Angst als lähmend – wie kann dann ein guter Umgang mit der Angst aussehen?

Einen möglichen Weg zeigen die Beter im Alten Testament. Sie sprechen mit ihrer Seele und befragen sie. Dieses Selbstgespräch führen die Beter nicht im luftleeren Raum, sondern vor Gott. Dort ist es gut aufgehoben. Nachdem sie so der Seele und ihren Ängsten Raum gegeben haben, trösten sie sich mit der eigenen und der Glaubenserfahrung ihrer Vorfahren und sagen: „Warte nur zuversichtlich auf Gott! Denn ganz gewiss werde ich ihm noch dafür danken, dass er mir sein Angesicht wieder zuwendet und mir hilft. Ja, er ist mein Gott" (Vers 5b). Jesus stellt sich seinen Ängsten, wir dürfen es auch. Wir dürfen erleben, dass die Gegenwart Gottes die Seele beruhigt und durch die Angst hindurch trägt.

NOVEMBER

12

Seht doch, wie groß die Liebe ist, die uns der Vater erwiesen hat: Kinder Gottes dürfen wir uns nennen, und wir sind es tatsächlich! 1. JOHANNES 3,1A

Was gibt uns Identität? Wer sind wir im Kern? Diese Frage ist immer wieder entscheidend – und ich arbeite mich daran ab. Deswegen: immer wieder. Warum ist das so? Weil wir in dieser Welt haufenweise identitätsstiftende Angebote erhalten und darauf reinfallen, sie wirklich für unseren Kern zu halten. Doch es gibt ein Problem: Es gibt Lügen, die wir für einen Teil unserer Identität halten. Zum Beispiel erlernte Sätze wie: „Du schaffst das doch eh nicht!" Das kann man noch recht leicht durchschauen. Aber dann gibt es auch Wahrheiten über uns. Die Wahrheit, dass ich arbeite und damit Geld verdiene. Die Wahrheit, dass ich nicht reich bin, aber dennoch viele schöne Dinge besitze. Bücher zum Beispiel. Die Wahrheit, dass ich Sehnsüchte in mir trage, die von Gott gewollt sind. Sehnsüchte für alle Lebensbereiche. Alles vollkommen normal. Aber es wird dann gefährlich, wenn wir diese wahren Dinge über uns – Arbeit, Besitz und Sehnsüchte – zu den wichtigsten, zu den wahrsten Dingen machen. Zum Kern unseres Wesens. Denn dann haben wir plötzlich eine Wechselidentität: Was ist, wenn ich die Arbeit wechsele? Was ist bei Verlust des Eigentums? Was ist, wenn sich meine Sehnsüchte widersprechen? Wenn diese dann die wahrsten Aussagen über mich sind – dann prost Mahlzeit! Genau das wird uns aber nahegelegt und vorgegaukelt – und es ist so verlockend, dem zu folgen. Denn es ist messbar, sichtbar, spürbar. Aber dies kann nur eine wahre Aussage oder Eigenschaft unter mehreren über bzw. von uns sein – nie das Wahrste. Nie das Zentrum. Das bietet allein Gott an: Du bist Kind. MEIN Kind! Ja, wirklich: Mein Kind! Ein gewichtiger Teil geistlicher Reife besteht darin, die (wahren) Dinge wieder an ihren Platz zu stellen, an den sie gehören, und diesen wahrsten Kern zu entdecken.

So schuf Gott den Menschen als sein Ebenbild, als Mann und Frau schuf er sie. 1. MOSE 1,27

In der Stadt Aachen gibt es, wie in anderen alten Städten auch, spannende Entdeckungen: Ausgrabungen. Wenn dort auch nur ein Kanal repariert werden muss und die Erde aufgerissen wird – es dauert. Denn jedesmal müssen Archäologen anrücken und die dabei sichtbar werdenden alten Gemäuer, Münzen, Scherben sichten und katalogisieren. Überall in der Stadt – selbst mitten in Läden – finden sich archäologische Fenster im Boden, die den Blick freigeben auf vergangene Epochen bis hin zu den Kelten und in die Steinzeit. Großartig!

Mit manchen Bibeltexten ist es nicht anders. Über sie hat sich im Laufe der Zeit und auch unseres Lebens schichtenweise Sediment gelegt: Kultur, Auslegung, die eigene Biografie – all das deckt den Text mehr und mehr zu, und wenn wir dann auf ihn stoßen, lesen wir ihn nicht mehr „ursprünglich“. Mit der Schöpfungsgeschichte geht mir das auch so. Kennt man. Oft gehört. Stark umstritten. Sündenfall. Evolutionstheorie versus Schöpfungsbericht. Zwei Denkmodelle. Abgehakt. All das verkleistert den klaren Blick auf den Text, und ich verpasse etwas. Aber was steht da eigentlich? Wir sind Gottes Ebenbilder als Mann und Frau. Anscheinend brauchte Gott beide Geschlechter, um sein Wesen abzubilden. Geht diese Ebenbildlichkeit durch die Trennung von Gott verloren? Nein! Geht der Auftrag verloren, bewahrend zu herrschen und zu gestalten? Nein. Und durch Christus ist die Trennung überwunden: Wir dürfen ganz neu auf die Ursprünge schauen; ja, diese sind sogar noch erweitert worden durch das Evangelium, durch die Gabe des Heiligen Geistes. Das ist unsere Würde: Ebenbild Gottes. Jeder Mensch. Großartig gemacht. Das möchte ich neu entdecken lernen.

NOVEMBER

14

Ich bin überzeugt, dass der, der etwas so Gutes in eurem Leben angefangen hat, dieses Werk auch weiterführen und bis zu jenem großen Tag zum Abschluss bringen wird, an dem Jesus Christus wiederkommt. PHILIPPER 1,6

Mich hat heute ein Gedanke von Aiden Wilson Tozer eiskalt erwischt. Er sagt sinngemäß: „Als ich einmal verstanden hatte, dass alles, was mir passiert, dazu dient, mich Christus ähnlicher zu machen, löste sich eine beträchtliche Menge Angst in Luft auf.“ Lassen wir das mal einen Augenblick wirken. Ich ermutige an dieser Stelle zu einer Minute Pause.

Pause.

Pause.

Pause.

Gott hat uns erwählt, erlöst und zu seinen Kindern gemacht. Wenn gilt, dass wir dafür nichts leisten konnten, so gilt auch, dass wir uns alles leisten können, ohne diesen Stand wieder zu verlieren – es sei denn, wir lehnen Gott bewusst und dauerhaft ab. Selbst eine Verleugnung wie bei Petrus lässt Gott nicht aufgeben. Genau diese unglaubliche Einsicht sorgt dafür, dass wir uns nicht alles leisten wollen! Das ist Gnade durch und durch. Wenn ich das zu Ende denke, dann ist selbst mein Fallen und Wiederaufstehendürfen Teil eines Weges, um Christus ähnlicher zu werden. Solange diese Sehnsucht im Herzen brennt, in ihn hineinzuwachsen bzw. sein Bild in uns deutlicher vortreten zu lassen, wird der Rest geschehen. Zu seiner Zeit. An seinem Ort. Kann ich denn mein Wachstum nicht verhindern? Doch. Indem ich die Gnade klein mache und wieder selbst strampele und an mir herumschraube. Eigene Kraft und Weisheit bemühe. Aber selbst diese Umwege wird Gott nutzen. Entspann dich! Sei gegenwärtig im jetzigen Moment deines Lebens und in seiner Gegenwart. Folge ihm. Der Rest geschieht.

Ich sage euch das, damit meine Freude euch erfüllt und eure Freude vollkommen ist. JOHANNES 15,11

Nehmen wir die Hochzeit zu Kana. Da verwandelt Jesus Wasser zu Wein. Nicht kleckern, sondern klotzen. Fässerweise guter Wein bis zum letzten Tropfen. Das ist Jesus überströmende Freude! Allerbeste Qualität! Und warum macht Jesus bei einem solchen tagelangen Fest mit, feiert, schmaust bis in die tiefe Nacht? Händeringend suchen Kommentare zur Bibel nach theologisch tief schürfenden Begründungen und kommen nicht auf die einfachste: Jesus war mit seinen Freunden einfach beliebt auf Feiern! Ein fröhlicher Mensch, der das Leben und die Gemeinschaft feiert mit klugen Worten und tiefer Freude. Keine Freude, die sich an Äußerlichkeiten festmacht und wie ein Fähnchen im Wind ist, mal da, mal weg. Sondern eine, die von innen kommt und sogar mitten im Sturm die Stellung hält, selbst im Leid nicht gänzlich verschwindet. Und dabei immer wieder nach außen dringt, überströmt und andere ansteckt. Ich will mehr davon!

Doch wie? Ich kann ja weder mich noch andere zur Freude zwingen. „Hey, du da! Freuen, aber dalli!" Und doch ruft der Apostel Paulus ausgerechnet aus dem Gefängnis ausdrücklich zur Freude auf. Und in der Tat – es ist meine Entscheidung, wohin ich meinen Blick wende. Wer nur auf das Negative sieht, der verdrängt auch etwas, nämlich das Gute, Schöne, Erfreuliche! Es geht wahrlich nicht darum, das Schwere und Dunkle zu verdrängen, aber ich muss nicht darin versinken. Ich kann mich entscheiden zur Freude. Indem ich mich entzünden lasse an den vielen kleinen Freudenfeuern des Lebens. Dem Fest und der Feier. Der herrlichen Schöpfung. Den Kleinigkeiten des Alltags – sie sind gar nicht so selbstverständlich. Die Luft zum Atmen. Das Aufwachen dürfen. Die frische Nahrung. Der freundliche Mensch auf dem Weg zur Arbeit. Das Singen. Heute!

NOVEMBER

16

Spräche ich: „Finsternis soll mich bedecken und das Licht zur Nacht werden um mich her!", so wäre auch die Finsternis nicht finster für dich, und die Nacht leuchtete wie der Tag, die Finsternis [wäre für dich] wie das Licht. PSALM 139,11+12

Trauer scheint so unnormal und störend geworden zu sein, dass wir sie schon wieder als therapeutische Disziplin definieren, als „Trauerarbeit". Wir haben das Gespür für die Kraft und das Potenzial der Trauer verloren. Ich meine nicht nur die Trauer um einen Menschen, der durch Tod oder Trennung verloren ging. Wir trauern auch über sterbende Lebensträume. Verpasste Chancen. Die Durchschnittlichkeit des Lebens. Das Schwächerwerden. Trauer ist normal, sie gehört zum Leben dazu!

Trauern heißt im besten Fall: Mich der Trauer nicht verweigern. Nicht erstarren. Den Schmerz, die Wut und Enttäuschung zulassen – über die Lebensträume, die zerbrechen, den Menschen, die Arbeit, die Heimat, die mir fehlen. Denn Trauer will wahrgenommen und ausgedrückt werden. Anders gesagt: Wenn ich durch den Schmerz der Trauer hindurchtauche, stoße ich auf eine neue Lebendigkeit. Auf neue Möglichkeiten. Und ich stoße auf Gott selbst, der mich liebevoll empfängt. Ich tauche nie ins Ungewisse, wenn ich Gott, den Vater, kenne.

Am Anfang bricht in der Trauer der Boden unter den Füßen weg. Trauer ist schwer, bedrohlich manchmal. Ein gähnendes Loch tut sich auf. Wie gut, wenn Menschen da sind, die für dich zum Christus werden und bleiben, wo andere weglaufen möchten. Die keine einfache Antwort wissen. Sondern schweigen, trösten, Tränen trocknen. Und irgendwann vorsichtig auf das neue Land hinweisen, auf neue Möglichkeiten ... Mit Gott an der Seite kann das gelingen. Er kennt die Trauer aus eigener Erfahrung. Aber er setzt dem Dunklen auch das neue Land entgegen: die Auferstehung. Diese Hoffnung darf auch jetzt schon Licht ins Dunkel bringen.

Gepriesen sei Gott, der Vater unseres Herrn Jesus Christus! In seinem großen Erbarmen hat er uns durch die Auferstehung Jesu Christi von den Toten ein neues Leben geschenkt. Wir sind von neuem geboren (...) 1. PETRUS 1,3A

Ich liebe die Nächte. Es wird alles ruhig draußen, wenige Geräusche, weniger Ablenkung. Selbst Autofahren im Dunklen – herrlich! Reizärmer und konzentrierter. Aber diese kurzen Nächte haben ihren Preis: Irgendwann bin ich einfach müde und krabbele dann schon mal um zehn Uhr ins Bettchen. Schlafe bis acht Uhr. Herrlich! Dieses Gefühl, wie neu geboren zu sein! Kraft, Sonne, Energie pur! Ein tolles Lebensgefühl, das sich aber schnell wieder eintrüben kann.

Neu geboren zu werden, ist aber nicht nur eitel Sonnenschein. Ein Kind wird aus dem geborgenen Mutterleib gepresst, durch eine enge Öffnung. Helles Licht, ungewohnte Geräusche, Gerüche, selber atmen. Alles ist anders, verwirrend, neu – erst einmal belastend. Erst wenn durch die Bindung zur Mutter die Sicherheit hergestellt wird, überwiegt irgendwann mehr und mehr die Neugierde; aber zuerst: Puh!

Gott hat uns neu geboren. Hat uns neues Leben geschenkt. Nur um das klarzumachen: ER hat uns neu geboren! Er hat uns ausgetragen und geboren! Das war kein übernatürlicher Fingerschnipps – Gott hat uns hervorgebracht (Johannes 1,13 u. a.). Allein diese Tatsache soll uns heute tief ins Herz verankern: Dieser Gott wird uns nie verlassen! Wir haben sein Blut in uns. Seine Gene. Wir gehören zur Familie. Endgültig. Wo ist dein „neu geboren" emotional gelandet? Bist du im Hochgefühl? Bist du im Unbehagen über all das Neue? Gehen wir tiefer in dieses Neue hinein und wagen das Unbehagen, erleben wir auch frisch das Neugeborensein. Ich will nicht watteweich und lauwarm sein, das Hochgefühl selbst erzeugen oder vom Unbehagen gelähmt sein. Ich will wagen, fürchten, zerbrechen, siegen, jubeln. Damit das neue Leben wachsen kann.

NOVEMBER

18

Wir sind von neuem geboren und haben jetzt eine sichere Hoffnung, die Aussicht auf ein unvergängliches und makelloses Erbe, das nie seinen Wert verlieren wird. Gott hält es im Himmel für euch bereit. 1. PETRUS 1,3B+4

In meiner Kindheit hatte ich einen guten Freund, mit dem ich stundenlang gespielt habe. Irgendwann wurde aus Kindheit Jugend und unsere Wege trennten sich zu verschiedenen Schulen und Lebensentwürfen. Für ihn war klar: Karriere machen. Möglichst viel Geld verdienen. Dazu wollte er Medizin studieren, weil Ärzte ja – so war das damals noch – viel verdienen. Ich erinnere mich gut daran, dass mich schon als Jugendlicher diese Motivation – vorsichtig gesagt – gestört hat. Aber es gibt auch gute Motivationen! Ich möchte in zehn Jahren Menschen dienen und sie heilen helfen – das wäre eine gute Motivation jenseits der Gier. Aber warum dieses Beispiel?

Weil wir unsere Probleme mit dem Lohn, dem Erbe haben, das wir von Gott empfangen. Es hat erstens den Geruch von Vertröstung in die Ewigkeit und zweitens von „Ich glaube nur, damit ich was kriege!“. Würg! Das, was aber Petrus hier beschreibt, ist eher vergleichbar mit dem gelobten Land für die Israeliten. Dieses darf uns sehr wohl motivieren, auf der Erde auch Bedrängnis auszuhalten und Nachteile aufgrund des Glaubens. Denn was ist das Erbe? Andere Bibelstellen sagen erstens: Es ist Jesus selbst und seine Gegenwart und zweitens: Dieses Erbe wird hier schon angezahlt und ist einfach überwältigend! Wie großartig das ist, das wird mit einem Augenzwinkern auch anders deutlich: „unvergänglich“, „makellos“ und „nie seinen Wert verlierend“ bilden im Griechischen ein Wortspiel mit demselben Anfangsbuchstaben „alpha“ – hier fängt was Neues an! Gott hat da etwas Besonderes vorbereitet. Darauf dürfen wir uns freuen und schon jetzt einen Vorgeschmack darauf bekommen – eines Tages aber die volle Dosis!

Gott hält es im Himmel für euch bereit und wird euch, die ihr glaubt, durch seine Macht bewahren, bis das Ende der Zeit gekommen ist und der Tag der Rettung anbricht. Dann wird das Heil in seinem ganzen Umfang sichtbar werden. 1. PETRUS 1,4B+5

Hilfe!! Ein Riesenerbe wartet auf mich und Gott hält es für mich bereit! Na prima – aber was ist, wenn er das laaange bereit hält und ich das Ziel nicht erreiche?

Ich habe schon an mehreren Marathonläufen teilgenommen, und das war immer eine rechte Plackerei! Motiviert haben mich dabei – wenig schmeichelhaft – die Ehre und Bewunderung anderer und die tolle Medaille und das „Finisher"-Shirt. Das lag im Zieleinlauf für mich bereit. Gab es eine Garantie, dass ich es bis dahin schaffe? Nein! Ich hätte mir den Knöchel verstauchen oder trotz Verpflegungsstationen am Wegesrand, vor Erschöpfung das Ziel nicht erreichen können. Aber ich habe es immer geschafft. Gerade so ...

Gott geht in seiner Gnade weiter. Er verspricht kein leichtes Leben, im Gegenteil, aber er verspricht das sichere Ankommen. Das Erbe ist da und es WIRD erreicht. 100 %. Mehr geht nicht. Gott bietet das Rundum-sorglos-Paket an. Nicht für den Weg – aber für das Ziel. Damit der Weg erträglicher wird, baut er alle paar Kilometer Verpflegungsstationen auf, sogenannte Gemeinden. Dort ist Auftanken, Weinen, Heilen und Weiterlaufen möglich!

Du merkst, ich schreibe das mit einem Augenzwinkern, aber ist dir klar, WIE gnädig und umfassend Gott handelt? Er hat für alles gesorgt – und wir traben oft genug mit hängendem Kopf durch die Gegend, wo doch über unseren Leben das ZIEL-Schild steht, seine Macht uns stützt und Gemeinden uns helfen. Und zwar nicht erst am Ziel, sondern bereits jetzt! Heute. Bei jedem Schritt. Das ZIEL-Banner läuft mit dir mit, seine Macht auch, Geschwister ebenso. Bis zum Ende der Zeit.

Ihr habt also allen Grund, euch zu freuen und zu jubeln, auch wenn ihr jetzt nach Gottes Plan für eine kurze Zeit Prüfungen verschiedenster Art durchmachen müsst und manches Schwere erleidet. 1. PETRUS 1,6

Kennst du noch Emile Ratelband? Der Niederländer hat es zu einiger Berühmtheit gebracht auf RTL2 als Motivationstrainer mit seinem Schlachtruf: „Tsjakkaa! Du schaffst es!". Dazu ein breites Grinsen und eine positiv aggressive Körpersprache. Wow! Das war die Phase des positiven Denkens. Egal, wie schwer das Leben ist: Lächle, du schaffst es und kannst alles erreichen.

Sorry – nein! Längst sind die negativen Folgen des positiven Denkens gut untersucht und enttarnt. Es geht nie darum, schwere Zeiten zu übertünchen und sich etwas einzureden, was nicht existiert. Die Sehnsucht aber ist geblieben: In schweren Zeiten eine positive „Attitude" zu bewahren. Kann das anders gelingen? Was sagt die Bibel dazu?

Dieser Vers schickt uns auf die richtige Reise. Er redet nüchtern von Prüfungen und meint in diesem Fall äußere Prüfungen durch das Leben und durch Verfolgung. Andere Bibelstellen reden von inneren Kämpfen. Beides kann hier also gemeint sein. Trotzdem und inmitten von all dem haben wir Grund zu jubeln! Das ist ganz großes Kino, wenn das gelänge! Wie soll das zu „schaffen" sein? Der Vers davor hat es deutlich gemacht: Indem wir die umfassende Gnade und Vorsorge Gottes auf unserem Weg bis ins Ziel bedenken, meditieren, bestaunen, loben, groß machen, ins Herz sacken lassen – mehr und mehr. Gelingt der Durchbruch zum zumindest zeitweisen (dauerhafter Jubel gehört in die ewige unmittelbare Gegenwart Gottes) Jubel auch nach längerem Weg nicht, so wird genau diese Blockade zu unserem Lehrmeister und führt uns zu unseren Wunden und inneren Sätzen, die verhindern, dass wir uns ganz in die Gnade fallen lassen. Was für ein Angebot.

Denn diese Prüfungen geben euch Gelegenheit, euch in eurem Glauben zu bewähren. Genauso, wie das vergängliche Gold im Feuer des Schmelzofens gereinigt wird, muss auch euer Glaube, der ja unvergleichlich viel wertvoller ist, auf seine Echtheit geprüft werden. 1. PETRUS 1,7A

Was geschieht, wenn du ein Kilo Gold in den Matsch wirfst, es da eine Zeit liegen lässt und dann wieder rausholst? Abspülst? Nun – genau nichts. Es ist immer noch ein Kilo Gold und es hat sich am Wert des Goldes nichts geändert. Matsch, Sand, Dreck – all das kann Gold nichts anhaben. Egal, ob es da eine Stunde oder einige Tage liegt. Gold bleibt Gold. Angenommen, jemand bietet dir ein Kilo Gold an, aber als 1,5-Kilo-Brocken, also stark verunreinigt mit anderen Metallen. Ist dieser 1,5-Kilo-Klotz weniger wert? Klare Antwort: Nein. Die Schlacken und Verunreinigungen können beseitigt werden, übrig wird bleiben: ein Kilo Gold.

Du bist mehr als ein Kilo Gold. Wenn du dich an Jesus hängst, trägst du göttliche DNA in dir, beherbergst seinen Geist, bist unendlich wertvoll. Daran ändert sich nichts durch das Leben. Genau: Nichts! Kein Fallen, Sündigen, kein Zweifel, keine Krise verwandelt das Gold in wertlose Materie bzw. hat die Macht, dich zu entwerten. Kein Mensch, der über dich urteilt, kein Umstand, der dich die Lebensleiter herunterstößt, kann dir den Wert rauben: eine Einsicht des Herzens, die aufrecht stehen und gehen lehrt. Und Gott arbeitet weiter durch Prüfungen an uns. Diese Prüfungen – ja auch die, die wir versieben – reinigen uns mehr und mehr von Blockaden und Altlasten, die uns nicht weniger wertvoll machen, aber unser Strahlen ausbremsen. Das, was nicht echt ist, wird dadurch abgespalten von dem, was Gold ist. Mit einem Ziel: Dass das Strahlen unserer wahren Identität uns mehr und mehr selbst erfasst und auch andere mit hineinnimmt. Prüfungen sind ein Akt der Liebe Gottes. Auch heute.

Und wenn dann Jesus Christus in seiner Herrlichkeit erscheint, wird eure Standhaftigkeit euch Lob, Ruhm und Ehre einbringen. 1. PETRUS 1,7B

Was passiert in der Hektik unseres Lebens, wenn wir unbekannte Situationen vor uns haben, die uns herausfordern? Gar Angst machen? Unser Körper schüttet Adrenalin und dessen Gegenspieler Cortisol aus. Beide sorgen für maximale Wachsamkeit, aber haben einen Nachteil: Damit wir gut kämpfen und fliehen können, wird unser präfrontaler Cortex mehr und mehr umgangen. Dieses Gehirnteil kümmert sich um unsere Werte, um Nachdenken, um das Treffen guter, ausgewogener Entscheidungen. Sprich: Unter Stress und Bedrohung reagieren wir instinktiver und automatischer, nicht mehr so unseren Werten entsprechend ... Das alles ist von Gott so vorgesehen für Notsituationen, wo Kampf oder schnelles Weglaufen dran ist. Das Problem: Wir reagieren auch bei Herausforderungen des Alltags so, gerade dann, wenn wir sensible Menschen sind.

Petrus betont eine andere Strategie, die, richtig verstanden, unser Leben mehr und mehr beruhigen und entstressen kann. Er redet nicht von Flucht oder Kampf im Angesicht der Prüfungen, sondern „nur noch" von Standhaftigkeit. Ausharren. Da bleiben. Aber wie kann ich das? Das ist nur möglich, wenn ich weiß: Alle Prüfungen dienen zu etwas Gutem und sind kein Zufall. Nichts kann meinen Wert und meine Identität beeinflussen. Absolut nichts. Ich bin geborgen IN Jesus. Ich werde an mein Ziel bei Gott kommen, mein Erbe einnehmen und mit Lob, Ruhm und Ehre überschüttet werden. All das soll mir helfen, standhaft zu bleiben, mich nicht mehr (übermäßig) zu fürchten und mich in der vollkommenen Liebe Gottes zu bergen, die alle Furcht aufnehmen und umwandeln kann. So kann mehr und mehr eine heilige Gelassenheit und Stabilität entstehen.

23 NOVEMBER

Bisher habt ihr Jesus nicht mit eigenen Augen gesehen, und trotzdem liebt ihr ihn; ihr vertraut ihm, auch wenn ihr ihn vorläufig noch nicht sehen könnt. 1. PETRUS 1,8A

Manchmal frage ich mich: Wäre es eigentlich in meinem Glauben leichter, wenn ich Jesus einmal persönlich begegnet wäre? Stärken starke Glaubenserfahrungen meinen Glauben? Eine Vision, ein Bild, das ich klar empfange? Ein Mensch, der durch meine Mitwirkung zum Glauben findet? Das Empfinden, das sich einstellt, wenn ich meine Gaben eingesetzt habe und das Reich Gottes davon profitiert hat? All diese Dinge sind wichtig, wir brauchen Glaubenserfahrung, wenn unser Glaube nicht zu toter Orthodoxie, zur „starren Rechtgläubigkeit“ verkommen soll. Aber sie sind Frucht und Teil des Weges, nie aber die Grundlage. Tausende Menschen haben Jesus live gesehen. Am Kreuz waren sie weg. Jesus hat sich gezeigt – und war – gemessen an seinen Taten – unglaublich wenig erfolgreich. Ihn und seine Wunder im echten Leben zu sehen, das verändert nichts, wenn nicht etwas ganz anderes entsteht: Vertrauen und Hingabe. Ich kann – als Mann gesprochen – eine wunderschöne Frau entdecken, die intelligent und klug ist und auch noch an denselben Gott glaubt – ändert das etwas? Werde ich mich automatisch auf eine Beziehung mit ihr einlassen? Absolut nicht! Liebe ist mehr als ein Entzündetwerden von positiven, gar eindrucksvollen Erfahrungen. Liebe ist ein Stück Geheimnis und: Entscheidung. Auch gegenüber Jesus. Die Augen des Herzens müssen sich öffnen und sehen lernen. Gerade im Glauben. Eines Tages werden wir dann Jesus wieder live sehen, nah dran, unmittelbar und dauerhaft. Bis dahin schaut unser Herz und vertraut und lässt los. Die Erfahrungen, die wir dadurch machen, ermutigen uns zu neuem Vertrauen. Und das Vertrauen gebiert neue Erfahrungen. Ein himmlischer Erfahrungskreislauf entsteht und kann heute neu beginnen.

NOVEMBER

24

Daher erfüllt euch schon jetzt eine überwältigende, jubelnde Freude, eine Freude, die die künftige Herrlichkeit widerspiegelt; denn ihr wisst, dass ihr das Ziel eures Glaubens erreichen werdet – eure endgültige Rettung. 1. PETRUS 1,8B+9

Nimm die Verse der letzten Tage aus dem 1. Petrusbrief und mach dahinter das Summenzeichen, dann kommt dieser Vers heraus. War vorher die Freude noch etwas eingeschränkt, so bricht sie sich nun komplett Bahn! Überwältigend! Jubelnd! Noch einmal wird betont, was der Grund dafür ist: Nicht ein Leben ohne schwere Etappen, ausschließlich mit Erfolg, Wohlstand und Leichtigkeit – nein; stattdessen die Treue Gottes, sein Versprechen auf die Rettung. Das Wissen (!), dass wir das durch ihn erreichen. Schon jetzt darf dieser Jubel wachsen und herausbrechen. In mir regt sich Widerstand ...

„Ähem – Petrus, ich habe da mal eine Frage: Warum tut er das bei mir nicht? Weil ich kaum Rettung brauche? Ja, das mag sein. Dass ich mir der Verlorenheit ohne Jesus sehr wenig bewusst bin. Aber die Rettung strahlt eben auf im Kontrast zur Verlorenheit. Wenn ich mein Leben zu 90 % auf die Reihe kriege und selbst-genügsam bin, dann machen die 100 % von Jesus keinen allzu großen Unterschied aus. Das stimmt. Aber Petrus – ich kann mich ja selbst nicht verloren fühlend machen! Ich komme nun mal nicht aus der Drogenhölle oder anderen grausamen Umgebungen. Was mache ich nun? Ich soll mich von den Momenten der totalen Bedürftigkeit in die Arme von Jesus leiten lassen? Du meinst: Da, wo ich mich total unwohl fühle, nichts mehr im Griff habe und ich mich klein und unbedeutend fühle – das sind die besten Momente, um zu mehr Jubel und Freude zu kommen? Genau. Aha. Die Antwort habe ich befürchtet. Darüber muss ich nachdenken. Das wäre was: Wenn die dunkelsten Momente und die schlimmsten Gefühle zum Wegweiser in die größte Freude werden ... danke Petrus."

Danach werden wir – die Gläubigen, die zu diesem Zeitpunkt noch am Leben sind – mit ihnen zusammen in den Wolken emporgehoben, dem Herrn entgegen, und dann werden wir alle für immer bei ihm sein. 1. THESSALONICHER 4,17

Heute morgen musste ich laut lachen. Eine amerikanische Gemeinde hat ein nettes Wortspiel produziert: BIBLE Basic instructions before leaving earth (Bibel: Grundlegende Anweisungen vor dem Verlassen der Erde). Nett, nicht wahr? Das Problem daran ist, dass daran fast alles falsch ist. So wird aus dem Schmunzeln die knappe Zusammenfassung von zwei riesigen Missverständnissen mit großen Auswirkungen.

Missverständnis eins: Die Bibel ist keine „Anweisung". Sie ist durch und durch ein gewachsenes und inspiriertes Beziehungsbuch zwischen Mensch und Gott bzw. von Gott zu Mensch. Jemand hat mal geschrieben, dass die Bibel ein Liebesbrief sei – das ist sicherlich richtig, aber greift zu kurz. Alles, was mit Beziehungen zu tun hat an Erfahrungen und Regungen, darf in diesem herrlichen Buch vorkommen Und Gott steht dafür ein, dass er diese Schrift „geisteingehaucht" hat, wie es wörtlich heißt. Selbst intensivste Theologie des Neues Testaments steht ganz im Dienst der Beziehung Gott-Mensch und Mensch-Mensch. Gebrauchsanleitung? Nein. Selbst konkrete Anweisungen dienen den Beziehungen.

Missverständnis zwei: Wir verlassen die Erde nicht! Einem Herrscher, der damals eine Stadt befreite, ging man entgegen, um dann mit ihm zurück in die Stadt zu gehen und diese neu zu leiten und zum Blühen zu bringen. Diesen Hintergrund muss man kennen. Wir lesen diesen Vers zur Wiederkunft und denken: Ab in die Wolken und weg und die Erde geht kaputt. Das widerspricht dem Denken der Bibel: Diese Erde wird neu, aber sie wird auch Kontinuität haben. Und wir werden zusammen mit Jesus dafür sorgen, dass es eine großartige neue Welt wird.

26

Wir wissen aber, dass denen, die Gott lieben, alle Dinge zum Besten dienen, denen, die nach dem Vorsatz berufen sind. RÖMER 8,28

Ich sitze in meiner Fantasie in der Kneipe des Kuhkaffs Enterprise im Jahr 1915 in den Südstaaten. Enterprise, in den 1880er-Jahren mit rund 250 Einwohnern gegründet, hat dieses Nest 1915 immerhin 4000 Einwohner, und das Geschäft floriert. Erntezeit: Pferdegespanne mit offenen Hängern rattern vorbei. Voll gehäuft mit weichen, fluffigen kleinen Knubbeln – Baumwolle. Was für ein Geschäft! Amerika! Baumwolle! Jeans! Doch die Idylle trügt ...

Denn dieses Jahr ist die Ernte nahezu ausgefallen. Für eine kleine Stadt, die fast ausschließlich von Baumwolle lebt, ein gravierender Einschnitt. Was ist geschehen? „Baumwollkapselkäfer. Mistvieh!" Wütend zischt der Mann diesen Namen über den Tresen. „Baumwollkapselkäfer. Alles kaputt. Eingegangen. Nächstes Jahr? Können wir komplett vergessen ..."

Inspiriert von einem Mann namens George Washington Carver, der nicht nur gegen die Sklaverei, sondern auch für die Erdnuss kämpfte, wagen die Bewohner dieses Ortes einen radikalen Wechsel. Vernichten die Baumwollfelder und begeben sich an die unbekannte Nuss. Schon zwei Jahre später, 1917, bauen die Menschen rund um Enterprise mehr Erdnüsse an als jeder andere Bezirk in Amerika. So errichten sie 1919 ein großes Denkmal mit einer Frau, die einen Baumwollkapselkäfer in die Höhe reckt – heute noch kann man es betrachten. Und auf dem Denkmal steht: „In tief empfundener Anerkennung des Baumwollkapselkäfers und dessen, was er als Vorbote des Wohlstands vollbracht hat."

Das wohl erste Denkmal für ein Mistvieh. Aber eben auch für eine Krise, die als Chance begriffen wurde. Krise als Chance? Das ist gleichzeitig das Wahlprogramm von Jesus Christus. Umdenken. Anders denken. Neu denken. Durchstarten!

Er war in der Welt, und die Welt ist durch ihn geworden, doch die Welt erkannte ihn nicht. JOHANNES 1,10

An einem kalten Januarmorgen 2007 betrat ein Mann in Jeans eine Metrostation in Washington, D.C. Er öffnete seinen Geigenkasten, holte sein altes Instrument heraus, warf einige Dollars und Kleingeld als Startkapital hinein und begann zu spielen. Er spielte ab 07:54 Uhr 43 Minuten lang sechs Stücke von Bach und Schubert. Während dieser Zeit der morgendlichen Rush Hour eilten fast 1100 Personen an ihm vorbei – die meisten von ihnen auf dem Weg zur Arbeit. Hunderte von Passanten ignorierten ihn oder nahmen ihn nur flüchtig zur Kenntnis. Derjenige, der dem Geiger die größte Aufmerksamkeit schenkte, war ein ungefähr drei Jahre alter Junge. Seine Mutter zog ihn eilig weiter, doch der Junge hielt inne und betrachtete den Geiger eindringlich. Während der Zeit, als der Musiker spielte, hielten nur wenige Personen an und blieben für eine Weile stehen. Ungefähr zwanzig Leute gaben ihm Geld, setzten jedoch ihren Weg in normaler Geschwindigkeit fort. Er verdiente 32 Dollar und 17 Cent. Als er das Spielen beendete und alles zusammenpackte, nahm keiner Notiz von ihm. Keiner spendete Beifall.

Keiner wusste, dass dieser Geiger Joshua Bell war – ein mit dem Grammy ausgezeichneter Spitzengeiger. Er spielte einige der schwierigsten Musikstücke, die jemals komponiert wurden, auf einer Geige im Wert von 3,5 Millionen Dollar. Mich erstaunt und bewegt die Gleichgültigkeit der Erwachsenen. Der fehlende Blick für das Besondere und Unerwartete in gewohnter Umgebung. Mich fasziniert im Kontrast dazu, dass es auch anders geht. Denn wir sind wie die Kinder: Mit geschärften Sinnen, achtsam und neugierig gehen sie ihren Weg und entdecken, wo etwas Ungewohntes daherkommt. Entdecke heute Jesus mitten im Alltag! Den, der selbst kaum als der erkannt wurde, der er war. Er ist da! Heute!

Und ich werde euch die Jahre zurückerstatten, welche die Heuschrecke, der Fresser, der Verwüster und der Nager verzehrt haben – mein großes Kriegsheer, das ich gegen euch gesandt habe. JOEL 2,25

Es gibt Dürrezeiten im Leben, in denen innere und äußere Heuschrecken kommen und alles einfach – ja – plattmachen. Zerstören. Nagen. Verwüsten. Was für Worte! Jeder, der solche Phasen kennt, spürt sie körperlich und kann das nachempfinden. Wir neigen dazu, solche Phasen außerhalb von Gott anzusiedeln. Das macht der Teufel, wir selbst oder die gefallene Welt. Das ist auch richtig so – aber es muss zuerst an Gott vorbei! Er duldet es und lässt es zu. Gott verursacht diese Dinge nicht, aber nutzt sie. Es wäre ihm ein Leichtes, uns diese Heuschrecken im Leben vom Leib zu halten.

Zuerst: Wir sind im Alten Testament, und ich glaube, dass sich durch Kreuz und Auferstehung an dieser Stelle etwas qualitativ verändert: Jesus hat alles auf sich genommen, auch Methoden der Zurechtweisung, die eher dem Gesetz zugehörig sind als der Gnade. Ich erlebe Gott so krass nicht mehr. Aber bietet dieser Vers dennoch eine Möglichkeit, die Heuschreckenzeiten unseres Lebens besser zu verstehen? Es bleibt ja dabei, dass er diese Zeiten zumindest duldet, also gehen wir davon aus, dass diese Duldung aus Liebe geschieht und sich in einen größeren Plan einfügt. Ich glaube: Solche Zeiten sollen uns auch befreien von Ballast, von Beziehungen, von Aufgaben, die uns auf Dauer zerstört hätten. Die Folge dieser gewaltsamen Befreiung ist im besten Fall, dass sich unser Herz wieder stärker oder neu IHM zuwendet. Das Ziel ist Freiheit und ein neues weiches, Gott zugewandtes Herz. Die Folge eines solchen bewusst gegangenen Weges ist Segen. Wir bekommen etwas zurück. Werden die Wunden der Heuschreckenzeit bleiben? Ja, aber sie dürfen heilen, uns erinnern. Und es entsteht etwas Neues, wir werden neu beschenkt!

Stellt euer ganzes Leben Gott zur Verfügung! Bringt euch Gott als lebendiges Opfer dar, ein Opfer völliger Hingabe, an dem er Freude hat. Das ist für euch der „vernunftgemäße" Gottesdienst. RÖMER 12,1B

„Dies ist keine Pfeife", schrieb der Maler René Magritte auf ein Bild. Zu sehen ist darauf eine naturgetreu gemalte Pfeife. Eine radikale Anfrage an unsere Begriffe, die ja doch erst einmal nur leere Worthülsen sind, die inhaltlich gefüllt werden müssen. Und so mancher füllt sie anders als sein Nächster und vielleicht sogar falsch!? Was dann immense Auswirkungen haben kann …

Nehmen wir zum Beispiel den Satz: „Ich gehe sonntags in die Kirchengemeinde und feiere Gottesdienst." Das ist fein, und dagegen ist gar nichts einzuwenden. Nur: Wie genau wird jemand diesen Satz verstehen? Landläufig wohl so: Ich gehe in ein Kirchengebäude und dort erlebe ich einen Gottesdienst mit Pfarrerin oder Pastor, der dann mit dem Segen endet. Wenn jemand diesen Satz so für sich übersetzt bzw. versteht, dann klingt das richtig, ist aber haarscharf daneben. Exakter formuliert: Er macht Nebensachen zur Hauptsache. Nehmen wir die Begriffe Kirche oder Gemeinde – das sind nie Gebäude, sondern Menschen. Es ist der Leib Christi. Sonst bräche eine Gemeinde zusammen, die kein Gebäude hat. Tut sie aber nicht.

Und dann: Gottesdienst. Laut Paulus im heutigen Vers ist Gottesdienst nicht nur Sonntag, sondern: alles! Mein ganzes Leben! Jawohl! Und das ist alles andere als langweilig und eintönig – genau das ist die frohe Botschaft. Denn das heißt: Gott interessiert sich für deinen und meinen alltäglichen Klein- und Großkram und will diesen verwandeln. Du darfst und kannst erleben, wie dein ganzes Leben ein heiliger Ort wird! Gott ist ein Gott der kleinen Dinge. Genau jetzt! Lasst uns Worte prüfen und so füllen, wie Gott es gewollt hat!

**Es wurde Abend,
und es wurde Morgen:
der erste Tag.**
1. MOSE 1,5B

Hat dein Tag gestern Abend gut begonnen? Ähem – gestern Abend? Nun – im jüdischen Leben beginnt bis heute der Tag mit dem Vorabend! Das wird schon im Schöpfungsbericht deutlich. Da heißt es: Abend, Morgen – erster Tag. Auch der Sabbat, der heilige Tag der Juden, beginnt nicht mit dem Samstagmorgen, sondern mit dem Freitagabend. Eingeläutet von einem ganz bewussten Ritual, dem Kiddusch, und einem Festmahl. Den Tag ganz bewusst beginnen und aus dem Glauben heraus leben. Ein echtes Kontrastprogramm zu unserem normalen Tagesbeginn.

Meist ist es ja so: Da stolpere ich rein in den Tag. Raus aus dem Bett, das Frühstück in sich hineinschlingen – wer hat schon die Muße, morgens durch den Wald zu joggen oder eine viertel Stunde zu meditieren? Das bleibt irgendwelchen strahlend aussehenden Helden aus Hochglanz-Zeitschriften vorbehalten. Ich bin froh, wenn ich ohne Verletzungen an den Schreibtisch komme. Und eins verhindert die Muße am Morgen zu 100 %: kleine Kinder! Vergiss es! Ist der Tagesbeginn am Abend nicht eine geniale Idee?

Wie wäre es mit heilsamen Abendritualen, die den alten Tag abschließen und den neuen beginnen? Ein Gebet sprechen und darin meine Sorgen loslassen, z. B. Sich am Abend vor dem Schlafengehen mit dem letzten Schluck Wein oder Tee hinsetzen und die Tafel des alten Tages reinigen und so Platz für den neuen Tag schaffen. Sich nicht von den alten Buchstaben fesseln lassen, sondern das Leben neu buchstabieren. Tag für Tag. Am Abend schon wissen: Morgen kann ich neu anfangen. Es könnte sein, dass ich dann besser schlafen kann. Wenn die Nacht nicht der Punkt hinter einem langen Tag ist, sondern der Doppelpunkt vor einem neuen Tag. In diesem Sinne: einen guten Tag dir!

Die Herrlichkeit, die du mir gegeben hast, habe ich nun auch ihnen gegeben, damit sie eins sind, so wie wir eins sind. Ich in ihnen und du in mir – so sollen sie zur völligen Einheit gelangen, damit die Welt erkennt, dass du mich gesandt hast und dass sie von dir geliebt sind, wie ich von dir geliebt bin. JOHANNES 17,22+23

Vor Kurzem habe ich hier in der Nähe ein herrliches Spektakel beobachtet: den geräuschvollen und doch so eleganten Zug der Kraniche. Hunderte großer Vögel, die in wohl gewählten Formationen Richtung Südwesten über das Rheinland ziehen. Immer wieder sieht man kleinere Gruppen zu anderen dazustoßen und sich mit ihnen vereinen. Dann fliegen sie gemeinsam weiter, unter der Leitung des aktuellen Führungsvogels, der aber zwischendurch wechselt. Dann wieder lösen sich Teilschwärme und fliegen parallel weiter. Spielerisch und leicht sieht das aus. Gebannt stehe ich im Moor und starre mit offenem Mund in den Abendhimmel.

Jesus wünscht sich Einheit. Wir erleben aber immer häufiger: Spaltung. Manche katholischen Geschwister träumen von einer Kirche, in deren Mutterschoß alle zurückkehren. Wiederum andere haben genau vor diesem Anliegen Angst und wollen ihre Tradition schützen. Ich werde dieses Knäuel an Ängsten und Motiven nicht in einer Andacht entwirren, aber ich glaube: Die Kirche verträgt Vielfalt und Konfessionen. So können wir „maßgeschneiderter" Menschen erreichen und mehr Vielfalt ausdrücken. Aber diese Unterschiedlichkeit kann zwischendurch zusammenkommen um ein gemeinsames Zentrum: Christus. Wo zweitrangige Fragen zur Trennung und Abgrenzung führen, ist etwas Entscheidendes nicht verstanden worden: Dass wir alle Christus nicht besitzen – aber uns um ihn sammeln dürfen. Jesus sagt: Wir haben seine Herrlichkeit bekommen, die uns zum Einssein bewegt. Kann es sein, dass wir diese Herrlichkeit vertauscht haben gegen Pseudo-Herrlichkeiten?

DEZEMBER

2

Früh am Morgen, als es noch völlig dunkel war, stand Jesus auf, verließ das Haus und ging an einen einsamen Ort, um dort zu beten. MARKUS 1,35

Wo kriege ich nur Zeit her?" Die Frage ist in der heutigen, anstrengenden Zeit verständlich, aber verräterisch. Denn sie drückt bereits etwas aus, das genau das Gewünschte verhindert. Die Frage ist nämlich passiv: Wo kriege ich her? Das heißt: Ich bekomme Zeit zugeteilt, man gibt sie mir, ich bin Bittsteller und wünsche mir mehr Zeit. Aber genau das ist nicht der Fall! Natürlich gibt es Sachzwänge, die uns lenken, aber ob wir uns Zeit nehmen und wofür – das bestimmen nur wir. Wir dürfen, können und müssen uns selbst Zeit zuteilen, sonst haben wir sie nicht. Die Zeitkraken des Alltags werden unsere Minuten umschlingen und uns aus den Händen reißen – wenn wir sie nicht vorher gut und proaktiv selbst verplanen. Eben auch mit: Stille, Spaziergang, Gebet.

Szenenwechsel: Es gibt im sogenannten „storytelling", im Geschichtenerzählen, eine eiserne Regel, die immer dann angewendet wird, wenn eine actionreiche Phase im Film abläuft: Verfolgungsjagd mit Autos oder zu Fuß, Blechschäden – der Puls geht hoch, alles steht auf der Kippe! Mitten in solchen Phasen wird nun durch eine romantische oder humorvolle Szene diese extreme Action abgefedert, weil der Zuschauer sonst ihr gegenüber abstumpft und sie nicht mehr „würdigen" kann – weil es einfach zu viel ist. Wenn Hollywood-Drehbuchschreiber das systematisch einsetzen – wie viel mehr sollten wir das tun? Jesus jedenfalls hat es gemacht: Er hat am Vortag in der Synagoge gepredigt, geheilt, befreit, berufen. Nun ist Zeit für eine selbstbestimmte Zeit der Ruhe mit und in Gott. Entscheide dich dafür!

So wie ihr von anderen behandelt werden möchtet, so behandelt sie auch. LUKAS 6,31

Was du nicht willst, was man dir tu, das füge keinem anderen zu!" Diesen Satz kenne ich seit meiner Kindheit zur Genüge. Er wird von Generation zu Generation als sogenannte goldene Regel weitergegeben. Und klingt er nicht christlich? Biblisch? Die klare und vielleicht erstaunliche Antwort lautet: Nein! Denn der Satz geht haarscharf, aber entscheidend an der jüdisch-christlichen goldenen Regel, wie sie in der Bibel steht, vorbei!

Denn die goldene Regel der Bibel lautet ganz anders. „Was ihr von anderen wünscht zu erleben – das tut anderen genauso!" Im Alten wie im Neuen Testament wirbt Gott um den positiven Weg. Er bekämpft nicht das Falsche – er überwindet es durch das Gute und Richtige! Plötzlich können auch wir im Alltag ganz anders denken und handeln lernen! Was kann ich einer Kollegin, einem Nachbarn, meiner Familie Gutes tun?! Die Frage darf also plötzlich ganz positiv lauten: Hey – wie überrasche ich jetzt meinen Nächsten? Was baut unsere Beziehung auf? Was tut dem anderen so richtig gut? Gott wird dabei zum Förderer des Guten, Richtigen, das Beziehungen aufbaut – horizontal zu Menschen und vertikal zu ihm selbst.

Dass viele so um das Negative kreisen – das verhindert aber genau dieses positive und aufbauende Denken und Handeln. Sünde ist laut Bibel eigentlich Beziehungsstörung und kein moralischer Zeigefinger, der Angst produzieren soll. Solche Beziehungsstörungen behindern und belasten unser Leben. Jesus selbst hat vorgelebt, wie anders Leben aussehen kann. Wie heile Beziehungen zu Gott und dann auch zum Nächsten gelingen. Er zeigt uns bis heute mit seinem Leben die Spur, der sich zu folgen lohnt. Kein Drehen ums Negative – sondern versöhnt mit Gott leben, positiv mit den Mitmenschen umgehen, Gutes denken und auch tun. Das gibt Energie und baut auf!

DEZEMBER **4**

Der Herr sprach mit Mose von Angesicht zu Angesicht, wie Freunde miteinander reden. 2. MOSE 33,11A

Ich bete an die Macht der Liebe." Das könnte der Titel eines deutschen Schlagers sein. Aber diese Liedzeile stammt von Gerhard Tersteegen, ein pietistischer Mystiker vom Niederrhein. 1750 hat er diese Zeilen gedichtet: „Ich bete an die Macht der Liebe, die sich in Jesus offenbart." Offenbart meint: die sich gezeigt hat, die aufgedeckt wurde. Dieses Liebeslied singt nicht von dem romantischen Gefühl zwischen zwei Menschen – hier geht es um die besondere Liebe, die sich in Jesus den Menschen gezeigt hat und offenbar eine große Macht besitzt. Bevor es schwülstig wird, setze ich einen zweiten Satz daneben: Wer Gott anbetet, der beugt sich keiner anderen Macht mehr! Der ist frei! Auch unter Druck von Systemen, Menschen und Meinungen. Wie denn das?

Etwas anbeten heißt: „sich vor etwas beugen". Alle Menschen beugen sich vor etwas. Dienen einer Aufgabe, z. B. der Karriere, der Familie, einem Ideal, dem Verdienst, den Hobbys, der Anerkennung oder einfach nur sich selbst. Das ist auch ganz normal. Wir leben ja nicht im luftleeren Raum, sondern haben die Sehnsucht, FÜR etwas zu leben. Wem wir nun dienen, vor was wir uns beugen, das wiederum ist ganz entscheidend für unser alltägliches Leben.

Gott anzubeten ist heilsam. Seine Liebe lässt die kalten Mächte, die uns einengen, hinwegschmelzen. Jesus sagte einmal: „Ich nenne euch nicht mehr Diener – sondern Freunde." Freunde Gottes beten Gott an und wissen sich von ihm geliebt. Sie werden nicht eingeengt, sondern befreit. Es lohnt sich, sein Leben einmal auf ungesunde „Anbetungen" zu untersuchen, sie loszulassen und stattdessen Gott selbst anzubeten. So kann dann alles andere, was kleiner ist als Gott – also alles – seine Macht verlieren. Wer sich vor Gott beugt, der wird aufgerichtet.

Alle, die der Vater mir gibt, werden zu mir kommen, und wer zu mir kommt, den werde ich nicht hinausweisen. (...) Und der Wille dessen, der mich gesandt hat, ist, dass ich von all denen, die er mir gegeben hat, niemand verloren gehen lasse, sondern dass ich sie an jenem letzten Tag vom Tod auferwecke. JOHANNES 6,37+39

Ich bin in meinem ersten Studium – Informatik – zum Glauben an Jesus gekommen. Ich ging zum Semesteranfangstreffen der Navigatoren, einer überkonfessionellen Studentengruppe. Dort sprach mich ein gleichaltriger Mitstudent an, der im gleichen Semester Maschinenbau studierte. Später, als ich durch seine behutsame Begleitung zum Glauben gekommen war, erzählte er mir, dass er vor dem Treffen Gott um einen Mitstudenten gebeten hatte, den er in den Glauben begleiten und bei dem er erleben dürfte, dass dieser selbst im Reich Gottes aktiv wird. Als er mich sah, wusste er: Das ist er! Mich bewegt diese Geschichte bis heute, auch wenn sie mehr als zwanzig Jahre her ist: Gott hat mich wirklich zu sich gelotst!

Wenn du diese Zeilen liest, dann ist es genau so gewesen. Natürlich hattest du den freien Willen, dich dem sanften Ziehen Gottes zu widersetzen. Aber er hatte dich im Blick, er wollte dich, er hat nicht nachgelassen. Glaubst du, er denkt sich dann nach diversen Fortschritten, aber eben auch Niederlagen im Glauben: Ach nee, war doch ein Irrtum? Unser Bibeltext sagt etwas viel Radikaleres. Jesus weist niemanden heraus, den der Vater vorbereitet hat. Noch einen drauf? Okay – da geht noch mehr: Es ist sogar der Wille des Vaters, dass von genau diesen Gerufenen NIEMAND verloren geht. Auch du nicht! Niemand! Alle, die zu ihm gehören und an ihm dranbleiben, kommen auch durch. Egal, wie die „Performance" ist. Ich wette, wir werden eines Tages im Strandcafé am Rande der himmlischen Südsee sitzen, einen Batida schlürfen und genau so dankbar auf unser Leben zurückschauen. ER hat es gemacht.

Und er stand auf, befahl dem Wind und sprach zum See: Schweig, werde still! Da legte sich der Wind, und es entstand eine große Stille. MARKUS 4,39

An der Hochschule Aachen gibt es einen schalltoten Raum. 99,9 % des Schalls werden dort geschluckt. Man denkt zuerst: himmlische Stille! Von wegen! Kein Mensch hält es in diesem Raum länger als 45 Minuten aus! Wir ertragen diese extreme Stille nicht. Das Rauschen des Windes, das Zwitschern der Vögel – das nennen wir Stille. Wir brauchen Hintergrundrauschen. Genau hier scheiden sich die Geister. Denn es gibt Hintergrundrauschen, das krank macht, aber eben auch eins, das hilft, innerlich still zu werden. Permanente Berieselung mit Medien macht unruhig. Damit innere Stille entstehen kann, müssen wir die äußere relative Stille wagen. Die Stille des Waldes, des parkenden Autos; das stille Örtchen (ohne Duschradio!).

Viele Menschen berichten, dass sie vor genau diesen Stille-Oasen flüchten. Weil dann deutlich wird, wie laut es in ihnen ist. Also lieber ablenken und betäuben ... Wagen wir die äußere Stille, dann treffen wir auf den inneren Lärm – und der kann beängstigend sein! Stille zu wagen, wäre hier ein rebellischer Akt. Drei kleine Hinweise, wie innere Stille gelingen kann:

Das, was da in der Stille hochkommt, im Gebet an Gott abgeben: Ärger, Angst, Trauer ... Gib es ungefiltert in Gottes Hände. Gott sieht es und verurteilt es nicht. So kann schon ein ganzes Stück mehr Frieden hineinkommen.

Es braucht Zeit. Unser Kopf ist wie eine große Flasche mit vielen aufgeregten Heuschrecken drin. Alles wuselt durcheinander. Aber wir schalten nicht vom fünften in den ersten Gang – sondern stufenweise herunter. Also: Klein anfangen und dranbleiben.

Es gibt auch innere Impulse, die nicht weniger werden wollen, Bilder, die wehtun, alte Geschichten, die hochkommen. Ich mache dir Mut, dir dann einen guten Seelsorger zu suchen.

7 DEZEMBER

Denn Gott ist nicht ein Gott der Unordnung, sondern ein Gott des Friedens. 1. KORINTHER 14,33A

Na, wie ist heute deine Herzfrequenzvariabilität? Kurz HRV. Ein hochspannender Wert unseres Herzen, an dem man ablesen kann, ob der Organismus insgesamt angespannt ist oder entspannt, gestresst oder ausgeglichen. Die HRV misst den Abstand zwischen zwei Herzschlägen – vereinfacht gesagt. Das Großartige daran ist: Wenn das Herz schön gleichmäßig schlägt, wenn also der Abstand zwischen zwei Herzschlägen immer schön identisch ist, dann steht der Körper unter massivem Stress! Überraschung! Wenn die Werte leicht voneinander abweichen und das Herz sozusagen eher lässig schlägt, dann sind wir entspannt und ausgeglichen.

Szenenwechsel: Ich hatte zu Beginn meines Pastorendienstes ein neues Element in den Gottesdienst eingeführt. Ein Besucher kam auf mich zu und ermahnte mich: Gott ist aber ein Gott der Ordnung und nicht ... – dann ließ er seine Stimme bedeutungsvoll im Raum schweben und das Wort „Unordnung" formte sich unweigerlich in unserem Gespräch und sollte mich korrigieren. Ich ergänzte: „... sondern des Friedens." Und damit war das Gespräch beendet. Wie kommen wir darauf, dass Gott preußische Ordnung liebt? Alles schön exakt und gestutzt und sauber? Die Natur und auch der Mensch sind faszinierend und großartig geordnet – aber eben auch gleichzeitig erstaunlich chaotisch und kreativ. Überlass einen Wald sich selbst und du findest erstens eine bestechende Ordnung, aber auch zweitens – nach preußischen Maßstäben – ein heilloses Durcheinander. Kann da keiner aufräumen? Gott hat ein anderes Bild von Ordnung und Unordnung. Ordnung schafft Frieden. Wo Ordnung versklavt, einengt, bindet und abschnürt – ist sie Ordnung nach unserem, aber nicht nach Gottes Sinn. Gott schaut nicht hinter dein Sofa, sondern in dein Herz.

Wenn wir unsere Sünden bekennen, ist er treu und gerecht, dass er uns die Sünden vergibt und uns reinigt von jeder Ungerechtigkeit. 1. JOHANNES 1,9

Ist dir schon einmal aufgefallen, dass die biblischen Schriften nach dem Kreuzestod kaum noch davon sprechen, dass wir Gott um Vergebung unserer Sünden bitten sollen? Und auch, dass der Heilige Geist die Menschen ihrer Sünden überführt, ist nur in Bezug auf die Welt und die Menschen ohne Gott beschrieben – nicht auf Kinder Gottes. Warum ist das so? Weil am Kreuz alles geschehen ist. Es ist vollbracht! Gott „braucht" unser Gebet um Vergebung nicht, weil uns am Kreuz vergeben ist und wir eine neue Identität geschenkt bekommen haben. Es ist maximal vollendet. Mehr geht nicht. Wenn wir um Vergebung bitten wollen, würde Gott antworten: „Du, ist bereits erledigt. Ich weiß nicht, was du meinst!"

Aber was machen wir mit unserem Bibelvers aus 1. Johannes, der als Superbeleg immer wieder dafür angeführt wird, dass wir regelmäßig um Vergebung bitten sollen? Superbeleg, weil es der einzige Vers ist! Nun – dieser Vers richtet sich nicht an Christen. Sondern an Menschen, die sich für besser (sündlos) halten, von sich selbst glauben dazuzugehören, es aber nicht tun (Vers 3). Ab Kapitel 2,1 wendet sich der Blick auf eine andere Zielgruppe: Die „Kinder" kommen in den Blick – die Christen. Da ist von um Vergebung bitten keine Rede mehr, vielmehr haben wir einen vollkommenen Beistand beim Vater: Jesus Christus, der das perfekte Sühneopfer ist.

Ist es also falsch, um Vergebung zu bitten bei Gott? Nein, nicht falsch, es ist nicht nötig. Aber WIR können es nötig haben. Die Zusage der bereits erfolgten Vergebung tut gut und hilft uns auf dem Weg der Jesusnachfolge. Deswegen kann es wohltuend sein, wenn wir Gott unsere Schuld bringen oder uns in der Beichte jemandem anvertrauen, damit er uns Vergebung zusagt. Aber: Wir stellen uns nur noch unter das, was längst am Kreuz geschehen ist.

Den Erschöpften gibt er neue Kraft, und die Schwachen macht er stark. JESAJA 40,29

Mähroboter. Diese seltsamen Geräte fahren selbstständig andauernd über den Rasen und mähen ihn ganz automatisch. Das sieht erst mal ziemlich albern aus. Denn diese Dinger fahren nach dem Zufallsprinzip einfach dauernd kreuz und quer über den Rasen und mähen. Wie von Geisterhand geführt. Faszinierend. Woher wissen die, wie sie fahren müssen? Warum rumpeln die nicht dauernd in irgendwelche Beete? Also mal kundig machen!

Bevor das Maschinchen sich in Bewegung setzen kann, muss man eine sogenannte Induktionsschleife verlegen, die den äußeren Rand des zu mähenden Gebietes markiert. Das ist ein dünner Draht, durch den ein schwacher Strom fließt. Der Mähroboter merkt dann: Hier ist eine Grenze, nicht weiterfahren, sondern umdrehen. Und das macht er dann auch. Innerhalb dieser gegebenen Grenzen ist dem Ding eine große Freiheit gegeben. Nicht übel das System.

Aber wie kriegt es Energie? Nun – es fährt tapfer kreuz und quer über den Rasen und macht seinen Job, scheinbar ziemlich chaotisch und dennoch auf Dauer eben überall. Sowie der Akku leer ist, passiert etwas Nettes: Der Mähroboter zockelt zurück zu seiner Ladestation, die am Stromnetz angeschlossen ist, und lädt sich eigenständig auf. So wie er wieder Kraft hat, geht der Spaß von Neuem los. Das ist das ganze Geheimnis. Dadurch, dass der Mähroboter fast pausenlos arbeitet, ist die Arbeit von dem Kleinen gut zu leisten: halt dauernd einen halben Zentimeter mähen statt einmal die Woche vier Zentimeter.

Grenzen, die vor Abstürzen bewahren, eine Ladestation für Kraft, ruhiges, gleichmäßiges Arbeiten – mir ist heute nach Mähroboter-Spiritualität. Die Parallelen sind einfach zu schön. Viel Freude wünsche ich beim Herausfinden ...

Da antwortete Josua den Nachkommen Josefs, den Männern von Efraïm und Manasse: „Ihr seid ein zahlreiches Volk und habt Kraft. Deshalb fällt euch auch kein gewöhnlicher Anteil zu, sondern ihr bekommt ein bewaldetes Bergland. Den Wald könnt ihr roden und dadurch neues Land gewinnen. Ja, ihr werdet sogar die Kanaaniter vertreiben, auch wenn sie noch so stark sind und eiserne Streitwagen haben.“ JOSUA 17,17+18

Gott verheißt den Nachkommen Josefs: „Ihr werdet ein großes Volk sein!“ Was die Nachkommen Josefs hören, ist: „Weil ich euch das verspreche, wird das einfach so passieren, ohne Mühe, ohne Kampf, entspannt euch!“ Was Josua sagt: „Gott hat euch die Verheißung gegeben und ich erneuere sie hiermit. Aber eben weil euch das verheißen ist, sollt ihr roden und kämpfen und siegen. Legt los!“ Keine Botschaft für „couch potatoes“.

Es gibt ihn und sie, den frommen „couch potatoe“ – die männliche/weibliche Sitzkartoffel christlicher Prägung. Mit der Chipstüte in die Versprechen Gottes hineinwandeln. Nein: Sitzen. Gottes Zusagen werden zu deterministischen Zaubersprüchen über ihrem Leben. Deterministisch meint: Kann gar nicht anders kommen. Egal, was du machst. Die Gattung des gemeinen frommen „couch potatoe“ versteht das als Angebot zur Lebensentspannung. Gott ist ja so praktisch! Ich erkenne mich im „couch potatoe“ manchmal wieder. Die biblische Geschichte zeigt: Der Glaube dient nicht der Entspannung – zumindest nicht primär. Gott stellt uns ein Bild vor Augen und wir sind aufgefordert, die Komfortzone zu verlassen und in dieses Bild hineinzuleben und manchmal auch zu kämpfen. Da ist zum Beispiel die Zusage, dass wir – wenn wir Sorgen abgeben – seinen Frieden erleben (Philipper 4,7)! Wunderbar. Aber auch das ist ein Hinein-leben! Es gilt die Sorge zu erkennen, vielleicht sogar sich um die Wurzel in unserer Seele zu kümmern, die Sorgenfrüchte trägt. Also ganz liebevoll: Runter vom Sofa!

Vergeltet nicht Böses mit Bösem oder Schmähung mit Schmähung, sondern im Gegenteil segnet, weil ihr wisst, dass ihr dazu berufen seid, Segen zu erben. 1. PETRUS 3,9

Ich finde Regentonnen faszinierend. Als Kind habe ich vor unserer offenen Regentonne in der Gartenecke gestanden und die Mückenlarven bewundert, die im Sommer aus den abgelegten Mückeneiern entstanden, wenn kaum neues Wasser hinzukam und das stehende Wasser warm und muffig wurde. Dann wieder Regen! Schnell füllte sich die Tonne bis zur Sperre. War es länger feucht und es wurde nichts verbraucht, kamen sie wieder: die Tierchen und Käfer und besiedelten das stehende Wasser! Was für ein faszinierender Kreislauf!

Kinder Gottes tragen in sich eine Segenstonne! Die Bibel bezeugt: Wir werden abgefüllt mit dem Segen Gottes, ja allem himmlischen Segen in Jesus Christus. Wir sind: voll! Ich beobachte bei mir, dass ich in manchen dürren Glaubenszeiten anfange zu murren: Ich erlebe so wenig mit Gott, es ist so langweilig im Glauben! Ich glaube, dass dieses Murren und die dahinterstehende Sehnsucht gut ist. Besser als sich mit Glaubens-Ödnis anzufreunden! Der wunderbare Vers vom Apostel Petrus zeigt nun einen (nicht den einzigen!) wichtigen Grund für diese schmerzhaft empfundene Erfahrungsarmut im Glauben: Die Segenstonne ist voll. In dem Moment, wo wir beginnen, bewusst zu segnen, lassen wir Segen ab, und dann werden wir neu empfangen, wozu wir berufen (!) sind! Kurz: Segne, und du schaffst Platz, um Neues zu empfangen und somit Gott zu erfahren. Segne ich nicht, entwickelt sich ein muffiges, stehendes Segensgewässer, in dem Mückenlarven der Unzufriedenheit prächtig wachsen können. In diesem Sinne: Lasst uns eine Segenskultur entwickeln, in der wir reichlich segnen – gerade die, die wehtun und stören – und so Platz schaffen, unser Erbe mehr und mehr zu empfangen, zu dem wir berufen sind!

DEZEMBER

12

Da ihr nun also zusammen mit Christus auferweckt worden seid, sollt ihr euch ganz auf die himmlische Welt ausrichten, in der Christus auf dem Ehrenplatz an Gottes rechter Seite sitzt. Richtet eure Gedanken auf das, was im Himmel ist, nicht auf das, was zur irdischen Welt gehört. KOLOSSER 3,1+2

Kennst du den wunderbaren Film „Der Club der toten Dichter"? Robin Williams spielt den Lehrer an einem altmodischen amerikanischen Internat. Er möchte aber im Gegensatz zur gebräuchlichen Didaktik/Pädagogik den Jungs kein Wissen einbläuen, sondern sie für die Schönheit der Sprache und die Weite der Gedanken öffnen. In einer legendären Szene sollen die Schüler auf den Tisch steigen, um eine andere Perspektive auf die Welt einzunehmen. Gleichzeitig ein Akt der Rebellion gegen die „übliche" Sichtweise.

Zu genau einem solchen Akt des Perspektivwechsels und der Rebellion fordert uns Paulus hier auf und skizziert gleichzeitig eine biblisch begründete Mystik: Wir sind bereits mit Christus gekreuzigt und auferweckt und eingesetzt in den Himmel. Das bezeugt er vielfach. Christus sitzt auf dem Ehrenplatz zur Rechten des Vaters – dem Ort der Macht und Autorität. Wir sitzen in ihm auch dort. Durchatmen! Das hat es bereits in sich! Aber es geht noch weiter. Denn Paulus ist gleichzeitig Realist genug, um zu wissen: Wir leben mitten im ganz normalen Leben. Was er beobachtet, ist das, was mir auch immer wieder geschieht: Dass dieses ganz normale Leben mich absorbiert, bis ich selbst glaube, das sei die einzige Realität. Paulus sagt: Ihr seid mit den Füßen auf dem Boden und mit Herz und Kopf im Himmel, quasi über den Wolken. Das ist euer Stand. Aber: Damit dieser Stand eingenommen werden kann, müsst ihr euch bewusst ausrichten auf die himmlische Welt. Tag für Tag. Nur so könnt ihr aufrecht stehen, entsprechend eurer neuen Identität in Christus! Steig auf den Tisch!

Da ihr nun also zusammen mit Christus auferweckt worden seid, sollt ihr euch ganz auf die himmlische Welt ausrichten, in der Christus auf dem Ehrenplatz an Gottes rechter Seite sitzt. Richtet eure Gedanken auf das, was im Himmel ist, nicht auf das, was zur irdischen Welt gehört. KOLOSSER 3,1+2

Was sehen wir nun, wenn wir bewusst auf den Tisch steigen und unseren Kopf über die Wolken des Alltags erheben? Erst einmal müssen sich unsere Augen daran gewöhnen. Geistliches Sehen muss gelernt werden. Ich erlebe immer wieder in der Seelsorge, dass Menschen zuerst nichts sehen und dann beginnt es, deutlicher zu werden. Sie empfangen Eindrücke und Bilder. Ähnlich wie der Blindgeborene, der zuerst nur alles schemenhaft sieht (Markus 8,24), müssen wir den geistlichen Blick schulen. Dabei geht es aber nicht nur um Bilder und Eindrücke durch den Heiligen Geist, sondern auch um die himmlischen Dinge, die uns in der Bibel geschildert werden. Was dürfen und sollen wir sehen?

Hier passiert etwas Spannendes und Erstaunliches. Wir könnten nun spontan antworten: Wir sollen in allem auf Jesus Christus sehen. Das stimmt auch – nur hier nicht. Denn hier steht nicht: „Richtet eure Gedanken auf den, der im Himmel ist", sondern „auf das, was im Himmel ist"! Es geht um ein Ausrichten, Erblicken, Ersehnen der himmlischen Güter, dass sie in der sichtbaren Realität unseres Lebens erlebbar werden. Himmlischer Friede, Segen, Trost, Versorgung, Freude und vieles mehr. Wir dürfen uns ausdrücklich darauf ausrichten und das mit Gedanken und Gefühlen umkreisen und ersehnen. Denn was geschieht, wenn wir das nicht tun? Dann werden andere Sehnsuchtsobjekte gefunden! Unser Herz, unsere Gedanken werden sich ein Ziel suchen. Geben wir ihm das beste Ziel und denken wir Gedanken Gottes. Ersehnen wir für unser Leben, was er ersehnt. Wir dürfen viel sehen und groß glauben. Mit den Füßen auf dem Boden – mit Kopf und Herz im Himmel!

DEZEMBER

14

Denn durch dieses eine Opfer hat er alle, die er heiligt, für immer vollkommen gemacht. HEBRÄER 10,14

Mach einmal ein Experiment: Nimm diesen Vers und lies ihn in verschiedenen Übersetzungen nach. Mich fasziniert, dass gerade besonders gnadenvollen und im guten Sinne radikalen Versen in moderneren Übersetzungen manchmal die Spitze genommen wird. Deswegen ist es wichtig, bei zentralen Versen parallel zu lesen, um mündig zu sein. Gott liebt es, in Gnadendingen extrem zu sein!

Dieser Vers hat die Kraft und das Potenzial, einiges in uns zu verändern. Kann es sein, dass es Gott weniger darum geht, uns zu verändern, als vielmehr unseren Blick auf uns selbst zu verändern? Wenn wir vollkommen sind in seinen Augen – und das nicht nur als eine Art Deckmäntelchen, das über unseren Schmutz geworfen wurde, damit es netter aussieht, sondern als Realität unseres Seins – warum sollte er uns noch ändern wollen? Bedeutet das, dass wir vollkommen HANDELN, DENKEN und FÜHLEN? Ganz sicher nicht. Aber die Frage ist erstens: Was ist unser Wesenskern? Was sind wir? Und zweitens: Wie geschieht biblisch „Veränderung"? Zum ersten: Wir sind NICHT unser Handeln, Denken und Fühlen, sondern dürfen von Christus her sagen: Wir sind vollkommen. DAS ist unser Kern. Wir sind nicht unser TUN, sondern wir sind das, was Gott über uns sagt. Wie geschieht dann Veränderung und ist sie überhaupt nötig? Veränderung geschieht dadurch, dass wir aus dieser neuen Überzeugung heraus leben, wer wir sind. Schau auf den Wesenskern und du lebst anders. Schau auf dein Leben und du glaubst einen anderen Wesenskern. Es ist das vollkommene Werk von Jesus Christus, das uns verändert. Nie ein Anspruch, ein Gesetz, eine Norm. Diese werden im Gegenteil alles schlimmer machen ... doch dazu morgen mehr.

Der Stachel, der uns den Tod bringt, ist die Sünde, und dass die Sünde solche Macht hat, liegt am Gesetz. Gott aber sei Dank! Durch Jesus Christus, unseren Herrn, schenkt er uns den Sieg! 1. KORINTHER 15,56+57

Wir leben in extremen Zeiten. Terroristen rücken Europa auf die Pelle, verüben Anschläge in unserer Mitte. Treffen Orte, die neuralgisch sind. Die Wirkung dieser Treffer bringt den Strom des Blutes in den Arterien der westlichen Welt zum Stocken. Die Rufe werden lauter: Durchgreifen. Abschotten. Mehr Gesetz, mehr Begrenzung, mehr Gegengewalt. Das kommt gut an und befriedigt die Volksseele, die es hasst, dem Unvorhersehbaren ausgeliefert zu sein. Wann schlagen sie wieder zu? Könnte es mich treffen? Sind sie mitten unter uns? Angst beginnt zu regieren. Angst baut Mauern um das Herz, und diese Mauern sollen dann auch in der Politik gebaut werden und somit eine Illusion der Sicherheit vermitteln. Wie gehen wir damit um?

Ich verändere die Frage: Wie gehen wir mit Sünde um? In uns? Der Reflex ist auch da: Mehr Selbstdisziplin, mehr Grenzen, mehr Abschotten und „Sündenauslöser" meiden. Hilft das? Seien wir ehrlich: Nein. Und daran ist nicht der innere Schweinehund schuld. Es ist ein göttliches Gesetz, dass Gnade und Liebe verändern und Gesetz die Sünde erst stark macht. Paulus bringt es auf den Punkt: Die Macht der Sünde gründet sich im Gesetz (das doch etwas Gutes meint und helfen soll). Deswegen spricht er vom neuen Gesetz der Gnade. Auf den Punkt gebracht: In dem Maße, in dem wir uns freiwillig wieder dem Gesetz des Alten Bundes unterwerfen, bleiben wir gefangen unter der Macht der Sünde. Der Gegenpol? Christus! Er ändert die Spielregeln. Die Frage ist: Ändern wir sie auch? Oder machen wir weiter wie vorher. Weil es sich „logischer" anfühlt. Weder global noch lokal noch in unseren Herzen wird mehr Gesetz mehr Gutes hervorbringen. Christus macht das.

DEZEMBER

16

Holt das Mastkalb und schlachtet es; wir wollen ein Fest feiern und fröhlich sein. LUKAS 15,23

Ich liebe biblische Rhythmen. In Lukas 15 finden wir einen Rhythmus überdeutlich, weil er gleich dreimal vorkommt. Dreimal wiederholt Jesus ein Gleichnis mit verschiedenen Inhalten, aber immer derselben Struktur: verloren – gefunden – Party. So ist es bei dem verlorenen Schaf, bei der verlorenen Münze, beim verlorenen Sohn. Es gibt den oder das Verlorene, das gefunden wird und danach ein rauschendes Fest voller Freude. Aber – großes Aber! – es gibt auch die Frommen, die mit der Party ihr Problem haben. Das ist auch genau der Grund, warum Jesus diese drei Gleichnisse erzählt. Die Schriftgelehrten mokieren sich darüber, dass Jesus Tischgemeinschaft, Lachen und Freude mit Outsidern der Gesellschaft hat. Das Problem ist also: Gott feiert gerne und das mit den falschen Leuten. Die anständigen Leute oder – wie man in diesen Zeiten vielleicht sagen würde – die besorgten Bürger regt das auf. Jesus baut diese Empörten sogar in das dritte Gleichnis ein, damit es auch richtig passt! Der ältere Sohn tritt auf und grummelt vor sich hin, dass man wegen ihm nie eine Party geschmissen hätte und dass der verlorene Sohn das wohl auch nicht verdient habe. Jesus' Botschaft: Du hättest die Party längst feiern können. Puh!

Wir haben die Wahl: Wollen wir zu den Verlorenen gehören, die sich (neu) finden lassen, dann ist die Party folgerichtig. Denn was kann man mehr feiern als das Leben und die wiederhergestellte Gemeinschaft mit Gott? Oder wir meinen, nicht ganz so verloren zu sein, und wurschteln uns so durch. Dann werden wir irgendwann diesen Jesus und seine Partys mit Ausgestoßenen anstößig finden. Es ist schwer, sein Verlorensein anzuerkennen. Auf Dauer ist es aber noch schwerer und lustloser, es zu leugnen und sich selbst finden zu müssen. Und nun: Party mit Gott!

Ich ermahne euch nun, ich, der Gefangene im Herrn: Wandelt würdig der Berufung, mit der ihr berufen worden seid. EPHESER 4,1

Es gibt in Dortmund eine Bootswerft. „Baumgart" heißt sie und liegt im Hörde, keinem ganz einfachen Stadtteil. Ähem – mitten im Ruhrgebiet? Eine Bootswerft? Nun gut – Dortmund war mal eine Hansestadt, aber Bootsbau? Ernsthaft? Wo sind Fluss und Meer? Die Werft wurde von ihren Besitzern trotzdem mutig eröffnet. Ganz in der Nähe von riesigen Stahlkochereien. Mitten im „Pott". In einer Zeit, in der alles zusammenbrach, was Montanindustrie hieß. Die Stahlkocherei musste schließen und die Gebäude verfielen. Zigtausende wurden entlassen. Was soll da eine Werft? Ohne groß an die Werft zu denken, überlegte die Stadt Dortmund, was sie mit dem ehemaligen Stahlindustrie-Gelände machen könne. Man entschied sich, daraus ein Naherholungsgebiet zu machen, mittendrin: der neue Phoenixsee. Wie Phoenix aus der Asche sollte dieses Gebiet entstehen und ist nun nicht nur Anziehungspunkt mitten in Dortmund, sondern auch direkt vor der Haustür der Werft. Erst die Werft – dann der See. Was für eine Geschichte!

Mit unserer Berufung ist es nicht anders. Wir sind mit bestimmten Gaben an einen bestimmten Ort gestellt. Auch die Menschen, denen wir begegnen, sind kein Zufall. Natürlich kann der Ruf Gottes aus einer solchen Berufung heraus in etwas Neues erfolgen! Aber bis das klar und deutlich geschieht, gilt: Sei IN dem, was du hast und bist, und Gott führt dir zu, was du tun kannst, was du neu entdecken darfst. Nicht du musst den See suchen, der See sucht dich. Es gibt keine Zufälle in deinem Leben. Sei treu in deiner Berufung, bis dich Gott anders beruft, auch wenn es lahmt und knirscht. Der Tag wird kommen, wo du erkennst, wie Gott genau durch dich an dieser Stelle gewirkt hat. Wetten?

DEZEMBER

18

Kämpfe den guten Kampf des Glaubens; ergreife das ewige Leben, zu dem du auch berufen bist und worüber du das gute Bekenntnis vor vielen Zeugen abgelegt hast. 1. TIMOTHEUS 6,12

Bald liegt ein Jahr hinter uns. Ein Jahr mit Andachten aus schwerer Zeit hinein in deinen Alltag. Ich hoffe, es ist mir gelungen, viel über Gnade, Gottes komplette Versorgung, seine unendliche Liebe und sein Dasein in der Dunkelheit zu schreiben, ja davon zu schwärmen. Jetzt ist Aktivität dran! Ruhe in Jesus, Kontemplation, das Bewusstsein der neuen Identität in Christus, all diese wunderbaren Dinge sind nicht Selbstzweck, sondern bieten die Kraftquelle und das WIRKLICH hilfreiche Grundrauschen hinter dem, was nun kommt: der Kampf des Glaubens.

Warum erst jetzt? Ist dieser Kampf nicht geradezu alltäglich? Gerade weil er so alltäglich ist, ist er so gefährlich, weil wir in reflexhafte Reaktionsmuster verfallen, wie wir diesen Kampf kämpfen oder eben vermeiden. Er will aber gekämpft werden (was vielen „Vermeidern" den Angstschweiß auf die Stirn treibt), und das richtig (was vielen „Kämpfern" nicht leichtfallen wird).

Die Vermeider dürfen in der Gnade des Jesus Christus lernen, dass Kampf hier etwas anderes bedeutet – und so von Vermeidern zu Kriegern und Kriegerinnen werden. Die Kämpfer dürfen dagegen ihre Strategien verlernen (was oft schwerer ist) und so zu neuen Kämpfern werden. Der Kampf des Glaubens wird nicht mit menschlichen Methoden gekämpft. Er hat ungewöhnliche Waffen. Er wird immer aus der Gnade und Liebe gespeist. Fangen wir dort nicht an, kämpfen wir schnell den falschen Kampf und zerbrechen uns und andere. Wenn du also „menschlich" reagieren willst, wenn du unfair behandelt wirst, dann STOPP!

Es geht anders! Wie? Darum geht es in den nächsten Andachten.

Legt die Rüstung an, die Gott für euch bereithält; ergreift alle seine Waffen! Damit werdet ihr in der Lage sein, den heimtückischen Angriffen des Teufels standzuhalten. EPHESER 6,11

Charles Darwin hat in seiner Evolutionstheorie den „survival of the fittest" gelehrt, das Überleben der Fitten und Starken. Christus lehrt uns den „survival of the broken" – das Überleben der Zerbrochenen. Ja mehr als das! Die Zerbrochenen sollen zu Starken werden. Hier aber wird sofort deutlich, dass zwei Paradigmen aufeinandertreffen, die nicht zusammenpassen. Wenn ich nun stark in Christus werde, bin ich nicht mehr zerbrochen und bedürftig, dann wechsele ich doch schnell das System, nicht wahr? Genau das ist das Risiko. Ich glaube: Die einzige Möglichkeit, nicht in ein stets siegreiches „Hurrachristentum" abzugleiten, besteht darin, sich selbst und das eigene Innenleben mit seinen Abgründen und tiefen Bedürftigkeiten immer neu anzuschauen und es zu Jesus zu bringen. Seine Stärke fließt aus den Rissen im zerbrechlichen Gefäß unseres Lebens. Seine Stärke nutzt die Risse und wird sie nicht immer wegnehmen. Sieg findet IN der Dunkelheit, IM Zerbrochenen statt. So dürfen wir siegen im Bewusstsein der eigenen Bedürftigkeit. Fehlt diese Selbsteinsicht, werden wir zu einem gefährlichen Kämpfer – aber gegen den falschen Feind. Paulus fordert die Epheser auf, die Rüstung anzuziehen, die Waffen zu ergreifen – um standzuhalten. Sie waren also angegriffen und bedürftig. Aus dieser Position heraus sollen sie und wir nun lernen, richtig zu kämpfen. Kämpfen wir nur gegen den Teufel? Können wir ihn für alles verantwortlich machen? Diese Frage werden sich die Epheser gestellt haben. Paulus beantwortet sie im nächsten Vers.

DEZEMBER

20

Denn unser Kampf richtet sich nicht gegen Wesen von Fleisch und Blut, sondern gegen die Mächte und Gewalten der Finsternis, die über die Erde herrschen, gegen das Heer der Geister in der unsichtbaren Welt, die hinter allem Bösen stehen. EPHESER 6,12

Ich hatte eine Phase in meinem Leben, in der ich voller Selbsthass war. So viel Versagen, so viele innere Stimmen, die mir sagten, dass ich nichts tauge. Wenn ich wieder einmal „versagt" hatte, wendete ich in dieser Zeit manchmal auch Gewalt an. Manchmal gegen Gegenstände, indem ich irgendwo gegentrat, irgendwann auch gegen mich. Ich schlug mir so hart gegen den Kopf, dass es schmerzte und manchmal blaue Flecken blieben. Ich rammte meine Stirn gegen die Wand. So viel Kampf gegen mich selbst! Natürlich wurde ich in dieser Zeit nicht zufriedener mit dem Leben, und das merkten auch die Menschen um mich herum. Wer sich selbst in seinen Grenzen nicht liebevoll annehmen kann, kann das eben auch nicht bei anderen. Also kämpfte ich auch vehement gegen Ungerechtigkeiten und focht manchen Streit aus, meist ungerecht, egoistisch, aus tiefen Verletzungen genährt.

Paulus macht klar: Hör auf zu kämpfen gegen Fleisch und Blut. Gottes Gnade wird dich und andere verändern – Kampf ist auf anderer Ebene nötig!

Vielleicht magst du dich gerade auch nicht? Hör auf, gegen dich zu kämpfen! Es ist in Ordnung. Kämpfe nicht gegen Menschen, sie werden oft nur instrumentalisiert von der Gegenseite.

Bedeutet das, dass wir in Zukunft keine Seelsorge mehr brauchen und auch keine klärenden Gespräche bei Konflikten? Aber natürlich! Aber hinter all diesen Dingen steht eben auch eine geistliche Ebene, die Beachtung braucht. Ansonsten poliert man Blätter, während die Wurzel des Baumes angefressen wird. Paulus sagt: Kämpfe den richtigen Kampf. Kein „Entweder-oder". Seelsorge, Gespräche UND geistlicher Kampf sind nötig. Denke umfassend!

Deshalb greift zu allen Waffen, die Gott für euch bereithält! Wenn dann der Tag kommt, an dem die Mächte des Bösen angreifen, seid ihr gerüstet und könnt euch ihnen entgegenstellen. Ihr werdet erfolgreich kämpfen und am Ende als Sieger dastehen. EPHESER 6,13

Schön! Heute ist Marathon um 10 Uhr. Da gehe ich doch mal schnell in den Laden und suche gute Laufschuhe aus. Stimmt, eine Hose fehlt mir auch noch. Aber ich habe ja noch zwei Stunden. Das schaffen wir locker!

Schatz, ich bekomme die Wehen! Oh prima, dann buche ich uns mal einen Geburtsvorbereitungskurs. Wir wollen ja wissen, was auf uns zukommt. Sollen wir mal im Internet schauen, welches Krankenhaus gute Kritiken hat?

Blöde Beispiele – völlig unsinnig. Aber nicht anders handeln wir im Glauben. Paulus weiß das und fordert uns auf, es anders zu machen. Das Bild der Rüstung, das hinter der geistlichen Waffenrüstung steht, war eine Rüstung eines Soldaten der damaligen Zeit. Jeden Morgen nach dem Aufstehen, legte er diese Waffenrüstung an. Sie war dem Träger angepasst und wurde sorgfältig gepflegt. An 99 von 100 Tagen würde der Soldat sie nicht brauchen, aber er wollte bereit sein. Genauso wie man keinen Marathon spontan läuft und mal eben so ein Kind gebärt, so will auch geistlicher Kampf vorbereitet sein und Tag für Tag richtig angegangen werden. Die Waffenrüstung, die uns in Gnade Tag für Tag gereicht wird, sollen wir anziehen, kennen, beherrschen – ansonsten ernten wir unnötige Verluste in unserem Leben. Die Waffenrüstung ist kein „Special" für erlesene Christen mit Spezialauftrag. Paulus schreibt an Erna und Willi, an Kevin und Selina in Ephesus. Sie alle brauchen die Rüstung täglich. Sie nicht anzulegen, ist fahrlässig. Der Vers macht auch deutlich: Der Teufel greift nicht dauernd an, er ist nicht omnipräsent, vieles im Leben ist auch schlicht „menschlich" (was es nicht immer besser macht), aber wenn er angreift, wollen wir bereit sein.

DEZEMBER

22

Stellt euch also entschlossen zum Kampf auf! Bindet den Gürtel der Wahrheit um eure Hüften, legt den Brustpanzer der Gerechtigkeit an. EPHESER 6,14

Ich kenne viele Männer und Frauen, denen beim Thema geistlicher Kampf durchaus mulmig in der Magengegend wird. Verständlich! Wir blenden diese Ebene der Realität ja auch allzu gerne aus – sie ist unheimlich! Doch keine Sorge: Gott stattet uns perfekt aus, sodass der Kampf siegreich wird, wenn wir ihn mit seinen Mitteln kämpfen! Doch vorher bekommen wir noch eine Warnung mit auf den Weg: Kampf ist kein Soloprojekt. Wir kämpfen mit anderen. Deswegen ist Gemeinde und Gemeinschaft so wichtig. Manche Krise meines Lebens hätte ich ohne Geschwister im Glauben nicht durchgestanden. Aber nun folgen wir der Aufforderung: Entschlossen zum Kampf aufgestellt!

Einen Gürtel der Wahrheit. Okay. Nicht gerade ein Laserschwert. Eher unspektakulär. Mit einem Gürtel könnte man jemanden erwürgen, aber sonst? Wozu brauchen wir das Ding? Paulus stellt ihn bewusst an den Anfang. Dieser Gürtel hielt die Kleidung zusammen (sonst hätte man sich verheddert) und schützte den Genitalbereich. Er wurde zuerst angezogen. Und die Wahrheit ist alles andere als eine Passivwaffe. Einer Lüge mit der Wahrheit entgegenzutreten – das ist harter Tobak! Der Gürtel der Wahrheit hält unsere Gedanken und Gefühle zusammen und verwandelt sie ... denn dort sind wir am Empfindlichsten! Die Wahrheit der Worte Gottes und die lebendige Wahrheit Jesus Christus – beides ist dringend nötig, damit wir heilen, unsere Gedanken und Gefühle geheiligt werden. Es ist wichtig, dass wir Gott so sehen, wie er ist, und wir uns so sehen, wie wir sind! Hier entscheidet sich der Kampf, und es ist kein Zufall, dass dieser Bereich mit (der) Scham zu tun hat. Wahrheit über uns, über andere und über Gott aussprechen und ihr vertrauen – da beginnt der Kampf. Der Teufel will uns festhalten in Scham und falschen Aussagen. Die Wahrheit Gottes befreit machtvoll.

Stellt euch also entschlossen zum Kampf auf! Bindet den Gürtel der Wahrheit um eure Hüften, legt den Brustpanzer der Gerechtigkeit an. EPHESER 6,14

Frage: Wie siehst du Jesus Christus? Wenn du sündigst, wenn du daneben haust? Liegt dann dieser Haufen an Schrott zwischen dir und Jesus? Trennt er dich von ihm? Antwort: Der Haufen Müll trennt dich nie von Jesus! Dieser Jesus steht neben dir, legt die Arme um deine Schulter, schaut erst dich an, dann den Haufen und fragt: „Mehr nicht? Das habe ich längst beseitigt!" Im Moment deines größten Versagens steht Jesus so neben dir, ihr schaut gemeinsam auf den Schrott, er schnippst und ihr geht weiterkämpfen.

Falsche Bilder sind von klein auf geprägt und der Teufel liebt es, sie zu benutzen. Konfrontieren wir unsere inneren Sätze und Bilder mit der Wahrheit! Sanft, ruhig, klar. Da beginnt der Kampf! Aber was haben wir noch an Ausrüstungsgegenständen?

Ein Brustpanzer der Gerechtigkeit. Brustpanzer – wie sah der aus? Metallschienen über der Brust, quer verlaufend und mit Lederriemen verbunden zur Abwehr von Pfeilen. Aber: Dieser Brustpanzer bedeckt nur die Vorderseite! Sprich: Das paulinische Bild ist also das eines sensiblen und verletzlichen Kämpfers, der sich seinem Gegner stellt und angreift! Nur so kann er schützen.

In alten Übersetzungen steht: „Zieht den Krebs der Gerechtigkeit an!" – ein schönes Bild, denn: Krebse sind innen ganz weich und verletzlich. Durch den Panzer aber werden sie zu bedrohlichen „Kampfmaschinen", vor dem selbst der Mensch einen gewissen Respekt hat – das kann man am Strand und im Watt beobachten. Es gilt also, eigene, falsche Schutzpanzer abzulegen und die Gerechtigkeit anzuziehen. Was bedeutet Gerechtigkeit? Gerechtigkeit ist das, was Gott schafft: Seine Gnade, deine neue Existenz, sein Werk in dir. Nicht deine Leistung. Setz ganz auf Gottes liebende Gnade und sein Handeln, und dein Herz ist geschützt.

... und tragt an den Füßen das Schuhwerk der Bereitschaft, das Evangelium des Friedens zu verbreiten. EPHESER 6,15

Ich liebe den „Zufall", dass dieser kleine Vers ausgerechnet heute am Heiligabend zu finden ist. Die frohe Botschaft vom Frieden Gottes! Herrlich! Aber was bitte soll das für eine Waffenrüstung sein? Wie soll Mission – also Verbreitung der frohen Botschaft – weiterhelfen?

Zuerst: Hier steht im Griechischen kein „verbreiten" oder „verkünden". Wörtlich lautet der Vers: „Die Füße fest beschuht mit der Bereitschaft der frohen Botschaft des Friedens." Aber was heißt das nun? Schauen wir genau hin: Römische Schuhe waren keine Sandalen, sondern bestanden aus einem Beinschild aus Metall, der bis knapp unter das Knie reichte. Von oben schützten Metallkappen, von unten eine lederne Bedeckung die Füße. Zusätzlich waren die Sohlen mit Dornen versehen, die einen festen Stand gaben und zugleich sehr wehtun konnten ... Diese Kampfschuhe sollen also mit Frieden in Zusammenhang stehen? Nun: Laut Paulus ist Friede eine machtvolle Waffe – defensiv wie aktiv! Diese Schuhe helfen uns, den Feind unter die Füße zu kriegen! Aber was ist das für ein machtvoller Friede?

Friede meint zweierlei, und beim ersten bleiben viele Christen, auch ich, oft stehen: Friede MIT Gott. Versöhnung. Das erklärt sich von selbst. Das zweite aber ist: Friede IN Gott. Paulus fordert uns an anderer Stelle auf, IM Frieden zu wandeln (Kolosser 3,15). Wenn wir das nicht leben und erleben, werden unsere seelischen Wunden und Schwachstellen dominieren – und Unfrieden schaffen. Der Friede aber will sie heilsam berühren. Wie kommen wir in diesen Frieden? Indem wir die Gegenwart Gottes aufsuchen, den Ort, an dem wir die Schuhe nicht brauchen, Sorgen abladen, Trost empfangen, uns ihm hinhalten, nackt und ehrlich werden vor IHM ... Ist das schon alles? Längst nicht!

... und tragt an den Füßen das Schuhwerk der Bereitschaft, das Evangelium des Friedens zu verbreiten. EPHESER 6,15

Dieser Friede ist weit mehr als Freude und Eierkuchen. Dieser Friede hat es auch als Aktivwaffe in sich! Wie das? Ich glaube, dass diese Botschaft heute wichtiger denn je ist. Wir neigen dazu, Frieden und Friedensmissionen als schwach und harmlos anzusehen, geradezu machtlos gegenüber den waffenstrotzenden Feinden. Das Gegenteil ist nach göttlicher Logik richtig – Christus hat das am Kreuz exemplarisch gezeigt, indem sein Tod den Widersacher „entwaffnet" hat (Kolosser 2,15)!

Zuerst gibt uns Frieden (die Dornen unter den Schuhen) einen festen Stand, um zu widerstehen. Stell dir vor, dass du auf seifigem Untergrund stehst bei einem Kampf. Bei jedem noch so kleinen Schubser des Gegners wirst du nicht sehr elegant den Abgang machen und maximal verwundbar werden. Noch schlimmer: Angenommen, du willst einen entscheidenden Stoß setzen, um den Gegner zu schwächen – durch den Rückstoß wird es dich auch von den Füßen hauen. Ohne festen Stand sind wir nur eine Lachfigur im Kampf. Frieden mit Gott zu haben und seinen tiefen Frieden in sich zu tragen, IM Frieden zu leben, zu atmen – das gibt einen jesusbewussten und selbstbewussten festen Stand. Aber das ist noch nicht alles ...

In Römer 16,20 heißt es faszinierend: „Der Gott des Friedens aber wird in kurzem den Satan unter euren Füßen zermalmen" (S2000). Nicht unter SEINEN Füßen – unter unseren! Er will das nicht selbst machen. Er möchte diese Welt mit dem Reich Gottes durchtränken, damit noch möglichst viele Menschen das neue Friedensreich und den Herrn dieses Reiches erkennen. Dazu braucht er deine Füße. Sind sie Friedensfüße – haben sie Macht über den Gegner. Du darfst ihm mit Gelassenheit und Klarheit entgegentreten.

26

Zusätzlich zu all dem ergreift den Schild des Glaubens, mit dem ihr jeden Brandpfeil unschädlich machen könnt, den der Böse gegen euch abschießt. EPHESER 6,16

Ach, was wäre es schön, wenn wir einen großen Schild vor uns hertragen könnten und alle Verletzungen, dummen Sprüche, Angriffe des Lebens prallten einfach von uns ab und wir könnten weich und verletzlich bleiben. Leider haben wir einen solchen Schild nicht – deswegen bauen wir Schutzschilde um das verletzte Herz. Wir werden härter, anstatt gesunde Grenzen zu ziehen, die Gott uns schenken möchte. Dabei bietet er uns einen sehr effektiven Schild an, der – richtig verwendet – zum Heilungsprozess unseres Herzens beitragen kann. Was ist das für ein Schild?

Der Schild, der hier gemeint ist, ist ein „Thureos", ein Ganzkörperschild. Mehr Deckung geht nicht! Er besteht aus einer dünnen Schicht Holz und darüber sechs dicke, miteinander verbundene Lagen Leder. Wie benutzte man ihn? Er wurde am Gürtel eingehakt. Wahrheit und Glaube sind eng miteinander verknüpft. Die Bibel, guter Input und das Reden des Heiligen Geistes stärken Glaube und Wahrheit in uns und damit auch unseren Schutzschild. Aber es wird noch spannender! Wurde dieser Schild nicht jeden Morgen gepflegt, dann bedeutete das den sicheren Tod, denn dann wurde das Leder spröde. Es musste jeden Tag mit einer Menge Öl behandelt werden. Wofür steht Öl? Für den Heiligen Geist. Ohne den Geist können wir nicht kämpfen und sind ungeschützt. Und wie lange wurde die Bedeutung des Geistes vernachlässigt! Finde deinen Zugang zum Heiligen Geist, tränke dich täglich mit vielen kleinen Tropfen Öl – es muss nicht die große Stille Zeit sein, die überfordert oft. Ich nenne das „Bonsaispiritualität": Finde deine kleinen Rituale mit dem dreieinigen Gott und dein Schild wird elastisch und stabil sein!

Zusätzlich zu all dem ergreift den Schild des Glaubens, mit dem ihr jeden Brandpfeil unschädlich machen könnt, den der Böse gegen euch abschießt. EPHESER 6,16

Kennst du Worte, die dich mit urplötzlicher Gewalt erreichen? Im ersten Moment sind sie vielleicht harmlos, klingen fast normal. Du merkst einen leichten Stich im Herzen. Aber dann scheinen sich die Worte zu entzünden und in dir einen Flächenbrand auszulösen. Du liegst wach und grübelst, spürst den Schmerz, fühlst dich wund. So in etwa sind die Brandpfeile des Teufels. Er schießt sie selbst – zum Beispiel durch Gedanken, die dich klein machen, niederdrücken, anklagen, verurteilen (was Gott NIE täte!). Er verbindet sich mit deinen inneren Anklägern, die dich beschuldigen und kritisieren, meist über das gesunde Maß hinaus. Und er benutzt Menschen, die dich verletzen sollen. Das ist eine Realität in der gefallenen Welt. Damit sollen und dürfen wir wehrhaft und stark umgehen. Wie hilft da unser Schild?

Im Falle eines drohenden Angriffs wurde der Schild im Wasser nass gemacht. Dadurch wurde er nicht nur elastisch, sondern konnte auch die Brandpfeile beim Auftreffen löschen. So etwas brauchen wir dringend! Aber wofür steht das Wasser? Paulus klärt ein Kapitel vorher in Vers 26 darüber auf: Christus wäscht uns im Wasserbad seines Wortes. Da haben wir es: Die Bibel als geschriebenes Wort, das lebendige Wort durch den Heiligen Geist, Zeugnisse, gute Zusagen, Gebet der Geschwister – all das brauchen wir. Dann wird unser Schild nicht nur stabil sein, sondern die Brandpfeile werden schneller löschen, bevor sie in unserem Herzen einen Flächenbrand auslösen können. Und wenn es gar nicht mehr anders geht, dann tun wir uns mit anderen Christen zusammen und nutzen den Schild als Dach – die sogenannte Schildkrötenformation, die man auch aus Asterix kennt. Wo Christen gemeinsam kämpfen, hat der Gegner keine Chance!

Setzt den Helm der Rettung auf und greift zu dem Schwert, das der Heilige Geist euch gibt; dieses Schwert ist das Wort Gottes. EPHESER 6,17

Fahrradhelme sind uncool. Finden Kinder und Teens. Und ich auch. Da fährt man ein wirklich lässiges Trekkingbike und hat dann einen neongelben Zweiquadratmeterhelm auf. Grauenhaft. Und man hat hinterher eine platte Frisur, schwitzt darunter und hat einen schweren Kopf. Alles nicht schön. Ich gebe es zu: Bei kleinen Fahrten lasse ich ihn aus, vor allem, wenn ich hinterher noch Menschen halbwegs optisch verträglich begegnen muss. Aber im Gelände ziehe ich ihn lieber an. Die Vorstellung, in voller Fahrt auf den Kopf zu fallen … Da ist man echt nicht auf den Kopf gefallen, wenn man einen Helm benutzt!

Im Glauben ist das nicht anders. Aber hier zieht Paulus noch eine herrliche Parallele: Denn im Alten Testament zieht Gott diesen Helm auf und nun sind wir dran! In Jesaja 59,17 heißt es (GN): „Er zieht die Gerechtigkeit an wie einen Brustpanzer, die rettende Macht ist sein Helm. Mit Rache kleidet er sich, Entschlossenheit umgibt ihn wie ein Mantel." Die Parallelen faszinieren mich. Du bekommst durch Jesus Christus Vollmacht verliehen, so zu handeln, wie Gott es früher selbst getan hat! Du wirst wieder eingesetzt ins Herrschen und Verwalten, das ursprünglich für den Menschen gedacht war. Aber warum Helm des Heils? Heil – das ist unsere Rettung und die Zusage der Heiligung, dass Gott uns verändert. Das schützt unseren Verstand vor gedanklichen Abwegen und unsere Sinnesorgane vor falschem Hören und Sehen! Wie wichtig ist das! Wenn wir unsicher im Heil sind, sind wir hochgradig gefährdet! Hast du Heilsgewissheit? Das bedeutet, dass du – selbst wenn du sündigst – weißt: Ich bin sein Kind, nichts kann mich trennen! Wenn du sie nicht hast, dann bitte Gott darum oder frage nach Blockaden! Der Heilige Geist versichert diese Gewissheit unserem Geist (Römer 8,16). Wir dürfen gewiss sein und dadurch geschützt!

Setzt den Helm der Rettung auf und greift zu dem Schwert, das der Heilige Geist euch gibt; dieses Schwert ist das Wort Gottes. EPHESER 6,17

Ein junger Mann kommt nach dem Gottesdienst auf mich zu und stellt die Frage, die viele junge Menschen stellen, die sich irgendwie mit Gott beschäftigen, aber die üblichen kritischen Fragen haben: „Wie kann Gott all das Leid zulassen?" Da theologische Abhandlungen meiner Meinung nach normalerweise nicht helfen, stelle ich ihm eine Gegenfrage: „Wie kann Gott all das Gute in deinem Leben zulassen?" Perspektivwechsel. Er wurde ruhig und nachdenklich und sagte nur: „Ja, das stimmt." Und ging weg.

Die Waffenrüstung wird erst komplett durch die einzige auf den ersten Blick erkennbare Aktivwaffe – das Schwert. Aber was ist das Schwert des Wortes? Hier stoßen wir an die Grenzen der deutschen Sprache. Denn hier steht nicht wie so oft logos für „Wort" im Griechischen, sondern das seltenere rhema. Forsche einmal nach, wo überall rhema steht, und du wirst merken: Rhema ist wichtiger als logos. Logos soll nämlich zu rhema werden. Rhema ist das sich ereignende Wort. Da, wo der Heilige Geist ein Wort in dir groß und leuchtend macht, da wird ein logos zum rhema, zum wirkmächtigen Wort. Man kann viel logos lesen und nie rhema erleben. Es geht hier nicht um intellektuelle Erkenntnisse, sondern um ein geistliches Aufleuchten und Berührtwerden, das verändert, etwas verschiebt, bedeutsam macht. Damit das geschehen kann, brauchen wir den Heiligen Geist, der uns die Schrift auslegt und auch sonst einen Bibelvers hochspülen kann, auch wenn wir gerade unterwegs sind. Plötzlich strahlt rhema auf! Wenn uns Angriffe erreichen, wenn wir attackiert werden, dann brauchen wir genau das: Das Schwert des Wortes, das mit einem Hieb den Kampf entscheidet. Jesus hat das in der Wüste vorgelebt – und auch wir dürfen so kämpfen im Nahkampf mit dem Gegner!

DEZEMBER

30

Jesus trat auf sie zu und sagte: „Gott hat mir unbeschränkte Vollmacht im Himmel und auf der Erde gegeben. Darum geht nun zu allen Völkern der Welt (...)“ MATTHÄUS 28,18+19A

Nun haben wir die Waffenrüstung komplett – und wenn ich das so lese, kommt in mir eine Frage hoch in dieser persönlich gerade sehr anstrengenden und auch aussaugenden Lebensphase: Woher kommt die Kraft? Ist ja schön und gut, Vater, dass ich eine Waffenrüstung bekomme, aber was ist, wenn ich sie kaum tragen kann? Wenn ich darunter zusammenbreche? Wenn die Schritte schwer werden?

Wie lautet der letzte Vers, bevor es losgeht mit der Waffenrüstung in Epheser 6? „Lasst euch vom Herrn Kraft geben, lasst euch stärken durch seine gewaltige Macht! (Vers 10)“. Kraft und Vollmacht bekommen wir nur vom Herrn selbst, sie fließt durch uns hindurch in der engen Verbindung mit ihm. Im Matthäusevangelium können wir mehr lernen über die Vollmacht Gottes, die durch uns fließt, sodass wir nicht darum bitten, dass Gott uns hilft, sondern sie in seinem Namen, in seiner Vollmacht tun dürfen. Bei der Sendung der Jünger weiß Jesus um die Verwundbarkeit und Schwäche von uns Menschen, gerade dann, wenn wir aus eigener Kraft laufen. Seine Aufgabe aber ist übernatürlich, und deswegen brauchen wir auch die übernatürliche, ursprüngliche Kraft zurück, aus der bereits Adam und Eva leben sollten. Deswegen beginnt Jesus mit SEINER Vollmacht im ganzen Universum, auch in der unsichtbaren Welt – und sendet dann seine Jünger aus. Wir brauchen diese Kraft und Vollmacht. Damit ausgestattet, brauchen wir Gott gar nicht von unseren großen Problemen erzählen, sondern wir können unseren großen Problemen von Gott erzählen! Wie empfangen wir die Vollmacht? Nur indem wir Zeit mit Gott verbringen, eigene Kraft zurücknehmen, leere Hände ausstrecken und im Glauben seine Vollmacht empfangen und ergreifen. Und dann: los!

31 DEZEMBER

Ordnet euch daher Gott unter! Und dem Teufel widersteht, dann wird er von euch ablassen und fliehen. Sucht die Nähe Gottes, dann wird er euch nahe sein! JAKOBUS 4,7+8A

Weißt du, ich komme mir manchmal vor wie ein Mensch, der eine Glühbirne in den Mund nimmt und dann versucht, diese aus eigener Kraft zum Leuchten zu bringen. Was für ein Unsinn! Das schaffen wir nicht! Dazu sind wir auch nicht geschaffen. Gott gibt die Energie und die Kraft, die wir brauchen. Aber dann erlebe ich, wie ich zwar die richtige Schlussfolgerung ziehe, aber nicht weit genug gehe. Um im Bild zu bleiben: Ich schließe die Glühbirne an den Stromkreis an, mit dem ich verbunden bin und – bitte dann den Stromanbieter vorbeizukommen und den Schalter umzulegen. Wie absurd! Warum mache ich es nicht selbst? Nicht anders ist es in unserem Glauben. Wir bekommen durch die Gnade und Liebe Gottes alles von Gott angeboten, was wir zum Leben brauchen. Aber wir bitten immer noch um Dinge, die wir entweder schon haben (Nähe und Gegenwart Gottes, zum Beispiel) oder die wir selbst vollbringen dürfen (in seinem Namen Wahrheit aussprechen, mit unserem Herzen reden, ...). Jakobus fordert uns auf, dem Gegner zu widerstehen, und dieser wird keine Chance haben. Aber mit was verknüpft er seine Aufforderung? Dass wir die Nähe des Vaters suchen, Kontrolle abgeben und uns ihm unterordnen. Wie hörst du Unterordnung? So wie ich, eher rebellisch? Dann wird es Zeit umzukehren, einen anderen Blick zu bekommen: Sich Gott unterzuordnen ist ein Akt der Liebe. Er ist unendlich gut, gnädig, voller Vergebung, Zärtlichkeit, Kraft, Weisheit und Vollmacht. Sich diesem liebenden Vater unterzuordnen – nicht um diese Dinge zu empfangen und ihn damit zu verzwecken, sondern einfach aus Liebe –, das tut unendlich gut! Er hat für alles gesorgt, für immer und ewig. Es ist genug von allem da. Komm an sein Herz und lebe auf!

QUELLENVERZEICHNIS

Die Bibelstellen wurden folgenden Übersetzungen entnommen: Bibeltext der Neuen Genfer Übersetzung – Neues Testament und Psalmen Copyright © 2011 Genfer Bibelgesellschaft. Wiedergegeben mit freundlicher Genehmigung. Alle Rechte vorbehalten.

Psalm 5,12; Psalm 16,10+11; Psalm 23,1; Psalm 23,2; Psalm 23,4; Psalm 23,5; Psalm 32,5; Psalm 42,3; Psalm 43,5a; Psalm 43,5b; Psalm 62,9; Psalm 73,23+24; Psalm 84,6; Psalm 84,7; Psalm 90,12; Psalm 91,3+4; Psalm 103,2; Psalm 119,19+20; Psalm 121,1+2; Psalm 121,3+4; Psalm 139,4; Psalm 139,7; Psalm 139,13+14; Psalm 139,16; Psalm 150,6; Matthäus 4,3+4; Matthäus 4,5+6; Matthäus 4,8-10; Matthäus 5,14; Matthäus 6,9a; Matthäus 6,9b; Matthäus 6,10a; Matthäus 6,10b; Matthäus 6,11; Matthäus 6,12a; Matthäus 6,12b; Matthäus 6,13; Matthäus 6,33; Matthäus 6,34; Matthäus 17,19+20; Matthäus 18,3; Matthäus 24,23+24; Markus 1,35; Markus 3,5; Markus 5,30+31; Markus 7,21+22a; Lukas 1,41+42; Lukas 2,52; Lukas 5,13; Lukas 9,6; Lukas 10,19; Lukas 10,41+42; Lukas 12,48b; Lukas 15,20; Lukas 15,23; Lukas 18,31; Johannes 2,6b+7; Johannes 5,19; Johannes 6,37+39; Johannes 8,12; Johannes 8,26; Johannes 8,32; Johannes 10,9; Johannes 12,24; Johannes 12,27a; Johannes 12,27b; Johannes 13,8; Johannes 14,15+16; Johannes 14,30+31; Johannes 15,1+2; Johannes 15,2; Johannes 15,4; Johannes 15,5; Johannes 15, 11; Johannes 15,15; Johannes 17,22+23; Johannes 21,18; Apostelgeschichte 16,6; Apostelgeschichte 16,34b; Apostelgeschichte 20,22; Apostelgeschichte 20,23+24a; Apostelgeschichte 20,24b; Römer 6,1b+2; Römer 6,23; Römer 8,11; Römer 8,15; Römer 8,22; Römer 8,38+39; Römer 12,1b; 1. Korinther 2,9; 1. Korinther 2,10; 1. Korinther 4,20; 1. Korinther 6,12; 1. Korinther 10,13; 1.Korinther 14,33a; 1. Korinther 15,47; 1. Korinther 15,56+57; 1. Korinther 15,57; 2. Korinther 2,14; 2. Korinther 2,15; 2. Korinther 4,6; 2. Korinther 4,7; 2. Korinther 10,3+4a; Galater 2,20; Galater 4,19; Galater 5,4; Galater 5,15; Galater 5,24+25; Epheser 2,10; Epheser 3,5; Epheser 4,14a; Epheser 4,26; Epheser 5,2; Epheser 5,16; Epheser 6,10; Epheser 6,11; Epheser 6,12; Epheser 6,13; Epheser 6,14; Epheser 6,15; Epheser 6,16; Epheser 6, 17; Philipper 1,3; Philipper 1,6; Philipper 4,4; Philipper 4,6; Philipper 4,8; Kolosser 1,24; Kolosser 2,10; Kolosser 3,1+2; Kolosser 3,2; Kolosser 3,10; Kolosser 4,17; 1. Thessalonicher 4,17; 1. Thessalonicher

4,18; 2. Timotheus 2,22; Hebräer 4,16; Hebräer 10,10; Hebräer 10,24; Hebräer 9,12; Hebräer 11,39.40; Hebräer 12,15; Hebräer 13,5; Jakobus 1,19; Jakobus 2,17; Jakobus 4,7+8a; 1. Petrus 1,3a; 1. Petrus 1,3b.4; 1. Petrus 1,4b+5; 1. Petrus 1,6; 1. Petrus 1,7a; 1. Petrus 1,7b; 1. Petrus 1,8a; 1. Petrus 1,8b+9; 1. Petrus 4,8; 1. Petrus 5,7; 1. Petrus 5,8; 2. Petrus 3,9; 1. Johannes 1,5b; 1. Johannes 2,27; 1. Johannes 3,1a; 1. Johannes 3,8; 1. Johannes 3,20

1. Mose 2,7; 4. Mose 14,9; Josua 1,9; Psalm 3,4; Psalm 4,2; Psalm 5,9; Psalm 15,1+2; Psalm 16,8+9; Psalm 46,11a; Psalm 63,3; Psalm 90,14; Sprüche 13,12; Matthäus 5,3; Matthäus 7,1-3; Matthäus 16,22+23; Johannes 10,10b; Apostelgeschichte 17,28a; Römer 3,23+24; 1. Korinther 4,1; Galater 3,27; Epheser 2,8+9; Epheser 4,1; Epheser 4,1b+2; Philipper 4,4; Philipper 4,7; Hebräer 5,14; Hebräer 12,2a; 1. Johannes 1,9

5. Mose 5,8; 5. Mose 23,13+14; Josua 17,17+18; Hiob 6,24-26; Hiob 33,14-16a; Jesaja 9,1; 1. Jesaja 30,17; Jesaja 43,1; Jeremia 17,8; Jeremia 29,13+14a; Klagelieder 3,22-24; Micha 7,19; Nahum 1,7; Matthäus 6,23; Matthäus 28,18+19a; Markus 6,51+52; Markus 16,7; Johannes 6,5-7; Johannes 12,45; Johannes 14,26; Johannes 17,16+18; Apostelgeschichte 17,28a; Römer 4,17; Römer 6,21; Römer 12,1b; Römer 14,9+10; Epheser 4,2; Kolosser 2,14; Hebräer 12,2a; 1. Petrus 2,9; 1. Petrus 3,10

1. Mose 1,5b; 1. Mose 2,2; 1. Mose 3,21; 1. Mose 6,8; 2. Mose 3,14; 3. Mose 7,11+12; 4. Mose 11,9; 5. Mose 8,3; Richter 6,12; Psalm 139,11.12; Sprüche 14,7.8;

Prediger 3,4a; Jesaja 30,15; Jesaja 30,16; Joel 2,25; Joel 4,10; Zefanja 3,17; Matthäus 5,43+44; Matthäus 12,2+3; Matthäus 16,18; Markus 4,39; Lukas 4,18a; Lukas 4,18b; Lukas 4,19; Lukas 10,33+34; Lukas 15,1+2; Lukas 22,61+62; Johannes 1,10; Johannes 3,16; Johannes 8,10+11; Johannes 11,35; Römer 5,20b+21; Römer 8,28; Römer 12,2; Korinther 3,18; Epheser 1,3; Epheser 5,8; 1. Thessalonicher 5,16-19; 1. Thessalonicher 5,23-24; 1. Timotheus 6,12; Jakobus 1,5; Jakobus 4,2; 1. Petrus 3,9; 1. Johannes 5,12+13

Neues Leben. Die Bibel © 2002 und 2006 SCM-Verlag GmbH & Co. KG, Witten.

Jeremia 29,11; Hebräer 10,14; 1. Petrus 5,10+11

Lutherbibel, revidierter Text 1984, durchgesehene Ausgabe © 1999 Deutsche Bibelgesellschaft, Stuttgart.

Psalm 23,5b; Psalm 46,11a; Psalm 91,1+2; Prediger 1,14; Habakuk 3,18+19; Matthäus 16,26; Johannes 1,1; Johannes 6,68+69; Johannes 8,11; Römer 8,1; Römer 12,21; Epheser 5,18

Neue evangelistische Übersetzung © 2010 Karl-Heinz Vanheiden und Christliche Verlagsgesellschaft Dillenburg.

Sprüche 16,3; NeÜ bibel.heute; Lukas 6,31; Epheser 1,18; Kolosser 1,18; Titus 2,11+12

Die Bibelstellen sind der Übersetzung Hoffnung für alle® entnommen, Copyright © 1983, 1996, 2002 by Biblica Inc.® Verwendet mit freundlicher Genehmigung von 'fontis – Brunnen Basel. Alle weiteren Rechte weltweit vorbehalten.

1. Mose 1,27; 1. Mose 1,27+31a; 1. Mose 3,8+9; 1. Mose 3,22+23; 1. Mose 9,15b-17; 1. Mose 15,5; 1. Mose 16,13; 2. Mose 17,8; 1. Mose 21,12; 2. Mose 23,9; 2. Mose 33,11a; Ruth 2,10; 1. Samuel 14,25+26; 1. Samuel 16,7; 1. Samuel 16,14+15;

1. Samuel 16,16+23; 1. Könige 8,27; 2. Könige 6,16+17; Psalm 9,2; Psalm 30,7+8; Psalm 127,2; Sprüche 4,23; Prediger 3,1+2; Jesaja 43,1; Jesaja 40,29; Hesekiel 36,26; Hesekiel 36,27; Habakuk 3,16; Habakuk 3,18+19; Matthäus 9,17; Matthäus 10,7+8a; Matthäus 10,29-31; Markus 2,11; Markus 2,12a; Lukas 6,31; Lukas 9,33; Lukas 23,34; Johannes 8,36; Johannes 15,11; Johannes 15,12; Johannes 15,13; Römer 1,20; 1.Korinther 6,11; 1. Korinther 15,49; 2. Korinther 3,6b; 2. Korinther 6,2; Epheser 2,9+10a; Epheser 4,22-24; Epheser 6,7; Jakobus 1,2+3; 1.Petrus 3,8b+9

Basisbibel. Das Neue Testament und die Psalmen, © 2012 Deutsche Bibelgesellschaft, Stuttgart. www.basisbibel.de.

Markus 2,17; 2. Korinther 5,8

Einheitsübersetzung der Heiligen Schrift © 1980 Katholische Bibelanstalt, Stuttgart.

Jesaja 64,5

9. Oktober: Horst Krämer: Soforthilfe bei Stress und Burn-out © Kösel-Verlag München in der Verlagsgruppe Random House GmbH 2012, Seite 59.

30. Oktober: Tomas Sjödin: Warum Ruhe unsere Rettung ist © SCM R. Brockhaus, 2. Auflage 2016, S. 111.